21世纪应用型精品规划教材·物流管理

物流信息技术(第 2 版)

朱长征　主　编
朱云桦　方　静　副主编

清华大学出版社
北京

内 容 简 介

互联网时代的到来使信息的传播、交流发生了巨大的变化，信息成为现代物流的灵魂。通过物流信息技术的应用，把物流活动的各个环节综合起来作为一个整体进行管理，能有效地提高物流过程的效率。

本书共分为十一章，主要内容包括：物流信息技术概述、条码技术、射频识别技术、电子数据交换技术、物流动态跟踪技术、地理信息系统、物流信息系统、企业资源计划、物流公共信息平台、物联网应用技术、智能信息技术在物流领域中的应用。因为书中有 1/3 左右的内容是案例和知识链接，所以本书具有很强的可读性。

本书可作为物流管理、物流工程、交通运输、电子商务、工商管理、物联网工程等专业本科生、高职高专学生的教材，也可供对物流信息技术有兴趣的相关科研人员、企业人员阅读参考。

本书封面贴有清华大学出版社防伪标签，无标签者不得销售。
版权所有，侵权必究。举报：010-62782989，beiqinquan@tup.tsinghua.edu.cn。

图书在版编目(CIP)数据

物流信息技术/朱长征主编. —2 版. —北京：清华大学出版社，2020.11（2023.8 重印）
21 世纪应用型精品规划教材. 物流管理
ISBN 978-7-302-56536-9

Ⅰ. ①物… Ⅱ. ①朱… Ⅲ. ①物流—信息技术—高等学校—教材 Ⅳ. ①F253.9

中国版本图书馆 CIP 数据核字(2020)第 182910 号

责任编辑：汤涌涛
封面设计：李　坤
责任校对：王明明
责任印制：杨　艳

出版发行：清华大学出版社
网　　址：http://www.tup.com.cn, http://www.wqbook.com
地　　址：北京清华大学学研大厦 A 座　　邮　编：100084
社 总 机：010-83470000　　邮　购：010-62786544
投稿与读者服务：010-62776969, c-service@tup.tsinghua.edu.cn
质量反馈：010-62772015, zhiliang@tup.tsinghua.edu.cn
课件下载：http://www.tup.com.cn, 010-62791865

印 装 者：三河市人民印务有限公司
经　　销：全国新华书店
开　　本：185mm×230mm　　印　张：20.75　　字　数：505 千字
版　　次：2014 年 3 月第 1 版　2020 年 11 月第 2 版　印　次：2023 年 8 月第 4 次印刷
定　　价：59.00 元

产品编号：083504-01

第 2 版前言

物流信息技术是应用在物流各个作业环节中的信息技术，它是建立在计算机、网络通信技术平台上的各种应用技术，包括硬件技术和软件技术，如条形码(Bar Code)、射频识别技术(RFID)、电子数据交换技术(EDI)、全球定位系统(GPS)、地理信息系统(GIS)等，以及在这些技术手段支撑下的数据库技术、面向行业的信息系统等软件技术。

推动物流信息技术的应用，对促进现代物流的科学发展和加快转变经济发展方式具有重要意义，有利于加快物流运作和管理方式的转变，提高物流运作效率和产业链协同效率，加快供应链一体化进程；有利于解决物流领域信息沟通不畅、市场响应慢、专业水平低、规模效益差和成本高等问题，提高企业和产业的国际竞争力；有利于实现资源的有效配置，提高节能减排水平、减轻资源和环境压力，促进绿色物流的发展；有利于支撑现代物流和电子商务等现代服务业的发展，促进产业结构的调整，加速新型工业化进程。

西安邮电大学我国是西北部唯一的邮电类高校。1986 年，西安邮电大学根据国家邮电部的规划，经国家教委审批同意开设邮电物资管理专业。后以此为基础，整合相关资源，开始申报物流管理专业，2003 年经教育部审批通过，2004 年开始招生。2011 年，物流管理专业获批省级特色专业，2017 年获评陕西省一流培育专业，2019 年被教育部认定为省级一流专业。依托西安邮电大学邮政管理和信息科学的悠久历史沉淀，逐步形成了以邮政快递行业为依托、以信息技术为支撑、以多学科交叉融合为方向、以政产学深度协同育人为"抓手"的四大独特优势。

西安邮电大学从 2006 年开始开设"物流信息技术"这门课程，作为物流管理专业的必修课。近年来，通过对"物流信息技术"进行课程建设，对教学内容和教学方法进行了较大程度的改革，取得了较大的成效。

本次编写的《物流信息技术(第 2 版)》教材希望把西安邮电大学在物流信息技术方面的教改成果和科研实践反映出来，力争向读者呈现我国物流信息化的最新实践，成为学生和相关方面人员了解物流信息技术的窗口。所有这些工作，体现了科研成果进教材，理论教学密切联系实际的需要。

本书分为十一章，主要内容包括：物流信息技术概述、条码技术、射频识别技术、电子数据交换技术、物流动态跟踪技术、地理信息系统、物流信息系统、企业资源计划、物流公共信息平台、物联网应用技术、智能信息技术在物流领域中的应用。由于本书的内容较为全面，授课对象较广，教师在使用这本书时，可以根据课时量，在内容上进行适当的选择。

《物流信息技术(第 2 版)》由西安邮电大学现代邮政学院(物流学院)副院长、硕士生导师朱长征教授领衔编写，主要成员包括来自西安邮电大学、陕西师范大学、青岛理工大学琴岛学院的各位老师。具体分工如下：第一章、第二章、第五章由西安邮电大学朱长征教授撰写；第三章由西安邮电大学朱长征教授、杨乐高级工程师撰写；第四章由西安邮电大学朱长征教授、杨乐高级工程师以及青岛理工大学琴岛学院朱云桦副教授撰写；第六章由西安邮电大学朱长征教授、陕西师范大学李晶教授撰写；第七章由西安邮电大学卫晨讲师撰写；第八章由西安邮电大学董明明讲师撰写；第九章、第十章由西安邮电大学方静副教授撰写；第十一章由西安邮电大学王欣荣撰写；全书由西安邮电大学朱长征教授统稿，青岛理工大学琴岛学院朱云桦副教授参与了部分案例的撰写工作。此外，参与文字校对和修订工作的还有孙艺杰、叶强、陈鹏飞、徐诚、王东东、师晨辉等。

  本书在编写过程中得到了西安邮电大学教务处、清华大学出版社等部门的大力支持，在此向他们表示衷心的感谢。

  本书在撰写过程中，融入编者自己主持或参与物流信息类课题实践成果的同时，广泛参考、吸收了国内外众多学者的研究成果和实际工作者的经验，在此，对本书所借鉴的参考文献的作者、对撰写过程中提供帮助的单位和个人致以衷心的感谢！同时，有些参考的资料由于无法确定来源和作者，因此没有在参考文献中列出，为此表示深深的歉意。

  由于作者的能力和水平有限，有关方面的知识还需进一步研究，有些观点还需进一步接受检验。在本书的表述中会出现这样或那样的问题，敬请各位专家、读者提出宝贵意见并能及时反馈，以便重印时修改完善。

编 者

第 1 版前言

物流信息技术是应用在物流活动各个作业环节中的信息技术，它是建立在计算机、网络通信技术平台上的各种应用技术，包括硬件技术和软件技术，如条码(Bar Code)、射频识别技术(RFID)、电子数据交换(EDI)、全球定位系统(GPS)、地理信息系统(GIS)等，以及在这些技术手段支撑下的数据库技术、面向行业的信息系统等软件技术。

推动物流信息技术的应用，对促进现代物流的科学发展和加快转变经济发展方式具有重要意义，有利于加快物流运作和管理方式的转变，提高物流运作效率和产业链协同效率，加快供应链一体化进程；有利于解决物流领域信息沟通不畅、市场响应慢、专业水平低、规模效益差和成本高等问题，提高企业和产业国际竞争力；有利于实现资源的有效配置，提高节能减排水平，减轻资源和环境压力，促进绿色物流的发展；有利于支撑现代物流和电子商务等现代服务业的发展，促进产业结构的调整，加速新型工业化进程。

西安邮电大学是我国西北地区唯一的邮电类高校。1986年，西安邮电大学根据国家邮电部的规划，经国家教委审批同意开设邮电物资管理专业。后以此为基础，整合相关资源，开始申报物流管理专业，2003年经教育部审批通过，2004年开始招生。依托西安邮电大学邮政管理和信息科学的悠久历史积淀，物流管理专业针对我国物流业的发展特点，经过不断地探索和改革，逐步形成了以物流行业为依托、以信息技术为支撑、以学科交叉融合为发展方向的三大特色。

西安邮电大学从2006年开始开设"物流信息技术"这门课程，作为物流管理专业的必修课。近年来，通过对"物流信息技术"进行课程建设，对教学内容和教学方法进行了较大程度的改革，取得了较大的成效。

本书希望把西安邮电大学在物流信息技术方面的教改成果和科研实践反映出来，力争向读者呈现我国物流信息化的最新实践，成为学生和相关方面人员了解物流信息技术的窗口。

本书分为十一章，主要内容包括物流信息技术概述、条码技术、射频识别技术、电子数据交换技术、物流动态跟踪技术、地理信息系统、物流信息系统、企业资源计划、物流公共信息平台、物联网应用技术和电子商务物流技术。由于本书的内容较为全面，授课对象较广，教师在使用本书时，可以根据课时量，在内容上进行适当的选择。

本书由西安邮电大学管理工程学院物流管理系主任、硕士生导师朱长征副教授领衔编写，其他主要编写成员包括西安邮电大学、陕西师范大学的各位老师。具体分工如下：第一章、第二章、第五章由西安邮电大学管理工程学院物流管理系主任朱长征副教授(博士)撰写；第三章、第四章由西安邮电大学电子工程学院杨乐高级工程师撰写；第六章由陕西师范大学旅游与环境学院李晶副教授(博士)撰写；第七章由西安邮电大学管理工程学院电子商务系卫晨讲师撰写；第八章由西安邮电大学管理工程学院 ERP 实验室董明明讲师撰写；第九章、第十章由西安邮电大学管理工程学院物流管理系方静副教授(博士)撰写；第十一章由西安邮电大学管理工程学院电子商务系副主任管玉娟讲师撰写；全书由朱长征副教授统稿。此外，参与文字校对工作的有叶强、陈鹏飞、徐诚、王东东、师晨辉等。

本书在编写过程中得到了西安邮电大学教务处、清华大学出版社等部门的大力支持，在此向他们表示衷心的感谢。

本书在编写过程中，在融入作者自己主持或参与物流信息类课题实践成果的同时，广泛参考、吸收了国内外众多学者的研究成果和实际工作者的经验，在此，对本书所借鉴的参考文献的作者、对撰写过程中提供帮助的单位和个人致以衷心的感谢！同时，有些参考的资料由于无法确定来源和作者，因此没有在参考文献中列出，为此表示深深的歉意。

由于作者的能力和水平有限，有关方面的知识还需进一步研究，有些观点还需进一步接受检验。在本书的表述中会出现这样或那样的问题，敬请各位专家、读者提出宝贵意见并能及时反馈，以便重印时修改完善。

编　者
2014 年 3 月

目 录

第一章 物流信息技术概述 ... 1
第一节 物流信息 ... 2
一、信息与物流信息 ... 2
二、物流信息的特点 ... 4
三、物流信息的作用 ... 5
第二节 物流信息技术 ... 7
一、物流信息技术的定义及构成 ... 7
二、典型的物流信息技术 ... 8
第三节 物流信息化的发展现状及趋势 ... 18
一、物流信息化的内涵 ... 18
二、我国物流信息化的发展现状 ... 21
三、我国物流信息化的发展趋势 ... 24
本章小结 ... 27

第二章 条码技术 ... 28
第一节 条码概述 ... 29
一、条码的历史及发展 ... 29
二、条码的概念及特点 ... 30
三、条码的结构 ... 30
四、条码的编码方法与规则 ... 31
第二节 条码的分类 ... 33
一、一维条码 ... 33
二、二维条码 ... 44
第三节 条码技术在物流领域的应用 ... 51
一、条码技术在中转中心的应用 ... 52
二、条码技术在运输领域的应用 ... 52
三、条码技术在仓储领域的应用 ... 54
本章小结 ... 56

第三章 射频识别技术 ... 58
第一节 射频识别技术概述 ... 59
一、射频识别技术的定义 ... 59
二、射频识别系统的组成 ... 60
第二节 RFID 的特点及分类 ... 63
一、RFID 的特点 ... 63
二、RFID 的分类 ... 66
第三节 RFID 技术在物流中的应用 ... 67
一、RFID 技术在交通物流领域的应用 ... 68
二、RFID 技术在生产物流领域的应用 ... 73
三、RFID 技术在超市物流领域的应用 ... 80
本章小结 ... 85

第四章 电子数据交换技术 ... 87
第一节 物流 EDI 概述 ... 88
一、EDI 的基本概念 ... 88
二、EDI 的基本特点及区别 ... 91
第二节 EDI 的组成和工作过程 ... 92
一、EDI 软件系统的构成 ... 92
二、EDI 的工作原理 ... 94
三、EDI 的工作过程 ... 95
第三节 EDI 的安全问题 ... 97
一、EDI 安全概述 ... 97
二、EDI 安全要求 ... 98
三、EDI 系统面临的威胁 ... 102
第四节 EDI 在物流等领域的应用 ... 103
一、EDI 在物流企业中的应用 ... 103
二、EDI 在超市物流中的应用 ... 111
三、EDI 在生产物流中的应用 ... 111

本章小结 114

第五章 物流动态跟踪技术 115

第一节 GPS 概述 116
一、GPS 的定义 116
二、GPS 的组成 119
三、GPS 的特点 121

第二节 GPS 的工作原理 121
一、GPS 的基本工作原理 122
二、GPS 信号 122
三、SPS 和 PPS 123
四、GPS 的定位方式 123

第三节 各国 GPS 技术及发展 124
一、美国 GPS 124
二、俄罗斯 GLONASS 127
三、伽利略计划 128
四、中国北斗卫星系统 129

第四节 GPS 技术在物流等领域的应用 .. 131
一、GPS 技术在物流领域的应用 131
二、GPS 技术在交通管理中的
　　应用 134
三、GPS 技术在军事领域中的
　　应用 137
四、GPS 技术在现代测量中的
　　应用 138

第五节 无线定位技术 LBS 139
一、LBS 的定义 139
二、LBS 的结构及工作原理 140
三、LBS 中的定位技术 141
四、LBS 的应用 143

本章小结 146

第六章 地理信息系统 147

第一节 GIS 概述 148
一、GIS 的概念 148
二、GIS 的特征 149
三、GIS 的类型 149

第二节 GIS 的组成与功能 151
一、GIS 的组成 151
二、GIS 的功能 152

第三节 GIS 空间分析技术 154
一、空间分析的基本概念 155
二、典型的空间分析技术 155

第四节 基于 GIS 的物流配送系统
　　　　 设计 159
一、物流配送的概念及基本功能 159
二、物流配送系统设计的原则 160
三、需求分析 160
四、数据库设计 161
五、系统软硬件配置 162
六、现代物流的发展趋势 162

第五节 GIS 在物流领域的应用 163
一、GIS 在网络优化中的应用 164
二、GIS 在交通规划中的应用 164
三、GIS 在物流中的应用 165

本章小结 176

第七章 物流信息系统 177

第一节 物流信息系统概述 178
一、管理信息系统的概念 178
二、管理信息系统的功能 179
三、物流信息系统的概念 180
四、物流信息系统的功能 182

第二节 物流信息系统的层次结构 183
一、感知层 184
二、传输层 185
三、处理层 186
四、应用层 190

第三节 物流信息系统的开发 191
一、物流信息系统的开发方法 191

二、物流信息系统的软件架构 192
　　三、物流信息系统的软件技术
　　　　基础 195
第四节　典型物流信息系统 201
　　一、背景 201
　　二、系统设计原则 201
　　三、系统功能 202
　　四、系统方案 202
　　五、系统展示 207
本章小结 208

第八章　企业资源计划 209

第一节　企业资源计划的产生与发展 210
　　一、订货点法 210
　　二、基本MRP 211
　　三、闭环式MRP 212
　　四、制造资源计划 213
　　五、企业资源计划MRP 213
第二节　企业资源计划的管理思想 216
　　一、准时制生产 216
　　二、精益生产 217
　　三、敏捷制造 218
　　四、业务流程重组 219
　　五、供应链管理 220
　　六、客户关系管理 223
第三节　企业资源计划的基础功能
　　　　模块 225
　　一、物流管理模块 225
　　二、生产管理模块 228
　　三、财务模块 230
　　四、各功能模块之间的集成 232
本章小结 235

第九章　物流公共信息平台 236

第一节　物流公共信息平台概述 237
　　一、信息平台的概念 237
　　二、物流信息平台的概念 237
　　三、物流信息平台的构成 240
　　四、物流公共信息平台的概念 240
　　五、物流公共信息平台的构成 241
第二节　国内物流公共信息平台应用
　　　　现状 242
　　一、物流公共信息平台的商业
　　　　模式 242
　　二、物流公共信息平台行业现状 244
第三节　物流公共信息平台的需求分析 246
　　一、物流公共信息平台目标定位 247
　　二、物流公共信息平台功能需求 247
　　三、物流公共信息平台性能
　　　　需求分析 248
　　四、物流公共信息平台安全保密
　　　　需求分析 249
第四节　物流公共信息平台实现方案 252
　　一、物流数据中心 252
　　二、业务应用系统 253
　　三、平台硬件要求 260
　　四、平台交易方式 261
本章小结 263

第十章　物联网应用技术 264

第一节　物联网概述 265
　　一、物联网的概念 265
　　二、物联网的特点 265
　　三、物联网的发展历程 267
　　四、国内外物联网的发展现状 270
第二节　物联网关键技术 272
　　一、物联网体系构架 272
　　二、物联网的关键技术 274
第三节　物联网应用领域 276
　　一、智能工业 276

二、智能农业 277
　　三、智能物流 278
　　四、智能交通 279
　　五、智能电网 280
　　六、智能环保 280
　　七、智能安防 280
　　八、智能医疗 281
　　九、智能家居 282
　第四节　物联网在物流中的应用 282
　　一、物联网技术在仓储中的应用 282
　　二、物联网技术在运输中的应用 284
　本章小结 287

第十一章　智能信息技术在物流领域中的应用 289

　第一节　语音识别技术在物流行业的应用 290
　　一、语音识别技术的概念 290
　　二、语音识别技术原理 291
　　三、语音识别系统分类 292
　　四、语音识别技术在分拣中的应用 295

　第二节　文字识别信息技术在物流行业中的应用 298
　　一、OCR 文字识别技术的原理及组成 298
　　二、OCR 文字识别技术在物流领域的应用 301
　　三、OCR 文字识别分类 301
　第三节　无人技术在物流行业的应用 304
　　一、无人机的概念 304
　　二、无人机的特征 304
　　三、无人机在物流配送中的应用 305
　　四、无人机物流应用现状 306
　　五、无人驾驶汽车概述 307
　第四节　人工智能在物流行业的应用 313
　　一、人工智能的概念 313
　　二、人工智能技术在物流中的应用 314
　　三、人工智能对物流行业的影响 315
　本章小结 318

参考文献 319

第一章　物流信息技术概述

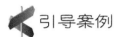 引导案例

　　传统的仓储作业流程从上架到最后的交接，不论是入库、上架、出库、下架，都需要大量的人员进行手工操作，耗时耗力。还有移货、补货、盘点等一系列操作，同样是需要大量的搬运和行走的工作，这样的工作方式十分低效。

　　京东"亚洲一号"新型作业方式运用大量的自动化、机械化设备，减少商品搬运和人员行走的路线。入库时，仓储工作人员用无线设备扫描商品，系统会自动进行运算，分配货位。出库时，系统自动完成波次安排、智能定位、任务分配、一键领取，工作人员在智能设备上操作就能完成商品入库、直到拣货及库存打包等工作任务。库内如移库盘点等，系统会自动运算出对应位置的对应货物缺少情况，做出从二级补货位到一级补货位补货等动作。

　　"亚洲一号"有14个标准足球场那么大，在运营过程中采取了多项有效的关键措施。其中，分区混编作业策略是将整个物流中心划分为28个区域，每个区域安排一个人，负责整体的拣货复核打包工作，把传统的功能点的划分变成混编作业运营模式的区域任务管理。建立多模式、完整的容器任务管理机制，扫描容器、托盘即可知道任务的流向，而不再依靠人工指派任务，建立空托盘、空周转箱等容器管理机制。中件商品库内不合流，避免订单库内合流造成不必要的积压。待拣货量很小，拣货员拣到的商品随着输送流转到复核台，设备进行自动扫码确认商品，系统根据商品的一系列优先值策略来匹配订单。支持高并发，缩减订单复核等待时间，提高生产效率。

　　"亚洲一号"基于关键算法的支持，不断优化业务策略的执行效果。立库拣选位低于安全量，自动触发紧急移库。空托盘转移后，自动触发保管至拣选的全自动主动补货功能。考虑到堆垛机设备的任务执行特性，通过策略控制，实现立库一级保管至立库拣选的全自动背靠背补货。针对小件商品零散补货的特点，启用拆零补货，目的托盘满拖自动出库，源托盘自动回库。立库盘点任务策略控制出库优先级，盘点后自动回盘。自主研发设备控制系统，作为WMS和设备中间层，成功调度各类设备，统一监控，架构灵活可扩展，支持关键设备可视化。

（资料来源：http://www.100ec.cn/detail--6233703.html）

辩证性思考

1. 京东广泛采用先进的物流信息技术取得了怎样的竞争优势？
2. 企业进行信息化投入应该遵循什么原则？

第一节 物流信息

教学目标
- 掌握信息、物流信息的基本概念。
- 了解物流信息在物流活动中发挥的重要作用。

一、信息与物流信息

进入 21 世纪后，随着经济全球化进程的不断加速与科学技术的迅猛发展，现代企业面临着日益激烈的市场竞争环境。在这样的背景下，物流作为"第三方利润源"，已成为提升企业竞争力的重要手段。

物流信息作为整个物流活动顺利进行的前提条件，其重要性不言而喻。物流信息不仅能够反映货物在流动中的各种状态，也可以作为决策依据，帮助企业对整个物流活动进行有效的计划、协调与控制。由此可见，物流信息在物流活动中具有十分重要的作用。

(一)信息的定义

信息是一个高度抽象的概念，在不同的领域，信息有着不同的含义。控制论之父诺伯特·维纳(Norbert Wiener)认为，"信息就是信息，它既不是物质，也不是能量"。这说明了信息的独特性与难以定义的特点。因此，信息就是事物中所包含的意义，它反映了事物的特征、变化和内在联系。但是信息并不是实体，必须通过承载它的媒体，即信息载体才能表现出来。

不过人们一般认为，信息是事物及其属性标识的集合，它是事物运动状态和存在方式的表现形式，是物质、能量、信息及其属性的标示。结合以上人们对信息的认识，本书对信息的定义是：信息就是处理过的某种形式的数据，对于接收信息者具有某种意义，在当前或未来的行动和决策中，具有实际的或可察觉的价值。

(二)信息的主要特征

根据信息在企业管理中所起的作用与其独特的性质，信息有以下特征。

(1) 可传递性：该性质是信息的本质特性。信息可利用信息技术从某地传递到其他地区，信息的可传递性打破了时间和空间的限制。

(2) 可识别性：信息能够以一定的方式予以识别。不同的信息源具有不同的识别方法。

(3) 可处理性：信息可以通过一定的手段进行分析处理。

(4) 可存储性：信息可以通过不同方式存储在不同的介质。

(5) 可依附性：信息可以通过依附于一定媒体介质表现出来。

(6) 可重复利用性：信息源发送的信息不论传送给多少个信宿，都不会因信宿的多少而减少，并且一种信息可被多次反复利用。

(7) 时效性和时滞性：信息在一定的时间内是有效的信息，在此时间段之外就是无效的信息。另外，任何信息从信息源传播到信宿都需要一定的时间，具有时滞性。

(8) 价值性：信息是一种资源，能够满足人们某些方面的需要。

(三)信息与决策的关系

在企业管理中，决策发挥着非常重要的作用。如何在千变万化的市场中，抉择出正确的方向，如何确保决策的科学性，如何作出最优决策，这不仅需要考虑各种可能涉及的因素与问题，而且最重要的是要具备充足的信息以及正确地分析信息的方法。信息与决策的具体关系如下所述。

(1) 充足、真实的信息意味着竞争力。21世纪是一个信息化的时代，庞大的信息量与飞速的信息传递已成为当今世界发展的重要特征。信息在经济发展中发挥着举足轻重的作用，信息就是资源，信息就是财富，信息就是竞争力。获取足够的、真实的信息对于提升企业竞争力具有重要的作用。

(2) 信息是决策的前提。每一个决策都需要及时、准确和完整的信息作为依据，以保证决策的正确性，没有信息的决策是典型的拍脑袋决策。

(3) 信息对决策有决定性意义。信息经过科学的分析、处理最终形成决策，决策执行的结果又将产生新的信息，新的信息再次作用于下一次的决策过程，如此往复循环，因此信息是决策的原料和基础。信息越多越准确，决策过程中的思维广度和深度就越大。任何一条与决策对象有关的信息，都有可能对决策产生启示、借鉴作用，有时会影响最终决策的形成。

信息的使用是信息管理的最终目的与归宿，支持决策则是信息使用的落脚点。理解决策过程中信息的作用，掌握信息的处理方法，准确把握信息与决策的关系，才能更好地指导决策。

(四)物流信息的定义

物流信息是反映物流各种活动内容的知识、数据、情报、图像、数据、文件的总称。我们也可以根据物流信息所包含的内容，从狭义和广义两个角度定义物流信息。

(1) 从狭义角度看，物流信息是指与物流活动(如运输、仓储等)相关的一些信息。在物流活动中，货物的仓储、搬运、装卸、流通加工、运输等活动的进行，都需要详尽且准确的信息。物流信息对于各种管理与各项活动都具有保障性作用，因而需要全面管理、传递和交换物流信息。

(2) 从广义角度看，物流信息不仅是指与物流活动有关的信息，而且还包含与其他流通活动有关的信息，如商品计划预测信息、动态分析信息、商品交换信息、市场信息等。

(五)物流信息的分类

(1) 按信息在物流活动中所起的作用不同，物流信息可分为订货信息、库存信息、采购指示信息(生产指示信息)、发货信息和物流管理信息。不同形式的信息在物流活动中所发挥的作用不同。

(2) 按信息的作用层次不同，物流信息可分为基础信息、作业信息和决策支持信息。基础信息是物流活动的基础，作为最初的信息源，基础信息包括物品基本信息、货位基本信息等。作业信息是物流作业过程中发生的信息，这种信息波动性较大，具有动态性，如库存信息、到货信息等。决策支持信息是指能对物流计划、决策、战略产生影响的信息或有关统计信息和宏观信息，如科技、产品、法律等方面的信息。

(3) 按信息加工程度的不同，物流信息可分为原始信息和加工信息。原始信息是指未经过任何加工处理的信息，是信息工作的基础，也是最具权威性的凭证性信息。加工信息是指对原始信息进行各种方式和各个层次处理后得到的信息，这种信息通过对原始信息的提炼、简化和综合，利用各种分析工具在大量数据中发现潜在的、有用的信息和知识。

(4) 按信息产生和作用所涉及的功能领域不同，物流信息可分为仓储信息、运输信息、加工信息、包装信息和装卸信息等。对于某个功能领域还可以进一步进行细化，例如，仓储信息可分为入库信息、出库信息、库存信息和搬运信息等。

二、物流信息的特点

物流信息不仅具有信息所具有的一般属性，还具有自己独有的特点。

(1) 广泛性。由于物流是在大范围内的活动，因此物流信息源也分布在大范围内，信息来源广、信息量大，涉及生产生活的各个方面。物流信息的广泛性可从两个角度来理解，一是物流系统本身信息的广泛性，二是物流相关信息的广泛性。就物流系统本身信息而言，包括交通运输信息、仓储信息、装卸搬运信息、包装信息、流通加工信息和配送信息。物流相关信息包括商流信息、资金流信息、生产信息和消费信息等。

(2) 联系性。物流活动是多环节、多因素、多角色共同参与的活动，其目的就是实现产品从产地到消费地的顺利移动，因此在该活动中所产生的各种物流信息必然存在十分密切的联系，如生产信息、运输信息、储存信息、装卸信息之间都是相互关联、相互影响的。这种相互联系的特性是保证物流系统中各子系统、供应链各环节以及物流内部系统与物流外部系统相互协调运作的重要因素。为了保证物流系统中的各子系统、供应链各环节以及物流内部系统与物流外部系统相互协调运作，物流各环节所产生的物流信息之间具有紧密的联系，保证了物流系统的正常运作。

(3) 多样性。物流信息种类繁多，从其作用的范围来看，物流系统内部各个环节有不同种类的信息，如流转信息、作业信息、控制信息、管理信息等，物流系统外部也存在各种不同种类的信息，如市场信息、政策信息、区域信息等；从其稳定程度来看，有固定信息、流动信息与偶然信息等；从其加工程度看，有原始信息与加工信息等；从其发生时间来看，有滞后信息、实时信息和预测信息等。

(4) 动态性。多品种、小批量、多频度的配送技术与 POS、EOS、EDI 等数据收集技术的不断应用使各种物流作业频繁发生，因此物流信息的动态性较强。物流信息的及时收集、快速响应、动态处理已成为现代物流经营活动成功的关键因素。

(5) 复杂性。物流信息的广泛性、联系性、多样性和动态性决定了物流信息的复杂性。在物流活动中，必须对不同来源、不同种类、不同时间和相互联系的物流信息进行反复研究和处理，才能得到具有实际应用价值的信息，并以此指导物流活动。这是一个非常复杂的过程。

三、物流信息的作用

物流信息在物流活动中具有十分重要的作用，通过对物流信息的收集、传递、存储、处理、输出等，可为决策提供依据，对整个物流活动起到指挥、协调、支持和保障的作用。物流信息的主要作用有以下几点。

(1) 沟通联系的作用。物流活动通过各种指令、计划、文件、数据、报表、凭证、广告、商情等物流信息，建立起各种纵向和横向的联系，并沟通生产商、批发商、零售商、物流服务商和消费者，满足各方的需要。因此，物流信息是沟通物流活动各环节之间的桥梁。

(2) 引导和协调的作用。物流信息以物资、货币及物流当事人的行为等作为信息载体进入物流供应链，同时反馈的信息也随着信息载体反馈给供应链中的各个环节，依靠物流信息及其反馈可以引导供应链结构的变动和物流布局的优化，协调物资结构，使供需之间趋于平衡；协调人、财、物等物流资源的配置，促进物流资源的整合和合理使用等。

(3) 管理控制的作用。通过移动通信、计算机信息网、电子数据交换(EDI)、全球定位系统(GPS)等技术实现物流活动的电子化，如货物实时跟踪、车辆实时跟踪、库存自动补货等，用信息化代替传统的手工作业，实现物流运行、服务质量和成本等的管理控制。

(4) 辅助决策分析的作用。物流信息是制定决策方案的重要基础和关键依据。物流信息可以协助物流管理者鉴别、评估经过比较物流战略和策略后的可选方案，在物流信息的帮助下，能够对车辆调度、库存管理、设施选址、资源选择、流程设计以及有关作业比较和收益分析等做出科学的决策。

(5) 支持战略计划的作用。作为决策分析的延伸，物流战略计划涉及物流活动的长期发展方向和经营方针的制定，如企业战略联盟的形成、以利润为基础的顾客服务分析以及能力和机会的开发和提炼。作为一种更加抽象、松散的计划，物流战略计划是对物流信息进一步提炼和开发的结果。

(6) 价值增值的作用。物流信息本身具有价值，并具有增值的特征。一方面，物流信息是影响物流的重要因素，它把物流的各个要素以及有关因素有机地组合并连接起来，以形成现实的生产力，并创造出更高的社会生产力。同时，在社会化大生产条件下，生产过程日益复杂，企业只有有效地利用物流信息，才能使生产力中的劳动者、劳动手段和劳动对象得到最佳结合，产生放大效应，使经济效益出现增值。

(7) 物流系统优化的作用。依靠准确的、实时的物流信息，切合物流系统的实际，可以对各个物流环节进行优化，确定其采取的办法、措施，如选用合适的设备、设计最合理的路线、决定最佳库存储备等。

【案例 1-1】

京东物流借区块链破"信息孤岛"

2019 年 11 月，京东物流在区块链创新方面取得了重要进展，基于供应链领域的信息孤岛、信息壁垒等难题，有针对性地推出了"链上签""京源链"等创新应用，全力推进物流供应链领域的数字化突破。

上线"链上签"，让资金在信任和高效中流转

物流对账是物流企业最常见的业务场景之一，多年来形成的传统模式受限于信任问题，往往需要依赖纸质单据进行对账，面临清算数据不统一、效率低和周期长的痛点。京东物流依托区块链和电子签名技术打造了"链上签"产品，实现了单据流与信息流合一，解决了传统纸质单据的痛点。同时京东物流利用供应链优势、依托已有物流网络和技术，打造了基于区块链的可信单据签收平台，为众多合作伙伴服务。

目前链上签产品已经被福佑等多家承运企业使用，同时还针对部分品牌商的应收场景进行了推广使用，实现了双方所有交易数据上链。除此之外，京东物流"亚洲一号"物流园区也已经基于产品全面实施无纸化运营，获得了降本增效与绿色减排的双赢。

构建"京源链"，从农田到餐桌的放心链条

作为区块链技术最容易被普通用户理解的应用，商品从生产端到消费端全流程可追溯，已成为保护用户权益最可靠的手段。京东物流基于区块链技术，结合大数据、物联网、GIS 地图等可信组件，构建商品物流追踪开放平台京源链。通过与联盟链成员共同维护安全透明的追溯信息，建立科技互信机制，做到可信物流追踪服务。

京东农场数字管控系统是京东农场项目赋能农业的重要"法宝"，通过配合前端物联网设备，做到对农业四情、种植管理、加工仓储等全程信息的数据采集，依靠京东区块链技术建立加密追溯二维码，按照"一物一码"标准实现溯源信息的公开和透明，实现"从农田到餐桌"的全程可追溯信息化管理。

随着 5G、IOT、智能硬件技术应用的不断普及和创新，京东物流将利用区块链技术助力价值链的横向整合，成本效率的纵向优化，输出行业技术标准，打造基于区块链技术的供应链协同网络，完成供应链之间的数据高可信地共享与传递，让上下游参与者随时随地参与供应链价值网络，真正实现互利共赢。

(资料来源：http://www.chinawutong.com/)

评估练习

1. 什么是物流信息？
2. 物流信息有哪些典型的特点？

第二节 物流信息技术

教学目标

- 掌握物流信息技术的基本概念。
- 了解物流信息技术在生活中的应用。

物流信息化水平是现代物流区别于传统物流的根本标志。通过物流信息技术的应用，把物流活动的各个环节综合起来作为整体进行管理，能有效地提高物流的效率。现代物流的发展依赖于信息技术的提升，信息技术的应用对现代物流的发展有着巨大的推动作用。

一、物流信息技术的定义及构成

(一)物流信息技术的定义

物流信息技术是指应用在物流各个作业环节中的信息技术，它是建立在计算机、网络通信技术平台上的各种应用技术，包括硬件技术和软件技术，如条码(Bar Code)、射频识别技术、电子数据交换(EDI)技术、全球定位系统(GPS)技术、地理信息系统(GIS)技术等，以及在这些技术手段支撑下的数据库技术、面向行业的信息系统等软件技术。

(二)物流信息技术的构成

从构成要素上看，物流信息技术作为现代信息技术的重要组成部分，本质上都属于信息技术的范畴，只是因为信息技术应用于物流领域而使其在表现形式和具体内容上存在一些特性，但其基本要素仍然同现代信息技术一样，可以分为三个层次。

(1) 物流信息系统技术，即有关物流信息的获取、传输、处理、控制的设备和系统的技术，它是建立在信息基础技术之上的，是整个信息技术的核心。其内容主要包括物流信息获取技术、物流信息传输技术、物流信息处理技术及物流信息控制技术。

(2) 物流信息应用技术，即基于管理信息系统(MIS)技术、优化技术和计算机集成制造系统(CIMS)技术而设计出的各种物流信息管理系统和物流自动化技术，例如仓储管理系统(WMS)、运输管理系统(TMS)、配送优化系统、全球定位系统(GPS)技术、地理信息系统(GIS)技术等。

(3) 物流信息安全技术，即确保物流信息安全的技术，主要包括密码技术、防火墙技术、病毒防治技术、身份鉴别技术、访问控制技术、备份与恢复技术和数据库安全技术等。

二、典型的物流信息技术

根据物流的功能以及特点，物流信息技术可分为条码技术、射频识别技术、电子数据交换技术、全球定位系统(GPS)技术、地理信息系统(GIS)技术等。

(一)条码技术

条码技术是在计算机的应用实践中产生和发展起来的一种自动识别技术，该技术提供了一种对物流中的货物进行标识和描述的方法。

1. 条码

条码是将宽度不等的多个黑条和空白，按照一定的编码规则排列，用以表达一组信息的图形标识符。常见的条码是由反射率相差很大的黑条(简称条)和白条(简称空)排成的平行线图案。条码可以标识出物品的生产国、制造厂家、商品名称、生产日期、图书分类号以及邮件的起止地点、类别、日期等许多信息，因而在商品流通、图书管理、邮政管理、银行系统等许多领域都得到了广泛的应用。

2. 条码的发展史

早在20世纪40年代，美国的乔·伍德兰德(Joe Wood Land)和伯尼·西尔沃(Berny Silver)两位工程师就开始研究用代码表示食品项目及相应的自动识别设备，并于1949年获得了美国专利，但条码得到实际应用和发展还是在20世纪70年代。

1970年美国超级市场Ad Hoc委员会制定出通用商品代码UPC码，许多团体也提出了各种条码符号方案。1973年美国统一编码协会(简称UCC)建立了UPC条码系统，实现了该码制的标准化。同年，食品杂货业把UPC码作为该行业的通用标准码制，为条码技术在商业流通销售领域里的广泛应用起到了积极的推动作用。1974年Intermec公司的戴维·阿利尔(Davide Allair)博士研制出39码，很快被美国国防部采纳，作为军用条码码制。39码是第一个字母、数字式相结合的条码，后来广泛应用于工业领域。1976年在美国和加拿大的超级市场上，UPC码的成功应用给人们以很大的鼓舞，尤其是欧洲人对此产生了极大兴趣。次年，欧洲共同体在UPC-A码的基础上制定出欧洲物品编码EAN-13码和EAN-8码，签署了"欧洲物品编码"协议备忘录，并正式成立了欧洲物品编码协会(简称EAN)。到了1981年，由于EAN已经发展成为一个国际性组织，故改名为"国际物品编码协会"，简称IAN。

但由于历史原因和习惯,至今仍称其为 EAN。

3. 条码的应用

目前,国际市场上,特别是在发达国家和新兴市场国家,已经普遍在商品包装上使用条码标签。在这些国家和地区的超级市场中,几乎所有的商品都使用条码识别系统,顾客选定商品后,售货员只要把商品包装上的条码对准扫描阅读器,计算机就能自动查询售价并作收款累计。当把顾客选定商品的所有条码都扫描后,计算机也就立即报出总价并把购物清单打印出来。这样,商店只需配备少量的售货员便能迅速、准确地完成结账、收款等工作,既方便了消费者,也为商店本身改善管理、提高销售效率、降低销售成本创造了条件。

就批发、仓储运输部门而言,通过使用条码技术,商品分类、运输、查找、核对、情况汇总迅速、准确,能缩短商品流通时间和库内停留时间,减少商品损耗。在商品包装上使用符合国际规范的条码,能在世界各国的商场内销售,出口厂商就有可能及时掌握自己产品在国际市场的需求情况、价格动态和其他有关信息,有利于不断改进商品的生产和销售,因而可进一步促进国际贸易的发展。

【案例 1-2】

条码在仓储管理中的应用

条码应用几乎贯穿于整个仓储管理作业流程中的所有环节,它的应用有利于实现仓库的进货、发货、运输中的装卸自动化管理。条码作为数据、信息输入的重要手段,具有输入准确、速度快、信息量大的特点。下面简要阐述一下条码在仓储管理中的应用情况。

(1) 订货:无论是企业向供应商订货,还是销售商向企业订货,都可以根据订货簿或货架牌进行订货。不管采用哪种订货方式,都可以用条码扫描设备将订货簿或货架上的条码输入。这种条码包含了商品品名、品牌、产地、规格等信息。然后通过计算机、利用网络通知供货商或配送中心。这种订货方式比传统的手工订货效率高出数倍。

(2) 收货:当配送中心收到从供应商处发来的商品时,接货员就会在商品包装箱上贴一个条码,作为这种商品对应仓库内相应货架的记录。同时,对商品外包装上的条码进行扫描,将信息传送到后台管理系统中,并使包装箱条码与商品条码一一对应。

(3) 入库:应用条码进行入库管理,商品到货后,通过条码输入设备将商品的基本信息输入计算机,告诉计算机系统哪种商品要入库,要入多少数量。计算机系统根据预先确定的入库原则、商品库存数量,确定这种商品的存放位置。然后根据商品的数量发出条码标签,这种条码标签包含着这种商品的存放位置信息。然后在货箱上贴上标签,并将其放到输送机上。输送机识别货箱上的条码后,将货箱放在指定的库位区。

(4) 摆货:在人工摆货时,搬运工要把收到的货品摆放到仓库的货架上,在搬运商品之前，首先扫描包装箱上的条码，计算机会提示工人将商品放到事先分配的货位上，搬运工将商品运到指定的货位后，再扫描货位条码，以确认所找到的货位是否正确。这样，在商品从入库到搬运到货位存放整个过程中，条码起到了相当重要的作用。商品以托盘为单位入库时，把到货清单输入计算机，就会得到按照托盘数发出的条码标签。将条码贴在托盘面向叉车的一侧，叉车前面安装有激光扫描器，叉车将托盘提起，并将其放置于计算机所指定的位置上。在各个托盘货位上装有传感器和发射显示装置、红外线发光装置和表明货区的发光图形牌。叉车驾驶员将托盘放置好后，通过叉车上装有的终端装置，将作业完成的信息传送到主计算机。这样，商品的货址就存入计算机中了。

(5) 补货：查找商品的库存，确定是否需要进货或者货品是否占用太多库存，同样需要利用条码来实现。另外由于商品条码和货架是一一对应的，也可通过检查货架达到补货的目的。条码不仅仅在配送中心业务处理中发挥着作用，配送中心的数据采集、经营管理同样离不开条码。通过计算机对条码的管理，对商品运营、库存数据的采集，可及时了解货架上商品的存量，从而进行合理的库存控制，将商品的库存量降到最低点；也可以做到及时补货，减少分店补货不及时造成的销售损失。

一方面，由于条码和计算机技术的应用，大大提高了信息的传递速度和数据的准确性，从而可以做到实时物流跟踪，商品的库存量也会通过计算机及时反馈到管理层和决策层。这样就可以进行有效的库存控制，缩短商品的流转周期。另一方面，由于采用条码扫描代替原有的人工操作，避免了人为错误，提高了数据的准确性，减少由于管理不善而造成的损失。

(资料来源：https://wenda.so.com/q/1535069533215919)

(二)射频识别技术

1. 定义

射频识别技术(Radio Frequency Identification，RFID)是20世纪80年代出现的自动识别技术，是一种非接触式的自动识别技术，它通过射频信号自动识别目标对象并获取相关数据，识别工作无须人工干预，可工作于各种恶劣环境。RFID技术可识别高速运动的物体并可同时识别多个标签，操作方便快捷。短距离射频产品不怕油渍、灰尘污染等恶劣的环境，可在这样的环境中替代条码，例如用于工厂的流水线上跟踪物体。长距射频产品多用于交通上，识别距离可达几十米，如自动收费或识别车辆身份等。

2. 射频识别技术的发展

射频识别技术的发展可按十年期划分如下。

1940—1950年：雷达的改进和应用催生了射频识别技术，1948年奠定了射频识别技术的理论基础。

1950—1960 年：早期射频识别技术的探索阶段，主要处于实验室实验研究阶段。

1960—1970 年：射频识别技术的理论得到了发展，开始尝试一些应用。

1970—1980 年：射频识别技术与产品研发处于一个大发展时期，各种射频识别技术测试得到了提速，出现了一些最早的射频识别应用。

1980—1990 年：射频识别技术及产品进入商业应用阶段，各种规模应用开始出现。

1990—2000 年：射频识别技术标准化问题日益得到重视，射频识别产品得到广泛采用，射频识别产品逐渐成为人们生活中的一部分。

2000 年后：标准化问题日益为人们所重视，射频识别产品的种类也更加丰富，有源电子标签、无源电子标签及半无源电子标签等均得到了发展，电子标签的成本不断降低，在各行业中的应用规模不断扩大。

至今，射频识别技术的理论得到极大的丰富和完善。单芯片电子标签、多电子标签识读、无线可读可写、无源电子标签的远距离识别、适应高速移动物体的射频识别技术与产品正在成为现实并走向应用。

3. RFID 技术的应用

射频卡无须直接接触、无须光学可视、无须人工干预即可完成信息输入和处理，且操作方便快捷，能够广泛应用于生产、物流、交通、运输、医疗、防伪、跟踪、设备和资产管理等需要收集和处理数据的领域。

自 2004 年起，全球范围内掀起了一场 RFID 技术的热潮，包括沃尔玛、宝洁、波音等公司在内的商业巨头无不积极推动 RFID 技术在制造、物流、零售、交通等行业中的应用。RFID 技术及其应用正处于迅速上升的时期，被业界公认为是 21 世纪最具潜力的技术之一，RFID 技术的发展和应用推广将是自动识别行业的一场技术革命。

在物流行业，RFID 技术使合理的产品库存控制和智能物流技术成为可能。它在物流行业的应用流程是：每个产品出厂时都被附上电子标签，然后通过读写器写入唯一的识别代码，并将物品的信息录入数据库中。此后装箱销售、出口验证、到港分发、零售上架等各个环节都可以通过读写器反复读写标签。标签就是物品的"身份证"，借助电子标签，可以实现对商品在原料、半成品、成品、运输、仓储、配送、上架、最终销售，甚至退货处理等环节进行实时监控。

RFID 技术在交通行业的应用主要是在高速公路收费及智能交通方面。通过在汽车上安装射频识别卡，可以自动识别汽车，在车辆通过高速收费站的同时完成缴费，大大提高了行车速度和效率，从而避免拥堵，解决了交通"瓶颈"问题。而将该系统与车辆信息数据库、缴费信息数据库连接后，还可自动对过往车辆实施不停车检查，通过与资料中心数据库进行对照，能在几秒内查到车辆欠费情况和违规情况，通过运用信息化、网络化科技手段最大限度地遏制车辆偷逃交通费用和违规营运的行为。

【案例 1-3】

兔小二,科技改变酒店布草管理

如今,"互联网+"已成为各行各业积极实施的新战略,而酒店行业沉疴积弊已久,拥抱互联网可谓势在必行。

兔小二通过模式创新,利用互联网建立了布草租洗平台,提供一个信息互通、资源共享的开放平台。将分散的中小型酒店集中在单个平台上,由平台整合需求后直接对接布草的供应商和洗涤厂,不仅因为规模化有利于获取优势价格,也因为资源的整合提升了管理效率,使整体成本降低,减小了资源的浪费。

平台上布草租赁和洗涤的价格可以说是随行就市,是相对透明的,通过资源整合,让产业链相关的布草供应商、洗涤厂、酒店三方共赢,降低成本、提升效率、优化管理,共谋发展。

兔小二大力推进物联网技术的应用。兔小二布草通过植入 RFID 芯片,利用 EPC 数据库,对布草进行全生命周期管理。每一个布草在生命周期内,从入库到洗涤,到物流,到酒店;从生产到更换,到报废等,经历的无数角色和业务的所有信息都会在 RFID 扫描那一刻被记录在 EPC 数据库里,从而对布草进行深度标准化、信息化的透明管控。而这些透明公开的信息,才是兔小二立志改变行业的不透明、不开放、不准确的弊端,推动诚信经营的底气。

2019 年年初,杭州智能仓正式上线,这是兔小二最先落地使用的智能仓,为无人交接系统的实现提供了基础。兔小二无人交接系统以布草的 RFID 芯片为基础,实现布草吞吐流转全流程、全系统的智能化和无人化。酒店只需要扫描封签,即可确认布草袋中的品类。净、脏布草有专门的布袋打包,并用封签封起来,布草袋通过二维码交接,只在酒店和洗涤厂解开,在运输过程中避免丢失和二次污染,且由兔小二派专人直取直送,全面提高布草交接效率,同时也确保了布草能够准确无误地送达对应的酒店。

一个布草从酒店到洗涤厂,传统的整个流程周转需要 24 小时,目前业内酒店布草的配送和交接都需要人工进行点数核对,几乎无法避免大量的错误、混乱。而兔小二无人交接系统以高效的配送、无人化、数据化的管理方式,极大地提升了布草室内配送的效率,降低了室内配送的成本,同时还杜绝了布草交接环节出现的种种乱象。

兔小二通过无人交接系统,除了最基础的工作外,全程几乎不需要人的参与,带来的是效率的提升和系统管理的透明。洗涤厂 RFID 应用系统作为前端,全局纠错补偿系统作为数据处理的后端,做到对酒店布草的品类、规格、商品数量、布草归属、轨迹信息、清点数据的准确,以及布草的全生命周期管理。而通过全局纠错补偿系统的循环往复,兔小二平台库存的准确度会越来越高,最终达到接近 99.9%的准确度。

兔小二借助于物联网技术手段,提供了布草准确的状态和数据,权责清晰将会大大减少各方的沟通成本,为酒店和洗涤厂端提升了管理效率;物流成本大幅下降,管理更加清晰。基于物联网的信息透明、轨迹跟踪,大数据的精准分析,达成多方共赢。

(资料来源:http://www.chinawuliu.com.cn/information/201907/18/342139.shtml)

(三)电子数据交换(EDI)技术

1. EDI 的定义

电子数据交换(Electronic Data Interchange,EDI)技术,是将贸易、运输、保险、银行和海关等行业的信息,用一种国际公认的标准格式,形成结构化的事务处理的报文数据格式,通过计算机通信网络,使各有关部门、公司与企业之间进行数据交换与处理,并完成以贸易为中心的全部业务过程。EDI 包括买卖双方数据交换、企业内部数据交换等。

2. EDI 的发展背景

在国际贸易中,由于买卖双方地处不同的国家和地区,因此在大多数情况下,不是简单、直接地面对面地买卖,而是必须通过银行进行担保,以各种纸面单证为凭证,方能达到商品与货币交换的目的。这时,纸面单证就代表了货物所有权的转移,因此从某种意义上讲,"纸面单证就是外汇"。

全球贸易额的上升带来了各种贸易单证、文件数量的激增。虽然计算机及其他办公自动化设备的出现可以在一定范围内减轻人工处理纸面单证的劳动强度,但贸易量的增加促使纸面文件数量急剧上升。此外,在各类商业贸易单证中有相当大一部分数据是重复出现的,需要反复地输入。相关机构统计数据表明,一台计算机输入的内容平均 70%来自另一台计算机的输出,且重复输入也使差错的产生概率增大。同时重复录入浪费人力、浪费时间、降低效率。因此,纸面贸易文件成了阻碍贸易发展的一个比较突出的因素。

另外,市场竞争也出现了新的特征。价格因素在竞争中所占的比重逐渐减小,而服务性因素所占的比重逐渐增大。销售商为了减少风险,要求小批量、多品种、供货快,以适应瞬息万变的市场行情。而在整个贸易链中,绝大多数企业既是供货商又是销售商,因此提高商业文件的传递速度和处理速度成了贸易链中所有成员的共同需求。同样,现代计算机的大量普及和应用以及功能的不断提高,已使计算机应用从单机应用走向系统应用;同时通信条件和技术的完善、网络的普及又为 EDI 的应用奠定了坚实的基础。

正是在这样的背景下,以计算机应用、通信网络和数据标准化为基础的 EDI 应运而生。20 世纪 60 年代末,欧洲和美国几乎同时提出了 EDI 的概念。早期的 EDI 只是在两个商业伙伴之间,依靠计算机与计算机直接通信完成。20 世纪 70 年代,数字通信技术的发展促进了 EDI 技术的成熟和应用范围的扩大,也带动了跨行业 EDI 系统的出现。20 世纪 80 年代 EDI 标准的国际化又使 EDI 的应用进入了一个新的阶段。时至今日,EDI 历经萌芽期、发展期,已步入成熟期。正如中国香港 TradeLink 公司的宣传资料所指出的那样:"当 EDI

于 20 世纪 60 年代末期在美国首次被采用时，只属于当时经商的途径之一；时至今日，不但美国和欧洲大部分国家，乃至越来越多的亚太地区的国家，均已认定 EDI 是经商的唯一途径。"

由于 EDI 具有高速、精确、远程和巨量的特点，因此 EDI 的兴起标志着一场全新的、全球性的商业革命的开始。国外专家深刻地指出："能否开发和推动 EDI 计划，将决定对外贸易方面的兴衰和存亡。如果跟随世界贸易潮流，积极推行 EDI 就会成为巨龙而腾飞，否则就会成为恐龙而绝种。"

3. EDI 的应用

EDI 的应用领域非常广泛，运输业采用 EDI 能实现货运单证的电子数据传输，充分利用运输设备、仓位，为客户提供高层次和快捷的服务；仓储业采用 EDI 可加速货物的提取及周转速度，减缓仓储空间紧张的矛盾，从而提高仓储空间的利用率。制造业利用 EDI 能充分了解并满足客户的需要，制订出供应计划，达到降低库存、加快资金流动的目的。EDI 应用于金融、保险和商检，可以实现对外贸易的快速循环和可靠的支付，降低银行间转账所需的时间，增加可用资金的比例，加快资金的流动速度，简化手续，降低作业成本。EDI 用于外贸业，可提高用户的竞争能力。EDI 用于通关和报关，可加速货物通关，提高对外服务能力，减轻海关业务的压力，避免人为操作弊端，实现货物通关自动化和国际贸易的无纸化。

(四)全球定位系统(GPS)技术

1. GPS 简介

全球定位系统(Global Positioning System，GPS)，是利用空间星座(通信卫星)、地面控制部分和信号接收机对对象进行动态定位的系统。它能为用户提供连续、实时的三维位置、三维速度和精密时间，不受天气的影响。

2. GPS 的发展历程

GPS 的前身是美国军方研制的一种子午仪卫星定位系统(Transit)，于 1958 年研制，1964 年正式投入使用。该系统用 5~6 颗卫星组成的星网工作，每天最多绕过地球 13 次，并且无法给出高度信息，在定位精度方面也不尽如人意。然而，子午仪卫星定位系统使得研发部门对卫星定位取得了初步的经验，并验证了由卫星系统进行定位的可行性，为 GPS 的研制奠定了基础。由于卫星定位显示出在导航方面的巨大优越性及子午仪卫星定位系统存在对潜艇和舰船导航方面的巨大缺陷，美国海陆空三军及民用部门都感到迫切需要一种新的卫星导航系统。

为此，美国海军研究实验室(NRL)提出了名为 Tinmation 的用 12~18 颗卫星在距地 10 000 千米的高空组成全球定位网的计划，并于 1967 年、1969 年和 1974 年各发射了一颗试验卫星,在这些卫星上初步试验了原子钟计时系统,这是 GPS 精确定位的基础。美国空军则提出了 621-B 的以每星群 4~5 颗卫星组成 3~4 个星群的计划,这些卫星中除 1 颗采用同步轨道外,其余的都使用周期为 24 小时的倾斜轨道,该计划以伪随机码(PRN)为基础传播卫星测距信号,甚至当信号密度低于环境噪声的 1%时也能将其检测出来。伪随机码的成功运用是 GPS 取得成功的一个重要标志。海军的计划主要用于为舰船提供低动态的二维定位技术,空军的计划能够提供高动态服务,然而系统过于复杂。由于同时研制两个系统会造成巨大的费用,而且这两个计划都是为了提供全球定位技术而设计的,1973 年美国国防部批准海陆空三军联合研制第二代卫星导航定位系统——授时与测距导航系统/全球定位系统(Navigation System Timing and Ranging/Global Position System,NAVSTAR/GPS)计划,该系统简称全球定位系统(GPS)。

3. GPS 的应用

GPS 是最具有开创意义的高新技术之一,其全球性、全能性、全天候的导航定位、定时、测速优势在诸多领域中得到了越来越广泛的应用。GPS 在物流领域的应用也越来越成熟,GPS 对车辆的状态信息(包括位置、速度、车厢内温度等)以及客户的位置信息能快速、准确地反映给物流系统,由特定区域的配送中心统一合理地对该区域内所有车辆进行快速调度。这样便大幅度地提高了物流车辆的利用率,减少了空载车辆的数量和空载的时间,从而减少了物流公司的运营成本,提高了物流公司的效率和市场竞争能力,同时增强了物流配送的适应能力和应变能力。

通过 GPS 和电子地图系统,可以实时了解车辆位置和货物状况(车厢内温度、空载或重载),真正实现在线监控,避免以往在货物发出后难以知情的被动局面,提高货物的安全性。货主可以主动、随时了解到货物的运动状态信息以及货物运达目的地的整个过程,增强物流企业和货主之间的相互信任。

(五)地理信息系统(GIS)技术

地理信息系统(Geographic Information System,GIS),顾名思义,是处理地理信息的系统。地理信息是指直接或间接与地球上的空间位置有关的信息,又常称为空间信息。

1. GIS 的定义

GIS 是以地理空间数据为基础,采用地理模型分析方法,适时地提供多种空间的和动态的地理信息,对各种地理空间信息进行收集、存储、分析并进行可视化表达,是一种为地理研究和地理决策服务的计算机技术系统。

GIS 技术包括数据库管理、图形图像处理、地理信息处理等多方面的基础技术,在计算机软件和硬件的支持下,运用系统工程和信息科学的理论,科学管理和综合分析具有空间内涵的地理数据,为各行业提供规划、管理、研究、决策等方面的解决方案。

2. GIS 的发展历史

约翰·斯诺在 1854 年，用点来代表个例，描绘了伦敦的霍乱疫情，这可能是最早使用地理位置的方法。

20 世纪初期将图片分成层的"照片石印术"得到发展。它允许地图被分成各图层，例如一层表示植被另一层表示水。这种技术特别适用于印刷轮廓，这是一个脑力集中的任务，但是拥有一个单独的图层意味着可以不被其他图层上的工作混淆。这项工作最初是在玻璃板上绘制的，后来，塑料薄膜具有更轻、使用较少的存储空间以及柔韧等优势被引入这项工作中。当所有的图层完成后，再由一个巨型处理摄像机结合成一个图像。彩色印刷引进后，层的概念也被用于创建每种颜色的单独印版。

20 世纪 60 年代早期，在核武器研究的推动下，计算机硬件的发展导致通用计算机"绘图"的应用。1967 年，世界上第一个真正投入应用的地理信息系统由加拿大联邦林业和农村发展部在加拿大安大略省的渥太华研发。罗杰·汤姆林森博士开发的这个系统被称为加拿大地理信息系统(CGIS)，该系统用于存储、分析和利用加拿大土地统计局收集的数据，并增设了等级分类因素进行分析。CGIS 一直持续到 20 世纪 70 年代才完成，由于耗时太长，因此在其发展初期，不能与如 Intergraph 这样的销售各种商业地图应用软件的供应商竞争。CGIS 一直使用到 20 世纪 90 年代，才在加拿大建立了一个庞大的数字化的土地资源数据库。它被开发为基于大型机的系统以支持一个在联邦和省的资源规划和管理工作。

微型计算机硬件的发展使像 ESRI 和 CARIS 那样的供应商成功地具备了大多数 CGIS 的特征。20 世纪 80 年代和 90 年代产业的成长刺激了应用 GIS 的 UNIX 工作站和个人计算机的飞速增长。至 20 世纪末，CGIS 在各种系统中的迅速增长使其在相关的部分平台已经得到了巩固和规范。

3. 地理信息系统的应用

地理信息系统是一种具有信息系统空间专业形式的数据管理系统。严格地讲，这是一个具有集中、存储、操作和显示地理参考信息的计算机系统。地理信息系统技术能够应用于科学调查、资源管理、财产管理、发展规划、绘图和路线规划。例如，一个地理信息系统能使应急计划者在发生自然灾害时较容易地计算出应急反应时间，或利用 GIS 来发现那些需要保护的湿地。

【案例 1-4】

数字化管理系统提升信息流传导效率

数字化管理系统可以满足多重业务的个性化需求，灵活处理多重业务流程。数字化管理系统主要可分为订单管理系统(OMS)、仓库管理系统(WMS)、运输管理系统(TMS)、RFID

以及车辆调度系统,这些系统提升了信息流的传导效率,改变了传统的管理方式,帮助企业提升了内部运营效率,如表1-1所示。

表1-1 数字化系统的功能与科技应用

管理	功能	科技应用
订单	提升订单处理效率	OMS
仓储	提升出入库效率	WMS、RFID
运输	解决交付问题	TMS
调度	车辆调度、线路优化	车辆调度系统

(1) OMS提升了订单处理效率。

OMS可以帮助企业建立订单全程的执行、监控和KPI考核体系,直接对客户的订单进行处理,跟踪并进行动态反馈,节省了原本由人工管理的运作时间和成本,使客户可以得到全面的订单服务体验。OMS可以对不同渠道的订单进行统一处理,提升物流企业在订单管理方面的运营效率。

(2) WMS提升货物存储以及出入库效率。

WMS主要服务于库内货物的库存盘点、流转控制、出库拣选,可以直接通过WMS进行库存货物的清点、发货,完全替代了传统的人工凭记忆找货,提高了库内的运营效率。

(3) TMS解决运输交付及结算问题。

TMS可为物流企业提供车队管理、车货匹配、货物监控、交付及结算等服务。通过对TMS的应用,提升了物流企业内部信息流传导效率,提高了运输效率,并实现了对客户全程可视化。

(4) RFID。

在出入库方面,变革较大的是RFID读写技术。该项技术解决了传统条形码扫描在距离、效率、穿透性、数据容量、寿命等方面的各种不便性。

在应用方面,RFID通过将货物以标签的形式读写下来进行收录存储,方便后续出入库,在降低成本的前提下,提升了货物出入库效率。

在供应端方面,国内做得比较好的RFID企业有信达、航天信息、达华、思创、新开普、德鑫、远望谷等,营收基本都过亿元。另外,还有一些企业改变了手持把枪的形式,提升库内的运营效率,如华翔天成、艾韦讯、浩创等。

(5) 调度系统分配运力,优化行驶路径。

在运输过程中,车辆调度和路径优化是两个比较重要的变量,合理地调度和规划,可以使企业在运输过程中节约不少成本。如果要满足即时的车辆调度和路径优化需求,人脑是无法直接测绘这些数据的。此时,车辆调度系统的诞生,利用各大路由及车辆算法模型,进行最优的车辆分配以及路由规划,提升了车辆运输效率。

(资料来源:http://news.chinawutong.com/wlqy/wlzh/201912/59347.html)

评估练习

1. 物流活动中用到哪些典型的信息技术？
2. 条码技术是怎么产生的？

第三节 物流信息化的发展现状及趋势

教学目标

- 了解我国物流信息化的发展现状。
- 了解我国物流信息技术的发展趋势。

随着互联网时代的到来，信息的交流方式发生了巨大的变化。信息已成为现代物流的灵魂。互联网技术所推动的信息革命使物流现代化的发展产生了巨大的飞跃。物流信息化表现为物流信息的商品化、物流信息收集的数据库化和代码化、物流信息处理的电子化和计算机化、物流信息传递的标准化和实时化、物流信息存储的数字化等。没有物流信息化，关于物流现代化的任何设想都不可能实现，信息技术及计算机技术在物流中的应用将会彻底改变全世界物流的面貌。

一、物流信息化的内涵

(一)物流信息化的含义

信息化至少包含两方面的含义：一方面，信息本身的特性决定了其具有一种载体的功能；另一方面，实现信息交换的信息技术作为一种先导技术广泛地应用于包括物流行业在内的诸多行业。基于这种理解，物流信息化至少有两个层面的含义：第一，信息成为物流业务中商流、物流(商品移动)、资金流的载体；第二，反映物流资源的信息成为信息资源，通过信息技术在物流领域的应用来实现物流管理的全面信息化。

综上所述，物流信息化是由物流信息技术、计算机网络技术、管理方法集成形成的物流实务经济转向物流信息经济活动综合性的过程。物流集成化涉及物流系统设计、物流功能、物流信息、物流过程、物流管理等的集成化，是物流高级化的重要表现形式之一。而物流信息化是物流集成化的基础和前提，也是物流高级化发展的基本保障。

(二)物流信息化的意义

进入 21 世纪以来，我国政府和企业对物流信息化重要性的认识不断提高。2004 年，国家发改委、商务部、公安部、铁道部、交通部等九部委联合发布了《关于促进我国现代物流业发展的意见》，鼓励建设公共的网络信息平台，支持工商企业和物流企业采用互联网等先进技术，实现资源共享、数据共用、信息互通，推广应用智能化运输系统，加快构筑全国和区域性物流信息平台，优化供应链管理。2006年发布的《中华人民共和国国民经济和社会发展第十一个五年规划纲要》中，明确提出了大力发展现代物流业，推进物流信息化。2009年出台的《物流业调整和振兴规划》中，进一步提出了积极推进企业物流管理信息化，促进信息技术的广泛应用。加快行业物流公共信息平台建设，建立全国性公路运输信息网络和航空货运公共信息系统，以及其他运输与服务方式的信息网络。推动区域物流信息平台建设，鼓励城市间物流平台的信息共享。加快构建商务、金融、税务、海关、邮政、检验检疫、交通运输、铁路运输、航空运输和工商管理等政府部门的物流管理与服务公共信息平台，扶持一批物流信息服务企业成长。2013年，工业和信息化部印发《关于推进物流信息化工作的指导意见》，深刻地分析推进物流信息化工作的主要任务是：提高全社会物流信息资源开发利用水平，提高政府部门物流服务和监管的信息化水平，提高物流行业和物流企业的信息化水平，提高企业物流信息化和供应链管理水平，加快物流信息化标准规范体系建设，加快物流信息化军民结合体系建设，推进物流相关信息服务业和信息技术的创新与发展。2017年，国务院印发《关于进一步推进物流降本增效促进实体经济发展的意见》，强调物流对于第一二三产业发展的重要性，从信息化、设施建设等方面降低物流成本，鼓励发展智能物流及第三方物流。

物流发展的总趋势是物流的现代化、国际化和信息化。而物流信息化是物流国际化、物流现代化的基础；尤其是随着以电子化、网络化和数字化经济为特征，以电子商务为核心的"e"时代的来临，物流信息化面临挑战与动力。物流作为一个涉及投入和产出的重要环节，在企业的经营管理中起着重要作用，而物流信息化的重要性也越来越被人们所认同。

(1) 物流信息化可以促使物流成本减少。无论是企业物流还是物流企业，如何对自身物流资源进行优化配置，如何实施管理和决策，以期用最小的成本带来最大的效益，是其所面临的最重要的问题之一。物流的信息化能够使管理人员运用智能规划理论和方法，高效地进行运输资源的使用、运输路线的选择、工作计划的拟订、人员的安排、库存数量的决策、需求和成本的预测、系统的控制等，取得良好的经济效益。

(2) 物流信息化有助于提高物流传递的效率和质量。物流不再仅仅是运输物资，同时也在传递信息，各种信息经过加工、处理再传播出去。物流信息化的目的并不仅仅是为了精减人员，节约费用，而是要形成一个效率高、质量好的物流系统，提高物流传递的效率和质量。

(3) 物流信息化有助于提高企业竞争力。物流信息化包括物资采购、销售、存储、运输等物流过程的各种决策活动，如为采购计划、销售计划、供应商的选择、顾客分析等提供决策支持，并充分利用计算机的强大功能汇总和分析物流数据，在物流管理中选取、分析和发现新的机会，进而做出更好的采购、销售和存储决策，能够充分利用企业资源，增加对企业的内部挖潜和外部利用,从而能降低成本,提高生产效率,增强企业竞争优势。

【课内资料1-1】

中国移动再牵手邮政　运营商的物流信息化布局

2018年12月,中国移动集团与中国邮政集团在京举行战略合作签约仪式,宣布双方正式达成战略合作。据了解,在此之前,双方已经在基础通信、银行业务、寄递、物联网等领域开展了长期的合作。如今,双方决定深化战略合作伙伴关系,未来将在通信及信息化服务、金融业务、渠道网点、寄递物流、客户服务与宣传等多领域推进深度合作。

事实上,在当下的基础电信行业内,各方之间的竞争已经愈发激烈。2018年以来,三大运营商传统业务增收的压力已愈发显著,为了寻求盈利,众多企业也都开始拓展新的发展点。而纵观我国的物流市场,目前仍是以中小型物流企业居多,都存在着信息化管理水平过低的问题,对行业效益等多方面都造成了不小的影响。随着行业的高速增长,为了在"硝烟四起"的战场上立足和生存,企业也都逐渐向信息化转型,物流行业进入了全面发展的时期。

在以往的通信运营商与物流企业的合作中,通信运营商一般只为物流企业提供传统的通信产品,收入效果不甚理想。如今,众多物流企业对于提升信息化管理水平的需求已日益迫切。2013年1月,工业和信息化部还曾出台了《关于推进物流信息化工作的指导意见》的文件,提出要大力推进物流相关信息服务业和信息技术创新与发展。瞄准这一潜在的广阔市场,通信运营商们也开始相继切入这个全新的领域。

除了这次牵手中国邮政集团,在11月份召开的中移物流合作伙伴峰会上,中国移动终端公司还发布了"中移物流合作伙伴计划"(CMLP),顺丰、神州数码、中国邮政、鸿讯物流、敦豪供应链、中通快递、品骏控股、京东等均成为首批加入"中移物流合作伙伴计划"的企业。与菜鸟的国家智能物流主干网类似,中移物流也计划构建服务中国移动的仓储配送骨干网。截至2018年10月,中移物流外部收入已突破了4 000万元,不过与领先的物流企业相比,双方之间的差距仍然比较大。

而中国电信2017年6月就和传化集团达成了合作意向,双方合资成立传信物流互联科技有限公司,该公司也是中国电信正式进军物流的标志。之后,2018年11月,中国电信投资公司与传化智联合资成立的天翼智联公司正式揭牌亮相。

2018年8月,北京市邮政速递物流分公司则与中国联通北京市分公司联合成立"发票共享服务中心"。9月,德邦快递宣布与广东联通达成合作,双方计划共同组建5G联合创新实验室和物流科技实验室,并在产业资源方面进行合作。

推动物流信息化,将使运营商传统的以"人"为主要对象的模式转化为以"物"为主要对象的模式。"人"的需求是有限的,但"物"的需求是呈几何倍数增长的。扩大需求的同时,也对运营商的供给能力提出了更高的要求,对其服务转型提出了很大的挑战。

(资料来源:http://www.ebrun.com/20181218/312603.shtml)

二、我国物流信息化的发展现状

(一)我国物流企业信息化的发展现状

从目前来看,我国信息化体系的建设、应用与推广并不顺利,这严重地制约着物流企业的长远、健康发展,具体表现在以下几个方面。

(1) 企业信息化程度参差不齐。

在"互联网+"背景下,向信息化、智能化转型是现代物流企业的必然选择。国内很多物流企业,尤其是中小型物流企业,信息化建设还处于刚刚起步的阶段,物流信息系统普及程度不高,技术不成熟。据统计,国内82.75%的物流企业进行了信息化投资,但投资率较低。其中,31.03%的企业信息化投资率不足1%,34.48%的企业信息化投资率在1%~5%,仅有17.24%的企业信息化投资率超过5%。

有67%的物流企业受限于财力、物力、人力等因素,未能建立自己的物流信息系统。而另外33%的企业,虽然已经开发了物流系统,但是系统是完全独立运行的,未能打通数据交换和共享的通道,而且采集和整合物流信息的功能也不够成熟,物流信息化程度并不理想。

(2) 物流对象身份识别程度有所提高。条形码、射频标签等识别标志是企业储存和运输物品的"身份证明",对于及时查找、跟踪、管理物品具有重要作用。若应用程度低,将会影响正常物流信息的收集,进而影响物流信息系统功能的实现,降低物流企业自动化管理能力,降低信息共享的速度,造成"信息孤岛"。目前,企业中条码的应用率超过80%,射频标签的应用率超过50%,电子单证的应用率也接近75%。

(3) 物流信息系统软件应用不足。我国物流业软件普及率达到77.59%,但应用深度不足,其中51.72%的物流企业仅在仓储、运输、配送、采购以及客户管理等基本环节应用软件。国际标准化组织推出的电子数据交换技术,主要作用是顺利实现不同计算机系统之间的数据交换,改进信息处理活动的效率,促使物流活动朝着更加完善和快捷的方向发展。由于物流企业对电子数据交换技术的认知程度参差不齐,或者缺乏信息技术基础,我国企业在经营活动中,EDI(电子数据交换技术)的使用率还不到30%,电话、传真、邮件依然是企业习惯选用的信息交换方式。多数物流企业未能充分应用全球定位系统,未能提升物品在运送过程中的通过率,致使我国物流业服务水平整体上落后于国外同行。

【案例1-5】

顺丰科技发布人工智能系统"慧眼神瞳"

基于物联网、人工智能、大数据、GIS等技术的综合应用被广泛地应用于各个环节,顺丰科技一直致力于应用各种创新技术,构建智慧物流体系。2019年,除了推出能多形态、一站式地解决体积测量问题的快测AR以外,3月7日顺丰科技还对外发布"慧眼神瞳",

这标志着顺丰科技人工智能计算机视觉成果在业务场景的落地突破。

"慧眼神瞳"是利用各种视频和图像进行自动化分析的人工智能系统。监控摄像头是目前快递企业各业务场景中的标配,其中蕴含丰富的数据资源,但是如果数据没有经过分析和汇总,就发挥不了更大的作用。"慧眼神瞳"就是通过人工智能的高科技手段自动分析这些数据,并将其转化为企业管理决策的依据。比如对于中转场的装卸口这个场景,将摄像机部署在装卸口,通过分析车辆到离卡行为、车牌识别、车辆装载率、人员工作能效等基础数据,刻画出装卸口作业场景的完整生产要素,将所有作业数据线上化,持续优化各项运营成本,优化运转效率,就像"润滑油",让"人""货""场""车"等"齿轮"高速运转,提升中转场这台"机器"的效率。

(资料来源:http://www.100ec.cn/detail--6516296.html)

(二)物流公共服务平台发展现状

物流公共服务平台的载体主要是物流信息平台。物流信息平台是指能整合各种物流信息资源,完成各系统间数据交换,实现信息共享的平台,推动物流相关政府职能部门间协同工作机制的建立,提高相关管理部门工作的协同性、决策的科学性。物流信息平台可为政府相关职能部门的信息沟通提供信息枢纽服务,强化政府对物流市场的宏观管理与调控能力,为政府的宏观规划与决策提供信息支持。

物流信息网是指近十年来出现的货物信息发布网站,如"物流114查询网""中国物流网"等。而物流信息平台则是能够控制物流交易的B2B或B2C的物流电子商务平台。传统物流信息网只能解决供求信息发布的问题,而不能保证信息的真实性、及时性和有效性。物流信息平台不仅解决了物流服务供需信息的发布问题,还进行信息真实性的认证及信息及时性和有效性的管理。物流信息平台将控制整个交易过程及物流服务过程,对物流服务的品质及交易双方的诚信负责任,虽然平台的搭建及运营管理非常复杂,但这是发展趋势。物流信息平台对提高物流行业的信息化水平有着重要意义。

与此同时,为港口、物流园区等提供公共服务的物流信息平台也在迅速发展,这种物流信息平台所面向的用户相对集中一些。港口物流信息服务平台是围绕码头物流信息建设的综合信息服务平台,主要是满足集装箱车队、货运代理、仓库和专线物流公司等集装箱物流链上的中小企业对拼箱、配货、货物跟踪、数据传输等的需求,协调中小企业的优势资源;港口物流信息服务平台作为中小企业之间的物流信息传递平台,是对综合的港口信息系统的一种有效的补充和丰富。物流园区信息平台是指对物流园区内物流作业、物流过程和物流管理的相关信息进行采集、分类、筛选、储存、分析、评价、反馈、发布、管理和控制的通用信息交换平台。物流园区信息平台为企业提供了低成本实现企业信息化的条件,通过共享信息,使企业能以更低的成本为客户提供更好的服务,真正实现物流的现代化。

我国以物流信息平台为代表的物流公共服务信息化发展虽然取得了一定进展,但在发展过程中也存在诸多问题，主要表现在以下两个方面。

(1) 物流信息平台建设运营主体的确定问题。物流信息平台建设运营主体主要有两种：第一种是以政府为主的模式。在这种模式下，物流信息平台的规划、建设和运营维护都由政府直接负责。这种模式的特点是物流信息平台的公益性较强。但也存在很多弊端，如后期资金的投入不能得到有效的保证，且容易造成对市场需求把握不足。第二种是以企业为主的模式。在这种模式下，企业可以自主经营，积极把握市场需求。但该模式也有一定的局限性，如整合资源的能力不强、缺乏系统规划、投入资金压力大等。

(2) 物流信息平台盈利能力缺乏。物流信息平台的成功既需要完善的市场调研、雄厚的资金支持，更需要合适的商业模式。目前为止，多数物流信息平台缺乏良好的商业模式的支持，导致盈利能力有限，使平台的持续发展受到一定的影响。

(三)政府物流监管信息化的发展现状

物流流程中涉及政府监管，例如对于物流中的交通安全、环保等的监管，对于通关、检验检疫的监管，对于医药、食品和危险化学品物流的监管等。政府物流监管方式的信息化能够有效地提高监管效率，降低监管成本。

2007年以来，国家陆续对食品、药品、危化品、通关物流等项目实施重点监管，因此，这些领域的物流信息化工程也迅速推进，并起到了一定的示范效应。目前，全国多数地方的电子口岸实现了大通关核心流程全程上网，物流信息化水平大大提高。与此同时，海关的电子商务和综合物流服务平台逐步开发完成，实现了由政务向商务、物流服务的延伸。在医药领域，物流监管信息化开始在多处试点。2018年2月25日，青岛市药品医疗器械电子监管网正式启动，通过对药品医疗器械的生产、经营单位的资质和物流过程实施监管，意味着青岛市成功地把先进的信息技术引入药械监管领域。据了解，该网络以市药监局政务网站为核心，覆盖全市12个区市的网上政务公开信息平台，着重对药械生产、流通、使用等环节进行远程动态监管，具有先进性、标准性、安全性等特点。通过对药品(医疗器械)的生产、经营使用单位资质、内部信息监控和对药品(医疗器械)流转过程实施监管，可以有效实现对有关单位的实时动态监管；通过与稽查系统的数据信息交换，实现本辖区闭环管理；通过与市药监局现有许可系统的互联、互通，实现对单位资质、业务批准等与单位相关的业务行为进行监管；该网还可以通过与全国其他监管的信息系统数据进行交换，实现对进出青岛市辖区的药品(医疗器械)物流信息的远程监管，避免监管的断层；通过单位基本数据库的建设和监管信息的采集，实现监管的网络化操作。

总体而言，政府物流监管信息化正在从重点行业、重点领域逐渐向多个行业延伸，并且推进速度较快，但也存在着一些问题，具体表现在以下两个方面。

(1) 各个政府部门监管平台的互联互通问题。由于物流活动涉及的部门较多，因此各个政府部门监管平台互联互通，对于提高政府部门的整体监管效率具有重要意义。但是现在多数物流监管平台之间的信息不能互通，不但给企业带来了不必要的麻烦，同时也降低了政府部门的监管效率和监管水平。

(2) 政府物流监管信息化建设与应用不同步。物流监管信息化的主体是政府，在雄厚的资金支持下，政府能够比较顺利地推动物流监管信息化的建设。但是很多物流监管信息平台建设完成后，由于多方面的原因，未能较快地应用起来，不能产生较大的应用价值，造成了信息化建设和应用的不同步。

三、我国物流信息化的发展趋势

(一)政府的支持将会极大地推动物流信息化的发展

现代物流业必然包含信息技术的应用。现代物流是在传统物流的基础上，引入高科技手段，如采用条码技术，通过 EDI 和互联网进行数据交换，在 RFID、GPS、GIS 技术的基础上实现产品跟踪，利用物流管理系统处理和控制物流信息，实现运输的合理化、仓储的自动化、包装的标准化、装卸的机械化、加工配送的一体化、信息管理的网络化，使物流速度加快、准确率提高、成本降低，延伸并扩大了传统的物流功能。信息化已成为现代物流发展的核心因素。

当前，随着经济全球化的深入发展，新一轮信息技术变革正在兴起，国内工业化、信息化、城镇化、农业现代化日益深入发展，经济结构转型加快，为我国物流信息化的发展带来了新的机遇和动力。因此，各级政府应高度重视物流信息化的发展。

为深入贯彻习近平总书记关于推动长江经济带发展的重要战略思想，落实《长江经济带发展规划纲要》和交通运输部等十八个部门《关于进一步鼓励开展多式联运工作的通知》(交运发〔2016〕232号)等要求，以江海直达、江海联运、铁水联运等为重点，加快推动长江经济带多式联运，解决铁路进港"最后一公里"问题，落实《"十三五"长江经济带港口多式联运建设实施方案》，2019年8月，交通运输部办公厅公布了《深入推进长江经济带多式联运发展三年行动计划的通知》。

通过大力推进航运、港口、铁路企业之间的业务单证电子化，逐步实现多式联运单证统一，提升了物流服务效率和联运信息化水平，强化了多式联运数据交换电子报文标准应用，推进多式联运信息交换共享，提高业务协同和服务效能。2018年年底前，实现主要港口企业集团与相关铁路企业间舱单、铁路运单、装卸车船等铁水联运信息交换共享。2019年年底前，推动扩大多式联运信息交换范围，完善信息共享机制，实现主要港口企业集团与相关铁路企业之间货物在途、单证等铁水联运信息交换共享。2020年年底前，推动国家交通运输物流公共信息平台与铁路95306平台有效对接，提升铁水联运信息共享水平，鼓励企业汇集多种运输方式信息资源，建立以业务为支撑、以服务为导向的具有创新示范效应的多式联运信息平台。

(二)物流信息技术的发展和应用将会进一步加快

未来几年,电子标识、自动识别、信息交换、智能交通、物流经营管理、移动信息服务、可视化服务和位置服务等先进技术的研发和应用将会显著加快。主要的核心技术包括人工智能、大数据云计算、物联网以及区块链,这些都离不开高质量通信技术的支持,随着 5G 移动通信技术的全面商用,基于上述核心的产品将逐步落地,因此新一代物流行业的发展,关键契机在于 5G 通信技术的推动。智能交通系统(ITS)、物流基地综合管理系统、智能集装箱管理系统、物流信息管理系统(LMS)以及海关特殊监管区域信息化管理系统会进一步普及。

(三)物联网技术在物流行业的应用将会更加广泛

物联网又称传感网(Internet of Things,IOT),可借助互联网、RFID 等无线数据通信等技术,实现对单个商品的识别与跟踪。基于这些特性,将其应用到物流的各个环节,可保证商品的生产、运输、仓储、销售及消费全过程的安全和时效。

物流业是物联网很早就实实在在落地的行业之一,很多先进的现代物流系统已经具备了信息化、数字化、网络化、集成化、智能化、柔性化、敏捷化、可视化、自动化等先进技术特征。很多物流系统和网络也采用了最新的红外、激光、无线、编码、认址、识别、定位、无接触供电、光纤、数据库、传感器、RFID、卫星定位等高新技术,这种集光、机、电、信息等技术为一体的新技术在物流系统的集成应用就是物联网技术在物流业应用的体现。

目前,在物流业应用较多的感知手段主要是 RFID 技术和 GPS 技术,今后随着物联网技术的发展,传感技术、蓝牙技术、射频识别技术、M2M 技术等也将逐步集成应用于现代物流领域,用于现代物流作业中的各种感知与操作,如温度的感知用于冷链物流监控、侵入系统的感知用于物流安全防盗、视频的感知用于各种控制环节与物流作业引导等。

已有很多公司探索新的物联网在物流领域应用的新模式。如某公司探索在邮筒上安装感知电子标签,组建网络,进行智慧管理,并把邮筒智慧网络用于快递领域;当当网在无锡新建的物流中心探索物流中心与电子商务网络的融合,开发智慧物流与电子商务相结合模式;无锡新建的粮食物流中心探索将各种感知技术与粮食仓储配送结合,实时了解粮食温度、湿度、库存、配送等信息,打造粮食配送与质量检测管理的智慧物流体系。

(四)公共物流信息平台的发展会进一步提速

信息的互联互通一直是困扰公共物流信息平台发展的"瓶颈"。"十三五"期间,中央和各级政府非常重视公共物流信息平台的发展,在资金和政策上大力支持。随着物流信息化标准的不断完善,将会出现一批优秀的可复制的公共信息平台。在这些平台的发展过程中,首先要解决的问题是公共信息平台与政府监管平台的互联互通,其次还要解决公共信息平台与企业之间的互联互通，最后解决区域乃至全国信息的互联互通。

【案例1-6】

美国如何实现物流信息化

1. 服务是物流信息化的核心

物流信息化已成为美国工商企业降低物流成本、改进客户服务水平、提高企业竞争力的基本手段，更成为物流企业提供第三方物流服务的前提条件。因此，美国企业都是以满足客户服务需求为物流信息系统建设的出发点，通过采用先进的信息技术实现供应链伙伴相互之间的信息沟通与共享；特别是物流企业，更是将为客户提供的信息服务内容作为信息系统建设的重要依据。而我国企业大都没有把物流信息化放到战略高度来认识，往往是以满足企业内部管理为出发点建设物流信息系统，忽视了对客户物流信息服务的建设，这种观念上的差距严重地影响了物流信息系统的投入力度和实施效果。因此，必须将服务作为物流信息化的核心，围绕提供客户服务水平来改善物流管理模式与运作流程，并以此为业务需求来建设合格的物流信息系统。

2. 标准是物流信息化的基础

物流活动包括运输、仓储、包装、配送、流通加工等多个环节，在运输方面涉及铁路、公路、航空、海运和国际运输等多种模式，在服务方面涉及电子、汽车、药品、日用消费品等众多行业，需要物流信息系统像纽带一样把供应链上的各个伙伴、各个环节连接成一个整体。这就需要在编码、文件格式、数据接口、EDI、GPS等相关代码方面实现标准化，以消除不同企业之间的信息沟通障碍。美国行业协会在物流标准的制定方面发挥了重要作用，在条码、信息交换接口等方面建立了一套比较实用的标准，使物流企业与客户、分包方、供应商更便于沟通和服务，物流软件也融入了格式、流程等方面的行业标准，为企业物流信息系统的建设营造了良好的环境。而我国由于缺乏信息的基础标准，不同信息系统的接口成为制约信息化发展的"瓶颈"，物流企业在处理订单时，有时数据交换要面向七八种不同的模式。因此，加快我国物流标准化特别是物流信息标准化步伐，是推进我国物流信息化的基础。

3. 应用是物流信息化的关键

美国物流信息化的最大特点是将先进的信息技术有效地应用于实际的物流业务之中。首先，广泛应用互联网建设物流信息平台，互联网的发展和规范管理，特别是安全软件和技术设备的发展，为物流信息系统的建设提供了良好环境。其次，将优化的物流运作流程融入软件，形成了比较成熟的标准化、模块化的物流与供应链软件产品，为物流信息系统的建设提供了技术保障。最后，公共物流信息平台的发展，为企业间的信息沟通和采用应用服务(ASP)模式降低信息化成本创造了条件。近年来，我国从政府到企业对物流信息化重要性的认识在不断提高，与美国的差距主要在应用上。我国目前的物流信息系统建设仍以专线为主，不便于信息网络间的连接；由于缺少实用可靠的成熟物流软件，使企业在建设物流信息系统时不敢投入，自主开发又存在起点低、周期长的问题；公共物流信息平台的缺乏，也使企业物流信息系统成为一个个"信息孤岛"，中小企业的物流信息化举步维艰。因此，营造物流信息化良好的应用环境、提高物流信息化的应用水平是推进我国物流信息化的关键所在。

(资料来源：http://news.56ye.net/406/2468.html)

评估练习

1. 什么是物流信息化？
2. 阐述我国物流信息化的发展现状。

本 章 小 结

物流信息不仅能够反映货物流动中的各种状态，也可以作为决策依据，帮助企业对整个物流活动流程进行有效的计划、协调与控制。物流信息技术是现代信息技术应用在物流各个作业环节中的信息技术，它是建立在计算机、网络通信技术平台基础上的各种技术应用，包括硬件技术和软件技术，如条码(Bar Code)、射频技术、电子数据交换(EDI)技术、全球定位系统(GPS)技术、地理信息系统(GIS)技术，以及在这些技术手段支撑下的数据库技术、面向行业的信息系统等技术。

第二章 条码技术

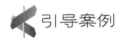 引导案例

20世纪20年代，条码技术在Kermode的实验室项目中应运而生。当时，约翰·克默德(John Kermode)异想天开地想对邮政单据进行自动分拣。他的想法是在信封上做条码标记，其中条码中携带的信息就是收信人地址，类似于现在的邮政编码。Kermode的设计方案非常简单，即一个"条"表示数字"1"，两个"条"表示数字"2"，以此类推。随后，他用一个可以完成光发射并接受反射光的扫描器、一个可以将条和空用反射光识别出来的边缘定位线圈、一个可以测定结果的译码器，组成了最早期的条码识别设备。扫描器利用光电采集器来收集、反射光，返回强信号的是白条，返回弱信号的是黑条。与当今电子元器件应用不同的是，Kermode用来测定信号的是磁性线圈，当带铁芯的线圈吸引到一个开关的时候，这种现象代表接收到的信号为空，反之其将开关释放并且连接通路的时候，这证明接收到的信号为条。

最早的条码阅读器噪声很大，开关由一系列继电器来实现，"开"和"关"由打印在信封上"条"的数量决定。通过这种方法，可用条码符号直接对信件进行分拣。但是，Kermode码有两个很明显的缺点，一是包含的信息量相对比较少，二是形式比较单一。要想编出十个以上的不同代码的形式可谓难上加难。此后，Kermode的合作者Douglas Young对此进行改进。他利用条之间空的变化，使新的条码符号可在同样大小的空间内对100个不同的地区进行编码。

1949年，专利文献中第一次有了Joe Wood Land和Berny Silver发明的全方位条码符号的记载。他们利用Kermode和Young的垂直的"条"和"空"，使之弯曲成环状，非常像射箭的靶子。用于食品项目及相应的自动识别设备方面中，扫描器可以不用分辨条码符号的方向，只要从图形的中心扫描，就能够对条码符号进行解码。

在利用这项专利技术并对其进行不断改进的过程中，一位科幻小说作家在他的书中讲述了使用信息编码的新方法实现自动识别的事例。那时人们觉得书中的条码符号看上去像一个方格子棋盘，但是今天的条码专业人士马上会意识到这是一个二维矩阵条码符号。虽然此条码符号没有方向、定位和定时，但很显然，它表示的是高密度信息的数字编码。

直到1970年Interface Mecha-nisms公司开发出"二维码"之后，才有了适合销售的二维矩阵条码的打印和识读设备。当时的二维矩阵条码用于报社排版过程的自动化。二维矩阵条码印在纸带上，由一维CCD扫描器扫描识读。CCD发出的光照在纸带上，每个光电采集器根据纸带上印刷条码的图案，产生了一个高密度信息图案。用这种方法在早期用

Kermode 码只能打印一个"条"的空间内可以打印出一个字符。当第一个系统进入市场后,包括打印和识读设备在内的全套设备大约需要 5 000 美元。

(资料来源:http://www.cpp114.com/news/newsShow_88280.htm)

辩证性思考

在日常生活中,我们可以运用条码来解决哪些问题?

第一节 条 码 概 述

教学目标

- 了解条码产生的历史。
- 掌握条码的特点。

一、条码的历史及发展

在经济全球化、信息网络化的今天,尤其是近年来随着电子商务在中国的飞速发展,条码在人们的生活中已经随处可见。现在世界上的各个国家和地区都已普遍使用了条码技术,而且它正在快速地向世界各地推广,其应用领域越来越广泛。

条码最早产生于 20 世纪 20 年代。一位名叫 John Kermode 的发明家发明了最初的条形码。不过他发明的条形码和现在我们所见到的条码大不相同,更像是今天的邮政编码,一个"条"表示数字"1",两个"条"表示数字"2"。他还发明了由扫描器(能够发射光并接收反射光)、边缘定位线圈(测定反射信号条和空的方法)和译码器(使用测定结果的方法)等基本元件组成的条码识读设备。

1949 年,美国乔·伍德兰德(Joe Wood Land)和伯尼·西尔沃(Berny Silver)两位工程师开始研究用代码表示食品项目及相应的自动识别设备,并于 1949 年获得了美国专利。这种代码的图案很像微型箭靶,被称为"公牛眼"代码。

1973 年,IBM 公司的高级技术专家伍德兰德先生将 IBM 公司推荐的通用产品条码 UPC(Universal Product Code)作为统一的商品标识码,从而使商品有了统一的识别标准。

1977 年欧洲成立了欧洲物品编码协会(European Article Number,EAN),并在 UPC 码的基础上开发出了 EAN 码。1981 年由于 EAN 已经发展成为一个国际性组织,故改名为"国际物品编码协会",简称 IAN。但由于历史原因和习惯,至今仍称为 EAN(后改为 EAN-international)。

20 世纪 80 年代初,人们围绕提高条码符号的信息密度,开展了多项研究。128 码和 93 码就是其中的研究成果。128 码于 1981 年被推荐使用,而 93 码于 1982 年被使用。到 1990 年年底为止,共有 40 多种条码码制,相应的自动识别设备和印刷技术也得到了长足的发展。

日本从 1974 年开始建立 POS 系统，研究标准化以及信息输入方式、印制技术等。并在 EAN 的基础上，于 1978 年制定出日本物品编码 JAN，同年加入了国际物品编码协会。

我国从 20 世纪 80 年代中期开始，把条码技术的研究和推广应用逐步提上议事日程。1988 年 12 月 28 日，经国务院批准，国家技术监督局成立了"中国物品编码中心"。该中心的任务是研究、推广条码技术，同时组织、开发、协调、管理我国的条码工作。

随着改革开放的逐步加深，中国市场日益强大，条码技术在国内发展迅速，到 2004 年，我国已经有 100 多万种产品正在使用条码进行标识和携带信息。此后，随着科学技术的不断提升，条码技术也日益完善。截至 2019 年，条码技术已得以与场景深度融合，广泛应用于商业、邮政、图书管理、仓储、工业生产过程控制、交通等领域。

二、条码的概念及特点

(一)条码的概念

条码又称条形码，是由一组按特定规则排列的条、空及其对应字符组成的表示一定信息的符号。"条"是指对光线反射率较低的部分，"空"是指对光线反射率较高的部分，条码中的条、空分别由深浅不同且满足一定光学对比度要求的两种颜色(通常为黑色、白色)表示。条为深色，空呈浅色。这些条和空组成的数据表达一定的信息，并能够用特定的设备识读，转换成与计算机兼容的二进制和十进制信息。

(二)条码的特点

条码之所以能被应用广泛，是因为它具有以下特点。①简单、易于制作，可印刷。条码由简单的条、空组成，编写很简单，制作也仅仅需要印刷，被称为"可印刷的计算机语言"。②信息采集速度快。普通计算机的键盘录入速度是每分钟 200 字符，而利用条码扫描录入信息的速度是键盘录入的 20 倍。③采集信息量大。条码上可包含各类信息，从商品的生产、加工、包装，再到物流周转各个过程，借用现代信息技术，已非难事。④可靠性高。采用键盘录入数据，误码率为三百分之一，而采用条码扫描录入方式，误码率仅有百万分之一，首读率可达 98%以上。⑤设备结构简单、成本低。与其他自动化识别技术相比较，条码技术仅仅需要一小张贴纸和构造相对简单的光学扫描仪，成本相当低廉。⑥灵活、实用。条码符号可以用手工键盘输入，也可以和有关设备组成识别系统实现自动化识别，还可和其他控制设备联系起来实现整个系统的自动化管理。⑦自由度大。条码可应用于各类物品，可包含各种信息，外包装上占用面积小，可印刷在物品的任何合适的部位。

三、条码的结构

条码是用于方便人们传输数据的一种方法。这种方法是将要输入计算机内的所有字符，经过编码后使每一字符都有自己相对应的"码"。它由许多宽度不一的"线条"及"空白"

组合来表示出各种不同的码，每一种条码的规格都有其各自的编码方法。在一种条码规格中，每一个字符的码都自有其独特"线条"及"空白"的宽窄组合，而与其他字符不同。条码因国家、区域及使用目的不同有不同的编码方式，但基本组成不外乎四个部分：①起始码(Start Code)，一个条码的起头，以便条码读取器判别开始；②资料码(Data Code)，它是条码的主要部分，又因使用要求不同，编码方式也不同；③检查码(Check Code)，又称查核码，用计算公式算出，以确保数据的正确性；④终止码(End Code)，它是条码的结束，以便条码读取器判别结束。

四、条码的编码方法与规则

(一)条码的编码方法

条码的编码方法主要有两种：一种是宽度条件法，另一种是模块组合法。宽度条件法是以窄元素(条纹或间隔)表示逻辑值"0"，宽元素(条纹或间隔)表示逻辑值"1"。宽元素通常是窄元素的2~3倍。以二五条码为例，二五条码是一种只有"条"表示信息的非连续型条码。每一个条码字符由规则排列的五个"条"组成，其中有两个"条"为宽单元，其余的"条"和"空"以及字符间隔都是窄单元，故称之为"二五码"。

模块组合法是指条码符号中，条与空是由标准宽度的模块组成。一个标准宽度的条模块表示二进制的"1"，而一个标准宽度的空模块表示二进制的"0"。商品条码模块的标准宽度是 0.33mm。EAN 条码、UPC 条码均属模块组配型条码。商品条码模块的标准宽度是 0.33mm，它的一个字符由两个条和两个空构成，每一个条或空均由 1~4 个标准宽度的模块组成，每一个条码字符的总模块数为 7 块。

(二)条码的编码规则

(1) 唯一性。同种规格同种产品对应同一个产品条码，同种产品不同规格应对应不同的产品条码。根据产品的不同性质，如重量、包装、规格、气味、颜色、形状等，赋予不同的商品条码。

(2) 永久性。产品条码一经分配，就不再更改，并且是终生的。当这种产品不再生产时，其对应的产品条码只能搁置起来，不得重复起用再分配给其他商品。

(3) 无含义。为了保证条码有足够的容量以适应产品频繁地更新换代的需要，最好采用无含义的顺序码。

【课内资料2-1】

条码的识别原理

要将编译出来的条码转换成有意义的信息，需要经历扫描和译码两个过程。物体的颜色是由其反射光的类型所决定，白色物体能反射各种波长的可见光，黑色物体则能吸收各种波长的可见光,所以当条码扫描器光源发出的光在条码上反射后,反射光照射到条码扫描器内部的光电转换器上,光电转换器就会根据强弱不同的反射光信号,转换成相应的电信号。

根据原理的不同,扫描器可以分为光笔、CCD、激光三种。电信号输出到条码扫描器的放大电路增强信号之后,再送到整形电路,将模拟信号转换成数字信号。白条、黑条的宽度不同,相应的电信号持续时间长短也不同。然后译码器通过测量脉冲数字电信号 0、1 的数目来判别条和空的数目,通过测量 0、1 信号持续的时间来判别条和空的宽度。此时所得到的数据仍然是杂乱无章的,要知道条码所包含的信息,则需根据对应的编码规则(例如 EAN-8 码),将条形符号转换成相应的数字、字符信息。最后,由计算机系统进行数据处理与管理,物品的详细信息便被识别了。

条码的扫描

条码的扫描需要扫描器,扫描器利用自身光源照射条码,再利用光电转换器接收条码反射的光线,将反射光线的明暗转换成数字信号。不论采取何种规则印制的条码,一个完整条码的组成次序依次为静空区(前)、起始符、数据符、中间分隔符(主要用于 EAN 码)、校验码、终止符、静空区(后)。

(1) 静空区是指条码左右两端外侧与空的反射率相同的限定区域,它能使阅读器进入准备阅读的状态。静空区的宽度通常应不小于 6mm(或 10 倍模块宽度)。当两个条码距离较近时,静空区有助于对它们加以区分。

(2) 起始符和终止符分别是指位于条码开始和结束的若干条与空,标志着条码的开始和结束,同时提供了码制识别信息和阅读方向信息。

(3) 数据符是指位于条码中间的条、空结构,它包含条码所表达的特定信息。

(4) 校验码,在条码码制中定义了校验码。有些码制的校验码是必需的,有些码制的校验码是可选的。校验码是通过对数据符进行一种运算而确定的。

为了方便双向扫描,起始符具有不对称结构。因此扫描器扫描时可以自动对条码信息重新排列。条码扫描器有光笔、CCD、激光三种。

(1) 光笔:最原始的扫描方式,需要手动移动光笔,并且还要与条码接触。

(2) CCD:以 CCD 作为光电转换器,LED 作为发光光源的扫描器,在一定范围内可以实现自动扫描,并且可以阅读各种材料、不平整表面上的条码,成本也较为低廉。但是与激光式相比,CCD 扫描距离较短。

(3) 激光:以激光作为发光光源的扫描器,可分为线型、全角度等几种。其中,线型激光多用于手持式扫描器,范围远,准确性高;全角度激光多为卧式,自动化程度高,在各种方向上都可以自动读取条码。

Hermes 英国公司使用智能手机扫码技术寄递包裹

2019 年 9 月，Hermes 英国公司宣布，将使用瑞士移动数据采集平台 Scandit 的智能手机扫码技术代替 15 000 台条码扫描仪，以降低总成本，提高运营效率。

除移动条码扫描技术外，Hermes 英国公司还将引进 Scandit 的增强现实技术，加快推动数字化转型目标的实现。

Scandit 高性能条码扫描将用于验证和寄递证明。未来三年内，Hermes 英国公司将用装有 Scandit 安卓系统应用程序的移动设备替换 15 000 多台条码扫描仪。

快递员使用智能手机扫描包裹，可记录电子签名，验证身份，然后拍摄物品的存放地点，节省了时间和资金，提高了运营效率并简化了寄递流程。Hermes 英国公司还将使用 Scandit 的其他软件功能，如矩阵扫描和增强现实，可以让快递员同时扫描多个条码。搜索和查找特定商品也将变得更加容易。此外，查看包裹或者客户信息将浮窗显示在设备屏幕上。目前，Hermes 已经开始使用"矩阵扫描—增强现实"浮窗显示功能来识别条码并提高效率。

(资料来源：http://myex.cc/news-view-7609.aspx)

评估练习

1. 条码的结构分哪几部分？
2. 条码的编码方式分哪几种？

第二节　条码的分类

教学目标

- 了解条码的分类。
- 掌握常用的条码。

一、一维条码

(一)UPC (统一产品代码)

UPC 码(Universal Product Code)是最早大规模应用的条码，其特性是一种长度固定、连续性的条码，适用于北美地区。因其应用范围广泛，又被称为万用条码。UPC 码仅用来表示数字，字码集为数字 0～9。UPC 码共有 A、B、C、D、E 五种版本，各种版本的 UPC 码格式与应用对象如表 2-1 所示。

表 2-1 各种版本的 UPC 码格式

版　本	应用对象	格　式
UPC-A	通用商品	SXXXXX XXXXXC
UPC-B	医药卫生	SXXXXX XXXXXC
UPC-C	产业部门	XSXXXXX XXXXXCX
UPC-D	仓库批发	SXXXXX XXXXXCXX
UPC-E	商品短码	XXXXXX

注：S——系统码；X——资料码；C——检查码。

UPC-E 是 UPC-A 码的简化形式，仅用于个别码为 0 的商品。其编码方式是将 UPC-A 码整体压缩成短码，以方便使用，故其编码形式须经由 UPC-A 码来转换。UPC-E 由六位数码及左右护线构成，无中间线。六位数码的排列为三奇三偶，其排列方法取决于检查码的值，具体情况如图 2-1 所示。

图 2-1 UPC-A 码与 UPC-E 码

(二)EAN 码

EAN 码是欧洲物品条码(European Article Number Bar Code)的英文缩写，是由欧洲各国共同开发出来的一种商品条码，也是以消费资料为使用对象的国际统一商品代码。现在通用的 EAN 码是国际物品编码协会制定的一种商品用条码，通用于全世界。我国于 1974 年加入 EAN 条码系统会员国，EAN 码也是我国主要采取的编码标准。EAN 码有标准版(EAN-13)和缩短版(EAN-8)两种。标准版表示 13 位数字，又称为 EAN13 码；缩短版表示 8 位数字，又称 EAN8。两种条码的最后一位为校验位，由前面的 12 位或 7 位数字计算得出。只要用条码阅读器扫描该条码，便可以获取该商品的信息，包括商品的名称、型号、规格、生产厂商等。

EAN 通用商品条码是模块组合型条码，是一种(7，2)码。模块是组成条码的最基本宽度单位，宽度为 0.33mm。在条码符号中，表示数字的每个条码字符均由两个条和两个空组成，它是多值符号码的一种。在一个字符中，会有多种宽度的条和空参与编码。条和空分别由 1～4 个同一宽度的深、浅颜色的模块组成，一个模块的条表示二进制的"1"，一个模块的空表示二进制的"0"。每个条码字符共有 7 个模块，即一个条码字符条空宽度之和为单位元素的 7 倍。规定每个字符在外观上包含的条和空的个数必须各为 2，相邻元素如果相同,则从外观上合并为一个条或空,如图 2-2 所示。

图 2-2　EAN 码与 UPC 码

另外,图书和期刊作为特殊的商品也采用了 EAN13 表示其 ISBN 号和 ISSN 号。前缀 977 被用于期刊号 ISSN,图书号 ISBN 用 978 为前缀,我国被分配使用 7 开头的 ISBN 号。

(1) EAN-13 的代码结构。EAN-13 商品条码是标准版 EAN 商品条码,用于表示 EAN/UCC 代码的商品条码。它由 13 位数字组成,分别代表不同的意义,其代码结构有三种类型,如表 2-2 所示。

表 2-2　EAN-13 代码结构的 3 种类型

结构种类	前缀码	厂商识别代码	商品项目代码	效验码
结构一	$X_{13}X_{12}X_{11}$	$X_{10}X_9X_8X_7$	$X_6X_5X_4X_3X_2$	X_1
结构二	$X_{13}X_{12}X_{11}$	$X_{10}X_9X_8X_7X_6$	$X_5X_4X_3X_2$	X_1
结构三	$X_{13}X_{12}X_{11}$	$X_{10}X_9X_8X_7X_6X_5$	$X_4X_3X_2$	X_1

EAN-13 条码由代表 13 位数字码的条码符号组成,如图 2-3 所示。

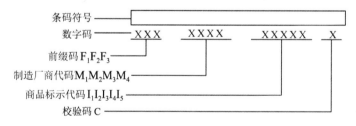

图 2-3　EAN-13 条码符号组成

EAN-13 通用商品条码一般由前缀码、制造厂商代码、商品标示代码和校验码组成。商品条码中的前两位或前三位数字为国家或地区代码,称为前缀码或前缀号。前缀码是用来标识国家或地区的代码,赋码权属于国际物品编码协会,如 00~13 代表美国、加拿大,45~49 代表日本,690~692 代表中国内地,489 代表中国香港特区,如表 2-3 所示。前缀后面的五位或四位数字为商品制造厂商的代码,制造厂商代码的赋权属于各个国家或地区的物品编码组织,我国由中国物品编码中心赋予制造厂商代码。制造厂商代码后面的五位数字为商品标示代码,用以表示具体的商品项目,即具有相同包装和价格的同一种商品。商品标示代码是用来标识商品的代码,赋码权属于产品生产企业,生产企业按照规定条件自己决定在自己的何种商品上使用哪些阿拉伯数字为商品标示条码。商品条码最后用一位校验码来校验商品条码中左起第 1~12 数字代码的正确性,用以提高数据的可靠性和校验数据输入的正确性,校验码的数值按国际物品编码协会规定的方法计算得出。

表 2-3 前缀码所代表的国家和地区

前缀码	编码组织所在国家和地区	前缀码	编码组织所在国家和地区
00~13	美国和加拿大	628	沙特阿拉伯
30~37	法国	64	芬兰
380	保加利亚	690~692	中国内地
489	中国香港特区	70	挪威
50	英国	880	韩国
387	波黑	73	瑞典
40~44	德国	740	危地马拉
45~49	日本	741	萨尔瓦多
460~469	俄罗斯	84	西班牙
471	中国台湾地区	80~83	意大利

(2) EAN-13 条码的结构。标准版商品条码符号由左侧静空区、起始符、左侧数据符、中间分隔码、右侧数据符、校验码、终止符、右侧静空区及供人识别的字符组成,从起始符开始到终止符结束总共有 13 位数字,如图 2-4 所示。

图 2-4 EAN-13 条码符号的结构

左、右侧静空区:没有任何印刷符号,通常是空白,位于条码的两侧。它用以提示阅读,准备扫描条码,共有 18 个模块组成(其中左侧空白不得少于九个模块宽度),一般左侧空白 11 个模块,右侧空白七个模块。

起始符:条码的第一位字符是起始符,它特殊的条空结构用于识别条码的开始,由三个模块组成。

左侧数据符:位于中间分隔符左侧,表示一定信息的条码字符,由 42 个模块组成。

中间分隔符:位于条码中间位置的若干条与空,用以区分左、右侧数据符,由五个模块组成。

右侧数据符：位于中间分隔符右侧，表示一定信息的条码字符，由 35 个模块组成。

校验码：表示校验码的条码字符，用于校验条码符号的正确与否，由七个模块组成。

终止符：条码的最后一位字符是终止符，它特殊的条空结构用于识别条码符号的结束，由三个模块组成。

(3) EAN-13 条码校验码。校验码用于校验条码代码的正误，是根据条码字符的数值按一定的数学方法计算得出的。校验码计算程序如下所述。

步骤 1：从代码位置序号 2 开始，所有偶数位的数字代码求和为 a。

即 $a=X_{12}+X_{10}+X_8+X_6+X_4+X_2$。

步骤 2：将上一步中的 a 乘以 3 为 c，即 $c=3\times a$。

步骤 3：从代码位置序号 3 开始，所有奇数位的数字代码求和为 b。

即 $b=X_{13}+X_{11}+X_9+X_7+X_5+X_3$。

步骤 4：将 c 和 b 相加为 d，即 $d=c+b$。

步骤 5：取 d 的个位数 e。

步骤 6：用 10 减去 e 即为校验位数值，即 $X_1=10-e$。

例：确定 EAN-13 码 "234235654652" 的校验码。

解：计算如下：

步骤 1：3+2+5+5+6+2=23

步骤 2：23×3=69

步骤 3：2+4+3+5+4+5=23

步骤 4：69+23=92

步骤 5：10-2=8

步骤 6：校验码为 8，即 $X_1=8$

(4) EAN 条码符号缩短版(EAN-8 码)。EAN-8 码是指用于标识的数字代码为八位的商品条码，由七位数字表示的商品项目代码和一位数字表示的校验码组成，如图 2-5 所示，用于包装面积较小的商品。与 EAN-13 码相比，EAN-8 码没有制造厂商代码，仅有前缀码、商品标志代码和校验码，在缩短版中前置符包括在左侧数据符中，用条码符表示，并且左侧数据符均用 A 组编码规则，右侧数据符均用 B 组编码规则。

图 2-5　EAN-8 码

① EAN-8 码的结构。EAN 缩短码共有八位数，当包装面积过小(小于 120cm^2)而无法使用标准码时，可以申请使用缩短码，如图 2-6 所示，缩短码包括国别码、产品代码与检查码。厂商单项产品代码，即每一项需使用缩短码的产品均需逐一申请个别号码。检查码的计算方式与标准码相同。

② EAN-8 码的特点。EAN-8 码共有八位数，包括国别码两位，产品代码五位以及检查码一位；EAN-8 码从空白区开始共 81 个模组，每个模组长 0.33mm，条码符号长度为 26.73mm；EAN-8 码左、右资料码的编码规则与 EAN-13 码相同。

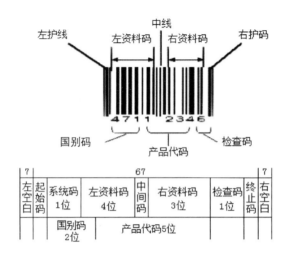

图 2-6 EAN-8 码

在缩短码中前置符包括在左侧数据符中，用条码符表示，并且左侧数据符均用 A 组编码规则，右侧数据符均用 B 组编码规则。

(三)交叉二五码

交叉二五码，简称 ITF25 码，由五条黑色线条及五条白色线条穿叉相交而成，是一种长度可变的连续型自校验数字式码制，其字符集为数字 0~9。其编码规则简单，很方便用于日常生活中。交叉二五码采用两种元素宽度，每个条和空是宽元素或窄元素。编码字符个数为偶数时，所有奇数位置上的数据以条编码，偶数位置上的数据以空编码；编码字符个数为奇数时，在数据前补一位 0，以使数据的数位为偶数。它主要应用于商品批发、仓库、生产/包装识别、运输以及国际航空系统的机票顺序编号等，如图 2-7 所示。

图 2-7 交叉二五码

(四)128 码

128 码诞生于 1981 年，是一种长度可变的连续型自校验数字式码制。它采用四种元素宽度，每个字符有三个条和三个空，共 11 个单元元素宽度，又称(11, 3)码。它由 106 个不同条码字符构成，每个条码字符有三种含义不同的字符集，分别为 A、B、C。它使用这三个交替的字符集可将 128 个 ASCII 码编码。128 码的应用领域非常广泛，包括制造业的生产流程控制、批发物流业或运输业的仓储管理、车辆调配、货物追踪、医院血液样本的管理、政府对管制药品的控制追踪等。

(1) 128 码的结构。128 码字符由三个黑条和三个空白条组成，如图 2-8 所示，每个黑条、空白条由 1～4 个模块构成，共 11 个模块，每个模块宽度为 1.0mm。

图 2-8　128 码

128 码符号包括两侧的静空区、起始字符、终止字符、数据字符、校验字符和一个或两个单位元素宽的结束条。128 码提供了三个起始字符，选择其一用在符号的开始，以表示符号开始所使用的字符集是 A、是 B，还是 C。在 128 码的字符集中，还包含变换码，用在数据字符中可以中途改变符号所使用的字符集。

如图 2-9 所示，此符号起始字符是 STARTC，表示符号开始按字符集 C 编码，所以 1、3、3、4 被编码成两个条形码字符，然后是一个字符 CODE B，它将当前使用的字符集 C 变为字符集 B，接下来的数据 a、b、c、d 按字符集 B 编码。符号中这种起变换作用的字符通常不被印刷成供人可读的信息。

图 2-9　128 码的结构

(2) EAN-128 码。EAN-128 码是根据 EAN/UCC-128 码的定义标准将资料转变成条码符号，为识别所携带信息的意义，采用不同的应用识别码。编码时，应用识别码定义其后码的意义，而信息码则是固定或可变长度的数字。EAN-128 码示例如图 2-10 所示。

图 2-10　EAN-128 码示例

(五)库德巴码

库德巴码(Code Bar)发明于 1972 年,由条码字符及对应的供人识别字符组成,其字符集为数字 0~9 和六个特殊字符(-、:、/、。、+、¥),共 16 个字符。库德巴码是条、空均表示信息的非连续型、非定长、具有自校验功能的双向条码,常用于仓库、血库和航空快递包裹中。

库德巴码由左侧静空区、起始符、数据符、终止符及右侧静空区构成。它的每一个字符由七个单元组成(四个条单元和三个空单元),其中两个或三个是宽单元(用二进制"1"表示),其余是窄单元(用二进制"0"表示)。其应用领域非常广泛,包括制造业的生产流程控制、批发物流业或运输业的仓储管理、车辆调配、货物追踪、医院血液样本的管理、政府对管制药品的控制追踪等,如图 2-11 所示。

图 2-11 库德巴码

(六)39 码

39 码即 Code 3 of 9(简称 Code 39),由五条黑色线条(简称 Bar)及四条白色线条(简称 Space)总共九条线条组成,其中的三条是粗线条,故称之为"39"码。它是 Intermec 公司于 1975 年推出的一种一维条码,具有编码规则简单、误码率低、所能表示字符个数多等特点,目前在国内已被广泛使用,主要应用于工业产品、商业资料及医院的保健资料等方面。它的最大优点是条码的长度没有强制限定,可用大写英文字母码,检查码也可忽略不计,39 码允许读码机进行双向的扫描读取。在国内,因为 39 码的限制很少,而且支持字母数字,并适用于非正式场合,故而能够被广泛使用。

39 码仅有两种单元宽度,即宽单元和窄单元。宽单元宽度为窄单元的 1~3 倍,一般多选用 2 倍、2.5 倍或 3 倍。39 码符号构成依次为:左右两侧静空区、起始符、条码数据符(包括符号校验字符)、终止符,条码字符间隔是一个空,它将条码字符分隔开。

(七)93 码

93 码是一种长度可变的连续型字母数字式码制,每个字符由三个条和三个空,共九个元素宽度。其字符集为数字 0~9、26 个大写字母和七个特殊字符(-、。、Space、/、+、%、¥)以及四个控制字符。

(八)49 码

49 码是一种多行的连续型、长度可变的字母数字式码制。它出现于 1987 年,主要用于小物品标签上的符号。采用多种元素宽度。其字符集为数字 0~9、26 个大写字母和七个特殊字符(-、。、Space、%、/、+、¥)、三个功能键(F1、F2、F3)和三个变换字符,共 49 个字符。

【课内资料2-2】

中国标准书号与中国标准连续出版物号

1. 中国标准书号

(1) 中国标准书号的结构。中国标准书号的构成为"ISBN + 13 位数字"。其中,13 位数字由五部分组成,包括 EAN·UCC 前缀码、组区号、出版者号、出版序号和校验码。其中,EAN·UCC 前缀码是国际物品编码(EAN·UCC)系统专门提供给国际标准书号(ISBN)管理系统的商品(产品)标识编码,即"978";组区号由国际 ISBN 管理机构分配,中国的组区号为"7";出版者号用于标识具体的出版者,其长度为 2~7 位,由中国 ISBN 管理机构设置和分配;出版序号由出版者按出版物的出版次序管理和编制;校验码为标准书号的最后一位,采用模数 10 加权算法计算得出。中国标准书号结构图如图 2-12 所示。

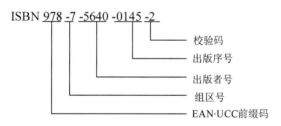

图 2-12 中国标准书号结构图

(2) 中国标准书号条码。中国标准书号条码的代码采用 EAN·UCC 代码结构,且有由 13 位数字(EAN-13)组成和由主代码(EAN-13)+附加码组成两种形式。其结构如表 2-4 所示。

表 2-4 中国标准书号条码的组成形式

EAN-13			
EAN·UCC 前缀码	数 据 码		校 验 码
$Q_1Q_2Q_3$	$X_1X_2X_3X_4X_5X_6X_7X_8X_9$		C
主代码(EAN-13)			附 加 码
EAN·UCC 前缀码	数 据 码	校 验 码	
$Q_1Q_2Q_3$	$X_1X_2X_3X_4X_5X_6X_7X_8X_9$	C	S_1S_2

其中，EAN·UCC 前缀码是国际物品编码协会指定给国际标准书号(ISBN)管理系统专用的三位数字，即 978；数据码由 X_1~X_9 共九位数字组成，它与前缀码和校验码一起构成与中国标准书号相同的由 13 位数字组成的中国标准书号条码的代码；附加码由 S_1、S_2 共两位数字组成，用于表示同一中国标准书号的出版物价格变化的次数信息。

(3) 中国标准书号条码符号结构。中国标准书号条码符号结构采用 EAN-13 条码符号结构。例如，中国标准书号"ISBN 978-7-80645-680-2"的条码符号结构，如图 2-13 所示。

图 2-13 中国标准书号条码符号结构

2. 中国标准连续出版物号

(1) 中国标准连续出版物号由国际标准连续出版物号和国内统一连续出版物号两部分组成。

(2) 国际标准连续出版物号(International Standard Serial Number，ISSN)，是根据国际标准组织 1975 年制定的 ISO-3297 的规定，赋予申请登记的每一种出版物一个具有识别作用且通行国家间的统一编号。ISSN 由八位数字构成，分前后两段，每段四位数，段间以短横相连接，后段的最末一位数字为检查号。

(3) 国内统一连续出版物号(CN)的结构格式为"CN XX-XXXX/YY"。其中，CN 为前缀，为中国的国名代码；前两个 X(数字)为 CN 的地区代码；后四个 X(数字)为地区连续出版物的序号；YY 是分类号，说明连续出版物的主要学科范畴。

(4) 中国标准连续出版物号(ISSN 部分)条码的代码结构，由 15 位数字组成，如表 2-5 所示。

表 2-5 中国标准连续出版物号(ISSN 部分)条码的代码结构

主代码				附加码
前缀码	数据码(ISSN)	年份码	校验码	
977	$X_1X_2X_3X_4X_5X_6X_7$	Q_1Q_2	C	S_1S_2

其中，主代码由前缀码、数据码、年份码、校验码四部分构成。前缀码 977 是国际物品编码协会指定给国际标准连续出版物号(ISSN)专用的前缀码；数据码，即前缀码后连续的七位数字，是不含校验码的中国标准连续出版物号的 ISSN 部分；年份码用以标识年份，以公历年份的最后两位数字表示；校验码按 GB 12904—2008《商品条码 零售商品编码与条码表示》中规定的方法计算得出。最后的附加码为两位数字，表示连续出版物的系列号(即周或月份的序数)。

(资料来源：https://www.docin.com/p-725693343.html)

【课内资料2-3】

店 内 条 码

店内条码是前缀码为20~24的商品条码,用于标识商店自行加工店内销售的商品和变量零售商品。其产生原因是连锁店和超级市场中的水果、蔬菜、鲜鱼肉等商品,通常是以随机称重量销售或是分小包装形式出售的。要使用条码电子秤,必须采用带有价格的特别内部条码,其结构如表2-6所示。

表2-6 特别内部条码代码编制结构表

特别内部标识码	特别商品编码	商品价格	校验码
20	$H_1H_2H_3H_4H_5$	$K_1K_2K_3K_4K_5$	C

(1) 13位代码(标准码)。店内条码的编码,按照其码位可分为13位代码(标准码)和八位代码(缩短码)两类。其中,13位代码按是否包含价格等信息,又可分为PLU-13代码(不包含价格等信息的13位代码)、NON PLU-13 (包含价格等信息的13位代码)两种类型。当设备扫描到标识PLU-13代码的店内条码时,通常由计算机将存在商品主档的价格检索出来,这类店内条码主要用于销售量大的商品。而标识NON PLU-13代码的店内条码,因其已含有商品的价格,故多用于以基本计量单位计价的商品。店内条码的符号表示和要求,与商品条码EAN-13码相同。

PLU-13代码由前缀码、商品项目代码和校验码组成,其结构如表2-7所示。

表2-7 PLU-13代码的组成

前 缀 码	商品项目代码	校 验 码
$X_{13}X_{12}$	$X_{11}X_{10}X_9X_8X_7X_6X_5X_4X_3X_2$	X_1

前缀码:$X_{13}X_{12}$为前缀码,其值为20~24。
商品项目代码:X_{11}~X_2为商品项目代码,由10位数字组成,由商店自行编制。
校验码:X_1为校验码,为一位数字,根据前12位计算而成,用于检验整个代码的正误。
NON PLU-13代码由前缀码、商品种类代码、价格或度量值的校验码、价格或度量值代码和校验码五部分组成。该代码共分四种结构,如表2-8所示。

表2-8 NON PLU-13代码结构

结构种类	前 缀 码	商品种类代码	价格或度量值的校验码	价格或度量值代码	校 验 码
结构一	$X_{13}X_{12}$	$X_{11}X_{10}X_9X_8X_7X_6$	无	$X_5X_4X_3X_2$	X_1
结构二	$X_{13}X_{12}$	$X_{11}X_{10}X_9X_8X_7$	无	$X_6X_5X_4X_3X_2$	X_1
结构三	$X_{13}X_{12}$	$X_{11}X_{10}X_9X_8X_7$	X_6	$X_5X_4X_3X_2$	X_1
结构四	$X_{13}X_{12}$	$X_{11}X_{10}X_9X_8$	X_7	$X_6X_5X_4X_3X_2$	X_1

前缀码：$X_{13}X_{12}$ 为前缀码，其值为 20~24。

商品种类代码：即由 4~6 位数字组成的代码，用于标识不同种类的零售商品，由商店自行编制。

价格或度量值的校验码：即结构三和结构四包含价格或度量值的校验码，为一位数字，根据价格或度量值代码的各位数字计算而成，用于检验整个价格或度量值代码的正误。

价格或度量值代码：即由 4~5 位数字组成的代码，用于表示某一具体零售商品的价格或度量值信息。

校验码：X_1 为校验码，为一位数字，根据前 12 位计算而成，用于检验整个代码的正误。

(2) 八位代码。八位代码由前缀码、商品项目代码和校验码组成，其结构如表 2-9 所示。

表 2-9　八位代码的结构

前 缀 码	商品项目代码	校 验 码
2	$X_7X_6X_5X_4X_3X_2$	X_1

前缀码：由一位数字组成，其值为 2。

商品项目代码：X_7~X_2 为商品项目代码，由六位数字组成，由商店自行编制。

校验码：X_1 为校验码，为一位数字，根据前七位计算而成，用于检验整个代码的正误。

(资料来源：https://www.doc88.com/p-3897515610062.html)

二、二维条码

(一)二维条码的概念

二维条码(Dimensional Bar Code)，简称二维码，是用某种特定的几何图形按一定规则在水平和垂直方向的二维空间上分布的黑白相间的图形来存储信息的条码。二维码在代码编制上利用构成计算机内部逻辑基础的"0""1"比特流概念，使用若干个与二进制相对应的几何形体来表示文字数值信息，并通过光电扫描设备或图像输入设备自动识读来实现信息的自动化处理。

二维条码具有条码技术的一些共性，如每个字符占有一定的宽度，每种码制有其特定的字符集，并具有一定的校验功能等。二维条码还具有对不同行的信息自动识别功能及处理图形旋转变化等特点。在目前几十种二维条形码中，常用的码制有 PDF417 二维条码、Data Matrix 二维条码、Maxi Code 二维条码、QR Code 二维条码、Code 49 二维条码、Code 16K 二维条码、Code one 二维条码等。除了这些常见的二维条码之外，还有 Vericode 条码、CP 条码、Codablock F 条码、田字码、Ultracode 条码、Aztec 条码。其中，QR Code 来自英文"Quick Response"的缩写，即快速反应的意思，源自发明者希望 QR 码可让其内容快速被解码，是由日本 Denso-Wave 公司于 1994 年发明的，最常见于日本、韩国，是日本目前最流行的二维条码。

(二) 二维条码的纠错功能

二维条码的纠错功能是通过将部分信息重复表示(冗余)来实现的。比如在 PDF417 二维条码中，某一行除了包含本行的信息外，还有一些反映其他位置上的字符(错误纠正码)的信息。这样，即使条码的某部分遭到损坏，也可以通过存在于其他位置的错误纠正码将其信息还原出来。PDF417 二维条码的纠错能力依据错误纠正码字数的不同可分为 0～8 共九级，级别越高，错误纠正码字数越多，纠错能力越强，条码也越大。当纠正等级为 8 时，即使条码污损 50%也能被正确读出。

(三) 二维条码的分类

与一维条码一样，二维条码也有许多不同的编码方法，或称码制。二维条码按码制可分为堆叠式/行排式二维条码、矩阵式二维条码以及邮政码三种。其中，堆叠式/行排式二维条码在形态上是由多行短截的一维条码堆叠而成的，而矩阵式二维条码以矩阵的形式组成，在矩阵相应元素位置上用"空"表示二进制"0"，用"点"表示二进制"1"，由"点"和"空"的排列组成代码。

1) 堆叠式/行排式二维条码

堆叠式/行排式二维条码又称堆积式或层排式二维条码，其编码原理是建立在一维条码的基础之上，按需要堆积成两行或多行。它在编码设计、校验原理、识读方式等方面继承了一维条码的一些特点，识读设备和条码印刷与一维条码的技术兼容。但由于行数的增加，需要对行进行判定，其译码算法和软件也不完全与一维条码相同。有代表性的行排式二维条码有 Code 16K 二维条码、Code 49 二维条码、PDF417 二维条码等。堆叠式/行排式二维条码通常又可分为以下三种类型。

(1) 线性堆叠式二维码。线性堆叠式二维码即在一维条码编码原理的基础上，将多个一维码在纵向堆叠而产生的，典型的码制如 Code 16K 二维条码、Code 49 二维条码等。

(2) PDF417 二维条码。PDF417 二维条码(Portable Data File，PDF)意为"便携数据文件"，因其组成条码的每一个符号字符都是由四个条和四个空构成，若将组成条码的最窄条或空称为一个模块，则上述四个条和四个空的总模块数为 17 块，故而称其为 417 码或 PDF417 码，该条码是留美华人王寅敬博士发明的。其特点如下所述。

① 信息容量大。PDF417 码除可以表示字母、数字、ASCII 字符外，还能表示二进制数。为了使编码更加紧凑，提高信息密度，PDF417 在编码时有三种格式：扩展的字母数字压缩格式可容纳 1 850 个字符；二进制/ASCII 格式可容纳 1 108 个字节；数字压缩格式可容纳 2 710 个数字。

② 错误纠正能力。一维条码通常具有校验功能以防止错读，一旦条码发生污损将被拒读。二维条码不仅能防止错误，而且能纠正错误，即使条码部分被损坏，也能将正确的信息还原出来。

③ 印制要求不高。普通打印设备均可打印，也能阅读传真件。

④ 可用多种阅读设备阅读。PDF417 二维条码可用带光栅的激光阅读器、线性及面扫描的图像式阅读器阅读。

⑤ 尺寸可调，以适应不同的打印空间。

⑥ 码制公开。已形成国际标准，我国也已制定了 PDF417 码的国家标准。

⑦ 纠错功能强。

(3) PDF417 的变形码。PDF417 还有几种变形的码制形式，其中，PDF417 截短码的特点是，在相对"干净"的环境中，条码损坏的可能性很小，因此可将右边的行指示符省略并减少终止符；PDF417 微码，是进一步缩减的 PDF 码；宏 PDF417 码，当文件内容太长，无法用一个 PDF417 码表示时，可用包含多个条码分块的宏 PDF417 码来表示。

2) 矩阵式二维条码

矩阵式二维条码，又称棋盘式二维条码，是在一个矩形空间通过黑、白像素在矩阵中的不同分布进行编码。在矩阵相应元素位置上，用点(方点、圆点或其他形状)的出现表示二进制"1"，点的不出现表示二进制"0"，点的排列组合确定了矩阵式二维条码所代表的意义。矩阵式二维条码是建立在计算机图像处理技术、组合编码原理等基础上的一种新型图形符号自动识读处理码制。具有代表性的矩阵式二维条码有 Code One、Maxi Code、QR Code、Data Matrix 等。

3) 邮政码

邮政码主要用于邮件编码，通过以不同长度的条进行编码，常用的码制有 Data Matrix 码、Maxi Code 码、Ultracode 码、Code 49 码、Code 16K 码、Aztec 码、QR Code 码、Vericode 码、PDF417 码等，其中 Data Matrix 码主要用于电子行业小零件的标识，如英特尔(Intel)公司的奔腾处理器的背面就印制了这种码；Aztec 码是由美国韦林(Welch Allyn)公司推出的，最多可容纳 3 832 个数字或 3 067 个字母、字符或 1 914 个字节的数据；Maxi Code 码是由美国联合包裹服务(UPS)公司研制的，用于包裹的分拣和跟踪。

(四)二维码与一维码的区别

从以上的介绍中可以看出，与一维条码相比，二维条码有着明显的优势，归纳起来主要有以下几个方面。

(1) 高密度编码，信息容量大。可容纳多达 1 850 个大写字母或 2 710 个数字或 1 108 个字节，或 500 多个汉字，比普通条码信息容量高几十倍。

(2) 编码范围广。该条码可以把图片、声音、文字、签字、指纹等可以数字化的信息进行编码，用条码表示出来；可以表示多种语言文字；可以表示图像数据。

(3) 容错能力强，具有纠错功能。如果二维条码因穿孔、污损等导致局部损坏时，照样可以进行正确识读，损毁面积达 50%仍可恢复信息。

(4) 译码可靠性高。它比普通条码译码错误率百万分之二要低得多，误码率不超过千万分之一。

(5) 可引入加密措施。保密性、防伪性好。

(6) 成本低，易制作，持久耐用。

一维条码只是在一个方向(一般是水平方向)表达信息，而在垂直方向则不表达任何信息，其一定的高度通常是为了便于阅读器的对准。一维条码的应用可以提高信息录入的速度，减少差错率，但是一维条码仍存在一些不足之处，表现在：数据容量较小，一般30个字符左右，只能包含字母和数字，条码尺寸相对较大(空间利用率较低)，条码遭到损坏后便不能阅读。二维条码与一维条码的区别如表2-10所示。

表2-10　二维条码与一维条码的区别

项目 条码类型	信息密度与信息容量	错误校验及纠错正能力	垂直方向是否携带信息	用途	对数据库和通信网络的依赖	识读设备
一维条码	信息密度低，信息容量较小	可通过校验字符进行错误校验，没有纠错能力	不携带信息	对物品的标识	多数应用场合依赖数据库及通信网络	可用线扫描器识读，如光笔、线阵CCD、激光枪等
二维条码	信息密度高，信息容量大	具有错误校验和纠错能力，可根据需求设置不同的纠错级别	携带信息	对物品的描述	可不依赖数据库及通信网络而单独应用	对于行排式二维条码可用线扫描器的多次扫描识读；对于矩阵式二维条码仅能用图像扫描器识读

二维条码与磁卡、IC卡、光卡的区别如表2-11所示。

表2-11　二维条码与磁卡、IC卡、光卡的区别

比较点	二维条码	磁卡	IC卡	光卡
抗磁力	强	弱	中等	强
抗静电	强	中等	中等	强
抗损	强	弱	弱	弱
	可折叠	不可折叠	不可折叠	不可折叠
	可局部穿孔	不可穿孔	不可穿孔	不可穿孔
	可局部切割	不可切割	不可切割	不可切割

(五)二维条码的应用

二维条码因具有储存量大、保密性高、追踪性高、抗损性强、备援性大、成本低等特性,特别适用于文件和表格、安全保密、追踪、备援、证照、存货盘点、网络资源下载等方面。

(1) 文件和表格应用。为了提高数据录入的准确性和速度,例如在制作保单的同时将保单内容编成一个二维码,打印在单据上,这样就可以使用二维条码阅读器扫描条码将数据录入主机,可以减少人工重复输入表单资料,避免人为错误,降低人力成本,如应用于海关报关单、税务申报单、政府部门的各类申请表等。

(2) 安全保密应用。用于商业情报、军事情报、私人情报、经济情报、政治情报等机密资料的加密及传递。

(3) 追踪应用。主要用于公文、客户服务、邮购运送、维修记录、生产线零件、危险物品的自动追踪,以及后勤补给、医疗体检、生态研究等的自动追踪。

(4) 备援应用。文件表单的资料可利用二维条码来储存备援,其优点是携带方便、不怕折叠、保存时间长,又可影印传真,做更多备份。

(5) 证照应用。护照、身份证、驾照、会员证、识别证、连锁店会员证等证照之资料登记及自动输入,发挥"随到随读""立即取用"的管理效果。

(6) 存货盘点应用。用于物流中心、联勤中心、仓储中心的货品及固定资产的自动盘点,发挥"立即盘点、立即决策"的作用。

(7) 网络资源下载。可以应用到网上的资源下载,例如电子书、游戏、应用软件等。

【课内资料2-4】

彩色二维条码

通常我们所看到的以及大多数软件生成的二维条码都是黑色的,但事实上彩色二维条码的生成技术并不复杂,并且备受年轻人的喜爱,已有一些网站开始提供彩色二维条码在线免费生成服务了。彩色二维条码主要是结合带有视像镜头的手提电话或个人计算机,利用镜头来阅读杂志、报纸、电视机或计算机屏幕上的彩色二维条码,并传送到数据中心。数据中心会因应收到的彩色二维条码来提供网站资料或消费优惠。基于二维条码的纠错功能,即使二维条码部分被覆盖或丢失,扫描设备依然能够识别出其记录的完整信息,当前已有不少"个性二维条码"的生成工具,这些生成工具可以将个性图案与二维条码进行合成,得到个性化并能被扫描设备识别的二维条码,这种"个性二维条码"也开始流行起来。彩色二维条码的优势是,它可以利用较低的分辨率来提供较高的数据容量。一方面,彩色二维条码无须较高分辨率的镜头来解读,使沟通从单向变成双向;另一方面,较低的分辨率亦令使用条码的公司在条码上加上变化,以提高读者参与的兴趣。新的彩色二维条码将使用四种或八种颜色,在较少的空间中储存更多的资讯,并以小三角形取代传统的矩形。彩色二维条码未来计划用于电影、电玩等商业性媒介上。

(资料来源:https://ishare.iask.sina.com.cn/f/34IjN0LQzbU.html)

【课内资料2-5】

重庆安吉红岩物流有限公司:设备设施可视化管理

(一)案例背景

1. 外部环境

近年来,我国经济快速稳定发展,物流产业规模也迅速扩张,行业竞争加剧,如何提高企业的核心竞争力,推动企业信息化、智慧化发展,是公司重点考虑的问题。目前,二维码在现代各个行业的应用十分广泛,把公司基本信息、设备或商品信息等放入二维码里面,经过智能手机的扫描读取,就可以立即获取到。除了二维码外,大屏报表的应用也十分广泛。

2. 内部环境

管理层较多地关注现场运作情况,但是对于现场设备的管理,例如叉车、拖车的管理是不够完善的。经调查发现,在物流行业设备管理方面普遍存在以下四个问题。

(1) 员工点检行为不规范,安全检查容易流于形式主义。要求员工每天在使用设备前需对设备进行安全检查,填写点检表,但是却存在员工一次填写多天数据的现象。因员工点检不规范,报修不及时等,造成设备完好率过低,降低了员工的工作效率,进而影响现场的工作。

(2) 设备报修消息传递不明确,报修不及时。员工发现设备有故障需要进行报修时,是通过打电话逐级通知安全人员,再由安全人员去现场核实情况后再打电话联系维修人员。这种报修方式很容易出现消息传递不明确、报修不及时、后期跟进困难等问题。

(3) 管理员无法实时查看设备状态。管理员想要了解设备状态时,需要整理巡检和维修信息,在几番询问、手动统计分析后,才能知道设备有多少零部件是正常运行的,这对管理者而言效率太低。

(4) 档案利用率低。纸质记录易丢失、破损,查询数据记录麻烦又耽误时间,对数据无法进行有效管理及分析。

公司从人、机、环、料、法五个方面对现场设备管理存在的问题做了进一步分析,发现造成设备管理存在问题的主要原因,就是没有管理平台和管理机制来监控员工行为和设备状态。

(二)解决方案

创建移动端设备二维码点检、报修系统,代替员工手写点检方式,方便快捷,可以规范员工的行为。设置系统的数据存储、导出代替纸质文档,保证数据易查询易追溯,支持数据分析。设计通用应用系统把公司若干基地的设备管理整合在一起，规范管理，提高档案利用率。建立实时更新设备状态的大屏报表，方便管理人员对设备进行管理。

(三)系统功能简介

员工使用企业微信"扫一扫"功能扫码，即可查看对应设备的所有信息。操作人员可在线实时添加设备最新点检信息，包括点检日期、点检人员、设备点检项等。设备发生故障，员工可在线发送报修申请，报修时要求员工上传定位信息、故障图片信息、故障描述信息。通过系统后台设置，设备只能由台账负责人点检，防止员工虚假操作。维修人员将实时在线收到维修申请，并查看需要维修的设备信息，拒绝一切非不可抗因素导致的工作进展迟滞。

为保证管理层及时查看最新巡检情况，系统每周会自动推送消息，提醒管理层查看分析报表。管理人员也可查看报修设备的流转图、审批意见及流程日志。管理者想要了解设备状态时，需要整理点检和维修信息，在几番询问、手动统计分析后，才能知道设备有多少零部件是正常运行，这对管理者而言效率太低。现在通过数据分析，管理者可在报表平台清晰地看到当天、当月的设备管理状态，所有信息实时更新，无须任何手动分析。

(资料来源：http://www.chinawuliu.com.cn/information/201909/27/344301.shtml)

(六)特殊情况下的编码

1. 产品变体的编码

"产品变体"是指制造商在产品使用期内对产品进行的任何变更。如果制造商决定产品的变体(如含不同的有效成分)与标准产品同时存在，那么就必须另外分配一个单独且唯一的商品标识代码。如果产品只做较小的改变或改进，则不需要分配不同的商品标识代码。

2. 组合包装的编码

如图2-14所示，如果商品是一个稳定的组合单元，其中每一部分都有其相应的商品标识代码。一旦任意一个组合单元的商品标识代码发生变化，或者组合单元的组合有所变化，都必须分配一个新的商品标识代码。如果组合单元变化微小，其商品标识代码则一般不变。

3. 促销品的编码

此处所讲的"促销品"是商品的一种暂时性变动，并且商品的外观有明显的改变。这种变化是由供应商决定的，商品的最终用户从中获益。通常促销变体和它的标准产品在市场中共同存在。商品的促销变体如果影响产品的尺寸或重量，则必须另行分配一个不同的、唯一的商品标识代码。例如，加量不加价的商品或附赠品的包装形态。包装上明显地注明了减价的促销品，必须另行分配一个唯一的商品标识代码。例如包装上有"省2.5元"的字样。针对时令的促销品要另行分配一个唯一的商品标识代码。例如，春节才有的糖果包装。其他促销变体就不必另行分配商品标识代码。

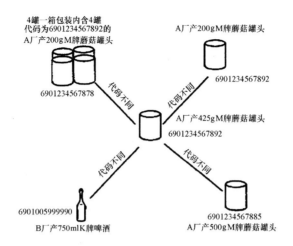

图 2-14　编码示例(厂商识别代码为 6901234)

4. 商品标识代码的重新启用

厂商在重新启用商品标识代码时，主要应考虑以下两个因素。

(1) 合理预测商品在供应链中流通的期限。根据 EAN·UCC 规范，按照国际惯例，一般来讲，不再生产的产品自厂商将最后一批商品发送之日起，至少四年内不能重新分配给其他商品项目。对于服装类商品，最低期限可为两年半。

(2) 合理预测商品历史资料的保存期。即使商品已不在供应链中流通，由于要保存历史资料，需要在数据库中较长时期地保留其商品标识代码，因此，在重新启用商品标识代码时，还需考虑此因素。

评估练习

1. 简述 EAN 码的代码结构。
2. 一维条码与二维条码的区别是什么？

第三节　条码技术在物流领域的应用

教学目标

- 掌握条码技术在运输和仓储领域的应用。
- 掌握条码技术应用的具体细节。

一、条码技术在中转中心的应用

随着经济全球化、信息网络化时代的到来,作为自动识别技术之一的条码技术在我国30余年间取得了长足的发展,尤其是随着不断发展壮大的电子商务潮流,条码以及条码技术在物流领域的应用几乎无所不在。目前,我国条码标识基本上覆盖了所有产品,在物流中心、配送中心、商业城、连锁店,甚至小的个体户商店基本都实现了条码化。在我国,条码技术在分拣运输、仓储配送、大型超市等物流领域的应用最普及。

【案例2-1】

条码技术在顺丰中转场的应用

各个物流中心、仓储中心等,都需要对物品的入库、出库和盘点进行计算机管理。以仓库盘点为例,在仓库的每个货位上都贴明物品编号的条码标签。盘库时,库房管理人员用便携式条码识别器到每个货架前扫描物品的编号和数量,把全部数据输入条码识别器内,当所有物品清点完毕后,将便携式条码识别器与主机连接,把采集到的数据输入主机进行盘亏、盘盈处理。若使用无线便捷式条码识别器,可随时与主机交换信息,则真正实现了数据采集的实时化。

在无锡市顺丰速运有限公司硕放分公司中进行转场,从卸货口到各个卡位快件的装车,都离不开条码技术的应用。在卸货口,每个快件从车厢里出来都要经过专人通过条码扫描仪扫描,以确认快件是否真正到达,之后快件从皮带输送机流转到对应城市卡位,经由转热扫描后才能装车,扫描后信息直接上传至计算机,客户可以随时了解自己的快件流转到什么地方。条码技术不仅给客户带来方便,也便于顺丰公司对快件的管理,每一个快件从刚下车到装车,都有信息记录,增强了快件的安全性,同时也大大提高了顺丰公司整体的工作效率,使整个运转流程一体化,各部门之间的工作更协调。

(资料来源: http://www.docin.com/p-287438553.html)

二、条码技术在运输领域的应用

(一)条码技术在分拣运输中的应用

一个典型的运输业务过程通常需经历从供应商到货运代理,从货运代理到货运公司,再从货运公司到客户等几个过程,在每个过程中都涉及发货单据的处理。二维条码在这方面提供了一个很好的解决方案:将单据的内容编成一个二维条码,打印在发货单据上,在运输业务的各个环节中使用二维条码阅读器扫描条码,信息便可录入计算机管理系统中,既快速又准确。

典型的配送中心的作业从收货开始,具体过程如下所述。

(1) 送货卡车到达后，叉车司机在卸车时用手持式扫描器识别所卸的货物，条码信息通过无线数据通信技术传给计算机，计算机向叉车司机发出作业指令，显示在叉车的移动式终端上，叉车司机把货物送到某个库位存放，或者直接把货物送到拣货区或出库站台。

(2) 在收货站台和仓库之间一般都有输送机系统，叉车把货物放到输送机上后，输送机上的固定式扫描器即开始识别货物上的条码，计算机开始确定该货物的存放位置。输送机沿线的转载装置根据计算机的指令把货物转载到指定的巷道内。巷道堆垛机把货物随即送到指定的库位。

(3) 出库时，巷道堆垛机取出指定的托盘，由输送机系统送到出库台，叉车到出库台取货。叉车司机首先用手持式扫描器识别货物上的条码，计算机随即向叉车司机发出作业指令，或者把货物直接送到出库站台，或者为拣货区补充货源。

(4) 拣货区有如普通重力式货架、水平循环式货架、垂直循环货架等多种布置形式，拣货员在手持式终端上输入订单号，计算机通过货架上的指示灯指出需要拣货的位置，拣货员用手持式扫描器识别货品上的条码，计算机确认无误后，在货架上显示出拣货的数量。

(5) 拣出的货品放入货盘内，连同订单一起运到包装区。包装工人进行检验和包装后，将实时打印的包含发运信息的条码贴在包装箱上。包装箱在通过分拣机时，根据扫描器识别的条码信息被自动拨到相应的发运线上。

(二)PDF417 条码技术在运输领域的应用

(1) 驾照、身份证上的应用。PDF417 条码不仅可以将证件上个人的姓名、单位、地址、电话号码等信息存入编码，而且可以将人体指纹、视网膜等特征进行扫描，以及将照片等个人信息存储在可自动识读的二维条码 PDF417 里，将二维条码印在证卡的背面。PDF417 二维条码的应用对防止伪造身份证件犯罪可发挥积极作用。

(2) 在执照年审上的应用。在执照(车辆提审及驾驶证年审)年审通知单或在执照上印刷一个 PDF417 条码，将所有年审或颁发新牌照所需要的信息放在二维条码里。参加年审的单位只需携带年检通知单(或执照)，工作人员只需扫描通知单或执照上的二维条码，便可以在瞬间获取审验所需的全部信息，根本不需要键盘录入。

(3) 在车辆等违章登记、罚款上的应用。在通常情况下，车辆违章时，执勤人员需登记驾驶证及行车证上的有关信息，抄写速度不但慢，而且容易出错。如果用二维条码将有关车辆及驾驶员的信息存储在驾驶证或车辆的风窗玻璃上，一旦停车不当或发生交通违章时，警察只需将驾驶证或风窗玻璃上的二维条码轻轻一扫，即可将所需信息准确、快速地录入计算机。

(4) 纸面 EDI。PDF417 条码作为纸面 EDI，即把大量的产品及单据上的信息印在二维条码里，单据或标签随物件一起或单独传递，只要读取 PDF417 条码即可将所有信息全部录入计算机。纸面 EDI 已被广泛地应用在包装、运输、海关报关等领域。墨西哥海关在报关单证上采用 PDF417 条码,既提高了报关速度,又减少了伪造单证的犯罪行为。

三、条码技术在仓储领域的应用

(一)条码技术在配送中心的应用

条码技术在物流配送作业中发挥着不可取代的作用,几乎可以应用在物流配送作业流程的各个环节,具体如下所述。

(1) 订货。扫描设备能够将订货簿、货架牌上面的条码信息扫描输入计算机,从而获得商品产地、价格、品牌等各种信息。主机利用网络向供货商、配送中心发送消息,供货商、配送中心则可以根据这些信息选择自己需要的货物以及货物量。与传统手工订货的效率相比,条码订货方式效率要高出很多倍。

(2) 入库。在商品到货之后,扫描设备会扫描条码,录入商品的基本信息,计算机通过分析、辨别这些信息,可以判断商品入库的类别、数量以及储存的位置,然后发出标签条码,这个条码被贴在货箱上,输送机会自动识别货箱上的条码信息,并将其放在指定的位置。

(3) 摆货。商品以托盘的方式入库,货物清单要输入计算机,计算机根据托盘机数发出条码标签。条码标签贴在叉车的一边,叉车托起托盘,安装在叉车前方的扫描器会对商品信息进行扫描,并获得相关信息,计算机根据信息内容会指引叉车将货品摆放在相应位置。此后,叉车上的终端装置会将信息传送到主计算机,这样货址就会被存入计算机。

(4) 配送。总部或者配送中心获得客户的订单后,会对订单进行整理、分析,根据活动印制条码。扫描条码获得商品需要送达的连锁店信息,分拣人员将连锁店信息打印出来并贴上拣货标签,分类机将商品放在传送机上。扫描机扫描条码,识别商品信息,这样可以检验货品拣货是否出现差错。如果拣货没有差错,商品就可以进行分岔流向,依据分配店铺的信息,被输送到不同的滑槽中,并且装入不同的货箱。可以对物流过程实时跟踪,整个配送中心的运营状态、商品库存量都在管理层的掌握之中。管理者随时可以监控库存情况,从而灵活控制库存量,减少商品周转的时间。

(5) 补货。在进行商品库存盘点时,计算机通过对条码进行扫描、信息采集,从而掌握货架商品数量,合理调节库存数量。能够及时发现缺货商品,从而及时补货,避免由于缺货造成的销售损失。

(二)条码技术在货物通道中的应用

美国三个最大的邮包投递公司,联邦快递、联合包裹服务和 RPS,每天要处理大约 1 700 万件包裹,其中 700 万件是要在 1~3 天内送达的快件。这些包裹的处理量之大令人难以置信,而且数量还在不断增长,输送机系统变得更复杂,速度比以往更快。包裹运输公司不能像制造厂家那样决定条码位置,它可以指定一种码制,但不能规定条码的位置,因为包裹在传送带上的方向是随机的，且以 3m/s 的速度运动。为了保证快件能够及时送达，不可能采用降低处理速度的办法。面临的问题不是如何保持包裹的方向，使条码对着扫描器，而是如何准确地阅读这些随机摆放的包裹上的条码，解决的办法就是扫描通道。几乎和机场的通道一样，货物通道也是由一组扫描器组成，全方位扫描器能够从所有的方向上识读条码——上下、前后和左右。这些扫描器可以识读任意方向、任意面上的条码，无论包裹有多大，无论运输机的速度有多快，无论包裹间的距离有多小。所有的扫描器一起运作，决定当前哪些条码需要识读，然后把一个个信息传送给主机或控制系统。

货物扫描通道为进一步采集包裹数据提供了极好的机会。新一代的货物通道可以在提高速度的同时采集包裹上的条码标识符、实际的包裹尺寸和包裹的重量信息，且这个过程不需要人工干预。因为包裹投递服务是按尺寸和重量收费的，这些信息对计算营业额十分重要。现在可以准确高效地获取这些信息，以满足用户的需要。

(三) 运动中称量

物流标识技术与其他自动化技术相结合，可以大大提高物流现代化水平。如在运动中称量与条码自动识别相结合。把电子秤放在输送机上可以得到包裹的重量而无须中断运输作业或人工处理。

【案例2-2】

实施条形码管理系统，全面优化供应链库存管理

泰安百川纸业有限责任公司成立于 2002 年，是山东能源集团旗下的特种纸研发、生产企业，拥有八条先进的特种纸生产线，公司产能 12 万吨。公司拥有三条先进的羊皮纸生产线，是亚洲规模最大的羊皮纸生产加工基地，羊皮纸产品占有 40%的国内市场份额。公司目前生产的羊皮纸大约有二十三种颜色、几十种克重、上千种尺寸规格，规格尺寸非常繁杂，在出入库存管理中，人工填写合格证、出入库时手工抄写码单，耗时、耗力，工作效率非常低下，而且产品包装档次不够高。随着物资种类数量的增加和出入库频率的增长，仓库管理的复杂度和多样化剧增，对仓库管理的快速、准确性的要求愈来愈高，传统的人工模式和数据采集方式已难以满足，严重影响着企业的运行工作效率，成为制约企业发展的一大障碍。

为了切实提高企业信息化管理水平，2018 年以来，百川纸业主动适应发展新常态，认真贯彻新旧动能转换新概念，紧紧围绕"提质提速提效"活动主题，开展各类创新活动，实施条形码管理系统，全面优化供应链库存管理，如图 2-15 所示。

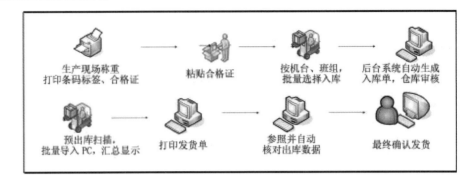

图2-15 百川纸业业务流程图

百川纸业与济南条码公司合作，结合企业实际生产经营特点，合作开发出"百川纸业羊皮纸条形码系统"。该系统可以对百川纸业羊皮纸产品从计划到生产及产成品实施全透明的管理，对物料、生产过程、半成品、成品实行自动识别、记录和监控，能够在生产中预防、发现和及时改正错误，并可以清晰地查询到产品的真伪、去向、存储、工序记录、生产者、质检者和生产日期等信息，对产品进行追溯，分析不良产品产生的原因。

该系统已于2018年3月正式实施应用，大大提高了企业精细化管理水平。公司各层级的管理人员可以实时查询生产车间及库存的实时动态数据，为及时进行经营业绩评估和决策生产经营及销售思路提供了科学数据支持。

通过该系统的实施应用，改进了不合理的业务环节，堵塞管理漏洞，减少了人为的随意性。数据的处理由系统自动完成，其准确性与及时性大大提高，分析手段更加规范和多样。

条形码系统可以直接或间接降低销售成本、库存成本、管理成本等。单就羊皮纸车间为例，以前发货时需要三个人同时配合，每人每天的工作时间平均6小时，现在只需要一个人完成，每天工作时间缩短为平均1小时，工作效率和准确性有了质的提高。

(资料来源：https://www.doc88.com/p-08461874437670.html)

评估练习

1. 简述条码在运输领域的应用。
2. 简述条码在仓储领域的应用。

本 章 小 结

作为一种可印制的计算机语言，条码在物流信息化中起着举足轻重的作用，是物流企业信息化建设的必由之路。条码的信息容量大、可靠性高、成本低、灵活实用、自由度大等特点奠定了条码技术在物流信息系统中的基础地位，被广泛应用于物流分拣运输、仓储配送以及大型超市等领域。二维码相对于一维码拥有更强的容错能力，容纳的信息量更大，在译码可靠性和保密性方面更强，二维码的出现使条码技术的应用范围更广泛。条码就像是印刷在商品上的信息链条，有机地将世界各地的制造商、批发商和零售商联系在一起。条码通过与电子数据交换系统相连形成多元的信息网，不同商品的信息被输送到世界各地，活跃在世界商品流通领域。目前我国条码技术在物流行业中的应用刚刚起步，因此发展空间还很大。随着我国物流信息化的不断发展，条码技术在物流行业的运用范围会更加宽广。我们有理由相信，随着我国社会主义市场经济和物流行业的快速发展，条码技术必定有更加快速的发展。

第三章　射频识别技术

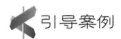 引导案例

自 1970 年第一张 IC 卡问世以来，IC 卡已成为微电子技术市场增长最快的产品之一，到 1996 年全世界发售的 IC 卡就有 7 亿多张。但是，这种以接触式使用的 IC 卡有其自身不可避免的缺点，即接触点对腐蚀和污染缺乏抵抗能力，大大降低了 IC 卡的使用寿命和使用范围。近年来人们开始开发应用非接触式 IC 卡来逐步替代接触式 IC 卡，其中射频识别(Radio Frequency Identification，RFID)卡就是一种典型的非接触式 IC 卡，它是利用无线通信技术来实现系统与 IC 卡之间数据交换的，显示出比一般接触式 IC 卡更便利的优点，已被广泛应用于制作电子标签或身份识别卡。

在生产、制造等企业中，仓库是储存原材料、配件、成品的关键区域。因此，仓库储备空间的有效利用和优化管理显得尤为重要。传统仓储管理依靠人工对库存货物的入库、出库、拣选、盘点以及移库进行操作和管理，不仅需要投入大量人力、耗费大量时间，而且数据无法实时统计上报，某些数据更是存在遗漏、缺失以及误报等问题。

RFID 技术的普及，使仓库在数据的采集环节有了非常便捷高效的手段，尤其是在出入库环节，借助 RFID 技术的批量读取功能，可以大幅度减少出入库时间，提高数据的准确性。无人机借助 RFID 技术，将无人机空间飞行灵活性与 RFID 无须接触、可穿透性、快速批量传输等优势结合起来，打破高度和逐件扫描的束缚，成为灵活高效、低成本的仓储盘点新型解决方案。

无人机携带 RFID 读写器，基于自动规划飞行路线或者人工领航方式，遍及仓内所有货架商品的 RFID 标签卡并收集信息，与仓储管理系统进行实时联动，实现仓内快速盘点。仓内一般使用小型无人机，携带大尺寸和较为沉重的读卡器，会增加无人机的潜在风险，目前的解决方案主要包括为无人机配带用于信号放大的中继器或者研发便携式读卡器。

麻省理工学院有研究成果表明，RFID 就是通常用于无人货架的磁感应标签技术，无人机可以定位这些标签，帮助统计库存，实现自动化管理。

(资料来源：https://www.taodocs.com/p-154706576.html)

辩证性思考

1. 在日常生活中，射频识别技术与哪些领域息息相关？对经济发展有何推动作用？
2. 简述射频识别技术在物流行业中的价值。

第一节　射频识别技术概述

教学目标

- 了解 RFID 技术的概念及发展。
- 掌握 RFID 系统的组成。

一、射频识别技术的定义

RFID 技术最早的应用可追溯到第二次世界大战中飞机的敌我目标识别，但是由于技术和成本原因，一直没有得到广泛应用。近年来，随着大规模集成电路、网络通信、信息安全等技术的发展，RFID 技术已经进入了商业化应用阶段。由于其具有高速移动物体识别、多目标识别和非接触识别等优点，RFID 技术显示出了巨大的发展潜力与应用空间，被认为是 21 世纪最有发展前途的信息技术之一。

RFID 技术涉及信息、制造、材料等诸多高技术领域，涵盖无线通信、芯片设计与制造、天线设计与制造、标签封装、系统集成、信息安全等技术。一些国家和国际跨国公司都在加速推动 RFID 技术的研发和应用进程。从 2010 年起至今，共产生数千项关于 RFID 技术的专利，主要集中在美国、欧洲、日本等国家和地区。

射频技术 RF(Radio Frequency)的基本原理是电磁理论，利用无线电波对记录媒体进行读写。射频系统的优点是不局限于视线，识别距离比光学系统远，射频识别卡具有可读写能力、携带大量数据、难以伪造和高智能等特点。

射频识别(RFID)系统的传送距离由许多因素决定，如传送频率、天线设计等，射频识别的距离可达几十厘米至几米，且根据读写的方式，可以输入数千字节的信息，同时，还具有极高的保密性。射频识别技术适用于物料跟踪、运载工具和货架识别等要求非接触数据采集和交换的场合，对要求频繁改变数据内容的场合尤为适用。如中国香港地区的车辆自动识别系统——驾易通，采用的主要技术就是射频技术。目前中国香港地区绝大多数汽车装上了电子标签，装有电子标签的车辆通过装有射频扫描器的专用隧道、停车场或高速公路路口时，无须停车缴费，大大提高了行车速度，提高了效率。射频技术在其他物品的识别及自动化管理方面也得到了较广泛的应用。

现在，射频识别技术是自动识别领域最热门的技术，尽管这种技术已经存在并发展许多年了，但它只有在从本领域众多的发明技术中总结规划出一个技术标准以后才能得到快速切实的应用，ISO 和 AIM(AUTO-ID MANUFACTURES)正在进行这方面的工作，相信不久的将来，RFID 会得到快速发展。

【案例 3-1】

携手迪卡侬——中国首台零售业 RFID 盘点机器人"正式入职"

随着第二届中国国际进口博览会的盛大召开,"背靠长江水,面向太平洋,长期领中国开放风气之先"的上海又一次贵宾济济。作为全球最大的综合体育用品零售集团——法国迪卡侬亮相进博会服务贸易展区,集中展示运动大众化和新零售方面的创新解决方案,其中由新松与迪卡侬合作打造的国内首台 RFID 盘点人工智能机器人成为最大亮点。

长期以来,实体商场受产品类型繁多且数量庞大、货架调整频繁等问题的困扰,库存盘点成为一个费时费力的"老大难"问题。作为业界领先的全智能产品与服务供应商,新松充分发挥自身的技术创新优势,结合迪卡侬在全球零售行业的专业优势,携手开发一款全新的智能机器人。此前,新松自主创新研发的服务机器人已经在餐饮、银行、政务大厅等诸多领域投入使用,并批量出口海外。本次合作,新松针对迪卡侬提出的专业细致的产品诉求,充分融合自身行业经验展开攻关,成功地打造出智能机器人"迪宝"。

在迪卡侬商场,"迪宝"通过搭载 RFID 技术和人工智能技术,可替代工作人员实现无人无灯全品类产品自动化盘点,同时具有自主导航、顾客自助导航、实时更新电子地图、服务说明和自助无人结账等多种功能。"迪宝"实现了四个"中国第一",即:中国首台零售业 RFID 盘点机器人,中国首个商业化 RFID 技术无人无灯全自动化盘点数字化测试案例,中国首次在零售业同时应用自主导航和地图扫描更新技术,中国首次在零售业采用融合深度视觉传感器与双激光 360 度激光导航避障技术。

"机器人为花木店带来的最大改变就是效率的提升,之前我们进行一次大盘需要 12 个员工,耗时 100 个小时,现在只需要两台机器人耗时 1 个小时,就能完成整个店的盘点。"正如迪卡侬花木店运营负责人所言,智能机器人正在为零售行业带来一次全新的效率升级。

据了解,到 2019 年年底,上海 20 余家迪卡侬实体商场都将投入使用 RFID 盘点机器人,2020 年将推广至全国迪卡侬实体商场。面对以迪卡侬为代表的国际企业立足中国市场开展技术孵化的重要契机,新松将不断加快技术创新步伐,以科技智慧赋能全球合作伙伴跨越式发展。

(资料来源:https://www.sohu.com/a/355097928_649545)

二、射频识别系统的组成

在具体的应用过程中,根据不同的应用目的和应用环境,射频识别系统的组成会有所不同,但从其工作原理来看,射频识别系统一般由信号发射机、信号接收机及发射接收天线这几部分组成。

(一)信号发射机

在射频识别系统中,信号发射机因为不同的应用目的,会以不同的形式存在,典型的形式是标签(Tag)。标签相当于条码技术中的条码符号,用来存储需要识别传输的信息。另外,与条码不同的是,标签必须能够自动或在外力的作用下,把存储的信息主动发射出去。标签一般是带有线圈、天线、存储器与控制系统的低电集成电路。按照不同的分类标准,标签有许多不同的分类。

1. 主动式标签、被动式标签

在实际应用中,必须给标签供电才能工作,但标签的电能消耗是非常低的(一般是百万分之一毫瓦级别)。按照标签获取电能的方式不同,可以把标签分成主动式标签与被动式标签。主动式标签内部自带电池进行供电,它的电能充足,工作可靠性高,信号传送的距离远。另外,主动式标签可以通过设计电池的不同使用寿命对标签的使用时间或使用次数进行限制,它可以用在需要限制数据传输量或者使用数据有限制的地方,比如,一年内,标签只允许读写有限次。主动式标签的缺点主要是标签的使用寿命受到限制,而且随着标签内电池电力的消耗,数据传输的距离会越来越小,影响系统的正常工作。

被动式标签内部不带电池,要靠外界提供能量才能正常工作。被动式标签产生电能的典型装置是天线与线圈,当标签进入系统的工作区域时,天线接收到特定的电磁波,线圈就会产生感应电流,经过整流电路给标签供电。被动式标签具有永久的使用期,常常用在标签信息需要每天读写或频繁读写多次的地方,而且被动式标签支持长时间的数据传输和永久性的数据存储。被动式标签的缺点主要是数据传输的距离比主动式标签短。因为被动式标签依靠外部的电磁感应供电,它的电能就比较弱,数据传输的距离和信号强度都受到限制,需要敏感性比较高的信号接收器(阅读器)才能可靠识读。

2. 只读标签与可读可写标签

根据内部使用存储器类型的不同,标签可以分成只读标签与可读可写标签。只读标签内部只有只读存储器 ROM(Read Only Memory)和随机存储器 RAM(Random Access Memory)。ROM 用于存储发射器操作系统说明和安全性要求较高的数据,它与内部的处理器或逻辑处理单元完成内部的操作控制功能,如响应延迟时间控制、数据流控制、电源开关控制等。另外,只读标签的 ROM 还存储有标签的标识信息。这些信息可以在标签制造过程中由制造商写入 ROM,也可以在标签开始使用时由使用者根据特定的应用目的写入特殊的编码信息。这种信息可以只简单地代表二进制中的"0"或者"1",也可以像二维条码那样,包含相当复杂而丰富的信息。但这种信息只能是一次写入,多次读出。只读标签中的 RAM 用于存储标签反应和数据传输过程中临时产生的数据。另外,只读标签中除了 ROM 和 RAM 外,一般还有缓冲存储器,用于暂时存储调制后等待天线发送的信息。

可读可写标签内部的存储器除了 ROM、RAM 和缓冲存储器外，还有非活动可编程记忆存储器。这种存储器除了存储数据功能外，还具有在适当的条件下允许多次写入数据的功能。非活动可编程记忆存储器有许多种，EEPROM(电可擦除可编程只读存储器)是比较常见的一种，这种存储器在加电的情况下，可以实现对原有数据的擦除以及数据的重新写入。

3. 标识标签与便携式数据文件

根据标签中存储器数据存储能力的不同，可以把标签分成仅用于标识目的的标识标签与便携式数据文件两种。对于标识标签来说，一个数字或者多个数字字母字符串存储在标签中，为了识别的目的或者是进入信息管理系统中数据库的钥匙(Key)。条码技术中标准码制的号码，如 EAN/UPC 码，或者混合编码，或者标签使用者按照特别的方法编的号码，都可以存储在标识标签中。标识标签中存储的只是标识号码，用于对特定的标识项目，如人、物、地点进行标识，关于被标识项目的详细的特定的信息，只能在与系统相连接的数据库中进行查找。

而便携式数据文件是指标签中存储的数据非常大，足可以看作是一个数据文件。这种标签一般都是用户可编程的，标签中除了存储标识码外，还存储有大量的被标识项目的其他相关信息，如包装说明、工艺过程说明等。在实际应用中，关于被标识项目的所有的信息都是存储在标签中的，读标签就可以得到关于被标识项目的所有信息，而不用再连接到数据库进行信息读取。另外，随着标签存储能力的提高，可以提供组织数据的能力，在读标签的过程中，可以根据特定的应用目的控制数据的读出，实现在不同的条件下读出不同部分数据的功能。

(二)信号接收机

在射频识别系统中，信号接收机一般叫作阅读器。根据支持的标签类型不同与完成的功能不同，阅读器的复杂程度是不同的。阅读器基本的功能就是提供与标签进行数据传输的路径。另外，阅读器还可提供相当复杂的信号状态控制、奇偶错误校验与更正功能等。标签中除了存储需要传输的信息外，还必须含有一定的附加信息，如错误校验信息等。识别数据信息和附加信息按照一定的结构编制在一起，并按照特定的顺序向外发送。阅读器通过接收到的附加信息来控制数据流的发送。一旦到达阅读器的信息被正确地接收和译解后，阅读器通过特定的算法决定是否需要发射机对发送的信号重发一次，或者直到发射器停止发信号，这就是"命令响应协议"。使用这种协议，即便在很短的时间、很小的空间阅读多个标签，也可以有效地防止"欺骗问题"的产生。

(三)天线编程器

只有可读可写标签系统才需要编程器。编程器是向标签写入数据的装置。编程器写入数据一般来说是离线(OFF-LINE)完成的，也就是预先在标签中写入数据，等到开始应用时直接把标签粘附在被标识项目上。也有一些 RFID 应用系统，写数据是在线(ON-LINE)完成的，尤其是在生产环境中作为交互式便携数据文件来处理时。

(四)天线

天线是标签与阅读器之间传输数据的发射、接收装置。在实际应用中，系统功率、天线的形状和相对位置都会影响数据的发射和接收，需要专业人员对系统的天线进行设计、安装。

评估练习

1. 射频识别系统由哪几部分组成？每一部分各具有什么功能？
2. 信号发射机标签可分为哪几类？各有什么特点？

第二节 RFID 的特点及分类

教学目标

- 掌握 RFID 技术的特点。
- 掌握 RFID 技术的分类。

一、RFID 的特点

RFID 技术是自动识别技术的一种，通过无线射频方式进行非接触双向数据通信，对目标加以识别并获取相关数据。它的核心部件是读写器和电子标签，通过读写器发射的无线电波，可读取电子标签内存储的信息，识别电子标签代表的物品、人和器具的身份。RFID 技术在国内外得到了大量的应用，如在公共交通、地铁、校园、社会保障等领域均有应用。

(一)数据通信

标签与读写器之间的数据传输是通过空气介质以无线电波的形式进行的。电子标签进入读写器产生的磁场后，接收解读器发出的射频信号，凭借感应电流所获得的能量发送出存储在芯片中的产品信息(无源标签或被动标签)，或者主动发送某一频率的信号(有源标签或主动标签)；解读器读取信息并解码后，送至中央信息系统进行有关的数据处理。

一般情况下，我们可以用两个参数衡量数据在空气介质中的传播，即数据传输的速度和数据传输的距离。由于标签的体积、电能有限，从标签中发出的无线信号是非常弱的，信号传输的速度与传输的距离就很有限。为了实现数据高速、远距离地传输，必须把数据信号叠加在一个规则变化的、信号比较强的电波上，这个过程叫作调制，规则变化的电波叫作载波。在 RFID 系统中，载波电波一般由读写器或编程器发出。有多种方法可以实现数据在载波上的调制，如用数据信息改变载波的波幅叫作调幅；改变载波的频率叫作调频；改变载波的相位叫作调相等。

一般来说，使用的载波频率越高，数据传输的速度越快，例如，2.4GHz 频率的载波，可以实现 2Mbps(相当于每秒可以传输大约 200 万个字符)。但是，不能无限地提高载波频率来提高信息的传输速度，因为无线电波频率的选用是受到政府管制的，各个国家一般都对不同频率的无线电波规定了不同的应用目的，RFID 技术无线电波的选择也必须遵守这种规定。目前，国内一般采用通信频率为 2.4GHz 的扩频技术进行通信。这是因为在我国 2.4G～2.4835GHz 的频段是无须向国家无线电管理委员会申请使用许可证的公用频段。

在实际应用中，影响数据传输距离远近的首要因素是载波信号与标签中数据信号的强度，载波信号的强度受读写器功率大小控制，标签中数据信号的强度由标签自带电池功率(主动式标签)或标签可以产生的电能(被动式标签)大小决定。一般来说，读写器和标签的功率越大，载波信号和数据信号越强，数据传输的距离就越远。无线电波在空气介质中传播，随着传播的距离越来越远，信号的强度会越来越弱。从理论上说，无线电波的衰减程度与传输距离的平方成正比。在系统实际应用中应该注意的是，不能为了加大数据传输的距离而无限制地提高读写器和标签的功率，因为与载波频率的选择一样，无线电波的功率是受到政府管制的。除了系统功率影响数据传输的距离外，空气介质的性质和数据传输路径也显著影响数据传输的距离。空气介质的性质包括空气的密度、湿度等性质。一般来说，采用的载波频率越高，空气性质不同，对数据传输距离的影响越明显。空气的湿度越大或者是空气的密度越高，对无线电波的吸收越严重，数据传输的距离就越小。另外，如果数据传输路径中有许多障碍物，也会显著影响数据传输的距离，因为无线电波碰到障碍物时，物体一般都会对无线电波产生吸收和反射作用。考虑到空气的性质和数据传输中经过障碍物，无线电波衰减的程度有时可以达到与传输距离的四次方成正比。影响数据传输距离的因素还包括发射、接收天线的设计和布置，噪声干扰等。

随着 RFID 与通信技术的进一步发展，商业无线数据传输打破了传统的窄带传输方式的限制，即使用比较单一的载波频率传输数据，而广泛使用扩频技术传输无线数据，即使用有一定范围的频率传输数据。使用宽带频率传输数据最明显的优势是数据传输的速度进一步加快；更为突出的是，当一个频率的载波线路繁忙或出现故障时，信息可以通过别的频率载波线路传输，因而可靠性更高。

(二)射频识别(RFID)系统的优点

1. 非接触阅读

RFID 标签可以透过非金属材料阅读，RFID 阅读机能透过泥浆、污垢、油漆涂料、油污、木材、水泥、塑料、水和蒸汽阅读标签，而且不需要与标签直接接触，因此这使它成为肮脏、潮湿环境下的理想选择。

2. 数据存储容量大

RFID 标签的数据存储容量很大，标签数据可更新，特别适合于储存大量数据或物品上所储存的数据需要经常改变的情况下使用。一维条码的容量是 50Bytes，二维条码最大的容量可储存 2～3000 字符，RFID 最大的容量则有数 Mega Bytes。随着记忆载体的发展，数据容量也有不断扩大的趋势。未来物品所需携带的资料量会越来越大，对卷标所能扩充容量的需求也相应增加。

3. 读写速度快

RFID 技术可识别高速运动物体并可同时识别多个标签，操作快捷方便。例如，用在工厂的流水线上跟踪部件或产品。长距离射频产品还可用于自动收费或识别车辆身份等交通运输上，识别距离远达几十米。

4. 体积小，易封装

射频电子标签能隐藏在大多数材料或产品内，同时可使被标记的货品更加美观。电子标签外形多样化，如卡形、环形、纽扣形、笔形等，由于其具有超薄及大小不一的外形，使之能封装在纸张、塑胶制品上，使用非常方便。

5. 无磨损，使用寿命长

由于无机械磨损，因而射频电子标签的使用寿命可长达 10 年以上，读写次数达 10 万次之多。RFID 技术是革命性的，有人称其为"在线革命"，它可以将所有物品通过无线通信连接到网络上。在可以预见的时间内，RFID 标签将得到高速发展。目前，RFID 标签和条码适用于不同的场合，条码适合售价极低的商品，而 RFID 适合于价格较高或多目标同时识别的场合环境。当 RFID 标签的价格进一步降低后，RFID 标签将是零售业中条码的终结者。

6. 动态实时通信

标签以与每秒 50～100 次的频率与解读器进行通信，所以只要 RFID 标签所附着的物体出现在解读器的有效识别范围内，就可以对其位置进行动态追踪和监控。

7. 安全性能高

由于 RFID 承载的是电子式信息，其数据内容可经由密码保护，使其内容不易被伪造及变造，具有较高的安全性。近年来，RFID 因其所具备的远距离读取、高储存量等特性而备受瞩目。它不仅可以帮助一个企业大幅提高货物、信息管理的效率，还可以让销售企业和制造企业互联，从而更加准确地接收反馈信息、控制需求信息、优化整个供应链。

二、RFID 的分类

根据射频系统具有的功能不同,可以粗略地把射频系统分成四种类型,即 EAS 系统、便携式数据采集系统、物流控制系统、定位系统。

(一)EAS 系统

EAS(Electronic Article Surveillance)系统是一种设置在需要控制物品出入口的 RFID 技术。这种技术的典型应用场合是商店、图书馆、数据中心等地方,当未被授权的人从这些地方非法取走物品时,EAS 系统就会发出警告。

在应用 EAS 系统时,首先需在物品上粘贴 EAS 标签,当物品被正常购买或者合法移出时,在结算处通过一定的装置使 EAS 标签失活,物品就可以被取走。物品经过装有 EAS 系统的门口时,EAS 装置能自动检测标签的活动性,发现活动性标签时 EAS 系统会发出警告。不管是大件物品,还是很小的物品,EAS 技术的应用都可以有效防止物品被盗。

应用 EAS 技术,物品不用再锁在玻璃橱柜里,可以让顾客自由地观看、检查,这在自选日益流行的今天有着非常重要的现实意义。典型的 EAS 系统一般由三部分组成。

(1) 附着在商品上的电子标签,电子传感器。
(2) 电子标签灭活装置,以便授权商品能正常出入。
(3) 监视器,在出口形成一定区域的监视空间。

EAS 系统的工作原理是:在监视区,发射器以一定的频率向接收器发射信号。发射器与接收器一般安装在零售店、图书馆的出入口,形成一定的监视空间。当具有特殊特征的标签进入该区域时,会对发射器发出的信号产生干扰,这种干扰信号也会被接收器接收,再经过微处理器的分析判断,就会控制报警器的蜂鸣。根据发射器所发出的信号不同以及标签对信号干扰原理不同,EAS 可以分成许多种类型,如 AM 声磁防盗系统、RF 无线射频系统及 EM 电磁波系统。EAS 技术最新的研究方向是标签的制作,人们正在讨论 EAS 标签能不能像条码一样,在产品的制作或包装过程中加进产品中,成为产品的一部分。

(二)便携式数据采集系统

便携式数据采集系统是使用带有 RFID 阅读器的手持式数据采集器采集 RFID 标签上的数据。这种系统具有比较大的灵活性,适用于不宜安装固定式 RFID 系统的应用环境。手持式阅读器(数据输入终端)可以在读取数据的同时,通过无线电波数据传输方式(RFDC)实时向主计算机系统传输数据,也可以暂时将数据存储在阅读器中,成批地向主计算机系统传输数据。

(三)物流控制系统

在物流控制系统中,RFID 读写器分散布置在给定的区域,并直接与数据管理信息系统相连，信号发射机是移动的，一般安装在移动的物体或人体上。当物体、人经过读写器时，读写器会自动扫描标签上的信息并把数据信息输入数据管理信息系统存储、分析、处理，以达到控制物体、人流的目的。

(四)定位系统

定位系统广泛用于自动化加工系统中的定位以及对车辆、轮船等进行运行定位支持。在实际操作中将读写器放置在移动的车辆、轮船上，或者自动化流水线中移动的物料、半成品及成品上。信号发射机嵌入到操作环境的地表下面，信号发射机上存储有位置识别信息，读写器一般通过无线的方式或者有线的方式连接到主信息管理系统。

评估练习

1. 射频卡的工作过程是什么？其关键步骤有哪些？
2. 射频识别系统的优点有哪些？
3. 射频识别系统可分为哪几类？各具有什么功能？

第三节　RFID技术在物流中的应用

教学目标

- 掌握RFID技术在供应链物流不同领域的应用。
- 了解RFID技术与经济发展的内在联系。

早在1993年，我国政府就制订了金融卡工程实施计划及全国范围的金融卡网络系统10年规划，是一个旨在加速推动我国国民经济信息化进程的重大国家级工程，推动了各种自动识别技术的迅猛发展及广泛应用。现在，射频识别技术作为一种新兴的自动识别技术，已开始在中国普及，我国射频识别产品的市场是十分巨大的，举一个例子来说，利用射频识别技术的不停车高速公路自动收费系统是未来的发展方向，人工收费包括IC卡的停车收费方式终将被淘汰。随着经济交流、旅游的发展，我国高速公路的发展势头十分强劲，对自动收费系统的需求会日益增长，我国国土面积大、公路多、车辆多，预计在未来十年内将有数十亿元的需求。

目前，国内已有几家公司在引进国外先进技术的基础上，开发出了自己的射频识别系统。例如，锦山的一条高速公路上已应用了非接触式射频卡自动收费系统，上海的公共汽车使用了电子月票，北京的机场高速公路、深圳的皇岗口岸也使用了射频识别系统收费等。当然在这里仅仅罗列了RFID技术应用的一部分，可以毫不夸张地预测，任何一种应用都将孕育一个庞大的市场，RFID 技术将是未来一个新的经济增长点。

一、RFID 技术在交通物流领域的应用

(一)高速公路自动收费(AVI)

高速公路自动收费系统是 RFID 技术最成功的应用之一。目前中国的高速公路发展非常快，地区经济发展的先决条件就是拥有便利的交通条件，但高速公路收费却存在一些问题：一是交通堵塞，造成收费站口有许多车辆要停车排队，成为交通瓶颈；二是少数不法的收费员贪污路费，使国家损失了相当多的财政收入。RFID 技术应用于高速公路自动收费领域能够充分体现它非接触识别的优势，让车辆高速通过收费站的同时自动完成收费，同时可以解决收费员贪污路费及交通拥堵的问题。

一般对于公路收费系统，由于车辆的大小和形状不同，需要大约 4m 的读写距离和很快的读写速度，要求系统的频率为 869MHz 或 902～928MHz 或 5.8GHz。现在最现实的方案是将多车道的收费口分两个部分：自动收费口和人工收费口。将射频卡放置在车的挡风玻璃后面，天线架设在道路的上方。距离收费口 50～100m 处，当车辆经过天线时，车上的射频卡被头顶上的天线接收到，判别车辆是否带有有效的射频卡。读写器指示灯指示车辆进入不同的车道，人工收费口仍维持现有的操作方式，进入自动收费口的车辆，通行费款被自动从用户账户上扣除，且用指示灯及蜂鸣器告诉司机收费是否完成，不用停车就可通过，挡车器将拦下恶意闯入的车辆。公路收费系统如图 3-1 所示。

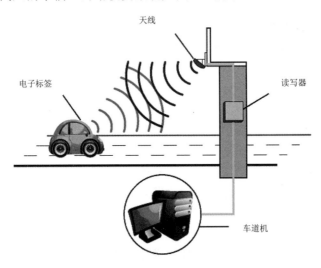

图 3-1　公路收费系统

佛山市政府安装了 RFID 系统用于自动收取路桥费以提高车辆通过率，有效地缓解了公路交通堵塞。车辆可在 250km 的时速下用少于 0.5ms 的时间被识别，并且正确率达 99.95%。

上海也安装了基于 RFID 的自动收费系统。另外两个安装在广州的收费系统与上海和佛山的工程不同，广州的工程尝试在开放的高速公路上对正在高速行驶的车辆进行自动收费，通道采用 RFID 系统。

【案例 3-2】

自 2019 年 12 月 1 日起，印度的所有高速公路收费站将实行无现金支付，车主似乎还没有准备好接受这种支付方式。印度卡纳塔克邦只有大约 30%的车辆用户采用了 FASTag 技术，这种技术可以在收费站进行电子收费。

FASTags 是一种 RFID 标签，可从通过收费站的车主预付账户中扣款。当安装在收费站车道上的阅读器感应到车辆通过或使用手持设备读取支持 RFID 的 FASTag 标签时，金额会自动扣除。

FASTag 安装在车辆的挡风玻璃上。一旦车辆到达收费站附近，连接的传感器就会读取并发送信号，以便自动打开通道。过去五年来，印度国家公路管理局(NHAI)一直在推广 FASTag 标签上的 RFID 技术，以缓解国家高速公路收费站附近的交通拥堵。

NHAI 官员已呼吁车主从收费站运营商那里购买 FASTag 贴纸。ETC 于 2016 年开始实施。道路交通运输部(MoRTH)强制实施该收费方式，并规定于 2019 年 12 月 1 日前在全国范围内实施。

(资料来源：http://success.rfidworld.com.cn)

(二)城市交通管理

在城市交通方面，交通的状况日趋拥挤，解决交通问题不能只依赖于修路、加强交通指挥、控制、疏导，提高道路利用率、深挖现有交通潜能也是非常重要的。基于 RFID 技术的实时交通督导、最佳路线电子地图、智能电子车牌已成为现在及未来的主要发展趋势。

用 RFID 技术实时跟踪车辆，通过交通控制中心的网络在各个路段向司机报告交通状况，指挥车辆绕开堵塞路段，并用电子地图实时显示交通状况，能够使交通流向更加均匀，大大提高道路利用率；还可用于车辆特权控制，在信号灯处给警车、应急车辆、公共汽车等行驶特权；还可自动查处违章车辆、记录违章情况。此外，与传统的视频和图像处理车牌识别技术相比，基于 RFID 技术的车辆识别准确性高，不易受环境的影响，无盲区，可以准确、全面地获取车辆的状态信息以及路网交通状况。考虑到电子车牌的使用寿命和使用场景，超高频 UHF 860～960MHz 的无源电子标签具有通信距离长、传输速率快、寿命长、体积小、易安装、成本低廉的特点，更适合车辆安装使用。

将 RFID 应用于公交车场管理系统，则可以实现装有电子车牌的公交车进出站时信息自动、准确、远距离、不停车采集，使公交调度系统准确掌握公交停车场公交车进出的实时动态信息。通过实施该系统可有效地提高公交车的管理水平，对采集的数据利用计算机进行研究分析，可以掌握车辆使用规律，使交通的指挥自动化、法制化，堵塞车辆管理中存在的漏洞,实现公交车辆的智能化管理,提升城市形象,如图 3-2 所示。

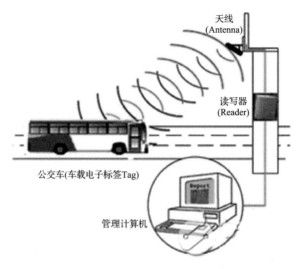

图 3-2 公交车管理系统

(三)火车和货运集装箱的识别

在火车运营中,RFID 因其出色的识别能力已取代早期依靠超声波和雷达测距的条码技术。在具体应用中,通常将射频卡安装在车顶,读写器安装在铁路沿线,从而得到火车的实时信息及车厢内物品的信息。使用 RFID 系统的优势体现为:火车按既定路线运行,当通过设定的读写器安装地点,可读取数据,从而确认火车的身份、监控火车的完整性,防止遗漏在铁轨上的车厢发生撞车事故,同时能在车站将车厢重新编组。目前,射频自动识别系统的安装遍布全国 14 个铁路局,铁道部门亦正式联网启用车次车号自动识别系统,为自备车企业、合资铁路和地方铁路实现信息化智能运输管理提供了重要良机。

【案例 3-3】

RFID 技术提升芬兰铁路站场管理效率

芬兰铁路 VR 集团,是芬兰唯一的铁路运输和物流服务商。VR 集团和其下属分支公司 VR Transpoint 物流服务公司采用 RFID 技术来优化先前的人工操作,同时增加了存货的可视性,并为新的业务发展创造了机会。

在管理列车部件和优化铁路站场管理的过程中,对客运、货运车头和车厢的标识的需求就凸显了出来。在之前的人工流程中,列车部件管理和信息传递既缓慢又耗费资源,无法及时地获知整个车流的状态信息。

在 VR 集团的 RFID 系统中,每节火车头,客运车厢和多种货运车厢都安装有两枚康芬戴斯 Ironside™ 硬质标签。车厢的两侧都分别安装有一枚用工业黏合剂固定的标签,这样就可以通过标签显示在左边或右边来获取列车的方向。工人用手持读取器扫描每枚标签，然后数据通过 Vilant 软件储存传输至 VR 系统中。通过 RFID 技术对车厢快速而可靠地读取，列车的各部件被高效地辨识确认，数据可实时传输至数据中心，从而使车辆位置和使用率的全局画面变得可视。RFID 技术同时还被用来进行火车站场的订单处理流程，从而使每个车厢的维护和可能存在的缺陷信息可以立刻在系统中呈现，便于进一步操作处理。

应用在此项目中的 RFID 标签必须达到高耐用性、高性能，能耐受各种严酷天气和运输过程中的震动，康芬戴斯 Ironside™ 硬质标签完美地符合以上各项要求。

(资料来源：http://success.rfidworld.com.cn)

(四)停车场智能化管理

停车场智能化管理系统采用射频读卡技术，用户持特定的感应卡进出停车场，通过读卡器采集信息来分辨停车场的用户。停车场收费、月租卡的发售及临时卡的授权均由收费计算机完成，系统可自动调用每一车辆进场时存入的数据及出场时存入的数据，并自动计算出所需收费金额，从而实现真正的智能化管理。而且系统采用视窗操作，中文菜单显示，使用者能轻易掌握此系统的操作。驾驶员无须停车，系统就会自动识别车辆，完成放行(禁止)、记录等管理功能。系统能节约进出场的时间，提高工作效率，杜绝管理费的流失。

【案例3-4】

RFID 技术打造智能化停车平台管控

采用 RFID 技术，结合图像数字处理、自动控制的智能停车场管理系统可以有效地解决停车管理问题。停车场认证通信系统总体结构如图 3-3 所示。

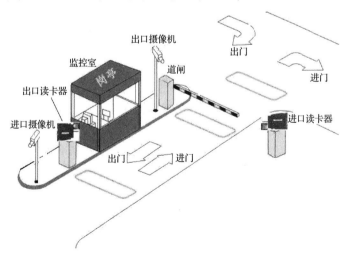

图 3-3　停车场车辆认证通信系统

停车场管理系统所使用的RFID读写器及RFID电子标签设计多样化，具有可读可写功能，且读写距离可根据实际需要选取或定制。每一张具有唯一代码的RFID超高频挡风玻璃电子标签上，都记录着车辆、车主人员的相关信息。当车辆进出时，RFID读写器自动读取标签上的信息，对进出车辆的数据信息进行识别、采集、记录，同时进行相应的处理，如车辆放行、车辆进出停车场信息记录等。

把相应的信息传送到计算机服务器上，计算机就会通过软件对RFID超高频电子标签上的相关信息与数据库里的信息进行比较判断。如果信息一致，则计算机发送通过的指令，道闸打开，允许车辆通过，同时计算机通过软件对该用户的RFID超高频挡风玻璃标签进行相应的信息记录处理，如车辆出入的时间等，方便以后对信息进行调用。如果信息不一致，则计算机发送禁止通过的指令，道闸关闭，车辆禁止通过。

与传统停车场管理系统相比，RFID智能停车场管理系统具有诸多优势，可以远距离读取标签，无须人工伸手刷卡，简化操作过程，缩短了车辆出入的时间。系统管理平台可靠性高，稳定性好，维护费用低，具备数据备份、数据恢复能力，保密性极高，防伪性能好，能确保停放车辆的安全。所有车辆的进出都是经过计算机确认和统计的，杜绝了人工操作的失误，保障了停车场投资者的权益，同时也有利于提高物业服务的质量和知名度。

(资料来源：http://success.rfidworld.com.cn/2019_10/bec40c37dacea5b8.html)

【课外资料3-1】

运动计时

在马拉松比赛中，由于人员太多，有时第一个出发的人同最后一个出发的人能相隔40min。如果没有一个精确的计时装置，就会出现差错，将射频卡应用于马拉松比赛中可有效解决这一问题。比赛前运动员在自己的鞋带上系上射频卡，在比赛的起跑线和终点线处放置带有微型天线的小垫片，当运动员越过此垫片时，计时系统便会接收运动员所带的射频卡发出的ID信号，并记录当时的时间。这样，每个运动员都会有自己的起始时间和结束时间，杜绝出现不公平竞争的可能性。在比赛路线中，如果每隔5km就设置这样一个垫片，还可以很方便地记录运动员在每个阶段所用的时间。

RFID技术还可应用于汽车大赛上的精确计时，通过在跑道下面按照一定的距离间隔埋入一系列的天线，将这些天线与读写器相连，把射频卡安装到赛车前方。赛车每越过一个天线时，赛车的ID信号和时间将被记录下来，并存储到中央计算机内，这样到比赛结束时，每个参赛选手将会得到一个准确的结果。

(资料来源：http://www.doc88.com/p-8149293414024.html)

追踪竞赛表现

自2018年开始，美国大学生橄榄球Senior Bowl比赛使用RFID技术了解球员发挥和移动,以便改善练习及团队策略。这一解决方案是由 Zebra Technologies 公司提供的,借助于有源 UWB 标签、读卡器以及 Zebra 软件,在比赛及训练中了解每个球员及球的位置、速度及方向,这些数据也会通过社交媒体提供给粉丝,整体提高教练、球员或球迷体验。

训练时球员们穿着肩垫中附着 UWB RFID 标签的塑料层面。通过将标签嵌入球内,系统可以追踪诸如踢球或投掷时球的旋转速度、高度等信息,这些数据还可与球手信息进行绑定。为读取所有的数据,球馆共安装了 22 个 Zebra UWB 接收器。在比赛和训练时,球员和球上的 UWB 标签每秒发送多次 6.35GHz 和 6.75GHz 频段上的信号。Zebra 接收器最远可在 325 英尺外读取到这些信号。

Zebra 软件读取到数据后,将计算诸如每个球员跑步的速度、其他球员与该球员的距离,以及抛球的速度和旋转度、高度、距离等信息。仅需几秒钟,数据将转发给 Senior Bowl 的管理软件。这些信息不仅可以用来识别球员的优缺点,还可以判断球员是否疲劳。球队可以通过 Official Player Tracking 技术接收跟踪数据,在训练时使用 Zebra 的训练解决方案。球探也不完全依靠现场观察来判断球员,该技术可以为他们提供更加强大的支持。

未来,RFID 标签将进一步附着在挂架、球门线等位置上,数据显示在大屏幕上,作为比赛广播的一部分提供给球迷,以便让观众更深入地了解现场。

(资料来源:http://mini.eastday.com/a/180306094050891.html)

二、RFID 技术在生产物流领域的应用

(一)生产线自动化

将 RFID 技术应用于生产流水线上,能实现自动控制、监视功能,有效提高生产效率,极大地改进生产方式、节约成本。汽车产业供应链被认为是世界上最复杂的供应链,汽车业是推动 RFID 发展的主要行业之一,RFID 在汽车产业中也经历了一个从技术成熟、应用到扩散的过程。下面举例说明 RFID 技术应用于生产线上的情况。

【案例 3-5】

RFID 技术在汽车零部件供应及整车制造中的应用

在德国,世界最大的汽车零部件供应商之一 ThyssenKrupp 公司实施了包括数据自动采集、物品追踪和物品管理三方面的基于 RFID 技术的汽车零部件追踪整体解决方案。全球第二大商用车零部件供应商大陆汽车集团采用了 RFID 系统来跟踪入库库存,并在第三方物流供应商和制造厂追踪可重复使用的集装箱。世界最大的汽车传动和底盘零部件供货商之一 ZF FfiedfichshMen 公司实施了基于 RFID 的集装箱管理系统并将其作为设施升级的一部分;在英国,中央政府大力资助在零部件供应商与路虎装配厂间应用 RFID 追踪汽车零部件的项目,捷豹汽车开始采用 RFID 来提高零部件供应效率;在美国,著名的汽车零部件供应商

CARQUEST 公司采用了基于 RFID 的配送中心管理系统,在 17 个配送中心投入运行,为 22 个配送中心的接入点和配置提供支持服务,使接收和整合订单的准确率提高了 53%,库存精确度达到 99.9%,大大地提高了生产效率。

在整车制造环节,RFID 可监控汽车及其重要部件的生产,并将数据上传到数据中心管理、存档,使车辆下线后也能追溯其生产细节。本田汽车在其意大利和英国的公司采用了 RFID 技术对生产全程监控;北美福特、北京现代在其发动机生产线上采用了 RFID;丰田汽车在其全球很多工厂的涂装车间使用 RFID 跟踪车体;戴姆勒-克莱斯勒、上海通用等很多汽车制造商的生产线上也应用了 RFID。

随着个性化汽车订制的发展,越来越多不同配置的产品需要通过不同的生产路径,RFID 可与自动化生产线配合,实现在制品生产路径上的自动选择。宝马公司就在其装配流水线上配有 RFID 系统。宝马汽车基于用户提出的要求而生产,用户可从上万种内外部选项中设定自己的汽车颜色、发动机型号及轮胎式样等,这样一条汽车装配流水线上就得装配上百种式样的宝马汽车,宝马公司使用带有汽车详细要求的可重复使用的 RFID 标签,并在每个工作点处配有读写器,可保证流水线各位置能毫不出错地装配。

(资料来源:tech.rfidworld.com.cn/2019_12/90b02d3a36eca97b.html)

(二)汽车防盗

汽车防盗是 RFID 技术较新的应用。目前已经开发出了足够小的、能够封装到汽车钥匙当中含有特定字码的射频卡。当钥匙插入点火器时,通过在汽车上安装的读写器能够辨别钥匙的身份,如果读写器接收不到射频卡发送来的特定信号,汽车的引擎将不会发动。用这种电子验证的方法,汽车的中央计算机就能防止短路点火。丰田汽车、福特汽车和韩国汽车制造商等已经在欧洲和美国出售的汽车车型中应用射频卡用于防盗。目前全世界数百万辆汽车装有该防盗系统。

另一种汽车防盗系统是司机自己带有一射频卡,其发射范围是在司机座椅 45～55cm 以内,读写器安装在座椅的背部。当读写器读取到有效的 ID 信号时,系统发出三声鸣叫,然后汽车引擎才能启动。该防盗系统还有另一个强大功能:倘若司机离开汽车并且车门敞开引擎也没有关闭,这时读写器就需要读取另一有效 ID 信号;假如司机将该射频卡带离汽车,这样读写器不能读到有效 ID 信号,引擎就会自动关闭,同时触发报警装置。

射频卡可应用于寻找丢失的汽车。在城市的各主要街道路线处埋设 RFID 的天线系统,只要车辆带有射频卡,则在路过任何天线读写器时,该汽车的 ID 信号和当时的时间都将会被自动记录,并被返回到城市交通管理中心的计算机中,除了城市街道埋设天线外,警察还可开动若干辆带有读写器的流动巡逻车,更加方便地监测车辆的行踪。如果车辆被盗,就将很方便快捷地被找回,在巴西的圣保罗市已经使用了这样的系统。

(三)汽车关键件可追溯性管理

福特公司将 RFID 应用于电动汽车的电池充电系统,可将车辆运行情况及电池使用情况及时地传递给操作者,从而大大提高充电效率;为适应公司内部发展和外部环境强制要求的双重需要,米其林轮胎北美公司已改产基于 RFID 的智能轮胎,在轮胎成型工序,在胎体帘布层与胎侧嵌入具有压力和温度感应功能的特制 RFID 标签,可实时监测胎压及轮胎温度,并在胎压过低时发出警告;目前还尝试用 RFID 管理压缩天然气车辆气瓶,将存储有气瓶生产厂家、气瓶充气次数等信息的 RFID 标签贴在气瓶上,可监控气瓶的使用、及时收回过期气瓶、减少使用环节中的潜在危险。

在欧盟,法律明文规定每辆汽车的 80%的零部件需要回收,这一数值还可望上升,意大利菲亚特公司已设计出适用于汽车零部件的 RFID 测试系统以帮助汽车零部件回收。在召回环节,由于 RFID 使汽车的零部件、总成拥有唯一编码,因而能缩小范围、节约成本。例如,米其林智能轮胎在出厂至报废的整个生命周期内,产品序列号、出产日期、生产厂代号等重要数据均可完整地保存在 RFID 标签中。

汽车制造商正将 RFID 应用于车辆的终生自动识别,并将其作为将数据从零部件管理系统输送到服务站上的一种可选方案。在德国,汽车零部件供应商、制造商及软件公司和学术界组成联盟,设计一个可复制应用到整个汽车产业的零部件追踪系统,从而避免大批产品被召回的情况,该项目得到了德国政府的支持。

上汽集团下属的上海汽车制动系统有限公司在制动器生产流水线上已经采用了 RFID 技术。制动系统公司在每一个制动器加工托盘上植入了电子标签,从制动器初次放置在托盘上开始,电子标签就与该制动器一一对应,工厂在流水线上的每个工位上均设置了读写装置,将每个加工信息记录在标签中,直到流水线的末端。在该套系统中的 RFID 标签记录了制动器的各类参数,在制动器加工装配完成从托盘上取下时,电子标签中的数据将转存到计算机系统中,并产生一个与之对应的编码,此编码即为该制动器的身份识别码。这样既满足了汽车召回制度对关键零部件进行标识和追溯的要求,也为生产过程控制提供了基础数据,有利于加快和提高生产效率和质量水平。

(四)仓库管理

仓库管理系统(WMS)具有对企业物流系统运作管理中仓储环节物品进货、出货、库存控制等管理功能,并可依托互联网进行客户订单和查询管理。由于各企业的仓库类型不同,仓库的服务对象以及服务内容也各有不同,不同企业的仓库管理系统实现的功能也不同。仓库管理系统的主要功能包括入库管理、库存管理、退货管理以及动态信息传递等。

"零库存"也就是指物料(包括原材料、半成品和产成品等)在采购、生产、销售、配送等一个或几个经营环节中,不以仓库存储的形式存在,而均处于周转的状态。不以库存形式存在就可以免去仓库存货的一系列问题,如仓库建设、管理费用、存货的维护、保管、装卸、搬运等费用以及存货占用流动资金和库存物的老化、损失、变质等问题。如果企业能够在不同的环节实施零库存管理的话,其效益是显而易见的,例如,库存占用资金的减少;优化应收和应付账款,加快资金周转;库存管理成本的降低,以及规避市场变化和产品升级换代而产生的降价、滞销的风险等。

将 RFID 技术应用于智能仓库货物管理,不仅增加了一天内处理货物的件数,还能监测这些货物的一切信息,即实现了仓库与货物流动有关信息的智能化管理。在具体应用中,仓库管理系统将射频卡粘贴在货物所通过的仓库大门边上,读写器和天线都放在叉车上,每个货物都贴有条码,所有条码信息都被存储在仓库的中心计算机里,所有货物的相关信息都能在计算机里查到。当货物被装走运往别地时,由另一个读写器识别并告知计算机中心货物被放在哪个拖车上,这样管理中心可以实时地了解已经生产了多少产品和发送了多少产品,并可自动识别货物,确定货物的位置。

【案例 3-6】

传化云仓——RFID 半自动化库存管理

新安集团(产品应用方——中国制造业五百强企业)的 ERP 系统数据与实时库存信息不对称;各系统之间未打通,商品无条码管理,数据录入工作量大;各厂仓库独立运作,缺乏统一的管理规范。管理现状已不能很好地支撑生产需求和园区管控要求。

基于此现状,传化智联云仓项目(产品开发方)规划软件系统与半自动化设备相结合,提升物资实时库存;打通软件系统之间的壁垒,实现数据的接口化,降低数据录入工作量,提高准确性;实现园区自有品牌产品二维码化,支持扫描出入库及后续追溯;以技术为手段,系统指导人工操作,提升管理的规范性。

在本系统应用中,利用传化云仓智能 OWMS 云计算平台,对接企业内部 ERP,利用较低的初期成本投入,实现仓库管理的半自动化升级。为每个货物对应电子标签,结合相关软件在标签中写入货物的具体资料、存放位置等信息。在仓库可以通过固定式或手持式阅读机,以辨识、侦测货物流通,同时可以对货物的保值期进行跟踪。

RFID 仓储物流系统主要是为了实现如下所述各目标。

(1) 规范库位管理,方便查找货物。通过显示屏以及出货单等信息,系统会自动显示货物库位信息,无须人工判断和决定,从而最大限度地摆脱对人工判断的依赖,提高了企业的质量管理水平。

(2) 提高 ERP 系统与 WMS 系统中数据的可靠性。数据采集系统最大限度地避免和减少了人工干预,从而减少了人工操作错误的数量。而且系统严密控制输入的数据,保证了操作过程中数据的完整性和一致性,使进入系统的数据更加清洁、有效,不仅为 ERP 系统和 WMS 系统等企业信息化管理系统的运转提供了可靠的数据,而且也提升了信息化管理系统的价值。

(3) 高效准确的数据采集,提高作业效率。RFID 技术独有的大批量数据可同时采集,无须精确对位等特点，使企业从每天的大量重复作业中解脱出来。每天频繁的大批量出入库数据通过 RFID 系统实时采集、实时传递、实时核对、更新，既降低了人工的劳动强度，又避免了在重复的人工操作中出现错扫、漏扫、重扫等差错，提高了工作效率和准确度。

(4) 准确高效地使用稀缺资源，提高生产作业能力。叉车上安装工业级平板以及 RFID 读写器，在作业过程中可以自动采集产品信息，进一步提高系统的作业能力。

(资料来源：http://www.chinawuliu.com.cn/information/201904/22/340064.shtml)

【课外资料 3-2】

企业仓储管理过程中的常见问题

很多企业的仓库管理还是停留在手工操作的基础上，所有的出入仓数据都得由仓管员逐个录入数据，这种仓库管理作业方式严重地影响了工作效率，许多出入库数据不能在系统中及时得到更新，在系统管理上也没有实现有效的库位管理，系统无法了解到物料在仓库中的分布状态及仓库的仓储能力，工人在摆放和领取物料时，没有系统地对其进行指导，可能会发生物料摆错位置或者物料领取错误的现象。以上种种弊端严重地影响了仓库管理的效率，降低了企业仓库的仓储能力，提高了仓库管理成本，制约了企业的发展。

(1) 管理信息系统中的数据不可靠。虽然企业花费了极大的人力、财力，配备了先进的 ERP 系统和 WMS 系统，但是，整个信息系统中的数据信息来源却缺乏可靠性的保障。所有的数据均来源于人工输入，而人工操作中的差错是无法避免的，这些差错的发生和累积，致使先进的计算机管理信息系统的效用大打折扣。

(2) 数据采集费时费力，影响作业效率。企业准备选用二维码技术，配合电子分拣标签技术采集操作过程中的数据来解决上述问题，但是，企业每天的作业量巨大，出入库作业频繁。大批量出入库时，操作人员需要逐一扫描每个包装上的条码来采集出入库商品的信息。既费时费力、效率低下，又容易发生错扫、漏扫、重扫而产生差错。

(3) 库存盘点实施困难。盘点是仓库管理中重要的作业环节，其目的在于核对账面数量和库存实物数量，以便发现差异后按照规定的程序及时纠错，确保账面上的数据能够反映库存的真实情况，按国家的有关财务法规规定，任何企业都必须定期盘点库存。现实情况却是，盘点工作很难得到按时彻底地实施，因为盘点实施的前提是必须暂时停止仓库的出入库作业，以保证实物数量和账面数量处于同一时点，这样的校核才有意义。可是，各方面的环境条件决定了企业根本无法做到将库存置于静止状态足够长的时间，以保证盘点的完成。

(4) 仓库资源利用效率不高。在仓储物流生产作业所需要的各种资源中，有部分资源是相对贵重或稀缺的，如人力、叉车等。这部分资源的使用效率常常是整个系统发挥效率(或者说是生产能力)的限制因素。采用 RFID 技术手段来进一步提高这部分资源的使用效率，使之尽最大可能地接近满负荷工作状态，就可以在不需要增加其他资源数量的情况下，进一步提高系统的生产能力。

(资料来源：https://www.taodocs.com/p-286545843.html)

【课外资料3-3】

基于RFID技术的仓储业务流程再造

(1) 入库。入库之前登录系统，叉车取货时，叉车上的读写器采购货物信息，系统自动分配需要入库的库位信息，具体流程如下所述。

登录入库系统——叉车取货——读取RFID标签信息，系统自动分配库位信息——叉车工人根据分配的库位信息找到相应库位——读取库位标签——如果库位信息正确——车载计算机提示库位信息正确，放货——人工确认——如果库位错误——车载计算机提示库位信息错误，暂时不放货——人工协助查找原因——继续找相应库位，直到入库正确。

(2) 出库。出库之前登录系统，系统会提示对应库位，减少人工寻找库位的时间，具体流程如下所述。

登录出库系统——根据出库清单，系统会自动提示相关库位信息——根据库位信息，人工找到对应库位——RFID同时读取货物信息和库位信息——取货，人工确认——经过RFID门禁——系统自动采集叉车货物——判断出库货物是否正确——如果正确，出库完成——如果错误，人工协助查找原因——特殊情况处理，如果需要拆包，采用手持机扫描确认。

(3) 盘点。盘点时采用手持机对仓库里面的货物进行扫描，数据自动上传。一般的盘点业务流程如下所述。

计划部门(或者财务部门)发出盘点通知，准备盘点——仓库管理员接到命令，找到相应的位置，开始盘点，打开手持机，扫描产品RFID标签信息——扫描的数据通过无线自动传送到ERP系统——ERP系统接收到采集信息之后，和系统里的账面数据进行对比，判断结果是否一致——如果一致，确认盘点完成——如果不一致，报警提示——找出实物和ERP系统数据的差异——人工进行确认，并对差异结果进行处理。

(资料来源 https://wenku.baidu.com/view/715ee2e2b2717fd5360cba1aa8114431b90d8eb5.html)

通过上述案例及资料可以看出，将RFID技术应用于仓储管理系统具有以下几方面的优势。

(1) 提高盘货的准确性。与传统的仓储管理系统相比，通过使用RFID技术替代费时费力的人工作业，一方面可以排除由于人工主观原因或客观原因发生的失误问题，另一方面基于RFID技术的库存盘点工作减少了很多操作环节，这在很大程度上降低了出错的可能性，从而促使库存盘点工作更加科学化、合理化。

(2) 降低了库存管理的成本。第一，降低了仓储管理人员与销售人员的成本。一般情况下,对零售企业而言,库存和销售方面的成本会占据整个零售企业中营运费用的 2%~4%。然而,RFID 技术利用阅读器读取货物、集装箱、容器等可以取代传统的极其耗费人工的条码技术。据统计,RFID 技术能够减少零售企业中 30%以上的销售人员的数量。RFID 技术的引入也减轻了仓储管理人员的工作负担,降低了仓储管理人员的人力成本。第二,降低读码劳动力成本。通过 RFID 技术的使用不仅能够帮助零售企业降低劳动力成本,还可以减少定期货物管理费用和货架中存货的相关费用。对于 RFID 产品而言,通过自身服务的提高,可以减少所需检查的时间和由于检查失误所带来的损失。第三,存货节余。RFID 技术的引入能够有效地减少存货错误,并且大大提高存货报告的有效性。通过利用 RFID 技术来进行货物的跟踪,零售企业便可清楚地了解自身产品销售的情况,从而提高对所需存货数量作出的有效估计。

(3) 加快商品出入库的速度,从而加大仓储中心的吞吐量。通过采用 RFID 技术,商品出入库过程不再需要对每样商品逐件进行检查而使操作速度降低,以便加大整个库存中心的吞吐量。

(五)产品防伪

伪造问题在世界各地都是令人头疼的问题,传统的防伪技术,像激光防伪、荧光防伪、温变防伪、特种制版防伪等一般都非常重视产品包装的不可伪造性,由于这些防伪手段的技术含量低,一段时间后就会被人仿冒,另外对于大批量物品来说,需要一个一个比对,工作量太大;短信防伪、电话防伪以及条码防伪一般要求输入序列号,然后与数据库中的资料核对,判断是否真假,这也存在同样的问题,在流通中验证产品量比较大的时候,工作效率很低,而且这些序列号都是可见的,因此序列号的安全性无法保证,甚至有可能成为保护假冒产品的护身符,在产品出现问题的时候这些防伪手段都无法作出很及时的响应。

目前国际防伪领域逐渐兴起了一股利用射频识别技术防伪的潮流,其优势已经引起了广泛的关注:非接触、多物体、移动识别;防伪功能简单易行;防伪过程几乎不用人工干预;防伪过程中标签数据不可见,无机械磨损,防污损;支持数据的双向读写;与信息加密技术结合,使标签不易伪造;易于与其他防伪技术结合使用进行防伪。目前工作频率在 UHF(860MHz、960MHz)的射频识别技术,读写距离达到 10m,而且无源被动式射频标签成本低,体积小,便于产品封装,在计算机、激光打印机、电视机等产品上都可使用,并可储存、修改与产品有关的数据,便于销售商使用,因此在供应链管理领域受到了广泛的关注。利用 RFID 技术完善供应链,建立产品的追踪追溯体系的时机已经成熟。

(六)门禁保安

有些场合并不是任何人都可以自由进出的,而是只允许有进出权限的人通行,这时,就得使用出入口管理系统即门禁系统。传统的门锁是最古老、最简单的门禁方式,但一把锁配一把钥匙,几把锁就要配几把钥匙,使用起来非常不便。自动识别技术可以做到同一把"钥匙"开好几道锁，并保证安全。自动识别经历了条码、光学符号识别、语音识别、生物技术测量法(例如指纹识别)、IC卡识别、射频识别几个发展阶段。

基于射频技术的自动识别技术已在门禁保安系统中得到广泛应用，而且可以一卡多用，比如工作证、出入证、停车卡、饭店住宿卡甚至旅游护照等，其目的都是识别人员身份、安全管理、收费等。其优点是简化出入手续、提高工作效率、实现安全保护。只需佩戴封装成ID卡大小的射频卡，在出入口安装读写器，人员出入时自动识别身份，非法闯入会产生报警。安全级别要求高的地方，还可以结合其他识别方式，如将指纹、掌纹或面部识别等特征存入射频卡。目前，奥林匹克运动会的安全机构就采用射频卡结合生物测定技术作为保安系统中的一种，运动员和官方人员随身携带含有自己手掌信息的射频卡，当他们要进入某一安全区时，必须将其右手搁在扫描器上，比对系统根据其手掌信息在安全库中检索出的三维图像，及其本人所携带的卡片上的信息一致，方可进入该区域，由于卡和携卡人是唯一联系的，所以只有卡主人才可使用自己的卡。而卡丢失、偷卡和借卡使用都不会构成安全威胁。

公司或生产企业还可以用射频卡来保护和跟踪财产。将射频卡粘贴在物品上面，如计算机、传真机、文件、复印机或其他实验室用品上，公司或企业就可以自动跟踪管理这些有价值的财产，可以跟踪一个物品从某一建筑离开，或是用报警的方式限制物品离开某地。结合GPS利用射频卡，还可以对货柜车、货舱等进行有效跟踪。

三、RFID技术在超市物流领域的应用

中国的超市从20世纪80年代的传统食杂店形态起步，经过30多年的蓬勃发展，发达国家的超市零售业态在国内基本都已出现，如折扣店、购物中心和工厂直销等。

现代化超市融合射频识别技术、计算机通信网络、数据库管理技术于一体，具有运转效率高、风险成本低、管理科学先进、服务品质优良等优点。其最大特点是采用射频识别技术，不需人工对每件商品的条码进行扫描，可以节约大量的人力和物力，提高效率，避免超市出口排长队。由于射频信号能够穿透衣服等障碍物，可以防止商品被盗。超市的每件商品都贴有电子标签，标签内存储的信息包括商品的编码、价格等。当标签进入读写器的识别范围内，标签马上被激活，商品所有的信息都能被读写器获取，然后显示给顾客和工作人员。读写器内部采用防碰撞算法，能同时识别多个标签，并且无遗漏。

随着生鲜日需品在超市商品结构中占据的分量越来越重，食品安全也成为顾客最关心的大问题。如果食品安全信息一片空白，那么致力于提高食品供应商的道德感固然重要，但是，提供给消费者一个完全透明可信的渠道，全方位了解食品的安全性更加现实可行。在传统的超市中，消费者不能在第一时间了解自己购买的商品来源，购买时不明白所含添加剂究竟对人体有害还是无害，甚至不小心买回快过期的食品，回家食用之后也没察觉。基于移动RFID的智能超市设计，不仅能让消费者在购物时轻松地明白所购物品"从农田到餐桌"食品链中的所有方面，还能让不懂得料理知识的顾客懂得菜品的具体做法和食材的

挑选方法。

总之，射频识别技术应用于超级市场，能迅速查询、调用各商品的信息，能对商品的信息实时改写和对商品进行远距离的群识别，达到宏观管理、实现信息共享、提高工作效率的目的；而且能加快顾客支付速度，提高顾客的满意度和忠诚度，降低超市的风险度。但目前国内超市还没有大规模采用 RDID 技术，主要原因有两个：①超市货物大多单价较低，实现 RFID 管理成本压力比较大；②超市货物种类繁多，有液态和金属，在这样复杂的环境中，既要控制距离又要精准识别有一定难度，在具体应用中还需要解决一些关键技术问题。

【课外资料 3-4】

基于移动 RFID 技术的智能超市

基于 RFID 技术的超市管理系统由四个部分组成，如图 3-4 所示。

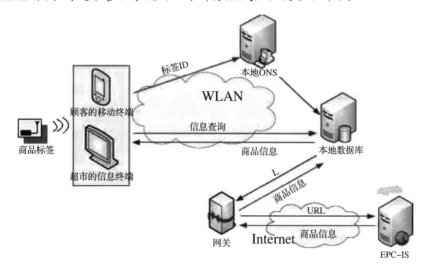

图 3-4　智能超市移动 RFID 系统结构

该系统包含的基本组件如下所述。

(1) 电子标签：即射频标签，该标签存储了 EPC 产品电子代码等信息，可以独一无二地标识商品。标签主要包括编码类型、企业代码、商品类别和产品序列号。

(2) 移动 RFID 阅读器终端：即嵌有阅读器芯片的移动终端，可以是智能手机、PDA、手持式阅读器等。

(3) 特殊的信息终端：这种终端是固定式、触摸屏的，超市设置于货架两侧，可以为没有智能移动终端的顾客提供商品和信息查询等功能。

(4) 无线局域网：在超市内部设置无线接入点，为超市提供传输网络。

(5) 本地 ONS 服务器：即 EPC 地址翻译的服务器，工作于超市局域网内部，对超市货物的 EPC 编码进行解析，将 URL 地址发送给本地数据库查询商品的基本属性。

(6) 本地数据库服务器：即超市内部局域网中的服务器，提供商品的基本属性，如价格、保质期、折扣信息等，并且可以将商品的 URL 地址发送到外网(EPC 网络)查询商品的供应链信息，然后将商品的综合信息返回给用户。

(7) 网关：即连接超市内部局域网与外部 Internet 网络，过滤信息和保护内部网的安全。

(8) EPC-IS：即 EPC 的信息服务器，提供商品在供应链中的所有信息，位于 EPC 网络，需要整个社会的各个生产部门共同维护商品的 EPC 信息。

在超市中建立无线局域网 WLAN，放置无线接入点覆盖整个超市。让超市为每一个商品贴上电子标签，并且在货架上摆放商品的 LC 电子屏幕显示价格。粘贴在商品上的标签的频率范围为 HF 频段 13.56MHz，允许商品标签与阅读器的最大距离不超过 1.5m。电子货架标签可靠，不存在价格差异和标签错误，快捷地更新价格。电子货架标签系统安装四种不同尺寸的简单易读的数字 LC 显示屏，使用高能电池供电，至少持续五年，装有小型的无线接收装置和微型天线。当价格变动时，计算机无线通信系统自动同时更新电子货架标签、本地数据库服务器和收银终端，保证上架的价格信息连续并且是最新的。电子货架标签使用安装在超市天花板上的通信基站，以独立的无线网络方式进行通信。

出于方便超市管理会员信息的考虑，将会员卡、返券信息等和用户的账户绑定，就可自动积分和参加优惠活动，这样一是消费者到超市购物时无需携带会员卡和折扣券，二是超市也能很方便地发展会员数量。超市商品的基本属性(价格、折扣等)由超市负责完整存入本地数据库，而商品的其他信息(供应链信息、商家宣传信息等)由政府作为第三方建立 EPC 信息服务器存放信息并进行授权维护。考虑到商品上的电子标签被顾客不知不觉带回家会泄露一些隐私信息，在超市的出口处摆放几台标签去活化设备，就可以让标签失效。

具体的购物流程如图 3-5 所示。

顾客在超市商品区选购完商品后，直接进入结账通道，安装在框架柱子两旁的天线扫描到标签信息，将其编码信息通过射频信号传给阅读器，阅读器将标签编码发回控制计算机，在控制计算机中利用软件从数据库中查找标签编码所依附的信息，通过单价计算出总价，显示在收银员对面的大 LED 显示板上，同时阅读器扫描得到顾客是否携带标签会员卡的信息，如果携带，可直接在经过框架时将金额扣除，然后在 LED 显示板上显示已付款的信息；如果没有携带，这时在 LED 显示板上也给出提示信息，然后由收银员协助顾客付现或刷卡，并提示是否办理标签卡以方便下次结账。完成后，在 LED 显示板上给出成功提示。

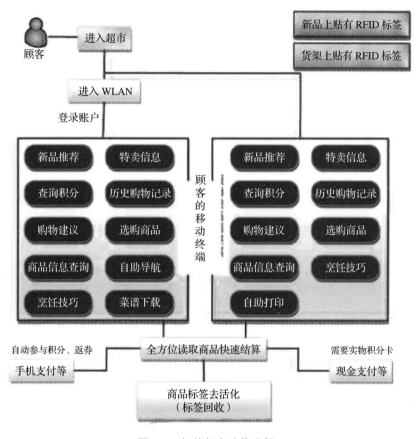

图 3-5 智能超市购物流程

(资料来源:http://www.rfidworld.com.cn)

(一)读写器的硬件电路设计

读写器是射频识别系统不可缺少的设备装置,是系统与诸多流动的电子标签进行数据交换的工具,是系统运行的关键环节,其技术参数指标对系统的整体性能和可靠性具有决定性的影响。硬件设计是决定读写器性能的关键,其目标是要满足阅读距离远、识别速率快、识别率 100% 的要求。目前,相关技术还有待进一步完善。

(二)数据传输及完整性

智能超市商品众多,如果单个商品电子标签在识别上需要花费大量时间,那么仍然无法避免在超市出口出现排长队的现象。提高标签识别速率的关键问题是提高系统的编解码和数据校验速率。RFID 系统采用无接触的方式进行数据传输,因此在传输过程中很容易受到干扰，包括系统内部的热噪声和系统外部的各种电磁干扰，这些都会使传输的信号发生畸变，从而导致传输错误。因此，提高数字传输系统的可靠性、降低信息传输的差错率是亟须解决的问题，尤其是读写器设计时，应采用相应的抗干扰措施，提高系统抗干扰能力。

(三)防碰撞算法

防碰撞算法是智能超市 RFID 系统研究的关键问题，也是难点，是制约 RFID 系统在超市应用的重要因素。顾客从超市采购的商品一般数量较多，要在尽可能短的时间内准确、完全地识别出这些商品，是防碰撞算法需要解决的问题。当顾客推着购物车进入读写器识别范围内，所有电子标签同时产生响应，发生标签的碰撞，这时需要一种算法能够从这堆商品中逐个识别出这些标签。所以，RFID 系统必须采用一定的策略或算法来避免冲突现象的发生，控制标签的响应信息逐个通过射频信道被阅读器接收。防碰撞问题的研究主要解决两个问题：一是如何避免或减少阅读器与标签之间的冲突问题；二是如何避免或减少阅读器之间的干扰碰撞问题。

伴随我国超市经营规模日趋扩大，销售额和门店数量大幅度增加，更好地解决标签和阅读器碰撞问题以及标签回收在数据库中的处理问题是未来工作的方向。

【案例 3-7】

美国一商店配备 RFID 自助啤酒墙，增进社交并大幅降低运营成本

美国弗吉尼亚州的 Lynn Street Market 于 2019 年 10 月开业，这是一个占地 4000 平方英尺的社区购物中心，设有食品杂货、综合厨房、可外带熟食以及可自助倒酒的水龙头，顾客可以在店里品尝当地啤酒或把啤酒带回家品尝。

自助啤酒水龙头的解决方案采用符合 ISO 15693 标准的无源 HF RFID 技术，可以检测到特定顾客，并将其与特定啤酒杯关联起来。这套由 PourMyBeer 提供的系统包括内置于 12 个自助啤酒水龙头中的 RFID 阅读器、用来选择啤酒品类的四个触摸屏以及用来管理读取数据的基于云的 PourMyBeer 软件。每个客户都有一张内置 RFID 标签的卡片，顾客可以用卡片来支付饮品费用，如图 3-6 所示。

自助式啤酒墙为顾客提供了更有趣的购物体验。这种"自斟"的模式允许顾客按自己选择的量来品尝不同品牌的啤酒，同时防止个人未经员工批准就过量饮酒。管理啤酒墙的超市员工会核验购物者的 ID，然后为其提供新的 PourMyBeer 卡或为顾客现有的卡开通授权。该卡带有一个来自 NXP 半导体的 MIFARE DESFire EV1 RFID 标签。出于保护隐私的目的，卡上编码的唯一 ID 号链接到顾客在 PourMyBeer 软件中的信用卡账户信息，与顾客身份无关。

啤酒墙上有一个由 PourMyBeer 制造的 RFID 阅读器，一台阅读器可供两个水龙头使用。顾客可以在触摸屏上选择啤酒。当顾客用卡接触阅读器时，系统就会解锁相对应的水龙头，

顾客就可以将啤酒倒进酒罐或玻璃杯内；随后系统会自动记录啤酒容量并在屏幕上实时显示，以便顾客查看自己的倒入量及费用。顾客每次倒酒后，系统会保存所有饮品的费用并在顾客结束消费时从其信用卡账户中扣除。顾客能够清晰地看到自己花了多少美分或美元。

图 3-6　RFID 啤酒墙

这套系统限制消费者一次只能喝两杯酒——5～7 盎司的葡萄酒，或 10～16 盎司的啤酒。一旦有顾客达到了这个限额，那就必须先与现场工作人员联系并得到卡片的新授权，顾客就能在适当的时候再获取新的两份限额。顾客可以将酒倒进标准尺寸的啤酒杯，但由于顾客自己倒酒的量有时候会超出其他传统酒吧所提供的量，此时超过容器标准尺寸的啤酒也需要支付费用。因为每盎司都要收费，顾客会倾向于更谨慎地倒酒。实际上，PourMyBeer 系统通常将浪费控制在 1%，而传统酒吧的啤酒浪费可能高达 25%。

（资料来源：http://news.rfidworld.com.cn/2019_10/fab66bfcd9a2b8fe.html）

评估练习

1. RFID 技术在现代物流业主要应用于哪些领域？
2. 分析 RFID 技术在现代物流企业中的应用前景。

本 章 小 结

埃森哲首席科学家弗格森认为，RFID 技术是未来 5 年内一项重要的应用技术。在信息社会，对于各种信息的获取及处理要求快速、准确，在不久的将来，RFID 技术就将同其他识别技术一样深入我们的生活。

目前，RFID 技术作为一种先进的自动识别技术，在我国已展开相关研发并投入使用，在生产、生活等多方面已取得显著成效，射频识别产品的市场前景是非常巨大的。但是 RFID 技术在应用过程中还存在诸如标准不统一、标签制作及应用软件成本高、个人隐私透明、技术瓶颈以及工人失业等问题，这些问题在国际标准组织、各国政府、制造商等的努力下，正在逐步得到解决。

RFID 作为一个新兴产业，涉及信息、材料、装备及工艺等多技术领域，可以拉动很多相关行业的经济增长。RFID 技术涵盖了无线电通信、芯片设计制造、天线设计、封装、软件和系统集成、信息安全等技术。RFID 产业链中更是包含了彼此衔接的多个环节。当所有物品通过 RFID 技术融入信息网络系统后，目前的物品生产、流通、销售、应用和服务模式都将发生彻底的改变，未来 RFID 技术对于人类生活的影响将是革命性的。

第四章 电子数据交换技术

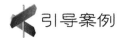 引导案例

当今世界,科学技术突飞猛进地发展,社会经济变化日新月异。尤其是从 20 世纪 80 年代以来,伴随着新技术革命浪潮的冲击,高新技术竞争席卷全世界,人类社会所能够接触到的一切领域正以飞快的速度呈现全新的面貌。同时,国际贸易达到空前活跃的状态,市场竞争也越来越激烈。

电子数据交换技术(EDI)是 20 世纪 60 年代发展起来的基于通信网络的信息传输技术,它采用传输标准化的电子数据文件来代替纸面文件,消除在信息交换过程中数据重复输入,具有减少纸张单据、消除人为失误、缩短工作周期、提高工作效率等特点,并且在传输过程中具有防篡改、防冒领、电子签名等一系列安全保密措施。EDI 一经出现便显示出了强大的生命力,迅速地在世界各主要工业发达国家和地区得到广泛的应用。

目前欧洲已在运输业、化学工业、汽车工业、分销零售业等主要行业内设立了 EDI 项目,并使其发挥着巨大作用,这些行业项目几乎覆盖了全部的西欧国家,在欧洲大部分国家,EDI 已成为贸易往来的唯一途径。美国已在海关、运输、银行、汽车、百货、零售等行业中广泛使用 EDI 技术。加拿大在海关、运输、制造、石油、银行、汽车、电信、百货、零售等行业中应用 EDI 技术的程度较为广泛,其中海关 EDI 的应用发展速度最快、规模最大。同时,新加坡、日本、韩国等亚洲国家也在积极地发展 EDI 技术。

但是 EDI 技术在迅速普及和推广的过程中,不可避免地伴随着一系列问题的出现,这些问题主要体现在技术层面和法律层面。从技术层面上看,EDI 主要存在以下几方面的问题:基于 Internet 的电子商务的兴起在一定程度上对 EDI 造成了一定的冲击;EDI 中心存在重复建设的现象,造成了资源的极大浪费;EDI 用户被动使用 EDI 系统,对 EDI 系统的增值效益的分析不够深入,只是为了满足客户的基本需要,才被动地使用 EDI 系统,对于报文包含的信息没有进行信息集成,从而无法更好地获得信息的增值价值。从法律层面上看,EDI 主要存在以下几方面的问题:立法滞后于 EDI 合同的发展,由于缺乏法律效力的制约,整个网络世界的贸易总是呈现很混乱的现象;现行法律法规不够完善,《合同法》《电子签名法》的相关规定也过于笼统,相关配套法律不够完善,这些问题都在某种程度上阻碍了 EDI 的发展;争议管辖区问题是一个很受关注的问题,在 EDI 贸易中,传统的冲突法对其不适用,如合同的订立地问题。通过 EDI 进行交易时,合同双方的当事人可以在不见面的情况下,在可以接入 EDI 网络的任何地点与交易对方签订合同,因此合同的订立地就无法确定。除了技术方面和法律方面的问题外,节约人力同人员富余的矛盾、订单数量少、无

法发挥 EDI 的效益、EDI 系统未能与企业现有系统相结合等一系列问题都有待于我们进一步深入研究。

辩证性思考

1. 电子数据交换技术带来了哪些便利？又有哪些缺点？
2. EDI 技术在未来发展中面临哪些问题？我们应当如何应对？

第一节　物流 EDI 概述

教学目标

- 了解 EDI 的概念、构成要素和特点。
- 了解 EDI 的标准，以及与 Internet 的联系。

一、EDI 的基本概念

EDI(Electronic Data Interchange)的中文意思是"电子数据交换"，是 20 世纪 80 年代发展起来的一种新兴的电子化贸易工具，是计算机、通信和现代管理技术相结合的产物。中国香港、中国澳门及海外华人地区称其为"电子资料联通"。它是一种在公司之间传输订单、发票等作业文件的电子化手段。它通过计算机通信网络将贸易、运输、保险、银行和海关等行业信息，用一种国际公认的标准格式，完成在各有关部门、各公司或各企业之间的数据交换与处理，实现以贸易为中心的全部交易过程。又由于使用 EDI 可以减少甚至消除贸易过程中的纸面文件，因此 EDI 又被人们通俗地称为"无纸贸易"。

对于 EDI 的定义，权威机构给出如下解释。国际标准化组织(ISO)将 EDI 描述成"将贸易(商业)或行政事务处理按照一个公认的标准变成结构化的事务处理或信息数据格式，是从计算机到计算机的电子传输"。而 ITU-T(原 CCITT)将 EDI 定义为"从计算机到计算机之间的结构化的事务数据互换"。总之，EDI 指的是按照协议，对具有一定结构特征的标准经济信息，经过电子数据通信网，在商业贸易伙伴的计算机系统之间进行交换和自动处理的全过程。

(一)EDI 系统模型

从上述的 EDI 定义中不难看出，EDI 包含了三方面的内容，即计算机应用、通信网络和数据标准化。其中计算机应用是 EDI 的条件，通信环境是 EDI 应用的基础，标准化是 EDI 的特征。这三方面相互衔接、相互依存，构成了 EDI 的基础杠架。EDI 系统模型如图 4-1 所示。

图 4-1　EDI 系统模型

EDI 信息的最终用户是计算机应用软件系统，它可以自动处理传递来的信息，因而这种传输是机-机、应用-应用的传输，为 EDI 与其他计算机应用系统(如 MIS)的互联提供了方便。

(二)EDI 标准

EDI 报文能被不同的贸易伙伴的计算机系统识别和处理，其关键就在于其数据格式的标准化，即执行 EDI 标准。EDI 的标准包括 EDI 网络通信标准、EDI 处理标准、EDI 联系标准和 EDI 语义语法标准等。

目前国际上流行的 EDI 标准是由联合国欧洲经济委员会(UN/ECE)制定颁布的《行政、商业和运输用电子数据交换规则》(EDIFACT)，以及美国国家标准局特命标准化委员会第十二工作组制定的 ANSI X.12。从内容上看，这两个标准都包括了 EDI 标准的三要素：数据元、数据段和标准报文格式。但 ANSI X.12 标准目前只能用英语，而 EDIFACT 标准则可用英语、法语、西班牙语、俄语，即日耳曼语系或拉丁语系均可使用该标准的语义、数据字典等。ANSI X.12 和 EDIFACT 两家已一致同意全力发展 EDIFACT，使之成为全世界范围内能接受的 EDI 标准。因此，EDIFACT 成为统一的 EDI 国际标准已是大势所趋。

联合国推荐的 EDIFACT 标准由 UN/ECE 印刷为"联合国贸易数据交换指南"(UNEDID)，它包括以下各部分：①EDIFACT 语法规则(ISO9735)；②报文设计指南；③语法应用指南；④EDIFACT 数据元目录(ISO7372)；⑤EDIFACT 代码目录；⑥EDIFACT 复合数据元目录；⑦EDIFACT 段目录；⑧EDIFACT 标准报文目录。

(三)EDI 的优势

EDI 最显著的优点就是可以使企事业单位降低成本，提高工作效率。这是由于传统的贸易是需要人工输入或者通过电话、传真等途径来进行简单的、反复的沟通，既浪费人力又浪费时间，采用 EDI 之后，客户之间就完全可以通过计算机和网络来进行沟通，尤其是单证的自动传输，使客户之间的沟通更加快速，大大提高了工作效率。

EDI 的第二个优点就是可以提供高质量的管理模式。EDI 可以集成诸多系统，比如订单处理系统、自动订货系统、仓库管理系统等，在集成之后，这些商业的单证或者订单就会快速和准确地反映客户的各项要求，进行自动处理，同时可以随时更新库存、货品的数量，使企业可以掌握先机。

EDI 的第三个优点是它已成为未来商业发展的标杆。到目前为止，多数大规模的企业和公司都有对于 EDI 的技术要求,每当进行谈判和洽谈时,一个关键因素就是这些公司的 EDI 技术的发展水平如何。由此可见,EDI 的确是未来公司或者企业进行商业竞争的一个利器。

(四)EDI 技术模式及发展趋势

从技术层面来分,目前实现 EDI 的方式主要有两种:①传统的基于 VAN (Value Added Networks)技术的 EDI;②基于 Internet 模式的 EDI。基于 Internet 模式的 EDI 电子商务形式将传统的 EDI 这种高额的、局限的、小范围的商务模式推广到了一个价格低廉的、公开的、普及的系统当中。与传统的 EDI 相比较,基于 Internet 模式的 EDI 主要针对用户为中小型企业,具有广泛的用户群,这就在无形中扩大了参与交易的范围。同私有网络和传统的增值网相比较,利用基于 Internet 模式的 EDI 可以获得许多简洁并且便于实现的有效方法。

近年来 EDI 系统的应用范围不断地扩大,处理技术也在不断地发展,总体看来,EDI 系统主要呈现如下发展趋势:①EDI 系统开始注重对信息的整合与处理,并提供增值服务;②使用廉价的 Internet 来代替价格较为昂贵的 VAN 电子数据交换,已经成为目前 EDI 发展的主要趋势。目前,Internet EDI 主要有以下四种实现方式:Internet Mail 方式、标准 IC 方式、Web-EDI 方式及 XML/EDI 方式。基于技术、费用及安全性等方面的因素考虑,其中 Web-EDI 方式被公认为是目前 Internet EDI 中最好的实现方式。Web-EDI 允许中小型企业只需要通过浏览器和 Internet 连接去执行 EDI 交换,而 Web 则是 EDI 消息的接口。

【案例 4-1】

EDI 产生的效益

EDI 所带来的经济效益是显著的。例如,通用汽车公司采用 EDI 技术后,每生产一辆汽车的成本可减少 250 美元,以每年生产 10 万辆汽车计算,便可以节省 2500 万美元。英国汽车行业使用 EDI 技术后,平均每辆成品车可减少成本 2 英镑。东芝公司在使用 EDI 技术之前,每一笔交易的文件处理费用是 1100 日元,采用 EDI 技术后则降低到 275 日元,仅为原来的 1/4,通用电气公司近几年的统计资料表明,应用 EDI 技术使其产品零售额上升了 60%,库存由 30 天降至 6 天,每年仅连锁店的文件处理费用一项就节约近万美元,每张订单的处理费用由 125 美元降至 32 美元。英国煤炭公司应用 EDI 系统补充存货、订货和跟踪货物,每年可节省 30 万英镑。新加坡全国贸易网 LADENET 建成以后,一份进出口许可证可在 15min 内完成审批工作,大大缩短了贸易周期,提高了效率。据专家估计,应用 TR.ADENET 网每年可为新加坡节省 10 亿新元(约合 6 亿美元)的文件处理费用。据欧美等国的海关统计,使用 EDI 技术后,平均处理每批进出口货物可节约费用 350 多美元。使用 EDI 技术为什么能产生如此巨大的效益?这是因为 EDI 系统较之现行的纸面单证处理系统有着无可比拟的优越性。

(资料来源: http://www.welinksoft.com/Private/Content)

二、EDI 的基本特点及区别

(一)EDI 的基本特点

由 EDI 的概念可知，EDI 包括三方面的内容，即格式化的数据与报文标准、通信网络和计算机应用，这三方面内容相互依存，构成了 EDI 的基本框架。经过 20 多年的发展与完善，EDI 作为一种全球性的具有巨大商业价值的电子化贸易手段/工具，具有以下显著特点：①单证格式化。EDI 传输的是企业间格式化的数据，如定购单、报价单、发票、货运单、装箱单、报关单等，这些信息都具有固定的格式与行业通用性。而信件、公函等非格式化的文件则不属于 EDI 的处理范畴。②报文标准化。EDI 传输的报文符合国际标准或行业标准，这是计算机能自动处理的前提条件。③处理自动化。EDI 信息传递的路径是计算机到数据通信网络，再到商业伙伴的计算机，信息的最终用户是计算机应用系统，它能自动处理传递来的信息。因此这种数据交换是机—机，应用—应用，不需人工干预。④软件功能化。EDI 功能软件由五个模块组成，即用户界面模块、内部 EDP(Electronic data processing) 接口模块、报文生成与处理模块、标准报文格式转换模块及通信模块。这五个模块功能分明，结构清晰，形成了 EDI 较为成熟的商业化软件。⑤运作规范化。EDI 以报文的方式交换信息有其深刻的商贸背景，EDI 报文是目前商业化应用中最成熟、最规范、最有效的电子凭证之一。

(二)EDI 与其他通信手段的区别

EDI 与现有的一些通信手段如传真、用户电报(Telex)、电子信箱(E-mail)等有着很大的区别，主要表现在以下几个方面：①传输文件格式不同。EDI 传输的是格式化的标准文件，并具有格式校验功能。而传真、用户电报和电子信箱等传送的是自由格式的文件。②传输对象不同。EDI 是实现计算机到计算机的自动传输和自动处理，其对象是计算机系统。而传真、用户电报和电子信箱等其用户是人，接收到的报文必须进行人为干预或人工处理。③安全功能不同。EDI 对于传送的文件具有跟踪、确认、防篡改、防冒领及电子签名等一系列安全保密功能。而传真、用户电报没有这些功能。虽然电子信箱具有一些安全保密功能，但它比 EDI 的层次低。④法律效力不同。EDI 文本具有法律效力，而传真和电子信箱则没有。⑤传输网络不同。传真是建立在电话上，用户电报是建立在电报网上，而 EDI 和电子信箱都是建立在分组数据通信网上。⑥通信平台不同。EDI 和电子信箱都是建立在计算机通信网开放式系统互联模型(OSI)的第七层上，而且都是建立在消息处理系统(MHS)通信平台上，但 EDI 比电子信箱要求的层次更高。传真目前大多为实时通信，如果利用电子信箱系统，也可实现传真的存储转发。EDI 和电子信箱都是非实时的，具有存储转发功能，因此不需用户双方联机操作，解决了计算机网络同步处理的困难和低效率问题。

评估练习

1. EDI 有哪些基本特点？EDIFACT 标准包括哪些部分？
2. EDI 系统如何有效解决面临的威胁和攻击？

第二节　EDI 的组成和工作过程

教学目标

- 掌握 EDI 系统的构成。
- 了解 EDI 的工作原理。

一、EDI 软件系统的构成

(一)EDI 系统功能模型

在 EDI 系统中，EDI 参与者所交换的信息客体被称为邮包。在交换过程中，如果接收者从发送者所得到的全部信息都包括在所交换的邮包中，则认为语义完整，并称该邮包为完整语义单元(CSU)。CSU 的生产者和消费者统称为 EDI 系统的终端用户。

在 EDI 系统的工作过程中，所交换的报文都是结构化的数据，整个过程都是由 EDI 系统完成的。EDI 系统结构由五个基本模块组成，如图 4-2 所示。

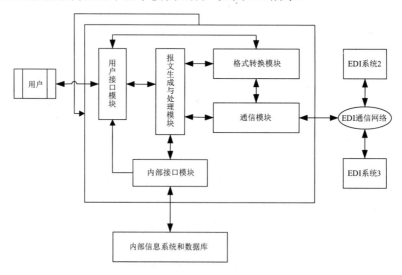

图 4-2　EDI 系统结构

1. 用户接口模块

业务管理人员可用此模块进行输入、查询、统计、中断、打印等，及时地了解市场变化，调整策略。

2. 内部接口模块

这是 EDI 系统和本单位内部其他信息系统及数据库的接口，一份来自外部的 EDI 报文，经过 EDI 系统处理之后，大部分相关内容都需要经内部接口模块送往其他信息系统，或查询其他信息系统才能给对方 EDI 报文以确认的答复。

3. 报文生成及处理模块

该模块有两个功能：①接受来自用户接口模块和内部接口模块的命令和信息，按照 EDI 标准生成订单、发票等各种 EDI 报文和单证，经格式转换模块处理之后，由通信模块经 EDI 网络发送给其他 EDI 用户；②自动处理由其他 EDI 系统发来的报文。在处理过程中要与本单位信息系统相连，获取必要信息并给其他 EDI 系统答复，同时将有关信息发送给本单位其他信息系统。如因特殊情况不能满足对方的要求，经双方 EDI 系统多次交涉后不能妥善解决的，则把这一类事件提交用户接口模块，由人工干预决策。

4. 格式转换模块

所有的 EDI 单证都必须转换成标准的交换格式，转换过程包括语法上的压缩、嵌套、代码的替换以及必要的 EDI 语法控制字符。在格式转换过程中要进行语法检查，对于语法出错的 EDI 报文应拒收并通知对方重发。

5. 通信模块

该模块是 EDI 系统与 EDI 通信网络的接口。它具有包括执行呼叫、自动重发、合法性和完整性检查、出错报警、自动应答、通信记录、报文拼装和拆卸等功能。

(二)EDI 系统基本功能

除上述基本模块外，EDI 系统还必须具备以下基本功能。

1. 命名和寻址功能

EDI 系统的终端用户在共享的名字当中必须是唯一可标识的。命名和寻址功能包括通信和鉴别两个方面。在通信方面，EDI 系统是利用地址而不是名字进行通信的。因而要提供按名字寻址的方法，这种方法应建立在开放系统目录服务 ISO9594(对应 ITU-T X.500)的基础上。在鉴别方面，有若干级必要的鉴别，即通信实体鉴别、发送者与接收者之间的相互鉴别等。

2. 安全功能

EDI 系统的安全功能应包含在上述所有模块中,它包括以下内容:①终端用户以及所有 EDI 系统参与方之间的相互验证;②数据完整性;③EDI 系统参与方之间的电子(数字)签名;④否定 EDI 系统操作活动的可能性;⑤密钥管理。

3. 语义数据管理功能

完整语义单元(CSU)是由多个信息单元(IU)组成的,其中 CSU 和 IU 的管理服务功能包括:①IU 应该是可标识、可区分的;②IU 必须支持可靠的全局参考;③应能够存取指明 IU 属性的内容,如语法、结构语义、字符集和编码等;④应能够跟踪和对 IU 定位;⑤能对终端用户提供方便和始终如一的访问方式。

二、EDI 的工作原理

(一)EDI 通信与交换原理

当今世界通用的 EDI 通信网络,是建立在 MHS 数据通信平台上的信箱系统,其通信机制是信箱间信息的存储和转发。具体实现方法是在数据通信网上加挂大容量信息处理计算机,在计算机上建立信箱系统,通信双方需申请各自的信箱,其通信过程就是把文件传到对方的信箱中。文件交换由计算机自动完成,在发送文件时,用户只需进入自己的信箱系统即可,如图 4-3 所示。

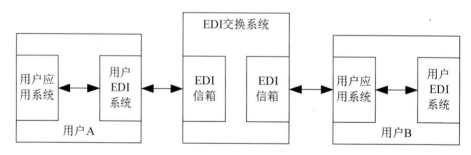

图 4-3　EDI 信箱通信与交换原理

(二)实现 EDI 系统的环境和条件

要实现 EDI 系统的全部功能,需要具备以下几个方面的条件,其中包括 EDI 通信标准和 EDI 语义语法标准。

1. 数据通信网是实现 EDI 的技术基础

为了传递文件,必须有一个覆盖面广、高效安全的数据通信网作为其技术支撑环境。由于 EDI 系统传输的是具有标准格式的商业或行政有价文件,因此除了要求通信网具有一般的数据传输和交换功能之外，还必须具有格式校验、确认、跟踪、防篡改、防被窃、电子签名、文件归档等一系列安全保密功能，并且在用户间出现法律纠纷时，能够提供法律证据。

2. 消息处理系统 MHS 为实现 EDI 营造出最理想的通信环境

为了在 MHS 中实现 EDI，ITU-T 根据 EDI 国际标准 EDIFACT 的要求，于 1990 年提出了 EDI 的通信标准 X.435，使 EDI 成为 MHS 通信平台的一项业务。

3. 计算机应用是实现 EDI 的内部条件

EDI 系统不是简单地通过计算机网络传送标准数据文件，它还要求对接收和发送的文件能进行自动识别和处理。因此，EDI 的用户必须具有完善的计算机处理系统。

从 EDI 的角度来看，一个用户的计算机系统可以划分为两大部分：一部分是与 EDI 密切相关的 EDI 子系统，包括报文处理、通信接口等功能；另一部分则是企业内部的计算机信息处理系统，一般称之为 EDP(Electronic Data Processing)。

一个企业的 EDP 搞得越好，其 EDI 的使用效率就越高。同样，只有在广泛使用 EDI 后，各单位内部 EDP 的功能才能充分发挥。因此，只有将 EDI 和 EDP 全面有效地结合起来，才能获得最大的经济效益。

4. 标准化是实现 EDI 的关键

EDI 是为了实现商业文件、单证的互通和自动处理，这不同于人—机对话方式的交互式处理，而是计算机之间的自动应答和自动处理。因此文件结构、格式、语法规则等方面的标准化是实现 EDI 的关键。

UN/EDIFACT 标准已经成为 EDI 标准的主流，但是仅有国际标准是不够的，为了适应国内情况，各国还需制定本国的 EDI 标准。因此，实现 EDI 标准化是一项十分繁重和复杂的工作。同时，采用 EDI 之后，一些公章和纸面单证将会被取消，管理方式将从计划管理型向进程管理型转变。所有这些都将引起一系列社会变革，故人们又把 EDI 称为"一场结构性的商业革命"。

5. EDI 立法是保障 EDI 顺利运行的社会环境

EDI 的使用必将引起贸易方式和行政方式的变革，也必将产生一系列的法律问题。为了全面推行 EDI，必须制定和完善相关的法律法规，为 EDI 的全面使用营造良好的社会环境和法律保障环境。

三、EDI 的工作过程

EDI 系统的工作流程如图 4-4 所示，各功能模块说明如下所述。

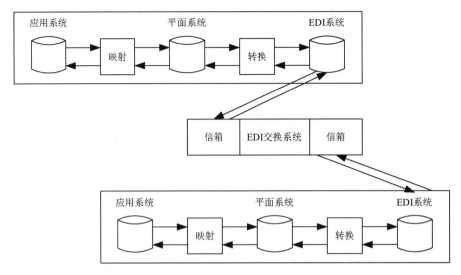

图 4-4　EDI 系统的工作流程

(一)映射(Mapping)——生成 EDI 平面文件

EDI 平面文件(Flat File)是通过应用系统将用户的应用文件(如单证、票据)或数据库中的数据，映射成一种标准的中间文件，可直接阅读、显示和打印输出，这个过程称为映射(Mapping)。

(二)翻译(Translation)——生成 EDI 标准格式文件

翻译功能是将平面文件通过翻译软件(Translation Software)生成 EDI 标准格式文件。EDI 标准格式文件，就是所谓的 EDI 电子单证，或称为电子票据。它是 EDI 用户之间进行贸易和业务往来的依据。EDI 标准格式文件是一种只有计算机才能阅读的 ASCII 文件。它是按照 EDI 数据交换标准(即 EDI 标准)的要求，将单证文件(平面文件)中的目录项，加上特定的分割符、控制符和其他信息，生成的一种包括控制符、代码和单证信息在内的 ASCII 码文件。

(三)通信

这一步由计算机通信软件完成。用户可通过通信网络，接入 EDI 信箱系统，将 EDI 电子单证投递到对方的信箱中。EDI 信箱系统则自动完成投递和转接，并按照 X.400(或 X.435)通信协议的要求，为电子单证加上信封、信头、信尾、投送地址、安全要求及其他辅助信息。

(四)EDI 文件的接收和处理

接收和处理过程是发送过程的逆过程。首先需要接收用户通过通信网络接入 EDI 信箱系统，打开自己的信箱，将来函接收到自己的计算机中，经格式校验、翻译、映射还原成应用文件，最后对应用文件进行编辑、处理和回复。

在实际操作过程中，EDI 系统为用户提供了 EDI 应用软件包，包括应用系统、映射、翻译、格式校验和通信连接等全部功能。用户可将其处理过程看作是一个"黑匣子"，完全不必关心里面的具体过程。

评估练习

1. EDI 系统由哪几个模块组成？每个模块能完成什么功能？
2. 实现 EDI 功能需要具备哪几个方面的条件？

第三节　EDI 的安全问题

教学目标

- 掌握 EDI 系统的安全要求。
- 了解 EDI 系统面临的威胁和攻击。

由于 EDI 技术将人们几百年来习以为常的白纸黑字式的往来文书，转变成电子化的报文(Message)，因而使传统的信息交换方式发生了一场革命，这种变化对促进社会进步有很大的意义，但也出现了一些变革前不曾预料到的新问题，比如：无纸贸易中的商业秘密不易保护；网络环境下怎样确保发出的商业文件能被贸易伙伴准确接收；贸易伙伴借口计算机系统的原因抵赖自己的行为，否认接收或发出商业文件；电子传递的商业文件用什么方式代替纸面签字；传输的公文因无法盖上传统的印章，又如何确认公文的合法性和有效性等。这些所谓的 EDI 安全问题若不能有效解决，人们就没有足够的信心使用 EDI 系统，EDI 系统本身也无法实现其"正确、完整、迅速"交换信息的目标。因而，EDI 的安全问题一直受到 EDI 技术界、用户界的密切关心，所有 EDI 系统开发者将系统能否提供安全服务视为 EDI 系统是否成熟的标志，用户团体视 EDI 系统是否有良好的安全服务为购买 EDI 系统的重要条件。欧洲共同体将安全列为推行 EDI 五大关键技术之一，国际标准化组织(ISO)和 CCITT 也分别成立了专门的研究小组，致力于 EDI 安全标准的开发，EDI 安全问题得到了广泛的重视。

一、EDI 安全概述

EDI 安全一般是指防止由 EDI 系统交换的信息被丢失、泄露、篡改，假冒 EDI 合法用户，提交或接收过程中出现的抵赖、否认以及 EDI 系统拒绝服务。概括起来，EDI 安全包括两大方面的内容：一是 EDI 数据的安全，二是 EDI 系统的安全，重点是 EDI 数据的安全。

EDI 数据的安全具体表现为数据的完整性、机密性和可用性；EDI 系统的安全则包括实体安全、管理保护、计算机系统本身的软硬件保护和通信系统的安全等内容。

二、EDI 安全要求

(一)EDI 系统的安全服务

1. EDI 系统的安全策略

针对 EDI 应用系统所面临的威胁和攻击，EDI 系统首先要制定完善的安全策略，即规定 EDI 系统的数据在什么条件下允许存取、在什么条件下不允许读写等方面的要求。一般来说，EDI 系统的安全策略是：①他人无法冒充合法用户利用网络及其资源；②他人无法篡改、替换和扰乱数据；③进行文电交换时，各种活动及其发生时间均有精确、完整的记录和审计；④确保报文在交换过程中不丢失；⑤确保商业文件(如合同、契约、协议书等)不被无关者或竞争对手知悉；⑥防止因自然灾害、人为原因和机器故障而引起的系统拒绝服务。

2. EDI 系统安全服务的实现手段

安全服务是指 EDI 系统为用户提供的一组系统功能，用户通过它们来保护自己的数据、维护系统的正常工作。开放式 EDI 系统的基本安全服务要遵循 ISO-7498/2 规定的 ISO 安全体系标准。系统中安全服务的实现手段主要有：①信息加密技术。信息加密技术是一种信息封装技术，主要包括私钥加密体制以及公钥加密体制。其中私钥加密体制中加密与解密时使用相同的密码。密码形式分为分组密码和序列密码，后者的运算速度更快、安全性更高。②数字签名技术。在 EDI 系统可通过该技术对数据进行源点鉴别和实体鉴别，识别用户身份，防止冒名顶替，防止抵赖或矢口否认。③身份认证。EDI 系统通过用户注册、口令效验，同样可以识别用户身份，防止冒名顶替，并有效阻止无关者或竞争对手偷看、窃取商业秘密。④数字证书技术。在基于 Web 的 EDI 支付模式中，Web 服务器和 EDI 网关都需要同 CA 认证中心相连，由 CA 认证中心验证数字证书，保证交易双方所提供信息的真实性和保密性。⑤EDI 网关技术。负责对外来的应用连接请求进行回应，并将通过其安全检查的连接请求与被保护的网络应用服务器连接，为外部服务用户提供在受控制的前提下访问并使用内部网络的服务。⑥防止报文丢失。报文丢失可能发生在任何同等实体间的通信链路上，也可能源于操作失误或不当。防止报文丢失的方法是利用一个脱机的文档库将所有递交和投递的报文都保存起来；防止特定报文丢失，可采用安全审计跟踪的办法实现。对用户而言，报文的投递最好有回执，以便及时了解报文是否投到欲投递的地方而采取相应措施。⑦防拒绝服务。硬件采取双备份措施，有良好的应急计划，可以及时恢复系统的正常运行。

【课内资料4-1】

数 字 签 名

数字签名在 ISO-7498/2 标准中定义为：附加在数据单元上的一些数据，或是对数据单元所做的密码变换，这种数据和变换允许数据单元的接收者用以确认数据单元来源和数据单元的完整性，并保护数据，防止被他人(例如接收者)伪造。美国电子签名标准(DSS，FIPS186-2)对数字签名作了如下解释：利用一套规则和一个参数对数据计算所得的结果，用此结果能够确认签名者的身份和数据的完整性。按上述定义 PKI(Public Key Infrastruction，公钥基础设施)可以提供数据单元的密码变换，并能使接收者判断数据来源及对数据进行验证。

现实生活中的书信或文件是根据亲笔签名或印章来证明其真实性的。签名的作用有两点：①因为自己的签名难以否认，从而确认了文件已签署这一事实；②因为签名不易仿冒，从而确定了文件是真的这一事实。在计算机网络中传送的报文又是如何盖章呢？这就是数字签名所要解决的问题。数字签名与书面文件签名有相同之处，采用数字签名，也能确认以下两点：①信息是由签名者发送的；②信息自签发后到收到为止未曾做过任何修改。这样数字签名(Digital Signature)就可用来防止电子信息因被修改而有人作伪；或冒用别人名义发送信息；或发出(收到)信件后又加以否认等现象发生。

数字签名一般多采用非对称加密技术(如 RSA)，通过对整个明文进行某种变换，得到一个值，作为核实签名。接收者使用发送者的公开密钥对签名进行解密运算，如其结果为明文，则签名有效，证明对方的身份是真实的。当然，签名也可以采用多种方式，例如，将签名附在明文之后。数字签名普遍用于银行、电子贸易等。

通过数字签名技术，我们不仅可以对用户身份进行验证与鉴别，也可以对信息的真实性和可靠性进行验证和鉴别，这样就可以解决冒充、抵赖、伪造、篡改等问题。目前在电子银行中，数字签名技术是应用最广泛的，今后这项技术的应用将会越来越普遍。

(资料来源：http://baike.baidu.com/view/7626.htm)

【课内资料4-2】

对称加密技术

对称加密技术又被称为私钥密码技术，对信息的加密与解密都使用相同的密钥。使用对称加密方法将简化加密的处理流程，通信双方都不必研究与交换专用的加密算法，而是采用相同的加密算法并只交换共享的专用密钥。

1977 年 1 月，美国政府颁布采纳 IBM 公司设计的方案作为非机密数据的正式数据加密标准，这就是 DES(Data Encryption Standard)加密标准。后来，ISO 也将 DES 作为数据加密标准。DES 算法对信息的加密和解密都使用相同的密钥，即加密密钥也可以用作解密密钥。这种方法在密码学中叫作对称加密算法，也称为对称密钥加密算法。除了数据加密标准

(DES)，另一个对称密钥加密系统是国际数据加密算法(IDEA)，它比 DES 的加密性好，而且对计算机功能要求也没有那么高。IDEA 加密标准由 PGP(Pretty Good Privacy)系统使用。

对称加密算法的加密过程如图 4-5 所示，在通信网络的两端，双方约定一致的加密密钥和解密密钥，在通信的源点用密钥对核心数据进行 DES 加密，然后以密码形式在公共通信网中传输到通信网络的终点，数据到达目的地后，用同样的密钥对密码数据进行解密，便可再现明码形式的核心数据。这样，便保证了核心数据(如 PIN、MAC 等)在公共通信网中传输的安全性和可靠性。

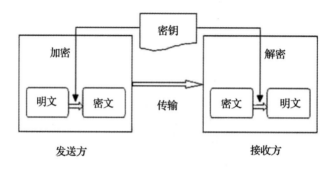

图 4-5 对称加密过程示意图

对称加密算法使用起来简单快捷，密钥较短，且破译困难。这种加密方法可简化加密处理过程，信息交换双方都不必彼此研究和交换专用的加密算法。如果在交换阶段密钥未曾泄露，那么机密性和报文完整性就可以得以保证。

DES 的保密性仅取决于对密钥的保密，而算法是公开的。DES 内部的复杂结构是至今没有找到捷径破译方法的根本原因。DES 算法具有极高的安全性，到目前为止，除了用穷举搜索法对 DES 算法进行攻击外，还没有发现更有效的办法。密钥使用过程中应注意的问题如下：①密钥是保密通信安全的关键，发信方必须安全、妥善地把密钥护送给收信方，不能泄露其内容。如何才能把密钥安全地送给收信方，是对称密钥加密技术的突出问题。②多人通信时密钥的组合数量会出现爆炸性的增长，使密钥分发更加复杂化。③通信双方必须统一密钥，才能发送保密的信息。如果发信者与收信人是素不相识的，就无法向对方发送秘密信息了。④对称密钥体制难以解决电子商务系统中的数字签名认证问题。对于开放的计算机网络来说，存在着安全隐患，不适合网络环境邮件加密的需要。⑤缺乏自动监测密钥泄露的能力。

(资料来源：http://baike.baidu.com/view/7591.htm)

(二)国内 EDI 法律保护问题

1. 国内 EDI 立法现状

1999 年 3 月 15 日颁布的《合同法》是我国第一部正式涉及 EDI 合同的法律。《合同法》

第 11 条将电子数据交换正式纳入了合同的书面形式中，使 EDI 合同与传统的书面合同具有相同的法律地位。《合同法》第 16 条、第 26 条、第 33 条、第 34 条对订立数据电文合同所涉及的要约与承诺的生效时间、合同成立的地点及签订确认书等问题给出相应规定。

2005 年 4 月 1 日，《电子签名法》正式实施，与之配套的《电子认证服务管理办法》也同时颁布实施。2019 年 4 月，第十三届全国人民代表大会常务委员会第十次会议决定对《电子签名法》进行修改，不仅明确了 EDI 合同的法律效力，使 EDI 合同与传统书面合同均具有普遍适用效力，同时，对电子交易中的法律责任也作出明确规定。《电子签名法》首次赋予了电子签名与书面签名同等的法律效力，是我国立法史上的里程碑，结束了电子交易长期以来的无序状态，以 EDI 等电子交易形式达成国际贸易的交易人的权利义务有了法律的正式保障。从此，我国进入了电子商务法制化时代。

2. 国内 EDI 立法不足

尽管《合同法》《电子签名法》《电子认证服务管理办法》等法律法规都对 EDI 合同的法律地位及法律效力作出明确规定，但综观世界各国有关方面的立法，特别是世界贸易大国对 EDI 合同的立法规定，我国在 EDI 合同立法方面仍存在诸多不足之处，主要表现在：①立法步伐滞后于 EDI 合同的现实发展。目前我国还未形成完整的 EDI 电子商务法律体系，不同法律对于电子交易的规定不尽相同，无法使用稳定、统一的法律原则。②现行法律法规不尽完善。如《合同法》对 EDI 合同效力的规定不够明确，《电子签名法》的有些规定过于笼统，无法实现对 EDI 合同的有效法律制约，因此需要不同部门的配套法律法规衔接一致，协调统一，才能实现对其制约和调整。③对 EDI 立法宣传力度不够，消费者认同尚需时日。

3. 国内 EDI 立法应对策略

中国目前对于 EDI 合同的立法呈现条块分割，单行立法与分散立法衔接不够紧密，甚至存在许多冲突的状态，使 EDI 合同无法得到法律的有效调整。因此，有必要对《合同法》《海商法》《票据法》《公司法》等法律条文中关于 EDI 合同的规定进行整合，与《电子签名法》等单行立法的相关规定统一并衔接起来。应从以下几方面入手：①加大 EDI 合同立法的宣传力度，提高 EDI 贸易的社会接受度。②整合现有 EDI 合同方面的立法，创建规范的电子商务法律体系。③重视企业界在 EDI 合同立法中的作用。④创建诚信网络环境，提高 EDI 贸易安全性。⑤结合中国国情，重视与国际 EDI 立法接轨。

【案例 4-2】

广汽本田 EDI 合同管理

2017 年，广汽本田采用契约锁，与原有的 DMS 系统进行深度集成，进行特约店接车单的签署。该系统可实现两级用户和应用系统的协同，提高办公效率。按照"一个管理平台、一个门户入口、一个数据中心、多个系统协同、丰富系统应用"的总体建设思路，构建一个基于互联网的、电子一体化的、覆盖广汽本田信息产业的、统一的现代化办公协同平台和企业信息门户，满足广汽本田跨时间、跨区域、跨部门的电子签章要求，将人员、流程和业务知识紧密集成在一起，促进信息的有效利用和科技创新。

电子签约系统借助于国家认证机构颁发的数字证书、完善的 API 接口及 SDK，实现了企业员工权限的分配、企业内部公章的管理、用印流程审批、企业公章签署与个人签名签署界面管理。

系统数据独立存储，按需规划。企业可以自主监控、集中管控，根据经营需要，灵活收归印章使用权，审批用印流程，实现用印流程规范化。

(资料来源：https://www.qiyuesuo.com/case/bkg/guangqi.html)

三、EDI 系统面临的威胁

EDI 系统运行后会碰到许多安全威胁或攻击。根据安全威胁着眼点的不同，这种威胁可分为偶发性和故意性两类。偶发性威胁是指不带任何预谋的威胁，如系统故障、操作失误和软件出错；故意性威胁则是指那些人为的，有预谋或动机的威胁，这种威胁一般称为攻击，如篡改商业合同数据、窃取商业机密、破坏 EDI 存储系统等行为。

根据威胁来源的不同，还可以将威胁分为内部和外部两种。内部威胁是指系统的合法用户以故意或非法方式进行操作所产生的威胁，如内部工作人员利用工作之便或软件固有的缺陷，非法使用 EDI 资源或越权存取数据；外部威胁泛指搭线窃听，截取交换信息，冒充合法用户，为鉴别或访问机制设置旁路。

EDI 系统面临的主要威胁和攻击有以下六种。①冒充。MTA(报文传送代理)之间是以交换明文形式的 MTA 名称来彼此证实的，一个假冒合法的 MTA 可能会通过发送一个已知的 MTA 名与其他 MTA 互联，冒名顶替偷窃工作资源和信息。②篡改数据。数据被非授权更改会破坏数据的完整性。EDI 环境中篡改数据的现象与报文处理系统(MHS)提到的情况相同，攻击者会篡改在 EDI 系统中存储和传输的文电内容。③偷看、窃取数据。EDI 系统中的用户及外来者未经授权偷看或窥视他人的文电内容以获取商业秘密，损害他人的经济利益。④文电丢失。EDI 系统中文电丢失主要有三种情况，一是因为 UA(用户代理)、MS(记忆棒)或 MTA 的错误而丢失文电，二是因为安全措施不当而丢失文电，三是在不同的责任区域间传递时丢失文电。⑤抵赖或矢口否认。抵赖或矢口否认是 EDI 系统存在的一种较大的威胁。EDI 要处理的大量合同、契约、订单等商贸数据，其起草、递交、投递等环节都容易发生抵赖或矢口否认现象，尤其是基于 MHS 环境的 EDI 系统，采用自动转发、重新定向服务方式时，其危险性更大。⑥拒绝服务。局部系统的失误及通信各部分的不一致所引起的事故(如路由表或映射表的错误项)而导致系统停止工作或不能对外服务，即所谓的拒绝服务。局部系统出于自我保护的目的而故意中断通信也会导致拒绝服务。这种拒绝是 EDI 系统中最可能出现而又危害巨大的威胁之一。

评估练习

1. EDI 系统中安全服务的实现手段主要有哪几种？
2. 如何有效地应对 EDI 系统面临的威胁和攻击？

第四节　EDI 在物流等领域的应用

教学目标

- 掌握 EDI 在物流等领域的应用。
- 了解 EDI 的应用价值。

一、EDI 在物流企业中的应用

(一) EDI 在交通运输中的应用

1. EDI 在集装箱配载中的应用

集装箱物流信息平台涉及保税物流中心、集装箱物流企业、集装箱装拆物流中心、集装箱码头系统、检验检疫、税务、海关、银行等单位和部门的业务数据，这些数据往往呈现出多样性、异构性等特点，因此导致了各单位和部门的业务系统相互连通困难。EDI 技术应用于集装箱物流信息平台，可将集装箱物流环节有关的信息系统连接起来，使用户可以通过平台交换信息、发布信息、完成交易；物流企业可以实现网上信息交换和物流操作；政府监管部门可以在线处理各相关企业提交的申报信息，并将处理结果快速及时地反馈给企业；而进出口企业则可以选择符合条件的物流提供商完成采购等行为；同时，银行、保险等服务机构，也可以通过平台为企业提供金融保险等业务服务。

EDI 在集装箱配载中的应用，是指通过 EDI 传输给船长或相关部门已经配载好的集装箱配载信息报文，通过软件解析生成配载图，无须重新配载的集装箱只要通过测试集装箱船舶的性能要素，诸如浮态、稳定性和强度等，就能衡量配载信息是否正确，之后重新配载不合理的少数集装箱。EDI 技术应用于集装箱配载使集装箱船舶在港停留作业时间大大地缩减；避免因重复配载而造成人力、物力和时间的浪费；节约成本、带来巨大经济效益，大大地促进了集装箱贸易的增长。同时，以往采用人工、E-mail 或 Fax 的方式传输集装箱配载信息，存在极大的安全隐患；而通过 EDI 传输数据，由于 EDI 具有安全保密技术可以解决信息的完整性问题、可鉴别问题、保密性问题、不可抵赖性问题、可靠传输问题等，因此具有较高的实用价值。

【案例 4-3】

宁波港口 EDI 中心

宁波港口 EDI 中心始建于 1995 年，是国家"九五"重点科技攻关项目"国际集装箱运输电子信息传输和运作系统及示范工程"的示范单位之一，EDI 中心的建成为宁波口岸的港口码头、船运公司船代、集疏运场站、理货、货主及代理和监管职能部门提供了高效、便利、快捷、准确、经济的电子数据交换服务。经过多年的推广应用，EDI 应用覆盖了宁波口岸多个物流节点，网站查询、一站式服务和报文传输这三大主要服务内容也得到了充分的实践。宁波港口 EDI 中心是宁波港口物流信息化建设的重要组成部分，有效地改善了宁波口岸集装箱运作环境。

宁波港口 EDI 中心完成对数据交换平台和应用系统的全面升级后，新系统采用全国首创的"M+1+N"报文转换模式。该模式的创建，使 EDI 中心无论在报文处理能力上，还是在提升增值服务能力上都有了根本性的提高。另外，宁波港口 EDI 中心利用这次升级机会，还实现了统一用户认证和单点登录技术，极大地改善了用户访问网站和各业务系统的友好体验。此次升级项目，荣获了首届中国港口协会科学技术奖二等奖。

宁波港口 EDI 中心还开发和实施了集装箱智能闸口系统、CFS 系统以及车队管理系统等。智能闸口系统实现了码头闸口所有进出场作业的实时控制和管理，使闸口管理由人工方式转为"无人"自动化方式的革命性变化。CFS 系统以及车队管理系统分别为集装箱场站企业和集卡车队企业的信息化综合管理提供了一套整体的解决方案。系统的成功实施促进了相关企业运营效率的提高和对外服务水平的提升，从而有效增强了口岸的综合竞争力。

随着港口物流的快速发展，宁波港口 EDI 中心不断提升和完善中心的各项服务和功能，在"智慧港口、精彩信通"企业精神的倡导下，全面推进"81890"统一服务平台，积极参与港口现代物流系统的建设，为加快企业转型升级、提升发展水平、打造国际物流港口作出重要贡献。

EDI 中心业务伙伴图如图 4-6 所示。

图 4-6 EDI 中心业务伙伴图

(资料来源：http://www.npedi.com/ediportal-web/ediweb/index.jsp)

2. EDI 在货运信息管理中的应用

货运 EDI 网络信息管理系统能够满足客户端的数据信息来源采集功能和传输交换功能，

实现运输公司同业务合作单位之间的业务单证交换这一商业活动，并构建了较好的标准化的通用软件平台，与其他相关业务合作单位进行电子数据交换。该系统的应用一方面能节省大量的人力、物力，使劳动强度得到减轻，成本和其他费用得以降低；另一方面，工作效率、货运服务质量均得到提高，事务处理的及时性和准确性也得到增强，并且提供了大量丰富、准确的信息，密切与集装箱公司、储运公司等业务合作单位之间的关系。

(二)EDI在金融机构中的应用

EDI技术应用于金融机构是EDI技术推广的主体，这是因为EDI技术最终都需结合资金作业，支付及金融服务是发展电子商务交易的保障。随着EDI技术在一系列商业活动中的广泛应用，许多公司和企业对于将EDI技术的应用范围扩大到支付领域存在着强大的需求。在EDI应用中，金融机构与其往来客户均采用EDI技术进行有关银行与银行、银行与企业间的汇款、转账、资金调拨以及传递与支付相关信息的自动化金融服务，以提高银行在资金流动管理、电子支付、电子对账、结算等业务效率。在金融EDI的整个应用过程中，银行不仅是资金的处理器(如中转客户的支付汇款信息)，更是一个信息和贸易报文的处理器(如接收与传递购买订单)。随着电子商务的发展，有越来越多的国内外企业已经深信金融EDI是简化及改造企业流程的最佳选择。

在金融EDI运用过程中，由于EDI的实现需要所有的贸易伙伴都采用同样的标准格式。这对于一些小的企业来说，可能会增加成本负担。因此在过渡期，金融机构可以兼容目前的EFT(电子资金转移)，开发EFT-EDI来为顾客提供与EDI有关的服务。同时，EDI第三方网络(增值网络或国际互联网)可以作为一个清算机构来处理EDI和EFT信息，这样，客户就可以直接与第三方网络发展业务联系，从而有助于提高中小企业应用电子支付的积极性。

(三)EDI在海关管理中的应用

海关作为国家进出境监督管理机关，是国际贸易信息交换枢纽之一，是整个贸易服务中的重要环节。EDI通关系统(也称为"电子通关系统")涉及进出口货物报关、监管、审单、征税、放行等通关环节，在以海关为中心，包括报关行、金融单位、仓储、运输企业和国际贸易行政管理等部门，实现申报、审单、征税、放行等自动化处理功能。在EDI通关系统中，贸易商利用网络提供通关所需的文件并获得核准，可以避免货品在海关延迟通关，既可减少复杂与不必要的通关文件，又可促进海关及相关企业工作的规范化和制度化，提高了工作效率和工作质量。目前，国际上很多国家都以海关EDI作为推广应用EDI的开始，并且规定：若不采用EDI通关，海关清关手续将被推迟办理，或不被选择为贸易伙伴，这一项规定已成为一项新的贸易壁垒。海关EDI在具体应用中有以下两个关键部分。

1. EDI 中心系统

EDI 中心系统作为海关信息系统的外部网，主要用于向社会提供报关服务，并且起到了隔离海关内部网与社会其他信息网的作用，使各个进出口企业既可以得到方便的 EDI 通关服务，又可以保证海关内部信息系统的安全。而且 EDI 中心系统支持多种通信协议和灵活的报文翻译功能，可以方便地与各种不同的系统连接。其主要功能如下所述。

（1）通信服务功能：这种服务功能可以提供各种不同的接入方式，如 DDN、专线、拨号线、X.25 等；支持各种不同的通信协议，EDI 用户可选择 FTP、WWW、E-mail 等各种通信服务来传送报关单报文。

（2）报文翻译功能：系统能对各种报文进行灵活地翻译，可以将 EDIFACT 报文自由地翻译成 ANSI X12、TRADACOMS、ODETTE 或自定义格式中的任一种格式。此外，除完成报文翻译外，系统还会对报文的语法错误进行检查。

（3）管理功能：完善的计费系统，可对各类用户按其传输的信息量、传输距离的长短、是否享受优惠等条件按月打印收费通知书；数据备份和日志，对经 EDI 中心传送的所有报文进行备份，以备日后查阅，同时对系统处理报文的每一个阶段的状态自动做好日志，并对事先设定的特定事件，一旦发生即通过 E-mail、传呼机等手段向管理员报警，保证每一份报文都被正确地处理；用户授权，系统不但可对用户身份进行检查，而且还保证用户能正确地发送和接收 EDI 报文。

（4）安全和保密：使用数字签名和数据加密/解密技术，对通过 EDI 中心传输的一些敏感数据，系统提供数字签名和数据加密技术，防止数据被未经授权用户非法阅读。

（5）系统监控功能：系统提供分布或集中监控功能，允许从一点管理多个分系统；使用图形界面，可方便配置系统，维护系统，观察日志信息，浏览 EDI 标准或生成自定义格式。

（6）存证功能：EDI 存证是将用户已接收数据及用户在 EDI 系统的会话记录，加上一些必要的信息，按一定的格式以文件形式保存。在存证文件中包含有单证的发送方、接收方数据类型、单证类型、单证编号、接收/发送/删除时间及单证具体内容等重要信息，凡是发送成功的报文的存证既有发送信箱记录，同时提供根据用户身份的分级检索，支持 Web 界面的检索、浏览及单证计费、统计等功能。

2. 用户端系统

用户端系统通过各种通信线路连接到 EDI 中心系统，EDI 中心系统对这些数据进行查错、翻译、加密/解密等处理后发送给指定的海关主机系统。同样的方法，海关主机系统通过 EDI 中心系统将海关回执发送给各个 EDI 用户。EDI 系统的用户主要有各报关行、预录入公司等专业的进出口单证录入公司以及进出口货运、快递公司。目前，上海约有 80%的报关行及 60%的货运公司使用 EDI 系统。EDI 系统主要包括各种单证录入软件、通信软件、报文翻译软件和系统配置软件。录入软件主要完成舱单、报关单、合同备案、快递等单证的录入。在通关单证录入过程中，该系统实现了在 PC 端进行脱机的数据管理功能，用户在 PC 上脱机输入表单，在需要传送或接收数据时才连接至海关的网络系统，从而尽可能地减少了通信次数、通信量及服务器占用时间；并实现了参数数据库的自动更新。录入软件依据海关通关业务的规范和要求，提供了丰富的报关自动化辅助决策表和数据代码表，帮助客户准确、快捷地录入报关数据，检查各项数据的合法性和合理性，提示报关单证是否齐全，保障了报关数据的正确性，同时采用菜单方式，结合多种形式的操作提示、帮助功能，简单易学，操作方便。通信软件主要完成 EDI 用户与 EDI 中心之间的报文发送和接收，通过 FTP 使用文件格式发送，也可使用 E-mail 格式发送，或者使用 HTTP 经 Web Server 发送。报文翻译软件主要用于把录入好的报关单数据文件或合同文件按 EDIFACT 标准翻译成报文格式(例如 CUSDEC)发送到 EDI 中心系统。另外，把从 EDI 中心系统取回的海关回执报文(如 CUSRES)翻译成海关回执文件。

【案例 4-4】

EDI 技术在韩国贸易金融业务中的应用

韩国是亚洲国家中最早使用 IT 技术改善贸易流程以提高交易效率的国家之一。1991 年，韩国政府发布《贸易商业自动化法案》，旨在促进贸易交易效率的提升，实现贸易融资的便利化和无纸化。在该法案的推动下，与进出口贸易及融资相关的海关通关、物流、边检、银行融资开始电子自动化，并逐步达到世界领先水平。同时，韩国将与贸易相关的金融、保险、质检、进出口企业、货代、海关等机构的功能进行了集成整合，从而大幅提高了协同效应。在科技、金融、贸易三者结合并走向深化的过程中，EDI 扮演了重要的角色。

A 公司从事电子产品贸易，其主营业务是从上游卖家进口电子零配件后组装加工再进行出口销售，结算方式为信用证。I 银行是韩国某银行。在使用韩国经济部和韩国贸易协会提供的 EDI 服务以前，A 公司在办理信用证相关业务前后需要去海关、边检、银行、税务、保险公司等机构。

由于 A 公司用于生产的零配件来自不同的国家和地区，出口这些零配件的公司往往选择本国银行在韩国的分支机构进行信用证通知和交单，这给 A 公司带来了诸多不便。不同银行对于信用证业务的要求存在差异，需要的纸质表格模式也不尽相同，每次企业都需要填写不同类型的纸质表格送往不同的银行，再从各家银行取回相应的纸质单据。而且银行、海关、金融结算院等机构的系统是不关联的，A 公司在和其他机构沟通的过程中，需要反复与这些部门进行面对面的沟通和"登门取件"。I 银行在这个问题上无法为 A 公司提供太多支持，为完成尽职调查、核实贸易背景，银行只能维持既有的业务办理模式。

使用 EDI 系统后，A 公司业务办理模式开始转变。A 公司通过韩国贸易协会旗下的韩国贸易信息通信公司的网络平台向所有的政府机构提交各类申请获得批准 (早在 1999 年，韩国 19 个政府机构和 48 个行业协会已经加入该网络平台并使用 EDI），同时在该平台上传递制式信息至相应银行。业务流程不仅实现了无纸化，业务效率更是成倍提升，如图 4-7 所示。

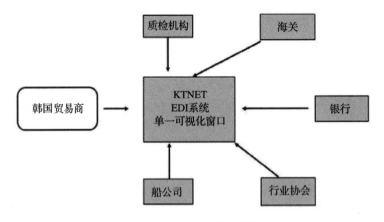

图 4-7　业务交互模式图

上述业务办理模式有诸多优点：第一，便利业务办理。贸易企业在申请各类贸易融资业务的过程中不需要到银行物理网点进行办理。可直接登录韩国贸易信息通信公司数据平台对接目标银行，并在平台上按照固定格式提供业务信息，如金额、期限、货物描述等。在交单阶段，可直接通过平台取得政府机构的电子证明，如质检证明和检疫证明都可以通过平台进行申请并获批，通关时间大幅缩短。根据相关机构的统计，由于使用 EDI，韩国货物通关的平均时间低于原来的 50%。银行通过连接平台获取数据信息进行业务审核，使贸易融资业务流程更加快捷高效。

第二，减少交易成本。企业在办理业务的过程中，不需要逐一登门各类机构，仅需通过平台可视化窗口办理，业务实现无纸化，办公成本降低。

第三，降低业务办理风险。平台上的企业无法利用一个贸易背景进行重复融资，融资风险得以降低。同时银行可以通过平台查询企业历史交易信息和融资信息，以便作出风险判断。

国际上普遍认为韩国的 EDI 技术推广是成功的。根据数据统计，早在 2000 年，韩国贸易通关和进出口物流就基本实现了电子化、自动化、无纸化，每年节约的成本约 5780 亿韩元。近两年，韩国金融监管机构继续推动 EDI 在贸易融资业务的应用，如 2017 年，韩国检察院审计部开始要求叙做出口发票融资的银行在过渡时间之后必须使用 EDI 系统办理业务。预计在未来，韩国的银行在做贸易融资业务时使用 EDI 的频率会更高。

(资料来源：汤志贤. 金融电子化，2018)

(四)EDI 在出版数字物流中的应用

随着数字出版产业的快速发展,传统出版物流形态发生了裂变,出现了新型的出版数字物流形态,即新型的数字出版引入新型的物流形式——数字物流,在二者结合的基础上引入被誉为"无纸贸易"的电子数据交换技术,实现三者融合。数字出版最大的贡献就是将出版行业带入了全数字化流程,使其从内容的生产到内容的分发、再到内容的拾取都实现了数字化。这样,出版内容的频度和广度将被大幅度拓展,出版和发行也将变得更简单,为现代物流业的发展带来了新的机遇和挑战,并出现了数字物流这一出版物流的全新形态。2009—2010 年,我国政府出台了《文化产业振兴规划》《关于加快我国数字出版产业发展的若干意见》等一系列促进数字出版发展的积极政策和措施。2011 年,《新闻出版业"十二五"时期发展规划》更是将数字出版列为重点发展方向。另外,各地政府也纷纷出台促进数字出版业发展的优惠政策和扶持措施,上海、重庆、广东、浙江、湖南等地陆续成立国家级数字出版产业园区、数字出版基地,通过数字出版基地建设,整合解决数字出版发展过程中的资金、用地、人才、项目开发、产品研发等一系列问题,数字出版产业发展的政策环境得到进一步优化。2019 年 8 月,中国新闻出版研究院发布《2018—2019 中国数字出版产业年度报告》,总结数字出版产业发展正呈现出数字内容精品化、媒体融合迈向纵深发展、出版单位转型创新能力提升、借助 5G 提升资源整合能力、业态复合化趋势渐显等八大趋势。可见,数字出版已经成为未来出版产业的主流。

【案例 4-5】

基于 EDI 技术的出版数字物流平台

数字出版业采用 EDI 系统后,其一,可通过计算机通信网络接收来自用户的一笔 EDI 方式的订货单,数字出版业的 EDI 系统随即检查订货单是否符合要求,然后用 EDI 系统向传统出版社或作者确认,收到传统出版社或作者的确认信息后,向用户回送确认信息。随后,用户收到 EDI 系统的确认单,利用数字物流方式,从网上下载电子书或其他形式的电子数据,也可通过印刷终端,买进实体出版物。其二,数字出版业向用户开具 EDI 发票,与银行以 EDI 方式结算账目等,同时银行向传统出版社等转账支付。其三,作者可通过 EDI 方式将作品传给传统出版社,由其传给数字出版企业,或作者直接将作品通过 EDI 方式交给数字出版企业,这样有利于分清版权。其四,利用 EDI 技术,作者可"自助出版",即自己将所写的内容放到网站上,供读者阅读,加快出书速度并实现个性化出版。其五,技术提供商向数字出版业提供平台支持、内容加工、内容代理发行等业务,数字营销商提供营销推广,技术提供商之间通过 EDI 技术互联互通,强强联合,共享客户资源,从而形成产业竞争优势。最后,数字出版业必须得到政府政策的支持和运行企业的监管,实现平台的可控性,以利于出版数字物流业的良性、快速发展,如图 4-8 所示。

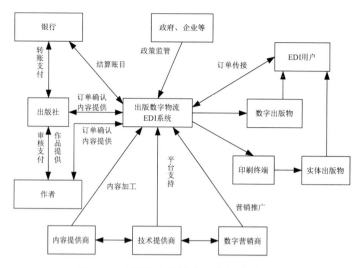

图 4-8　出版数字物流电子数据交换平台

出版数字物流 EDI 平台能实现以下应用功能：①自我出版功能。通过出版数字物流 EDI 平台，可促使 EDI 用户与出版社等机构进行信息共享，实现"自我出版"功能。②信息发布功能。在互联网上建立出版社网站并发布各类信息，主要有图书种类、业务知识、图书价格、货物追踪等。③网上查询功能。过去，客户要实时查询货物运送情况是不太可能的，而现在借助与系统配套的电子商务网站，公司可通过与其他物流部门合作，提供统一、高效的物流信息服务。④订单确认功能。企业可利用 EDI 技术，同客户、传统出版社进行订单确认，既节省了支出，又节省了时间。⑤网上支付功能。通过信息技术，客户可通过网上支付，直接支付货款。同时，企业可与银行合作，通过网上支付功能，支付货款给传统出版社。⑥货物查询功能。对于客户来说，最关心的问题是所托运货物的运输过程以及货物能否安全准确地到达指定地点。通过 EDI 信息系统，客户可根据物流公司提供的快递编号和密码，在互联网上在线查询货物当前状况，跟踪货物，同时客户可通过互联网对货物状况进行信息反馈或得到公司的信息反馈，如图 4-9 所示。

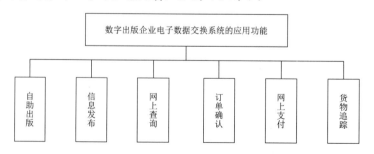

图 4-9　数字出版企业电子数据交换系统的应用功能

(资料来源：杨庆国，陈敬良.中国流通经济，2012)

二、EDI 在超市物流中的应用

对于超市零售业来说，EDI 的应用范围已从订货业务扩展到销售、库存管库、发货及支付等业务。利用 EDI 可以建立快速响应系统，减少商场的库存量与空架率，加速资金周转，降低物流成本；同时也可以建立起物流配送体系，完成产、存、运、销一体化的供应链管理。连锁超市企业可以灵活地采用物流 EDI 共同化的联盟方式，通过建立企业间的结合共同组建物流体系，处理企业营运中有关物品流动的相关业务，解决单一企业对物流系统投资的不经济或低效率等问题。共同化的物流联盟方式可以使连锁超市企业最大限度地利用有限的资源、降低风险和运营成本，通过共同采购或配送货物来获取规模效益，并尽快实现物流管理的现代化。

三、EDI 在生产物流中的应用

近年来，EDI 在生产物流中得到广泛应用，被称为物流 EDI。所谓物流 EDI，是指货主、承运业主以及其他相关的单位之间，通过 EDI 系统进行物流数据交换，并以此为基础实施物流作业活动的方法。物流 EDI 的参与单位有货主(如生产厂家、贸易商、批发商、零售商等)、承运业主(如独立的物流承运企业等)、实际运送货物的交通运输企业(如铁路企业、水运企业、航空企业、公路运输企业等)、协助单位(如政府有关部门、金融企业等)和其他的物流相关单位(如仓库业者、专业报送业者等)。

(一)EDI 在物流配送中的应用

在企业物流配送供应链管理体系中，每天都要发生数以万计、百万计的交易。传统的手工处理方法，以及相对落后的计算机信息处理方法，已经远远不能满足日益增长的业务需要。因此，迫切需要利用现代信息技术进行精确、可靠及快速的采集和传送。EDI 技术应用于物流配送中有以下优点：①节约时间、降低成本。由于单证在贸易伙伴之间的传递是完全自动的，所以不再需要重复输入传真和电话通知等重复性的工作，从而可以极大地提高企业的工作效率并降低运作成本，使沟通更快更准。②提高管理和服务质量。将 EDI 技术与企业内部的仓储管理系统、自动补货系统、订单处理系统等企业管理信息系统(Management Information System，MIS)集成使用后，可以实现商业单证快速交换和自动处理，简化采购程序、减少营运资金及存货量、改善现金流动情况等，也可使企业可以更快地对客户的需求进行响应。

【案例 4-6】

EDI 在汽车制造企业供应商管理系统中的应用

EDI 是用于系统到系统集成的标准通信协议。贸易公司在各种行业中使用电子数据交换以电子方式传送商业信息。处理大量数据的组织经常使用 EDI 将数据录入最小化，并与他人共享信息组织内的系统。在汽车制造业，供应商可以与他们的承运商建立 EDI 来提交和收货信息。

汽车制造企业供应商管理系统引入 EDI 数据交换平台，可以方便上下游企业信息系统连接与管理，实现信息共享；可以有利于管理生产计划、货运单、订单计划、发票等通知单信息，在汽车制造企业供应商管理信息系统和上下游企业的合作伙伴信息之间的共享和对接；改变使用纸质文档、纸质传输、邮件等低效信息传输模式，提升汽车制造企业内部之间各工厂各部门如物流部、采购部、信息部、供应商公司，以及上下游的一些合作伙伴如供应商、大客户、承运商等的信息共享。对此，汽车制造企业在规划 EDI 系统时确定了明确的实施目标。

(1) EDI 用电子传输的方式替代了以往使用人工纸质单据的邮寄和传送，不仅提高了业务中的传输效率，而且还节约了传输所产生的相关费用。

(2) 使用 EDI 来实现信息的共享，实现供应链方面协同、按周交货、零库存等目标。

(3) 使用 EDI 来减少企业的运营成本费用，并且加大物流效率，从而加强市场控制力。

(4) 传统贸易存在重复劳动且准确性得不到保障。由于没有实时性的对接，交换的信息需要上传或者进行补录，不可避免地存在数据差错率。EDI 可以通过计算机的使用来有效替代手工作业的相关业务，降低人为因素所带来的不良影响。

(资料来源：方思敏. 南昌大学，2019.5)

(二) EDI 在供应链管理系统中的应用

随着科学技术的迅速发展以及全球化贸易进程的加快，我国制造业正成为全球供应链的重要成员。企业的精细化管理，需要高效的信息管理系统来改善日常操作效率。管理者通过对供应链管理中的业务环节进行系统分析，针对影响发展的瓶颈问题，建立运用 EDI 技术的信息化平台，采取多种运作方式重构流程，可以大大提高效率和准确率，提升企业的综合管理水平。

随着供应链管理理论及其在企业实际运用中的不断深入和发展，供应链风险管理也越来越受到实业界和学术界的广泛关注。运用 EDI 系统实现供应链风险预警，不仅能降低风险事件给供应链造成的影响，而且还促进了供应链企业间的相互合作，增强了供应链企业间的相互信任，为进一步的合作提供了有力保障，实现了供应链企业间的多赢。

【案例 4-7】

EDI 技术在供应链管理中的应用

某德国全资集团上海分公司，其主要业务内容是制造精密电子控制器、汽车类和家用类电子产品。公司供应链关系主要有客户订单管理、计划、采购、仓储及运输和海关业务等几部分组成，目前使用的是 SAP 的 ERP 管理系统。

公司在管理客户订单过程中，存在大量的手工操作流程，导致：①手工输入错误率高；②大量的输入与更改影响日常工作效率；③大量简单而重复性强的手工操作使计划员对该项工作的热情快速降低，影响员工满意度及相应的业绩考核指标；④手工操作与自动化比较时间较长，间接影响整个客户订单回复的周期。

同样，在物料管理过程中，物料计划员需要将采购订单通过邮件或传真的方式发给每个供应商确认交货期。大量的手工输入导致公司需求不能及时快速地得到反映，从而影响了公司对最终客户需求的反馈速度。除此之外，错误输入也是造成客户满意度下降的一个主要因素。

在海关信息沟通的环节中，所有进口、出口、海关备案的过程都是由手工完成的，包括准备发票、箱单和海关的其他单证。海关已经开始实行网上报关，需要公司将单证手工输入海关指定模板中，并上传海关系统。这就要求有一个信息收集系统的软件与海关系统对接，将所有的数据按照海关格式自动传输到海关系统中，完成报关和预订舱位的过程。

M 公司在整个供应链管理系统中有三个外部环境种类：不同客户、供应商和中国海关。根据公司供应链的设计框架，信息自动化平台主要包括下述四个业务流程。

第一，客户订单的接收反馈。公司订单接受和系统输入流程中必须快速、精准地完成。当客户向供应商端传递信息时要尽可能地做到自动传输，减少手工操作。而当供应商完成交期确认时，系统也要主动将确认的信息反馈给客户。发货完成，客户要收到一个 EDI 的反馈，如出货号码之类信息，用于追踪货物的情况。

第二，物料需求的发布及供应商反馈接受，公司根据供应商的能力不同需要多种不同的订单传输形式。国际化、规模化企业可以参照客户端使用传统 EDI 的模式完成自动传输。而能力相对薄弱的供应商可以直接使用信息化平台进行订单查阅，再输入自己公司内部的订单需求体系，或者由信息化平台自动将需求信息通过邮件和传真的方式来传递。供应商也需要通过以上三种模式将交货计划以 ASN(Advanced Shipping Notification)反馈到客户端的系统中去。

第三，客户和供应商之间的海关单证自动生成及发送。当生产计划完成准备出货前，系统会根据出货计划生成发票、箱单，并根据物流公司提供的模板准备订舱单，发送海关系统进行报关，发送物流公司安排出运。

第四，主数据的生成和日常维护。系统传输需要精准的基础数据维护，如料号、数量、时间、重量、描述、周期等参数。根据不同功能单元的业务模式和需求来建立电子信息传输，需要对报文的格式作出选择，达到信息流动的功能。

公司运用数据模型的方式去衡量计划员的工作效率，还通过对公司关键绩效指标的考核数据来观察流程的有效性。除此以外，公司会每年安排一次员工满意度调查，主要考核员工对公司策略、工作内容、沟通等方面的接受程度，及时找到管理中存在的问题并加以改善，从而提高员工满意度，减少员工流动率。

通过新平台和相关 EDI 流程的实施，公司的各方面运作效率得到相应提高。其中订单的处理速度提高 14%，订单输入的准确率由原来的 98% 提高到 99.98%。准时交货率从 88.2% 提高到 97.3%。安全库存降低 20%。客户及员工的满意度迅速提升。带动零部件及产成品的周转率、资金占用率等相关财务指标的改善。

(资料来源：叶青. 中小企业管理与科技，2019.7)

评估练习

1. EDI 对成本有何影响？能产生哪些效益？
2. 不同领域引入 EDI 的关键因素是什么？

本 章 小 结

电子交换技术(EDI)是一项涉及面广，影响力大，正在蓬勃发展中的信息技术，已成为当今企业参与国际贸易竞争的重要手段。电子商务的快速发展，对物流的信息化提出了更高的要求。在物流管理概念发展的最新阶段，交易主体企业必须具备强大的对外协调能力，这主要建立在企业本身发达的管理信息系统之上；运输中介必须与客户有广阔的通信联系能力，这是由物流企业在地域空间上的广阔性所决定的。传统的通信工具，如电话、传真已难以满足信息流的要求。EDI 技术结合现代 Internet 通信技术，无论从适用性、多样性还是通用性等方面都更能适应物流信息化的发展趋势。

第五章　物流动态跟踪技术

 引导案例

随着人们生活质量的提高，GPS 服务逐步走入私人旅游及野外考察中，比如到风景秀丽的地区旅游，到原始大森林、雪山峡谷或者大沙漠地区去进行野外考察。安装于车内的 GPS 接收机充分发挥其全球定位的功能，成为驾驶者最忠实的向导。在驱车浏览风景的途中，乘车者可以随时知道车辆所在的位置及行走速度和方向，从而避免迷失路途。同时，GPS 监控中心将实时为车辆提供导航及其他信息服务，即使途中出现麻烦，也无须惊慌，因为 GPS 监控服务中心会及时指示、联系最近的救援机构，积极采取行动。通过 GPS 监控中心提供的友情远程服务，即使乘车者车行万里，仍不失在家的感觉。

1) GPS 在路线规划、导航中的应用

提供出行路线规划是汽车导航系统的一项重要辅助功能，包括自动线路规划和人工线路设计。线路规划完毕后，显示器能够在电子地图上显示设计线路，并同时显示汽车运行路径和运行方法。通过路线规划，可以缩短上路时间、寻找最佳路径，大大提高了工作车辆的效率。

2) GPS 在长途运输车监控中的应用

用户只需在每辆长途运输车辆上安装 GPS 接收设备，便可实现实时跟踪、管理记录的功能。运输公司可以通过 GPS 监控中心或互联网的方式了解车辆工作状态，比如查看车辆是否按预定轨迹接送货物，中间有无停车，在哪里停车，停了多少次等。同时，对于货物的委托用户，可以通过网上查询，及时了解货物运转状态。此外，GPS 带来了多种增值服务功能，如天气、路况信息播报，公务信息传递等，利用 GPS 防暴反劫功能，将为货主、运输公司提供更多的安全保障。

3) GPS 在运钞车领域的应用

GPS 在运钞车领域的应用更多地体现在线路控制中，与出租、运输行业不同，运钞车辆按照固定线路行使，GPS 只需通过 GSM 短消息方式，定时地将车辆行驶的位置发送给监控中心，就可以完成对车辆行驶状态进行掌握的监控工作。在这种方式下，当运钞车在路上遭遇抢劫等意外事件发生时，押运员触发报警装置，监控中心的电子地图上就会自动显示报警车辆的位置、车速、行驶路线等信息，同时系统自动将信息传到公安局指挥中心的电子地图上，使警方可迅速调动警力进行救援，从而可以在最短的时间内，集合各方力量，进行有效的协作，对犯罪行为进行打击。

4) GPS 在出租车行业的应用

GPS 在出租车行业的应用主要体现在灵活的出租车调度系统中，用户只需要拨打调度中心电话，中心将自动寻找最近的空车。这种"叫车服务"在给乘客带来了很大的便利的同时，也减少了车辆的空驶率，提高了出租车运营的工作效率，并在一定程度上减少了交通拥堵，为城市交通的疏导管理起到了积极作用。从环保的角度来看，由于通过出租车降低空使率，它还具有节约能源、减少汽车废气排放的作用；从司机方面来看，GPS 的应用，可以防止疲劳驾车，提高经济收入。

5) GPS 在公交车领域的应用

GPS 车辆监控调度系统针对公交线路安排，并结合各个车辆发回的信息(如交通阻塞、机车故障等)，可将调度命令发送给司机，及时调整车辆运行情况，具有车辆、路线、道路等有关数据的查询功能，便于实现有效管理。与其他车调系统相比，其特色是实时电子播报站名或介绍沿途景点，以及电子站牌。电子站牌通过无线数据链路接收即将到站车辆发出的位置和速度信息，显示车辆运行信息，并预测到站时间，为乘客提供方便。

(资料来源：http://auto.163.com/06/0526/11/2I1VL5QG00081U67.html)

第一节　GPS 概述

教学目标

- 了解定位技术发展史上典型定位技术代表。
- 掌握 GPS 系统的三大组成部分内容及 GPS 定位系统的特点。

GPS 是 20 世纪 70 年代由美国陆海空三军联合研制的空间卫星导航定位系统，其主要目的是为陆、海、空三大领域提供实时、全天候和全球性的导航服务，并用于情报收集、核爆监测和应急通信等一些军事目的，是美国独霸全球战略的重要组成。随着 GPS 服务向民用领域的拓展以及 GPS 功能的不断完善，GPS 的应用领域不断拓展，目前已遍及国民经济的许多部门。

一、GPS 的定义

全球定位系统(Global Positioning System，GPS)是利用卫星星座(通信卫星)、地面控制部分和信号接收机对对象进行动态定位的系统。利用该系统，用户可以在全球范围内实现全天候、连续、实时的三维导航定位和测速。另外，利用该系统，用户还能够进行高精度的时间传递和高精度的定位。

【课内资料 5-1】

GPS 的产生历程

GPS 在 1991 年的海湾战争中首次得到实战应用，并获得了不菲的战绩。随后，GPS 又在科索沃战争、阿富汗战争和伊拉克战争中大显身手。如美国 B-2 战略隐形轰炸机本身就采用了全球定位系统进行导航定位，而所携带的 16 枚制导炸弹由激光制导改为全球定位系统制导后，使该机具备了夜间和全天候的精确打击能力。从此以后，GPS 受到越来越多的关注。

最古老、最简单的导航方法是星历导航，人类通过观察星座的位置变化来确定自己的位置；最早的导航仪是中国人发明的指南针，几个世纪以来它经过不断地改进而变得越来越精密，并一直为人类广泛应用；最早的航海表是英国人 John Harrison 经过 47 年的艰苦工作于 1761 年发明的，在其随后的两个世纪中，人类通过综合地利用星历知识、指南针和航海表来进行导航和定位。

进入 20 世纪以后，随着科学技术水平的不断提高，人类逐渐发明了许多新的定位方法。开始海员们通过测量船体的速度增量并进行外推来确定自己的位置(Dead Reckoning)；随后人们又发明了惯性导航技术(Inertial Navigation)，即通过对加速度计所记录的载体加速度进行积分来确定位置。20 世纪电磁场理论和电子技术的蓬勃发展为新型导航技术的形成提供了坚实的理论基础和技术基础，人类的思维从被动地利用宇宙中现存的参照物(如星体)扩展到主动地建立和利用人为的参照物来开发更精密的导航定位系统，因此，地基电子导航系统(Ground-based Radionavigation System)诞生了，这一系统的问世标志着人类从此进入了电子导航时代。

地基电子导航系统主要由在世界各地适当的地点建立的无线电参考站组成，接收机通过接收这些参考站发射的无线电电波并由此计算接收机到发射站的距离来确定自己的位置。由于地基电子导航系统的无线电发射参考站都建立在地球表面上，因此它们只能用来确定海平面上和地平面上运动物体的水平位置，即只能进行二维定位，这是地基电子导航系统本身固有的缺陷。为了对空间飞行器(如飞机、宇宙飞船、导弹等)进行精密导航，需要确定飞行器的三维位置(水平位置和高度)。显然地基电子导航系统已不能满足这种需要，于是人类就设想是否可以将无线电发射参考站建立在空中。

1957 年 10 月，世界上第一颗人造地球卫星的成功发射宣告空间科学的发展跨入了一个崭新的时代，也促使电子导航技术的发展进入了一个新的阶段。它使人类将无线电发射参考站建立在空中的设想成为现实，因此空基电子导航系统(Space-based Radionavigation System)应运而生。空基电子导航系统统称为卫星电子导航系统，第一代卫星电子导航系统的代表是美国海军武器实验室委托霍普金斯大学应用物理实验室研制的海军导航卫星系统(Navy Navigation Satellite System，NNSS)。在该系统中，卫星的轨道都通过地极，故也称"子午仪(Transit)卫星系统"，如图 5-1 所示。1964 年该系统建成后即被美国军方使用，1967

年将星历解密而提供民用服务。实践表明,子午仪卫星系统具有精度均匀、不受时间和天气限制等优点,只要系统的卫星在视界内,就可在地球表面任何地方进行单点定位或联测定位,从而获得观测点的三维地心坐标。

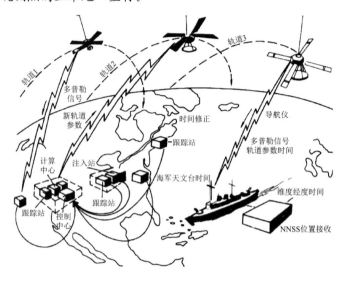

图 5-1 子午仪卫星系统

尽管子午仪卫星系统具有以往导航系统所无法比拟的优越性,但也存在一些严重的缺陷,这主要是由于该系统卫星数目较少(5～6 颗),运行高度较低(平均约为 1000km),从地面观测到卫星的时间间隔较长(平均 1.5h),因而无法连续地提供实时三维定位信息,难以充分满足军事用户和某些民事用户的定位要求。

为了克服子午仪系统的缺陷,实现全天候、全球性和高精度的连续导航与定位,1973年美国国防部批准其陆海空三军联合研制第二代卫星导航定位系统——授时与测距导航系统/全球定位系统(Navigation System Timing and Ranging/Global Position System,NAVSTAR/GPS),简称全球定位系统(GPS)。

GPS 计划的实施可分为三个阶段:第一阶段为方案论证和初步设计阶段(1973—1978),发射了四颗卫星,建立了地面跟踪网并研制了地面接收机;第二阶段为全面研制和实验阶段(1979—1984),发射了七颗 Block I 实验卫星,研制了各种用途的接收机,包括导航型和测地型接收机;第三阶段为实用组网阶段(1985—1993),发射了 Block II 和 Block IIA 工作卫星(Block IIA 卫星增强了军事应用功能并扩大了数据存储容量)。截至 1993 年,由分布在六个轨道平面内的(21+3)颗卫星组成的 GPS 空间星座已经建成,后期根据计划更换失效的卫星。从 1973 年到 1993 年,GPS 系统的建立经历了近 20 年,耗资 300 亿美元,它是继阿波罗登月计划和航天飞行计划后的第三项庞大的空间计划。

(资料来源:http://www.docin.com/p-664549133.html)

二、GPS 的组成

GPS 主要由三大组成部分,即空间星座部分、地面监控系统部分和用户接收系统部分,如图 5-2 所示。GPS 空间星座部分由 24 颗卫星组成;GPS 的地面监控系统部分目前主要由分布在全球的五个地面站组成,其中包括卫星检测站、主控站和信息注入站。GPS 的空间星座部分和地面监控系统部分是用户广泛应用该系统进行导航和定位的基础,均为美国所控制;GPS 的用户设备主要由接收机硬件和处理软件组成。用户通过用户设备接收 GPS 卫星信号,经信号处理而获得用户位置、速度等信息,最终达到利用 GPS 进行导航和定位的目的。

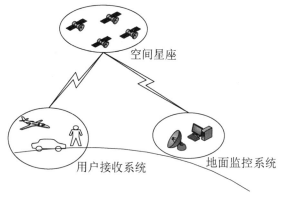

图 5-2　GPS 组成示意图

1. 空间星座部分

GPS 的空间星座是由 21 颗工作卫星和三颗在轨备用卫星组成的,记作(21+3)GPS 星座。其中的 24 颗卫星基本均匀分布在六个轨道平面内,轨道平面相对赤道平面的倾角为 55°,各轨道平面之间的交角为 60°,每个轨道平面内的卫星相差 90°,任一轨道平面上的卫星比西边相邻轨道平面上的相应卫星超前 30°。卫星轨道平均高度为 20200km,卫星运行周期为 11h58min。

在 20 000km 高空的 GPS 卫星,当地球相对恒星来说自转一周时,它们绕地球运行两周,即绕地球一周的时间为 12 恒星时。这样,对于地面观测者来说,每天将提前 4min 见到同一颗 GPS 卫星。每颗卫星每天约有 5h 在地平线以上,位于地平线以上的卫星颗数随着时间和地点的不同而不同,最少可见到四颗,最多可见到 11 颗。在用 GPS 信号导航定位时,为了计算测站的三维坐标,必须观测四颗 GPS 卫星,称为定位星座。这四颗卫星在观测过程中的几何位置分布对定位精度有一定的影响。对于某地某时,甚至不能测得精确的点位坐标,这种时间段叫作"间隙段"。但这种时间间隙段是很短暂的,并不影响全球绝大多数地方的全天候、高精度、连续实时的测量。

2. 地面监控系统

(1) 观测站。用 GPS 接收系统测量每颗卫星的伪距和距离差，采集气象数据，并将观测数据传送给主控点。五个监控站均为无人守值的数据采集中心。

(2) 主控站。主控站接收各监测站的 GPS 卫星观测数据、卫星工作状态数据、各监测站和注入站自身的工作状态数据。根据上述各类数据，完成以下几项工作：及时编算每颗卫星的导航电文并传送给注入站；控制和协调监测站间、注入站间的工作，检验注入卫星的导航电文是否正确以及卫星是否将导航电文发给了 GPS 用户系统；诊断卫星工作状态，改变偏离轨道的卫星位置及姿态，调整备用卫星取代失效卫星。

(3) 注入站。接收主控站送达的各卫星导航电文并将之注入飞越其上空的每颗卫星。

3. 用户接收系统

用户接收系统主要由以无线电传感和计算机技术支撑的 GPS 卫星接收机和 GPS 数据处理软件构成。

(1) GPS 接收机。GPS 卫星接收机的基本结构是天线单元和接收单元两部分。天线单元的主要作用是捕获、跟踪卫星，接收放大 GPS 信号。接收单元的主要作用是记录 GPS 信号并对信号进行解调和滤波处理，还原出 GPS 卫星发送的导航电文，求解信号在站星间的传播时间和载波相位差，实时地获得导航定位数据或采用测后处理的方式，获得定位、测速、定时等数据。

微处理器是 GPS 接收机的核心，承担整个系统的管理、控制和实时数据处理职责。视屏监控器是接收机与操作者进行人机交流的部件。

目前，国际上已推出几十种测量用 GPS 接收机，各厂商的产品朝着实用、轻便、易于操作、美观价廉的方向发展。

(2) GPS 数据处理软件。GPS 数据处理软件是 GPS 用户系统的重要组成部分，其主要功能是对 GPS 接收机获取的卫星测量记录数据进行"粗加工""预处理"，并对处理结果进行平差计算、坐标转换及分析综合处理。解得测站的三维坐标，测体的坐标、运动速度、方向及精确时刻。

GPS 所以能够定位导航，是因为每台 GPS 接收机无论在任何时刻、在地球上任何位置都可以同时接收到最少四颗 GPS 卫星发送的空间轨道信息。接收机通过对接收到的每颗卫星的定位信息的解算，便可确定该接收机的位置，从而提供高精度的三维(经度、纬度、高度)定位导航及授时系统。而且和以前各种定位系统大不相同的是，GPS 接收机简单，小型的只有香烟盒大小，重量约 500g，价格仅几百美元。任何人拿着这种接收机，都可以准确地知道自己在地球上的哪一点。GPS 接收机是被动式全天候系统，只收不发信号，故不受卫星系统和地面控制系统的控制，用户数量也不受限制。

三、GPS 的特点

1. 全球性、全天候连续不断的导航能力

GPS 能为全球任何地点或近地空间的各类用户提供连续的、全天候的导航服务，用户不用发射信号，可以满足无限多的用户使用需求。

2. 实时导航、定位精度高、数据内容多

利用 GPS 定位时，在 1s 内可以取得几次位置数据，这种近乎实时的导航能力对于高动态用户具有很大意义，同时能为用户提供连续的三维位置、三维速度和精确的时间信息，目前利用 C/A 码的实时定位精度可达 20～50m，速度精度为 0.1s/m，利用特殊处理可达 0.005m/s，相对定位可达毫米级。

随着 GPS 系统的不断完善、软件的不断更新，目前 20km 以内相对静态定位，仅需 15～20min；快速静态相对定位测量时，当每个流动站与基准站相距在 15km 以内时，流动站观测时间只需 1～2min，然后可随时定位，每站观测只需几秒。

3. 抗干扰能力强、保密性好

GPS 采用扩频技术和伪码技术，用户只需接收 GPS 的信号，自身不会发射信号，因而不会受到外界其他信号源的干扰。

4. 功能多、用途广泛

GPS 是军民两用的系统，其应用范围极其广泛。在军事上，GPS 可应用于自动化指挥系统，在民用上可广泛应用于农业、林业、水利、交通、航空、测绘、安全防范、电力、通信等多个领域，尤其以对地面移动目标的监控在 GPS 应用方面最具代表性。

评估练习

1. 中国在定位技术发展过程中都做了哪些贡献？
2. GPS 系统可以实现哪些功能？

第二节 GPS 的工作原理

教学目标

- 掌握 GPS 的定位技术原理。
- 了解 GPS 的定位方式。

一、GPS 的基本工作原理

GPS 进行定位的基本原理,是以 GPS 卫星和用户接收机天线之间距离(或距离差)的观测量为基础,并根据已知的卫星瞬间坐标来确定用户接收机所对应的点位,即待定点的三维坐标(x,y,z)。GPS 的工作原理,简单地说,就是利用我们熟知的几何与物理上的一些基本原理。首先我们假定卫星的位置为已知,而我们又能准确地测定我们所在地点 A 至卫星之间的距离,那么点 A 一定是位于以卫星为中心、所测得距离为半径的圆球上。更进一步,我们又测得点 A 至另一卫星的距离,则点 A 一定处在前后两个圆球相交的圆环上。我们还可测得与第三个卫星的距离,就可以确定点 A 只能是在三个圆球相交的两个点上。根据一些地理知识,可以很容易排除其中一个不合理的位置。当然也可以再测量点 A 至另一个卫星的距离,也能精确进行定位,如图 5-3 所示。

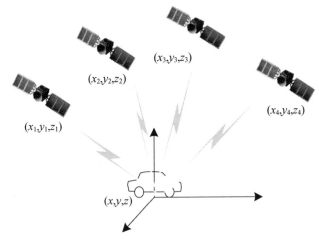

图 5-3 GPS 定位原理图

二、GPS 信号

GPS 卫星可发射两种频率的载波信号,即频率为 1575.42MHz 的 L1 载波和频率为 1227.60MHz 的 L2 载波,它们的频率分别是基本频率 10.23MHz 的 154 倍和 120 倍,它们的波长分别为 19.03cm 和 24.42cm。在 L1 和 L2 上又可分别调制多种信号,这些信号主要有以下几种。

1. C/A 码

C/A 码又被称为粗捕获码,它被调制在 L1 载波上,是 1MHz 的伪随机噪声码(PRN 码),其码长为 1023 位(周期为 1ms)。由于每颗卫星的 C/A 码都不一样,因此,我们经常用它们的 PRN 号来对其进行区分。C/A 码是普通用户用以测定测站到卫星间距离的一种主要的信号。

2. P 码

P 码又称为精码,它被调制在 L1 和 L2 载波上,是 10MHz 的伪随机噪声码,其周期为 7 天。在实施 AS(Anti-Spoofing)时,P 码与 W 码进行模二相加生成保密的 Y 码,此时,一般用户无法利用 P 码来进行导航定位。

3. 导航信息

导航信息被调制在 L1 载波上,其信号频率为 50Hz,包含有 GPS 卫星的轨道参数、卫星钟改正数和其他一些系统参数。用户一般需要利用此导航信息来计算某一时刻 GPS 卫星在地球轨道上的位置,导航信息也被称为广播星历。

三、SPS 和 PPS

GPS 系统针对不同的用户可提供两种不同类型的服务。一种是标准定位服务(Standard Positioning Service,SPS),另一种是精密定位服务(Precision Positioning Service,PPS)。由于 SPS 无须任何授权即可任意使用,原本美国因为担心敌对国家或组织会利用 SPS 对美国发动攻击,故在民用信号中人为地加入误差以降低其精确度,使其最终定位精确度大概在 100m。2000 年以后,克林顿政府决定取消对民用信号的干扰。因此,现在民用 GPS 也可以达到 10m 左右的定位精度。PPS 是供经过美国政府授权的用户使用的。这类用户包括美国及其盟国的军事部门、美国某些政府部门以及一些经过挑选并通过美国政府特别批准的民用用户。使用 PPS 需要采用加密设备、密钥以及专用的接收机。

四、GPS 的定位方式

GPS 定位的方法是多种多样的,用户可以根据不同的用途采用不同的定位方法。GPS 定位方法可依据不同的分类标准,进行如下划分。

1. 根据定位所采用的观测值,可分为伪距定位和载波相位定位

伪距定位所采用的观测值为 GPS 伪距观测值,所采用的伪距观测值既可以是 C/A 码伪距,也可以是 P 码伪距。伪距定位的优点是数据处理简单,对定位条件的要求较低,不存在整周模糊度的问题,可以非常容易地实现实时定位;其缺点是观测值精度低,C/A 码伪距观测值的精度一般为 3m,而 P 码伪距观测值的精度一般也在 30cm 左右,从而导致定位成果精度低,另外,若采用精度较高的 P 码伪距观测值,还存在 AS 政策的问题。

载波相位定位所采用的观测值为 GPS 的载波相位观测值,即 L1、L2 或它们的某种线性组合。载波相位定位的优点是观测值的精度高,一般优于 2mm;其缺点是数据处理过程复杂,存在整周模糊度的问题。

2. 根据定位的模式，可分为绝对定位和相对定位

绝对定位又被称为单点定位，这是一种采用一台接收机进行定位的模式，它所确定的是接收机天线的绝对坐标。这种定位模式的特点是作业方式简单，可以单机作业。绝对定位一般用于导航和精度要求不高的应用中。

相对定位又被称为差分定位，这种定位模式采用两台以上的接收机，同时对一组相同的卫星进行观测，以确定接收机天线间的相互位置关系。

3. 根据获取定位结果的时间，可分为实时定位和非实时定位

实时定位是根据接收机观测到的数据，实时地解算出接收机天线所在的位置。非实时定位又被称为后处理定位，它是通过对接收机接收到的数据进行后处理来进行定位的方法。

4. 根据定位时接收机的运动状态，可分为动态定位和静态定位

所谓动态定位，就是在进行 GPS 定位时，认为接收机的天线在整个观测过程中的位置是变化的。也就是说，在数据处理时，将接收机天线的位置作为一个随时间的改变而改变的量。

所谓静态定位，就是在进行 GPS 定位时，认为接收机的天线在整个观测过程中的位置是保持不变的。也就是说，在数据处理时，将接收机天线的位置作为一个不随时间的改变而改变的量。在测量中，静态定位一般用于高精度的测量定位，其具体观测模式为多台接收机在不同的观测站上进行静止同步观测，时间有几分钟、几小时甚至数十小时不等。

评估练习

1. SPS 和 PPS 之间的联系和区别是什么？
2. GPS 定位方式有哪些？各有什么特点？

第三节 各国 GPS 技术及发展

教学目标

- 熟悉全球四大卫星导航系统。
- 了解中国北斗导航系统的重要意义。

一、美国 GPS

美国的"全球定位系统"(GPS)，是目前世界上应用最广泛，也是技术最成熟的导航定位系统。上述章节介绍的 GPS 都是指美国的 GPS。

在不同的阶段，美国政府对于 GPS 的发展也制定了不同的政策。最初，GPS 的所有权、控制权、运营权均属于美国国防部。由于当时的技术手段和卫星本身容量的限制，为了保证军方的使用，因而限制了其他用户对 GPS 的应用。GPS 卫星发射的无线电信号含有两种不同的测距码，即所谓的 P 码和 C/A 码，因此 GPS 提供两种定位服务，即精密定位服务(PPS)和标准定位服务(SPS)。PPS 服务的主要对象是美国和盟军的军事部门及其他特许部门，利用 P 码定位，其单点实时定位精度约为 10m；SPS 服务的主要对象是广大的民间用户，只能采用调制在一种载波频率上的 C/A 码定位，且无法利用双频技术来消除电离层折射的影响，其单点定位精度约为 400m。

1984 年，美国又确立了保护国家安全的两大政策，即防止敌对势力对 P 码信号进行干扰的 AS(Anti-Spoofing)政策和降低 C/A 码定位精度的 SA(Selective Availability)政策。在考虑限制 C/A 码定位精度的 SA 政策初期，曾经确定采用 C/A 码的定位精度为 500m，后来考虑到民用用户的实际需要，最后确定其定位精度为 100m，并从 1991 年 7 月 1 日开始对所有的在轨卫星全部实施 SA 技术。

1991 年年初，俄罗斯联邦政府宣称：GLONASS 系统可供国防和民间使用，不带任何限制、不引入选择可用性(SA)技术，也不拟对用户收费。在这种情况下，美国政府在广泛论证及研究的基础上，于 1996 年 3 月由总统比尔•克林顿正式发布了国家 GPS 政策(PDD)。在此政策中，明确表明美国追求的总目标是在保护美国国家安全和对外政策利益的同时，支持和增强经济竞争力，并推动 GPS 全球卫星导航定位的应用。同时美国政府承诺在 10 年内终止使用选择可用性(SA)，并不断提高民用 GPS 的信号精度。

2000 年 5 月 1 日，美国宣布关闭 SA，这是美国体现其增强民用 GPS 信号精度的承诺，是美国 GPS 政策的延续，也是俄罗斯人在推着 GPS 向前走。由于 SA 码的取消，GPS 的民用进入爆发阶段。

2004 年 12 月 8 日，美国总统乔治•布什公布了新的总统令，即基于空间定位、导航和授时(PNT)政策文件。新的国家安全政策指令(NSPP)重申现在和将来 GPS 民用信号仍然为免费的公开使用信号，且对用户设备制造商厂家所需的技术规范不设进入门槛，同时制订一个天基的 PNT 五年计划，详细规划 GPS 的运作、现代化、增强和独特的加速能力。NSPP 还要求建立一个包括外国专家在内的天基 PNT 咨询委员会。这个新的总统令促使大量的资源投入到卫星导航领域，从 2005 年开始，GPS 企业之间的收购兼并变得非常频繁，也促成了 GPS 企业的高速增长。

目前，美国正加紧部署研究 GPSⅢ计划。为了满足到 2030 年的军用、民用要求，GPSⅢ将选择全新的优化设计方案，放弃现有的 24 颗中轨道卫星，采用全新的 33 颗高轨道加静止轨道卫星组网。与现有 GPS 相比，GPSⅢ的信号发射功率可提高 100 倍，定位精度提高到 0.2～0.5m，这样可以使 GPS 制导武器的精度达到 1m 以内。届时，GPS 的定位、导航和授时能力将得到进一步提高。

【课内资料 5-2】

全球四大卫星导航系统的比较如表 5-1 所示。

表 5-1 全球四大卫星导航系统比较

系统名称	GPS	GLONASS	北斗导航系统	伽利略导航系统
研制国家	美国	俄罗斯	中国	欧盟
历史渊源	20 世纪 70 年代,美国军方开发,1994 年建设完毕	20 世纪 80 年代初开建,1995 年投入使用,与 GPS 原理、功能十分类似	20 世纪 80 年代中期开始,2003 年建成第一代;第二代正在建设中	20 世纪 90 年代提出,2002 年正式批准,2008 年 4 月开建
覆盖范围	全球全天候	全球	第一代仅覆盖我国本土及周边国家;第二代将覆盖全球	全球
卫星数量	24 颗工作卫星和 4 颗备用卫星	24 颗(因经费问题,最少时仅仅有 6 颗在运行,目前有 24 颗正在运行)	第一代只有三颗卫星;第二代建成后由五颗静止轨道卫星和 30 颗非静止轨道卫星组成	27 颗运行卫星和三颗预备卫星(未建成)
定位精度	10m	单点定位精度水平方向为 16m,垂直方向为 25m	第一代三维定位精度约几十米;第二代为 10m	定位误差不超过 1m

续表

用户容量	GPS是单向测距系统,可容纳无限多用户	无限多	第一代北斗导航系统是主动双向测距,用户有限,不能超过100万	无限多
用户范围	军民两用,军用为主	军民两用,军用为主	军民两用,民用为主	军民两用,民用为主
系统进展	1994年,GPS卫星导航系统已布设完成。现在正研制第二代GPS	根据俄罗斯联邦太空署信息中心提供的数据(2012年10月10日),目前有24颗卫星正常工作、三颗维修中、三颗备用、一颗测试中	从2012年12月27日起提供连续导航定位与授时服务,目前,北斗卫星系统已经对东南亚实现全覆盖,预计2020年覆盖全球	1999年欧盟公布了"伽利略"计划,2012年10月,第二批两颗卫星成功发射升空,太空中已有的四颗正式的伽利略系统卫星
优势	成熟	抗干扰能力强	互动性和开放性	精准
商业开发	较早,非常充分	不充分,在中国几乎没有	刚起步	刚开始建设,因合作者众多,前景看好

(资料来源:http://scitech.people.com.cn/GB/25509/55912/57040/index.html)

二、俄罗斯GLONASS

GLONASS是Global Navigation Satellite System(全球导航卫星系统)的缩写,是苏联从20世纪80年代初开始建设的与美国GPS系统相类似的卫星定位系统,该系统也由卫星星座、地面监测控制站和用户设备三部分组成,现在由俄罗斯空间局管理。

GLONASS的卫星星座由24颗卫星组成,均匀分布在三个近圆形的轨道平面上,每个轨道平面八颗卫星,轨道高度19100km,运行周期11小时15分钟,轨道倾角64.8°。GLONASS于20世纪70年代开始研制,1984年发射首颗卫星入轨。但由于航天拨款不足,该系统部分卫星一度老化,最严重时曾只剩六颗卫星运行。2003年12月,由俄罗斯应用力学科研生产联合公司研制的新一代卫星交付联邦航天局和国防部试用。

在技术方面,GLONASS系统的抗干扰能力比GPS要好,但其单点定位精确度不及GPS。

2004 年，印度与俄罗斯签署了《关于和平利用俄全球导航卫星系统的长期合作协议》，正式加入了 GLONASS，两国计划联合发射 18 颗导航卫星。

俄罗斯总统普京一直将发展独立的全球定位系统作为重振俄罗斯雄风的指标性大事。俄罗斯前国防部长伊万诺夫明确表示，GLONASS 对于国防和经济发展的意义极为重大，他要求联邦各级政府和相关军工企业将部署"格洛纳斯"系统作为未来数年最重要的工作来抓。

截至 2018 年 6 月 21 日，GLONASS 系统空间卫星组成为 24 颗 MEO 卫星，平均分布在 3 个轨道面上。GLONASS 系统在轨卫星 26 颗，其中 24 颗 GLONASS-M 处于运行状态、1 颗退役卫星用于主开发商测试、1 颗 GLONASS-K 进行飞行参数测试。GLONASS-K 卫星播发的码分多址(Code Division Multiple Access，CDMA)信号被捕获，使得 GLONASS 的信号编码方式实现从频分多址(Frequency Division Multiple Access，FDMA)到 CDMA 的重大改变。俄罗斯联邦航天局 2013 年 1 月 12 日发布《俄罗斯 2013—2020 年空间活动》的文件，宣布至 2020 年还将建造并发射 13 颗 GLONASS-M 卫星以及 22 颗 GLONASS-K 卫星。预计 2025 年发射 GLONASS-KM 卫星。

三、伽利略计划

伽利略计划是由欧盟委员会和欧洲空间局共同发起并组织实施的欧洲民用卫星导航计划，旨在建立欧洲自主、独立的民用全球卫星导航定位系统，它与国际上现有的全球卫星导航定位系统相比，具有更佳的覆盖率和更高的精度、可靠性。该系统计划总共发射 30 颗卫星，其中 27 颗卫星为工作卫星，三颗为候补卫星，卫星高度为 24126km，总投资约 35 亿欧元。

"伽利略"系统将为欧盟成员国和中国的公路、铁路、空中和海洋运输甚至徒步旅行者有保障地提供精度为 1m 的定位导航服务，从而打破美国独霸全球卫星导航系统的格局。中国科学技术部和欧盟委员会 2004 年 10 月在北京正式签署伽利略计划技术合作协议，中国由此成为参加伽利略计划的第一个非欧盟成员国，并成为伽利略联合执行体中与欧盟成员国享有同等权利和义务的一员。中欧伽利略合作计划是中国目前最大的对外科技合作项目，为此投资 2 亿欧元，占总投资的 5%。

欧洲发展"伽利略"卫星定位系统可以减少欧洲对美国军事和技术的依赖。从商业角度讲，要利用美国的 GPS，就要购买美国的信号接收设备，欧洲的航天工业如空中客车公司必须完全依赖美国系统。有了欧洲自己的卫星定位系统后，欧洲航天业就可以发展自己的卫星定位用户，并出售设备。

由于资金及其他问题，伽利略计划一波三折。根据部署方案，伽利略计划分两个阶段实施，即 2008—2013 年的建设阶段和 2013 年以后的运行阶段，但实际进程较为滞后。欧盟在建设阶段出资 34 亿欧元，用于完成伽利略计划的基础设施建设，其中包括 30 颗卫星的发射。

伽利略计划一旦实现，不仅能使人们的生活更加方便，还将为欧盟的工业和商业带来可观的经济效益，更重要的是欧盟将从此拥有自己的全球卫星定位系统，这不仅有助于打破美国 GPS 系统的垄断地位，在全球高科技竞争浪潮中获取有利位置，还可以为将来建设欧洲独立防务创造条件。

四、中国北斗卫星系统

北斗卫星导航系统(BeiDou(COMPASS)Navigation Satellite System)是中国正在实施的自主研发、独立运行的全球卫星导航系统。自 2000 年以来，中国已成功发射了 16 颗"北斗导航试验卫星"，建成北斗导航试验系统(第一代系统)。这个系统具备在中国及其周边地区范围内的定位、授时、报文和 GPS 广域差分功能，并已在测绘、电信、水利、交通运输、渔业、勘探、森林防火和国家安全等诸多领域逐步发挥出重要作用。

中国正在建设的北斗卫星导航系统空间段由五颗静止轨道卫星和 30 颗非静止轨道卫星组成，提供两种服务方式，即开放服务和授权服务(属于第二代系统)。开放服务是在服务区免费提供定位、测速和授时服务，定位精度为 10m，授时精度为 50ns，测速精度 0.2m/s。授权服务是向授权用户提供更安全的定位、测速、授时和通信服务以及系统完好性信息。

根据系统建设总体规划，2013 年北斗卫星导航系统首先具备覆盖亚太地区的定位、导航和授时以及短报文通信服务能力；2020 年左右，建成覆盖全球的北斗卫星导航系统。

【课内资料5-3】

中国北斗卫星导航发展历程

北斗卫星导航系统是中国着眼于国家安全和经济社会发展需要，自主建设、独立运行的卫星导航系统，是为全球用户提供全天候、全天时、高精度的定位、导航和授时服务的国家重要空间基础设施。

通过卫星导航专项的集智攻关，中国实现了卫星导航基础产品的自主可控，形成了完整的产业链，逐步应用到国民经济和社会发展的各个领域。伴随着互联网、大数据、云计算、物联网等技术的发展，北斗基础产品的嵌入式、融合性应用得到逐步加强，产生了显著的融合效益。北斗导航示意图如图5-4所示。

中国高度重视北斗系统的建设发展，自20世纪

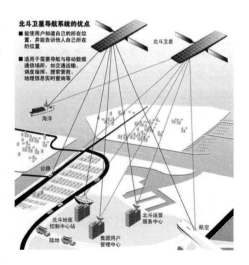

图 5-4　北斗导航示意图

80年代开始探索适合国情的卫星导航系统发展道路,形成了"三步走"发展战略。

第一步,建设北斗一号系统。1994年,启动北斗一号系统工程建设;2000年,发射两颗地球静止轨道卫星,建成系统并投入使用,采用有源定位体制,为中国用户提供定位、授时、广域差分和短报文通信服务;2003年,发射第三颗地球静止轨道卫星,进一步增强系统性能。

第二步,建设北斗二号系统。2004年,启动北斗二号系统工程建设;2012年年底,完成14颗卫星(五颗地球静止轨道卫星、五颗倾斜地球同步轨道卫星和四颗中圆地球轨道卫星)发射组网。北斗二号系统在兼容北斗一号系统技术体制的基础上,增加无源定位体制,为亚太地区用户提供定位、测速、授时和短报文通信服务。

第三步,建设北斗三号系统。2009年,启动北斗三号系统建设;2018年年底,完成19颗卫星发射组网,完成基本系统建设,向全球提供服务;计划2020年年底前,完成30颗卫星发射组网,全面建成北斗三号系统。北斗三号系统继承北斗有源服务和无源服务两种技术体制,能够为全球用户提供基本导航(定位、测速、授时)、全球短报文通信、国际搜救服务,中国及周边地区用户还可享有区域短报文通信、星基增强、精密单点定位等服务。

北斗系统的建设实践,实现了在区域快速形成服务能力、逐步扩展为全球服务的发展路径,丰富了世界卫星导航事业的发展模式。该系统主要具有以下特点:一是北斗系统空间段采用三种轨道卫星组成的混合星座,与其他卫星导航系统相比北斗系统高轨卫星更多,抗遮挡能力更强,尤其低纬度地区性能特点更明显。二是北斗系统可提供多个频点的导航信号,能够通过多频信号组合使用等方式提高服务精度。三是北斗系统创新融合了导航与通信能力,具有实时导航、快速定位、精确授时、位置报告和短报文通信服务五大功能。

(资料来源:http://k.sina.com.cn/article_1984847913_v764e602902000ou8m.html)

中国航天新规划:我国将打造首个"天基物联网"

通过卫星组成的天基互联网将使我们能够随时随地地接入网络,而要实现"万物互联",则需要的是另一种网络——"物联网",我国将打造首个"天基物联网"系统,两颗试验验证卫星已于2019年年底发射。

该"天基物联网"被命名为"行云工程",将通过构建由80颗低轨通信小卫星的星座系统,发挥通信卫星"全球覆盖、通信距离远、通信容量大、成本低"等优势,将全球范围内各种信息节点和传感器等智能终端进行有效连接,形成覆盖全球的物联网信息系统。

天基物联网在地面信号无法覆盖的地区,可对地面物联网进行有力补充,除了集装箱远洋运输之外,还能应用于海洋岛屿通信、石油电力监管、农机数据采集与运输、工程机械信息传输等众多行业领域。

(资料来源:http://www.chinawuliu.com.cn/zixun/201911/20/345510.shtml)

评估练习

1. 目前，应用范围最广的导航系统是什么系统？
2. 中国北斗导航系统的建设目前处于什么状态？

第四节　GPS 技术在物流等领域的应用

教学目标

- 掌握 GPS 技术在物流领域的应用。
- 了解 GPS 技术在其他领域的应用。

一、GPS 技术在物流领域的应用

要做到货物运输的及时性、高效性，货物必须通过最佳路径、最优安排被准确及时地运送，降低成本，这要求物流公司必须时刻跟踪货物的位置和状态。过去，物流公司想跟踪货物的位置是极其困难的；而现在，随着通信技术的发展和 GPS 技术的广泛应用，物流公司可以通过 GPS 跟踪定位来实现对货物的遥控跟踪。

(一)GPS 技术在车辆导航中的应用

导航功能是 GPS 的最基本功能，其他功能都是在导航功能的基础上实现的。车辆导航系统通常需要向用户提供与空间、时间相关的定位信息和引导提示。具体来说，一个车辆导航系统通常需要具备以下功能。

(1) 定位功能，这是车辆导航系统最基本的功能。通常包括显示车辆的经纬度(以及海拔高度)，并通过地理信息系统中的道路网信息，利用地图匹配算法在地图上显示出车辆所在的位置，并且显示相关位置的道路、区域信息。

(2) 地图显示功能，用户可以通过调整显示的地图比例尺，查看不同范围内不同区域的道路网信息。这种功能实际上是地理信息系统在车辆导航系统上的一种简单任务应用。

(3) 兴趣点查询/显示功能，这里所说的兴趣点是指用户感兴趣的、关心的，希望获得其信息的位置对象，例如旅馆、饭店、医院等。通常有多种查询方式，比如，对指定城市指定区域查询范围内的兴趣点进行显示，还可根据输入的兴趣点名称来确定其所在的位置并显示，最常见的是显示车辆当前位置周围的兴趣点，给用户提供需要的出行信息。

(4) 路径规划功能。用户通过输入起始位置和目的地，由车辆导航系统设计最优路径并输出给用户，这里的最优有多种标准，包括时间最少、距离最短和交通状况最好等。路径规划功能不仅可以结合数据库中存储的道路信息，而且可以实时地通过无线通信获得当前的交通状况。

(5) 路径引导。路径引导功能是车辆导航系统区别于简单定位系统和 GIS 查询系统的最典型功能。当其规划好初始位置到目标位置的路径后，便可在每一个路口实时提醒车辆驾驶人员接下来的行驶道路选择，以及当前距离目的地的距离和需要的时间估算等信息。

(二)在车辆运输调度与监控中的应用

GPS 在车辆运输调度与监控中的应用主要表现在下述几方面。

(1) 观察车辆分布，提高运输效率。利用 GPS 技术，可以从电子地图上查看自己用户名下所有车辆的分布情况，了解所有车辆在各区域分布的具体位置、行驶状况。通过对该功能的使用，可以查询在某个地域内哪些车辆可供使用，也可以了解公司所有在途运输车辆的分布情况以及可供使用的车辆。根据各个车辆的使用和分布情况，物流公司可以以最快的速度找到适合自己使用的车辆，从而省去不必要的交涉环节，加快车辆的使用频率，缩短运输配货的时间，减少相应的工作量。

(2) 观察历史轨迹，加强司机考核。通过对历史轨迹的查询，可以看出车辆在行驶过程中的状态、路线，从而规范行驶线路、防止中途随意停车。根据该车的行驶轨迹，公司与客户都可对货物在途的运输过程有相应的了解，并可将此作为考评依据。

(3) 查询车辆当前位置，提高车辆安全指数。通过对车辆当前位置的查询可以了解车辆当前的准确位置、运行的方向和运行速度。一般这个功能只有在意外或特殊情况发生时才会用到，如有报警信息发生需进行救援、急于查看车辆的具体位置进行实时调度等。

(4) 连续监控。可根据实际情况设置对车辆进行监控的时间段和位置点上发生的条件，这样可达到对车辆进行全程的监控目的，以便有据可查。

(5) 区域看车。可根据车辆预计行驶的范围或路线在电子地图上设定一个或多个报警区域，当车辆驶出和驶入该区域时终端就会向系统发出报警信息，报警信息会以中文短信的方式发送到指定的手机上，告诉手机的持有者何时、何地、何车、因何发生了报警。接货方只需要通过发货方所提供的相关资料和权限，就可在互联网上实时查看到货物信息，掌握货物在途的情况和大概的运输时间，以此来提前安排货物的接收、停放以及销售等环节，使货物的销售链可提前完成。设置车辆行驶路线和定点上报功能，既可用于物流公司，也可开放给客户。

通过对 GPS 这些功能的应用，在物流运行的过程中可及时地进行调度和配载，降低车辆空驶率，可对承运货物的车辆进行全程跟踪以保证其安全性，也可实时掌握车辆与货物的所在位置，提前完成对应工作的准备，加强对司机的管理，彻底解决私拉乱运问题。

(三)在货物运输中的应用

1. 海上运输

GPS 的民用化最初是体现在海运上。由于海运的特殊性——全球、全天候、全时，使卫星定位系统在海运过程中至今占有不可替代的位置，并随着现代化管理的需要，应用市场不断扩大。

(1) 船舶定位导航。卫星定位系统与其他定位系统，如雷达定位、劳兰定位、台卡定位相比，具有全球性、全天候性、全时性和精度高等特点，因而成为海上船舶应用最多的导航定位系统。

(2) 船位报告。一方面许多港口国家对进入该国领海的船舶强制进行船位报告，以确保海域内的航行安全和有效管理；另一方面，许多船务公司为了提高船舶运营的效益及公司的竞争力，也要求公司所属的船舶必须进行船位报告。这就促使卫星定位系统在船位报告系统方面的需求不断扩大，目前已有众多进行船位报告的应用系统。

2. 陆上运输

随着我国市场经济发展和贸易范围的不断扩大，陆上运输有了不同以往的显著特点，形成了对卫星定位系统的明显需求。长距离、大范围的运输增加，经济贸易的范围不断扩大，促成运输上的大跨度。目前跨省、区以及边贸运输不断增加，运输公司和货主都迫切需要对车辆和货物状况做到远程监控，从而导致了对大范围车队监控的需求增大。

3. 航空运输

卫星定位系统除了在陆上运输和海上运输方面的应用外，在航空方面也有着广泛的应用需求，如自适应导航系统、全天候着陆系统、机场监控等。

4. 铁路运输

在货运车厢上安装 GPS 设备，有利于解决铁路货运过程中监控难的问题，提高铁路运输对客户的满意度和吸引力，增长铁路货运在整个运输市场的竞争力。

【案例 5-1】

我国智慧航运初露端倪

2018 年年初，交通运输部贯彻国家信息化发展战略，相继印发推进"互联网+"便捷交通促进智能交通发展的实施方案。为了解决城市的交通堵塞难题，越来越多的城市开始打造智慧交通，引入车联网和大数据的应用。

除了陆路之外，航运领域的智能化趋势也越来越明显。青岛港全自动化码头、洋山港区四期码头的成功投运，是我国港口技术应用上的重大变革，为码头智能化运营作出先行表率。根据规划，洋山四期码头将配置 130 台自动导引车、26 台桥吊和 120 台轨道吊。以往需要人工操作的设备，如今都被智能设备代替，按照系统指令，24 小时无间断自动执行生产任务。

长江水运作为一种历史悠久的交通运输方式，在经济发展、社会进步、文化交流等方面发挥着重要作用。长江电子航道图是利用现代信息技术，整合长江全线航标、水深、碍航物等航道基础地理信息数据制作而成的标准化、数字化并且实时更新的航道电子地图。

打开电子航道图，船员对航道水深、浅滩、障碍物、锚泊区等一目了然，无论昼夜、雨雪，鼠标轻轻一点，便能快速掌握信息，优化航路设计，避免船舶误入航道浅区，安全风险大大降低。此外，年轻船员通过电子航道图，可以快速地熟悉航道情况，减少对"经验积累"的依赖。

这款专为水运行业打造的数字化地图产品是对长江航道传统维护、管理、服务方式的重大革新。它的最大特点是通过船载显示终端，可以实现类似于车载 GPS 的船用导航服务。船舶航行时，位于驾驶室中的显示屏会为船舶提供助航标志、水深数据、地物地貌等航道要素；点击屏幕，船舶的位置、航线、航向、航速可以一一显示；当船舶偏离航道或者遇到障碍物时，系统会提前预警。

另外，让船舶驾驶像陆地使用车载导航般轻松便捷，这个梦想也已成为现实。2017 年 11 月，长江航道测量中心的工作人员完成了长江全线适船 App 检测应用，通过该 App，船舶管理人员坐在室内轻点鼠标或者拿起手机、IPAD，航标、水位以及现场作业的实时情况就能通过数字航道传输到室内，即使远在千里，也能一目了然，所有现场作业信息可通过各类电子终端发给一线船员。

（资料来源：http://news.chinawutong.com/wlqy/wlzh/201908/58518.html）

二、GPS 技术在交通管理中的应用

用于交通管理系统的设备主要是无线电通信设备，由调度中心向车辆的驾驶员发出调度命令，驾驶员只能根据自己的判断说出车辆所在的大概位置，而在生疏地带或在夜间则无法确认自己的方位甚至迷路，因此，从调度管理和安全管理方面，其应用受到限制。GPS 定位技术的出现给车辆、轮船等交通工具的管理提供了新的解决方案。

1. GPS 技术在智能公交系统中的应用

公交车还有多久到站，是否还有末班车，公交线路是否改道，对于这些问题的答案，成都市民都可以在公交站台的电子站牌上找到。成都市区新增 516 个电子站牌并于 2011 年年底前全部开通运行。电子站牌安装在成都市一环路、二环路、蜀都大道等客流量大的站台。

交通电子站牌是公交 GPS 智能系统的一个重要组成部分，是实现乘客明白候车、灵活乘车的惠民服务项目。智能公交系统把"电子站牌"、配有"GPS 车辆定位器"的公交车和调度中心三方联合起来，调度中心通过数据网络、GPRS 数据传输、GPS 全球定位手段，把公交车的具体位置、距离各站的相对距离等信息及时显示在"电子站牌"上，让候车的乘客可以随时了解公交车的运行状况，也更加直观地看到公交车的位置。此外，智能公交系统也可避免出现前后公交车间隔时间长短不一的情况。公交"全球定位系统"将增加公交车的科技含量，响应"公交优先"，同时，通过提高调动效能来改善调度不合理的状况。

2. GPS 技术在客运车辆管理中的应用

目前，全国安装 GPS 的班线客车和旅游客车近 30 万辆，其中跨省客运班线和高速公路客运班线安装率已达到 100%，进入 GPS 联网联控系统的车辆达到 19.2 万辆。通过加强对营运车辆的动态监管，有效地提高了重点营运车辆，特别是高速公路车辆的动态监管力度和应急处置能力。

GPS 定位系统具有全天候、实时、全程监控、重复再现数据和报警等功能，合理运用这些功能，则可以在时空上极大地延伸交管部门的管理范围，加大对客运车辆的监控力度。其具体表现在以下几个方面。

(1) 可以扩大管理的时空范围。安装使用 GPS，可以将本籍客运车辆全程的活动情况，全天候、实时地纳入管理视线，确保客运车辆在全程运行中都能依法行车，避免、减少失控漏管。

(2) 可以增强治安防控能力。目前，客运车辆特别是客运出租车已成为侵财犯罪的一个攻击目标，使用 GPS 后，如果遇到抢劫等不法侵害，驾驶员可随时通过报警装置非常隐蔽地向监控中心报警，并精确地显示自己所处的位置；如果车辆被盗，则可以立即查询到该车所处的位置；如果行驶中发生剧烈碰撞类交通事故，车载终端则会主动向监控中心示警，从而缩短了公安机关和相关救援人员赶赴现场的时间。

(3) 可以提高执法的权威性。GPS 不仅可以实时记录客运车辆在路面上的行驶速度等运行数据，再现当事人的违法行为，还避免了民警路面执法中所存在的违法事实不可再现等缺陷。

3. GPS 技术在出租车管理中的应用

运用 GPS 和 GSM 通信网络，可以建立 GPS 出租车调度服务系统，实现对出租车的实时调度监控、防劫防盗报警等功能。通过 GPS 出租车调度服务系统，企业能够提高车辆的有效利用率，提高车辆运行的安全性和处理突发事件的能力，加强对车辆和司机的管理，从而提高公司的管理水平和效率，增强公司竞争力。

GPS 出租车调度服务系统主要功能有以下几种。

(1) 监控调度。监控中心可随时了解车辆的实时位置，并能在中心的电子地图上准确地显示车辆当时的状态(如速度、运行方向等信息)。

(2) 电话叫车。乘客拨打调度中心约车电话时，网络可自动寻找区域内的空车进行调派，调车的详细信息用语音或汉字信息传至车载显示终端，大大地提高了调度效率。

(3) 意外报警。监控中心收到车载终端发来的报警信号(断电报警等)，报警的车辆在地图上以醒目的方式显示报警状态和报警地点，并将报警目标的监视级别提升，同时自动记录轨迹、自动录音。监控中心立即通知出租公司，并根据报警情况和警力分布，用短消息或语音进行指挥调度和警情处理。

(4) 信息服务。监控中心可以向出租车司机提供交通信息、线路咨询信息、广告信息等，为司机和乘客提供服务。

(5) 遥控熄火。监控中心经公安机关或租赁公司授权后可随时对车辆进行实时监听和控制(遥控熄火或声光报警)，锁定车辆位置，配合警方快速出动警力，跟踪捕捉罪犯，缴回被骗、被盗、被抢的车辆。

【课内资料 5-4】

百度地图发布智能物流引擎 2.0 为物流行业降本增效

根据国家邮政局监测数据显示，2019 年 11 月 11 日当天，全国各邮政、快递企业共处理 5.35 亿个快件，再创历史新高。在这背后，我国每两件快递的配送过程，就有一件使用了百度地图智能物流引擎的服务。2019 年 11 月 28 日，百度地图在上海召开智能物流行业峰会，重磅发布"智能物流引擎 2.0"，为物流企业提供"货车导航""智能区划管理平台"等核心场景位置服务，全面助力快递物流产业降本增效。

作为"新一代人工智能地图"，百度地图不仅是深受用户欢迎的出行平台，同时也把领先的位置服务能力开放出来，赋能给各行各业开发者，成为助推行业智能化升级的产业地图。在底层数据中，将丰富的基础地理数据和物流行业数据整合，可对物流行业提供定位、地图、导航、路线规划、轨迹、搜索、路况七大基础服务，还能针对客户下单、物流分单、运配和运营分析等场景提供专业的行业服务。此外，百度地图作为百度智能小程序生态联盟重要成员，可以为物流行业小程序提供流量入口。整体而言，智能物流引擎 2.0 可为电商、即时配送、快递、零担、整车、货运平台、综合物流、物流方案商等全域物流行业提供组件化、场景化、智能化的解决方案。

以百度地图与百度智能云联合推出的货车专业导航为例，百度地图可为货车司机提供灵活精准的货运路线规划和完善的货车专业数据支持，提供覆盖全国的专项货运物理"四限数据"(包含限宽、限高、限重、限轴重)，并结合交规限行、货车收费和油费更准确地预估价格；在实际驾驶过程中，能通过语音交互和风险预警提示，辅助货车司机有效地规避各类安全隐患。

针对物流行业特点，百度地图鹰眼提供了"百度地图物流运输管理方案"，通过更准确的运输计划、更全面的运输过程监控、更可信的在途信息、更客观的时效考核、更全面的司机行为考核和更准确的费用结算，有效提升了物流效率，保障物流安全。目前，圆通速递、中通快递、叮当快药等数十家企业已成为百度地图物流运输管理的合作伙伴。

百度地图智能物流引擎的地址标准化、地址解析聚合和物流智能区划平台，则可以有效提升订单处理和"最后一公里"派送效率。地址标准化结合百度自然语言理解优势，能从订单文本中智能化提取信息，输出姓名、电话、地址等内容。而地址解析聚合可从空间和文本结构两个维度，对物流包裹位置进行聚合，挂接到常见的派送末端，如小区、学校、写字楼等，将业务场景从"人工"转向"智能"，大幅提升末端效率和派送准确率，降低重复派送造成的成本浪费。智能区划管理平台采用智能绘制区域网点方式，集合路网切分、行政区划加载、贴合绘制、沿路绘制等能力，与传统的绘制模式相比效率大幅提升，同时降低了配送区域管理成本。

物流国家工程实验室将与百度地图共同研究地图在物流行业的创新应用，推进物流行业标准制定，共建物流数据生态。百度地图目前已覆盖全球所有的国家和地区，日均响应位置服务请求次数达1200亿次，POI全球覆盖量超过1.5亿，道路里程覆盖达到940万km。据统计，百度地图每日服务活跃的应用及网站达65万。未来，百度地图将对智能物流引擎持续创新，不断打磨优化，为物流企业降本增效的同时提升客户体验，助力智能物流时代的全面到来。

(资料来源：http://www.chinawuliu.com.cn/zixun/201912/02/345786.shtml)

三、GPS技术在军事领域中的应用

GPS最初建立的目的主要是运用于军事领域，因此GPS在军事方面的应用非常广泛。

1. 全时域的自主导航

GPS的主要功能就是自主导航，利用接收终端向用户提供位置、时间信息，也可结合电子地图进行移动平台航迹显示、行驶线路规划和行驶时间估算，从而大大提高部队的机动作战能力和快速反应能力。

2. 各种作战平台的指挥监控

GPS的导航定位和数字短报文通信基本功能可以有机结合，利用系统特殊的定位体制，将移动目标的位置信息和其他相关信息传送至指挥所，完成移动目标的动态可视化显示和指挥指令的发送，实现战区移动目标的指挥监控。

3. 精确制导和打击效果评估

GPS制导具有精度高、制导方式灵活等特点，已成为精确制导武器的一种重要制导方式。GPS还可以对打击目标命中率进行评估。在装有GPS接收终端的弹药击中目标引爆的瞬间，触发用户机进行定位，并将位置信息和时间信息迅速传送到指挥中心，从而进行命中率评估，其评估效果已在伊拉克战争中得到了充分检验。

4. 单兵作战系统保障

单兵作战系统主要利用定位和通信功能，为单兵提供位置信息和时间信息服务，同时可将单兵的位置信息实时动态传送到指挥机构，并及时向单兵发送各种指令，提高单兵的作战和机动能力。

四、GPS 技术在现代测量中的应用

GPS 技术给测绘界带来了一场革命。利用载波相位差分技术(RTK)，在实时处理两个观测站的载波相位的基础上，可以达到厘米级的精度。与传统的手工测量手段相比，GPS 技术有着巨大的优势：测量精度高；操作简便，仪器体积小，便于携带；全天候操作；观测点之间无须通视；测量结果统一在 WGS84 坐标下，信息自动接收、存储，减少了烦琐的中间处理环节。当前，GPS 技术已广泛应用于大地测量、资源勘查、地壳运动、地籍测量等领域。

1. GPS 技术在地籍测量中的应用

GPS 技术的迅速发展，给测绘工作带来了革命性的变化，也对地籍测量工作，特别是地籍控制测量工作产生了巨大的影响。应用 GPS 技术进行地籍控制测量，点与点之间不要求互相通视，这样避免了常规地籍测量控制时，控制点位选取的局限条件，并且布设成 GPS 网状结构对 GPS 网精度的影响也甚小。由于 GPS 技术具有布点灵活、全天候观测、观测及计算速度快、精度高等优点，使 GPS 技术在国内各省市的城镇地籍控制测量中得到广泛应用。利用 GPS 技术进行地籍测量的控制，没有常规三角网(锁)布设时要求近似等边及精度估算偏低时应加测对角线或增设起始边等烦琐要求，只要使用的 GPS 仪器精度与等级控制精度匹配，控制点位的选取符合 GPS 点位选取要求，那么所布设的 GPS 网精度就完全能够满足地籍测量规程的要求。

2. GPS 技术在监测地震与地壳运动中的应用

高精度的 GPS 技术已成为世界主要国家和地区用来监测火山地震、构造地震、全球板块运动，尤其是板块边界地区的重要手段。近年来，随着 GPS 技术的发展，加之各国相继受强烈地震的袭击，国际上兴起了利用 GPS 研究地震预测、大陆构造变形和地球动力学等领域的高潮。美国南加州 GPS 观测网(SCIGN)由约 250 个 GPS 站组成，在区域上每隔 30km 设一个站，其中在主要活动断层上设置两条密集型测线，沿两条测线每隔 3km 设一个站。对形变场的这种测量实质上是对南加州应变积累的一种"快镜拍摄"，通过拍摄将为最精确的应变场提供空间上的高分辨率。其目的在于勾绘出测区范围内的构造应变图、监测隐伏逆断层及其几何性质和活动性质、应变积累中弹性应变与塑性应变的比例等。SCIGN 正在建设中，目前已完成约 150 个 GPS 站的任务。

评估练习

1. GPS 技术在物流领域的应用主要体现在哪些方面？
2. GPS 技术的应用能为物流企业带来哪些经济效益？

第五节　无线定位技术 LBS

教学目标
- 掌握无线定位技术的不同类别及定位原理。
- 熟悉 LBS 技术在不同领域的应用。

移动电话的普及，已经对人们的日常生活产生了革命性的影响。无论是移动电话还是掌上电脑，作为移动终端，它们的便携性使得人们可以在任何时候任何地点进行网上冲浪，以娱乐、查询等各种方式获取需要的服务。GPS 技术的发展，移动服务基站的建设，加上强劲的用户需求催生了新的服务——LBS(Location-Based Service)。LBS 融合了当前诸多的信息技术，可以及时地为用户提供方便的位置信息。

1996 年，美国联邦通信委员会(FCC)要求移动运营商为手机用户提供 E911(紧急求助)服务，即提供呼叫者的位置以便及时救援。这标志着移动位置服务的开始。LBS 在人们生活中扮演着重要的角色。在物流运输中，物流车辆、货物、驾驶员、配送员等位置在运输过程中时刻发生着变化，无论是为了制订合理的物流运输计划还是对计划作出调整，调度人员都需要掌握物流车辆的实时信息。物流活动过程中无论是委托方还是最终货物使用者，为了了解货物运输进度和对物流作业进行监督，都需要了解物流活动的及时信息。

一、LBS 的定义

基于位置的服务(Location-Based Services，LBS) 指的是任何通过因特网或者无线网络向终端用户提供空间信息的服务。只要是基于位置的信息服务均属于位置的服务。在基于位置的各种服务中，有些业务可能与用户本身的位置无关，例如公交汽车的报站系统、固定地点的天气等。但在移动通信网中，应用最多的是与终端持有者位置紧密相关的业务，诸如汽车的导航系统、手机地图服务等。

【案例 5-2】

高德发布物流行业 LBS 解决方案

在我国，公路货运占所有交通运输的比例高达 80%。物流行业媒体公布的数据显示，中国每年的公路运输费用约为 4 万亿元人民币，而货主和物流公司的数量超过百万，司机的数量达到 3000 万人。如此庞大的市场，却因为信息不对称、层层转包等问题而导致物流成本长期居高不下。LBS 技术能够实现位置信息的实时展示、最优路径的规划、大数据分析等功能，这些无疑能够最大程度地实现货主和物流公司之间信息的透明，降低物流车辆的空驶率，从而极大地压缩物流成本。

目前国内领先的物流 O2O 应用有达达物流、快货运等，这些物流企业均采用了基于 LBS 技术的叫单、接单智能化系统，借助定位、路径规划、导航等功能，结合物流配送流程中的各个环节，从而使整个物流配送的过程实现智能化。

和滴滴、快的不同，同城物流行业订单的调度，是一个复杂的决策过程，不仅要考虑司机既有送货路线的合理规划，又要考虑货主的上下货时间，除此之外还要考虑区域规避、路线避让，甚至在回程的时候能够顺路接单，从而最大程度地减少司机的空载率。

高德 LBS 开放平台通过构建一整套高性能云端计算框架，改进在传统物流和 GIS 行业的专业算法，形成一整套基于互联网的路线规划方案和订单调配系统。这个方案比现在外卖、物流行业内的计算能力和效率有数十倍的提升，可以做到毫秒级的响应和分单。另外，除了帮助系统更合理地分配资源提升效率外，高德还计划提供位置大数据分析功能，能够对用户的数量、位置和业务热度进行区域分析。高德副总裁陈永海表示，"物流行业是一个非常专业的领域，涉及的不可控因素极多，真正做到彻底智能，还有一段路要走，我们将携手同城物流的合作伙伴，在现有的基础上继续迭代技术手段和算法，一起来突破这些瓶颈。"

高德 LBS 开放平台的定位日均请求量超过百亿，开放平台的产品能力覆盖超过 4.6 亿部智能设备，超过 3 万多家知名互联网厂商采用高德地图 API 来支持其互联网地图位置业务，同时有超过 30 万家第三方开发者调用高德地图 API 服务进行应用开发。

(资料来源：https://blog.csdn.net/javastart/article/details/54631060)

二、LBS 的结构及工作原理

一个完整的 LBS 是由定位系统、移动服务中心、通信网络、移动智能终端四部分组成，如图 5-5 所示。

定位系统由全球卫星定位系统和基站定位系统两个部分组成。服务中心通过与移动智能终端和不同分中心的网络连接，完成对信息的分类、存储和转发并对整个网络业务进行监控，是 LBS 的核心部分。通信网络是连接用户和服务中心的媒介，可以实时准确地进行信息传递，通常可采用 GSM、CDMA、GPRS 和 CDPDD 等手段，有时甚至可以接入 Internet 进行数据的传输与下载。作为用户唯一接触的部分，LBS 用户终端对设备的图形显示、通信能力及输入方式的要求比较高，因此部分智能手机和掌上电脑会成为较理想的移动终端设备。

LBS 工作的主要流程是用户通过移动终端提出位置服务申请，该申请经过移动运营商的各种通信网关后，为移动定位服务中心所接受，经过审核认证后，服务中心调用定位系统获得用户的位置信息(另一种情况是用户配有 GPS 等主动定位设备，这时可以通过无线网络主动将位置参数发送至服务中心)，服务中心根据用户的位置，对服务内容进行响应，如发送路线图等，如图 5-6 所示。具体服务内容由内容提供商提供。

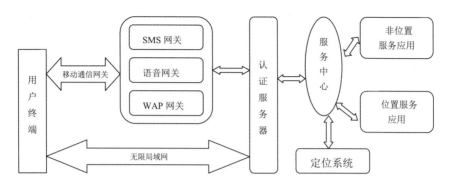

图 5-5 LBS 结构示意图

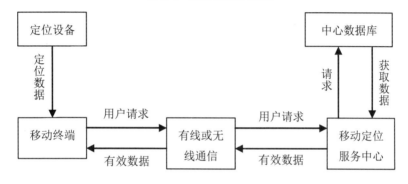

图 5-6 LBS 工作流程

三、LBS 中的定位技术

LBS 通过移动终端和无线网络的协调确定用户位置的相关信息。LBS 定位的过程大致包括测量和计算两个方面。根据测量和计算的实体不同,定位技术可以分为基于网络的定位技术和基于移动终端的定位技术。

(一)基于网络的定位技术

基于网络的定位技术位置解算主要由网络实现。使用的定位技术主要有起源蜂窝小区(Cell of Origin,COO)、到达时间(Time of Arrival,TOA)、到达时间差分(Time Difference of Arrival,TDOA)、增强观测时间差分(Enhanced Observed Time Difference,E-OTD)等。

COO 技术是最简单的一种定位技术。该技术根据移动台所处的蜂窝小区编号(Cell-ID)确定用户的位置。与其他技术相比,COO 技术的投资较少,定位精度也不理想。

TOA 技术通过测量移动终端信号到达多个基站的传播时间来确定移动用户的位置。终端的二维位置坐标位于邻近的三个基站以基站位置为圆心,终端到基站的距离为半径所确定的圆的焦点上。TOA 技术依赖于基站的地理位置，容易受所处环境的影响，同时 TOA 技术要求基站提供准确的参考时间，即需要对网络进行时间同步，因此定位精度并不理想。与 COO 相比，TOA 对技术投入的要求更高，投入成本也更大。

TDOA 克服了对到达绝对时间的要求(即时间同步)，通过测量信号到达两个基站的时间差进行定位，通过三个不同的基站可以测得两个不同的 TDOA，用户位置即在两个 TDOA 决定的双曲线的交点上，如图 5-7 所示。TDOA 方法的测量误差主要是由于功率控制的影响，使距离基站近的终端发射的功率变小，造成其他基站接受的功率更小，导致测量出现误差。

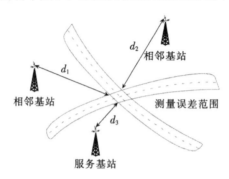

图 5-7　TDOA 定位原理图

E-OTD 方法是通过在分布较广的区域上的许多站点上放置参考点实现的，这些具有精确定时源的参考点作为位置测量单元(Location Measurement Unit，LMU)以覆盖无线网络。当具有 E-OTD 功能的手机和位置测量单元接收到来自至少三个基站的信号时，从每个基站到达手机和位置测量单元的时间差将被计算出来，通过这些差值产生的交叉双曲线，估计出手机的位置。E-OTD 提供的定位服务精度较高，但由于该技术的响应速度慢，需要对手机软件进行改进，并增加位置测量单元，这也限制了 E-OTD 技术的发展。

(二)基于移动终端的定位技术

在这种定位系统中，用户通过接收机接收空中卫星导航信号，并通过接收机内置的位置解算软件实现定位解算，这个过程主要在移动终端实现，不需要网络的作用。该定位方案特别适合导航应用，最常用的是辅助 GPS 定位技术。

GPS 定位技术具有较高的可靠性和定位精度，可以满足对精度要求较高的用户的需求。但 GPS 技术也有其固有的一些缺点，比如传统 GPS 接收机由于获取导航电文需要较长的时间，从开机到初始定位的启动时间较长；在室内或者市区不能探测到卫星信号；长时间的信号搜索和获取造成的高耗电量等。这些缺点大大地限制了 GPS 技术在 LBS 业务中的应用。而 A-GPS(Assisted Global Positioning Systems)技术可以大大改善传统 GPS 技术的这些不足，其工作原理如图 5-8 所示。

A-GPS 手机首先通过网络向位置服务器传输自身的基站地址，位置服务器再根据这个大概位置向手机传输与该位置相关的 GPS 辅助信息，如包含 GPS 的星历和方位俯仰角等。手机的 A-GPS 模块再根据辅助信息接收 GPS 原始信号，这个过程可以加快手机的启动过程；手机在接收到 GPS 原始信号后解调信号，计算手机与卫星之间的伪距，并利用网络将有关信息传递至位置服务器；位置服务器对 GPS 信息进行处理，估算该手机的位置，并将该手机的位置通过网络传输到定位网关或应用平台。

在辅助 GPS 定位过程中，可以将传统的 GPS 接收机的大部分功能移植给网络处理器，而只需要给手机增加一个天线、射频部分、数字信号处理器，用来产生码序列及完成与接收到的 GPS 信号的相关运算。也可以为手机内置一个功能很全 GPS 接收机，直接通过手机计算星座和手机自己的位置。

辅助 GPS 和通用的基于网络的定位技术相结将是 LBS 系统中定位技术的主流。一方面，网络定位技术弥补了 GPS 可用性的不足，在 GPS 信号微弱的地方，如室内或者市区，基于网络定位成为主要手段；另一方面，在移动通信网络中引进 GPS 参考网络，可以精确地保证基站之间的时间同步，提高了网络定位的精度。

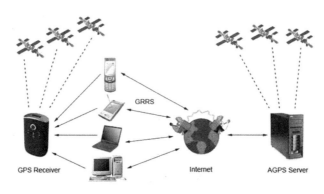

图 5-8　A-GPS 工作原理

四、LBS 的应用

通过确定移动设备的位置，并提供各种与位置有关的服务，移动通信技术和地理信息系统(Geographic Information System，GIS)的同步发展促进了各种移动定位服务应用的快速发展。LBS 业务具有极其广泛的用途，作为定位业务最终消费者的移动用户，依据定位业务的不同用途而归于不同的用户群体，可以是行业用户，也可以是个人用户。用户可以通过手机、PDA 或可携式导航机(PND)等各种终端设备享受到各种便捷的位置应用服务。

(1) 物流配送。货物配送过程是实物的空间位置转移过程，为了充分利用现有资源，在降低消耗的同时提高经营效益，物流企业需要对物流活动中的仓储、装卸、运输、配送等环节所涉及的诸如路线选择、车辆调度、车辆监管等各种活动进行有效的管理。

在物流配送过程中，LBS 业务很好地集成了空间信息技术与移动通信技术，可以提供精确的空间定位、路线规划以及车辆监控等各种方便的位置服务；可以在满足配送要求的同时更有效率地进行资源利用。

(2) 便捷服务。随着人类社会的发展，人们的活动范围越来越大，人们的行踪越来越难以确定，这也增加了人们出行的安全隐患，尤其对老年人或者小孩，安全问题显得尤为重要，在这种情形下，LBS 业务所提供的紧急救援服务可以很好地解决这种由位置不确定性而造成的安全隐患。

对商务人员而言，可以在一个陌生的地方确定自己的位置，以及该位置指定范围内的餐馆、宾馆等各种有价值的信息。在商业应用中，LBS 业务也同样发挥着重要的作用，LBS 定位平台可以在用户许可的情况下，根据移动用户所处的位置发送附近商业企业的广告及各种有价值的服务信息。也可以根据互联网提供的信息，选出用户所在地的相关信息供用户查询。

(3) 公安应用。LBS 业务在指挥交通，预防和打击犯罪以及维护社会治安方面发挥了重要的作用。通过将跟踪定位、报警、监控、指挥协调融为一体，可以形成系统化、动态化的通信指挥系统以提高公安部门快速反应和协同作战的能力，提高公安部门的战斗力。

公安干警将相关位置信息标注在地图上，手持终端可以通过计算选择最优路径并显示出来。控制中心可以将报警信息发送到干警的车载设备上，方便干警直观地了解事发地点的信息，可以有效地提高出警效率。在突发情况下，干警也可以通过手持终端快速查询、了解周围警力信息，并与其他干警进行快速有效的信息沟通。

(4) 城市交通数字化。LBS 系统可以将采集到的不同道路和服务信息传递到交通管理中心进行集中处理。交通运输系统内不同用户可以根据自身需求获取相应信息满足自身需要。出行者可以实时进行路线规划或者路线选择；交通管理部门可以利用 LBS 信息快速而有效地进行交通疏导和事故处理；运输部门可以实现对运输车辆的实时监控、调度和救援。LBS 运用在交通领域可以有效地发挥交通路网的通行能力，提高运输系统的效率和机动性、安全性。

LBS 技术还可以应用于对外勤人员或者物流车辆以及有关运输、计程车、救护车等的调度、管理、导航的跟踪服务；旅游路线规划、路况通知等导航服务；也可用于对老年人、小孩的监护工作；紧急救援、紧急报警的救援服务；用于加油站、银行、餐厅等位置查询以及 LBS 的黄页应用等。

空间技术的发展拉近了空间信息与人们生活的距离，在充分利用无线移动的方便性、灵活性的基础上，LBS 服务将在人们的日常生活中发挥重要作用。

【课内资料5-5】

电子镣铐

电子镣铐是指具有定时自动以无线电等方式回传功能的手环或者脚环，目的是确保矫正人员仍在可监控的距离范围内。美国、德国、法国、韩国，包括我国的台湾地区已经很早就开始应用这项技术来监管罪犯。

2011年，上海市开始使用电子镣铐技术。服刑人员被法院予以假释后，社区矫正机构工作人员在其脚腕部佩戴内含 GPS 芯片和 SIM 卡的"电子脚镣"，监管机关可以此实时追踪佩戴者的踪迹。这是全国法院首次出现通过法律文书对假释对象实施电子实时定位监管予以明确。

上海市的电子脚镣佩戴较为严格，进入社区矫正的所有人员，在前三个月都要统一佩戴。除了有身体疾病的，如心脏病，或者是孕妇，这些例外情况在提交了病例证明后，可以不佩戴。另外，有些在社区里面服刑的对象要外出时（指出沪），也必须佩戴电子镣铐。还有一些特别需要加强关注的人员，比如再犯罪危险性较高的人员，也强制规定必须佩戴电子镣铐。

佩戴电子镣铐的好处是一旦剪断镣铐，系统会发出警告的声音，矫正中心能及时发现佩戴人员违规违法的行为，及时进行处理。上海市对佩戴人员的惩罚主要是看矫正人员有没有遵守请销假的规定，被监管矫正人员有没有出沪。一旦矫正人员未经请假私自出沪，矫正中心会利用电子镣铐的定位功能收集证据，并给予警告或其他惩处。上海市颁布的《社区矫正实施办法》第二十三条至第二十六条规定了被矫正人员违反办法的处罚，满足一定条件下先警告，警告三次以后予以收监。

2015年以前，电子镣铐的使用是不需要费用的，属于北斗民用导航系统的第一代产品，是国家北斗项目和上海市科委的推广项目。但从2016年开始，它开始正式收费，一套2600元，这2600元是新增设备的费用。比如，之前北斗项目已经使用的设备，徐汇区有188套，这188套是不收取设备费的，对于超出188套的，每套收取2600元。在这之前，对于188套，每套每月收取70元的信息维护费。这些费用都是由矫正中心承担，佩戴人员不需要缴纳任何费用。电子镣铐相对来说使用成本较高，且面临着技术支持的问题。电子镣铐一旦失灵或者产生故障就需要技术人员快速有效地进行修理。而且电子镣铐也需要定期检查，防止出现问题。

(资料来源：http://www.hcanjian.com/newsdetail.aspx?typeid=1，2，&id=532)

评估练习

1. 不同无线定位技术的区别与联系是什么？
2. LBS 业务将在生活中哪些方面发挥重要作用？

本 章 小 结

　　伴随着社会的不断发展，人们对地理位置信息的要求也越来越高。从早期的星历导航、指南针、航海表到现代的地基电子导航系统和空基电子导航系统，定位技术无不打上人类社会发展的印记。无论是在军事应用领域还是日常生活应用领域，定位技术都在发挥着日益重要的作用。应用最为广泛的 GPS 技术，无疑在人们研究和发展定位技术的过程中起到了里程碑的作用。然而，GPS 技术固有的一些问题让其他国家和地区开始研究自己的定位系统，俄罗斯的 GLONASS 导航系统、欧盟的伽利略导航系统，都力图使导航系统能够更好地为自己服务。中国也有自己的北斗导航系统，北斗导航系统的开发和应用是在中国、亚洲乃至世界都将发挥重要作用。其他多种无线定位技术，如 COO、TOA、TDOA、E-OTD 等在人们的日常生活和工作中也发挥着重要作用。在无线定位技术中，每种系统都有各自的特点和适用范围，各种技术之间的相互配合、优势互补将是今后无线网络定位技术的一种发展趋势。

第六章 地理信息系统

 引导案例

随着互联网的发展和通信技术的进步,跨平台、组件化的 GIS(地理信息系统)和 GPS(全球定位系统)技术的逐步成熟,基于 GIS/GPS 的应用将构造具有竞争力的物流企业。由于物流运输过程是实物空间位置的转移过程,所以在物流运输过程中,对可能涉及的货物运输、仓储、装卸等处理环节,以及对各个环节涉及的问题如运输路线的选择、仓库位置的选择、仓库的容量设置、合理装卸策略、运输车辆的调度和投递路线的选择都可以通过运用 GPS 的导航功能、车辆跟踪、信息查询等功能进行有效的管理和决策分析,这无疑将有助于配送企业有效地利用现有资源,降低消耗,提高效率。

GIS 应用于物流分析,主要是指利用 GIS 强大的地理数据功能来完善物流分析技术。GPS 在物流领域的应用可以实时监控车辆等移动目标的位置,根据道路交通状况向移动目标发出实时调度指令。而 GIS、GPS 和无线通信技术的有效结合,再辅以车辆路线模型、最短路径模型、网络物流模型、分配集合模型和设施定位模型等,能够建立功能强大的物流信息系统,使物流变得实时并且成本最优。

GIS/GPS 在物流企业应用的优势主要体现在以下几个方面。

(1) 打造数字物流企业,规范企业日常运作,提升企业形象。GIS/GPS 的应用,必将提升物流企业的信息化程度,使企业的日常运作数字化,包括企业拥有的物流设备或者客户的任何一笔货物都能用精确的数字来描述,不仅提高了企业的运作效率,同时还可提升企业形象,能够使企业争取到更多的客户。

(2) 通过对运输设备的导航跟踪,提高车辆运作效率,降低物流费用,抵御风险。GIS/GPS 和无线通信的结合,可使流动在不同地方的运输设备变得更加透明而且可以控制。

(3) 结合物流企业的决策模型库的支持,根据物流企业的实际仓储情况,并且由 GPS 获取的实时道路信息,可以计算出最佳物流路径,给运输设备导航,减少运行时间,降低运行费用。

(4) 利用 GPS 和 GIS 技术可以实时显示出车辆的实际位置,并任意放大、缩小、还原、换图;可以随目标移动,使目标始终保持在屏幕上,利用该功能可对重要车辆和货物进行跟踪运输。对车辆进行实时定位、跟踪、报警、通信等的技术,能够满足运输企业掌握车辆基本信息、对车辆进行远程管理的需要,有效避免车辆的空载现象,同时客户也能通过互联网技术,了解货物在运输过程中的细节。

(资料来源:http://hi.baidu.com/kongjianxinxi/item/caf32c80040bad5527ebd9a7)

第一节　GIS 概述

教学目标

- 了解地理信息系统的概念。
- 掌握地理信息系统的特征。
- 明确地理信息系统的类型。

随着人类社会已进入信息时代，信息技术(Information Technology，IT)正在慢慢地改变着人类的生活方式。地理信息系统(GIS)是管理和分析空间数据的计算机技术，地理信息系统可以提供各种有关区域分析、方案优选和战略决策等方面的解决办法，所以，地理信息系统在物流领域得到了广泛的应用。

一、GIS 的概念

不同的人、部门或者不同的应用目的对地理信息系统的定义并不完全相同，美国联邦数字地图协调委员会(Federal Interagency Coordinating Committee on Digital Cartography，FICCDC)对于地理信息系统的定义是：地理信息系统是由计算机硬件、软件和不同的方法组成的系统，该系统设计用来支持空间数据的采集、管理、处理、分析、建模和显示，以便解决复杂的规划和管理问题。

此外，GIS 的科学含义主要有下述几种。

(1) GIS 的硬件支持是计算机化的技术系统，它由数据采集子系统、数据管理子系统、数据处理子系统、数据分析子系统、数据建模子系统以及数据显示子系统等若干相互关联的子系统组成。

(2) GIS 的处理对象是海量的空间数据，既包括点、线、面式的矢量数据，又包括不同来源、不同分辨率、不同类型的栅格数据。

(3) GIS 的强大之处在于数据的综合、分析及评价能力，通过对空间数据的综合分析，以一定的模型结构归纳评价，从而为用户提供决策支持。

(4) GIS 的又一优势在于其与其他学科广泛的联系,地理信息系统虽然是信息技术发展的结果，但其核心基础是研究人地相互关系的地理学。地理学的研究内容涉及研究组成自然地理环境的各个要素(大气、水文、地形、气候、生物、土壤)的生物、物理和化学的过程，以及探究人地相互作用、和谐相处的过程。因此，地理信息系统与日常生活中的各种行业密切相关，如地理信息系统与物流运输的结合应用。

二、GIS 的特征

根据地理信息系统的定义可知，地理信息系统属于信息技术，也属于空间信息系统，地理信息系统在应用方面主要有以下特征。

(1) 具有采集、管理、分析和输出多种地理空间信息的能力，具有空间性和动态性。

(2) 空间数据处理的复杂性，地理信息的属性数据或属性信息包括数据的空间特征、属性特征以及时间特征，用以表述地理对象或人文属性的空间位置关系以及其所有定性和定量指标。

(3) 具有海量的数据管理能力，地理信息系统数据的海量特征体现在两方面：一是地理数据，其本身就是海量数据；二是空间分析数据。GIS 在执行分析功能时会产生大量的分析数据，这些数据也具备海量特征。

(4) 以地理研究和地理决策为目的，以地理模型方法为手段，具有区域空间分析、多要素综合分析和动态预测能力，可以获得高层次的地理信息。

(5) 由计算机系统支持进行空间地理数据管理，并由计算机程序模拟常规的或专门的地理分析方法，作用于空间数据，获得有用信息，完成人类难以完成的任务。

三、GIS 的类型

GIS 发展迅速，应用广泛，GIS 的划分也无一定之规。一般可以根据 GIS 的研究内容、功能、作用等对 GIS 进行分类(见表 6-1)

表 6-1 GIS 类型

GIS 类型	按功能划分	应用功能	工具型 GIS
			应用型 GIS：专题 GIS 和区域 GIS
			大众型 GIS
		软件功能	专业 GIS(Professional GIS)
			桌面 GIS(Desktop GIS)
			手持 GIS(Hand-held GIS)
			组件 GIS(Component GIS)
			GIS 浏览器(GIS Viewer)
	按数据结构划分		矢量 GIS
			栅格 GIS
			矢量-栅格 GIS

续表

GIS 类型	按数据维数划分	2D GIS
		3D GIS
		TGIS(时态 GIS)
	按软件开发模式与支撑环境划分	GIS 模块
		集成式 GIS
		模块化 GIS
		核心式 GIS
		组件式 GIS 和 WebGIS
		互操作 GIS

1. 按功能划分

从功能角度上，GIS 可分为应用功能和软件功能两大类：前者强调 GIS 的社会服务功能，可再分为工具型 GIS、应用型 GIS 和大众型 GIS 三大类；后者强调 GIS 软件自身功能，一般可分为专业 GIS、桌面 GIS、手持 GIS、组件 GIS、GIS 浏览器几类。

2. 按数据结构划分

从数据结构上，GIS 可分为矢量 GIS、栅格 GIS、矢量和栅格 GIS 三种类型，这种划分是以 GIS 的主要数据处理和数据管理对象为依据的。尽管一个 GIS 软件可以划分为某一类 GIS 类型如矢量 GIS，但不代表该软件不能处理栅格数据，只是处理矢量数据的功能比处理栅格数据的功能更强大。

3. 按数据维数划分

随着信息技术的不断发展与演进，数据的维度也在不断衍生。从数据维度的角度，GIS 可以划分为 2DGIS、3DGIS 和时态 GIS(temporal GIS，TGIS)等类型。

以平面制图和平面分析为主的 GIS，称之为 2DGIS，当增加了高程信息并将高程信息看作是属性时，以及可以构建数字高程模型和数字地形模型的 GIS，称之为 2.5 DGIS。若平面位置和高程信息相互独立，即形成所谓的 3DGIS。时态 GIS 是将时间概念引入到 GIS 中，用以反映地理信息随时间变化的 GIS。

4. 按软件开发模式与支撑环境划分

按软件开发模式与支撑环境，GIS 软件可分为 GIS 模块、集成式 GIS、模块化 GIS、核心式 GIS、组件式 GIS 和 WebGIS 以及互操作 GIS 等几种类型。这些类型实际上体现了 GIS 软件开发和集成技术的发展历程。

评估练习

1. 什么是地理信息系统(GIS)?
2. 地理信息系统有哪些主要特征?
3. 地理信息系统具有哪些类型?

第二节 GIS 的组成与功能

教学目标

- 掌握 GIS 的组成部分。
- 了解地理信息系统的功能。

一、GIS 的组成

一个完整的地理信息系统主要由六部分构成,用来支持空间数据的采集、管理、处理、分析、建模和显示等功能,其基本构成主要包括硬件系统、软件系统、地理空间数据、应用人员、应用模型和空间网络,具体如图 6-1 所示。

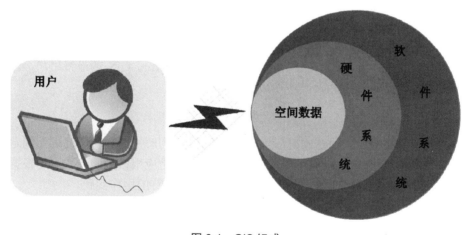

图 6-1 GIS 组成

1. 硬件系统

计算机的硬件系统是指用于存储、处理、传输和显示地理或空间数据,包括数据的处理设备与数据的输入输出设备等,数据的处理设备是计算机系统硬件核心,输入设备包括数字化仪和扫描仪等,数据的输出设备包括绘图仪、打印机和高分辨率显示装置等。

2. 软件系统

GIS 运行所需的软件系统包括计算机软件系统、GIS 平台软件系统和 GIS 应用软件系统。计算机系统软件通常包括操作系统、汇编程序、编译程序、诊断程序、库程序以及各种维护使用手册等，是 GIS 日常所需的软件。GIS 平台软件系统包括 GIS 功能所必需的各种处理软件，一般包括空间数据输入与转换系统、空间数据编辑系统、空间数据库管理系统、空间数据查询与分析系统、计算机图形制图与输出系统等五大部分，用于支持对空间数据的输入、存储、转换、输出和与用户接口等操作。GIS 应用软件一般是在 GIS 平台软件基础上，通过二次开发所形成的具体的应用软件，一般是面向应用部门的。在 GIS 的支持下，应用程序应该是透明的和动态的，与系统的物理结构无关，并能随着系统应用水平的提高而不断优化和扩充，应用程序是从空间数据中提取地理信息的关键。

3. 地理空间数据

GIS 的操作对象是地理数据，地理数据包括空间数据、属性数据和时态数据。其中空间数据用来表示地理现象的空间位置和相互关系，包括矢量数据和栅格数据，矢量数据主要包括点线面。矢量数据和栅格数据又分别被称为矢量数据结构和栅格数据结构。

4. 应用人员

人是 GIS 中重要的构成因素。地理信息系统从其设计、建立、运行到维护的整个生命周期，处处都离不开人的作用。在其整个生命周期中，需要人进行系统组织、管理、维护和数据更新、系统扩充完善、应用程序开发，并灵活地采用地理分析模型提取不同用途的信息，为研究和决策服务。GIS 应用人员包括系统开发人员和 GIS 的最终用户，他们的业务素质和专业知识是 GIS 工程及其应用成败的关键。

5. 应用模型

GIS 应用模型是应用人员在实际应用 GIS 的过程中为解决某一实际问题而制定的解决方案，其构造和选择也是 GIS 应用成败的关键因素。但是应用模型的选取应是根据企业或者个人的具体需要而定，对于不同的企业都有属于自己独特的操作实践。

6. 空间网络

GIS 空间网络的作用主要是信息传输。由于 GIS 数据的海量特征以及分析处理结果的即时应用，因此 GIS 对网络的要求也比较高。GIS 中的网络形式一般有局域网、广域网、无线网络和 Internet/Intranet/Extranet 等几种。

二、GIS 的功能

GIS 包含了处理地理信息的各种功能，其基本功能包括数据的采集与编辑、数据的存储与管理、数据的处理和变换、空间分析与统计、产品制作与演示和二次开发与编程，应用功能包括资源管理、区域规划、国土监测和辅助决策等。

1. 数据的采集与编辑

编辑和属性数据编辑与分析。从图纸数据转换成计算机文件的过程叫作数字化。目前，许多地理数据已经是 GIS 兼容的数据格式，这些数据可以从数据提供商那里获得并直接输入 GIS 中，无须用户自己进行数字化。

2. 数据的存储与管理

数据库是数据存储与管理的主要技术，GIS 数据库是地理要素特征以一定的组织方式存储在一起的相关数据的集合。由于 GIS 数据库具有数据量大，空间数据和属性数据具有不可分割的联系，以及空间数据之间可以成拓扑结构等特点，因此 GIS 数据库的管理功能除了与属性数据有关的常规数据库管理系统(DBMS)功能之外，对空间数据库的管理技术主要包括空间数据库的定义、数据访问与提取、通过空间位置检索空间物体及其属性、按属性条件检索空间物体及其位置、开窗和接边操作、数据更新和维护等。对于小的 GIS 项目，把地理信息存储成简单的文件就足够了。但是，当数据量很大而且数据用户数很多时，最好使用一个数据库管理系统(DBMS)，以帮助存储、组织和管理数据。

3. 数据处理与变换

数据处理的操作方式有以下几种。

(1) 数据变换：数据变换是指对数据从一种数学状态转换为另一种数学状态，包括投影变换、几何纠正、比例尺缩放、误差改正及处理等。

(2) 数据重构：数据重构指对数据从一种几何形态转换为另一种几何形态，包括数据拼接、数据裁剪、数据压缩和结构转换等。

(3) 数据抽取：数据抽取是指对数据从全集合到子集的条件提取，包括类型选择、窗口提取、布尔提取和空间内插等。

4. 空间分析与统计

空间分析与统计的主要特点是帮助确定地理要素之间新的空间关系，是 GIS 的一个独特的研究领域，它不仅成为区别于其他信息系统的一个重要标志，而且为用户提供了解决各类专门问题的有效工具。常用的空间分析包括叠合分析、缓冲区分析和数字地形分析等。

5. 产品制作与演示

GIS 产品是指经由 GIS 处理和分析的结果，可以直接输出并供专业规划或决策人员使用的各种地图、图像、图表或文字说明，其中地图图形输出是 GIS 产品的主要表现形式，包括各种类型的点符号图、动线图、点值图、晕线图、等值线图和立体图等。

GIS 产品制作与显示的功能包括设置地图范围、投影、比例尺，组织地图要素显示顺序，定义文字字形字号，设置地图符号的大小和颜色，标注图名和图例，以及图形编辑等。

6. 二次开发和编程

GIS 为了能够被应用于各个领域，满足各种不同的应用需要，必须具备的另一个重要基本功能是二次开发的环境，包括提供专用的脚本语言开发环境，可供用户在自己的编程环境中调用的 GIS 函数库，或者系统将某些功能做成组件形式供用户开发语言调用等。

7. 资源管理

资源的清查、管理和分析是 GIS 应用最广泛的领域，也是目前趋于成熟的主要应用领域，包括森林和矿产资源的管理、野生动植物的保护、土地资源利用评价，以及水资源的时空分布特征研究等。

8. 区域规划

城市与区域规划具有高度的综合性，涉及资源、环境、人口、交通、经济、教育、文化和金融等因素，但是要把这些信息进行筛选并转换成可用的形式是有一定的困难的，规划人员需要切实可行的信息，而 GIS 可为其提供功能强大的工具。

9. 国土监测

利用 GIS 的功能结合多时相的遥感数据，可以有效地用于森林火灾的预测预报、洪水灾情监测和淹没损失估算、土地利用动态变化分析和环境质量的评估研究等。

10. 辅助决策

GIS 利用拥有的数据和 Internet 传输技术，可以深化电子商务的应用，满足企业决策多维性的需求。GIS 和 Internet 已成为最佳的决策支持系统和威力强大的商战武器。

评估练习

1. 地理信息系统由哪几个主要部分组成？
2. 说明地理信息系统的应用。

第三节 GIS 空间分析技术

教学目标

- 了解空间分析的概念。
- 掌握几种典型的 GIS 空间分析技术。

具有较强的空间分析能力是 GIS 的主要特征,有无空间分析能力是 GIS 与制图系统相区别的主要标志。

一、空间分析的基本概念

空间分析的根本目的,在于通过对空间数据的深加工,获取新的地理信息。因此空间分析的定义为:空间分析是基于空间数据的分析技术,是以地球科学原理为依托,通过分析算法,从空间数据中获取有关地理对象的空间位置、空间分布、空间形态、空间构成、空间演变等信息。

按照空间数据的形式,可以把空间分析分为两种类型,即矢量数据空间分析和栅格数据空间分析。矢量数据空间分析是指参与空间分析运算的空间数据主要是矢量数据结构,栅格数据空间分析是指参与空间分析运算的空间数据主要是栅格数据结构。矢量数据空间分析主要包括缓冲区分析、叠置分析、网络分析等。

二、典型的空间分析技术

1. 空间缓冲区分析

空间缓冲区分析是指围绕着空间的点、线、面实体,自动在其周围建立起一定宽度的范围,从而实现空间数据在水平方向上得以扩展信息的分析方法,也是指空间实体的影响范围或者服务范围。其中包括基于点的缓冲区分析、基于线的缓冲区分析和基于面的缓冲区分析,如图 6-2 所示。

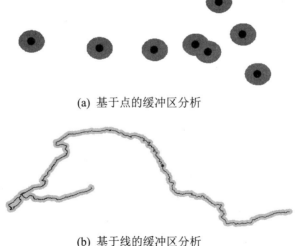

(a) 基于点的缓冲区分析

(b) 基于线的缓冲区分析

图 6-2 矢量空间缓冲区分析

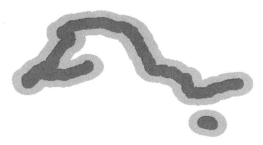

(c) 基于面的缓冲区分析

图 6-2　矢量空间缓冲区分析(续)

从图 6-2 中可以看出,建立点的缓冲区分析,是以点状实体为圆心,以缓冲区距离为半径绘制圆即可,线状缓冲区的建立,是以线实体为参考,在线的两边建立一定距离的与参考线平行的平行线,所以,其缓冲区都是面状,面的缓冲的建立是以面为中心,在其周围建立一定距离的面状实体。

栅格缓冲区的建立主要是通过两个步骤:第一,是对需要做缓冲区的栅格单元做距离扩散,即计算其他栅格到需要做缓冲区的栅格的距离;第二,是按照设定的缓冲区距离提取符合要求的栅格。

2. 空间叠置分析

叠置分析是地理信息系统中常用的一种空间分析方法,是指在相同的地理坐标下,对同一地区的两个不同的地理要素进行叠加,以获取空间区域的多重属性特征,或建立地理对象之间的空间关系,这种分析涉及逻辑交、逻辑并、逻辑差等运算。

基于矢量的空间数据的叠加主要包括点与多边形的叠加、线与多边形的叠加和面与多边形的叠加。主要是指点落在或者不落在某一个面域内,线经过或者不经过某一个面域,两个面之间的空间关系。在地理信息系统的叠加分析中,主要学习和使用的是面与面的叠加,可以分为图层擦除、识别叠加、交集、对称区别、图层合并和修正更改。

(1) 图层擦除(Erase)。输出图层包括输入图层中除了擦除图层以外部分。从数学的逻辑讲,图层擦除是指 $A-A\cap B$(A 为输入图层,B 为擦除图层),具体如图 6-3 所示。

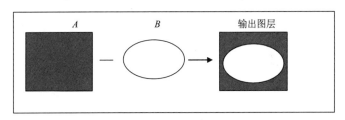

图 6-3　图层擦除示意图

(2) 图层合并(Union)。图层交集是指将两个面状空间数据进行叠加,输出的图形包括输入两个图形的所有属性信息,在布尔运算上用的是"or"关键字,即输入图层"or"叠加图层,从数学角度看是指 $A \cup B$(A、B 为两个输入图层),具体如图 6-4 所示。

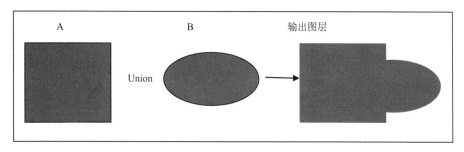

图 6-4　图层合并示意图

(3) 识别叠加(Identity)。输入图层进行识别叠加,将图形叠合的区域的属性赋给输入图层,A 代表输入图层,B 代表识别图层,具体如图 6-5 所示。

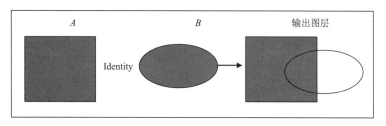

图 6-5　识别叠加示意图

(4) 图层交集(Intersect)。图层交集是通过两个输入图层的叠加得到图层的交集部分,输出图层保留两个图层相交部分的属性信息。在数学表达中表示为 $A \cap B$(A、B 代表两个输入图层),具体如图 6-6 所示。

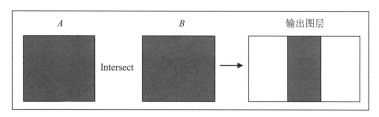

图 6-6　图层交集示意图

(5) 对称区别(Symmetrical Difference)。对称区别是指通过两个输入图层叠加得到除相交部分以外的输出图层,新生成的图层的属性综合了两个输入图层的属性,代数运算的表达式为 $A \cup B - A \cap B$(A、B 代表两个输入图层),具体如图 6-7 所示。

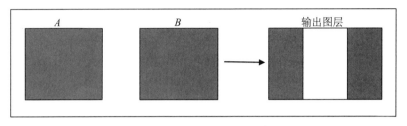

图 6-7　对称区别示意图

(6) 修正更新(Update)。修正图层是指对输入图层和修正图层进行几何相交,输入图层被修正图层所覆盖的那一部分的属性将会被修正图层所替代,如图 6-8 所示。

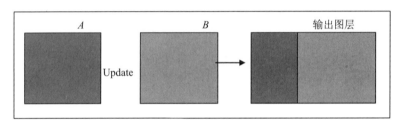

图 6-8　修正更新示意图

3. 网络分析

网络分析是地理信息系统空间分析的重要分析功能,可用于物流系统中,例如最佳路径选择、资源分配、最短路径选取等,通过研究网络的状态以及模拟和分析资源在网络上的流动和分配状态,实现对网络结构及其资源的优化问题。

网络分析的基本功能包括网络跟踪、路径分析、地址匹配、资源优化分配和定位配置分析。网络中用于研究网络资源和信息的流向就是网络跟踪的过程。在点污染研究中,可以跟踪污染物从污染源开始,沿河流向下游扩散的过程。在电网应用中,可以根据不同开关的开、关状态,确定电力的流向。路径分析主要是指最佳路径分析和最短路径分析。地址匹配与地理编码有关,是指对地理位置的查询。资源分配包括由中心到四周的分配和由四周到中心的集中,主要用于解决资源的合理分配问题,从而实现最佳服务。

评估练习

1. 什么是空间缓冲区分析和网络分析,各有什么作用?
2. 试述空间叠置分析的概念,并说明它包括哪几个方面的内容。

第四节　基于 GIS 的物流配送系统设计

教学目标

- 了解物流配送的概念、功能及发展趋势。
- 掌握物流配送系统设计的原则和主要内容。

物流配送是流通部门连接生产和消费，通过使时间和场所发生变化而产生经济效益的过程，提高物流配送的运作效率是降低流通成本的关键所在。鉴于 GIS 海量的地理空间数据、强大的空间查询分析以及高效率的决策支持功能，GIS 将逐步应用于各行各业，本节以 GIS 在高效的物流配送过程中的应用为例。

一、物流配送的概念及基本功能

物流配送一般是指根据客户的订货要求，在配送中心或物流节点进行货物的集结与组配，以最佳的方式将货物送达客户的全过程。物流配送主要包括以下的基本功能要素。

1. 集货

集货是将分散的小批量的货物集中起来，以便进行运输、配送作业。集货是配送的准备工作和基础工作，它通常包括制订进货计划、组织货源、储存保管等基本作业。

2. 分拣

分拣是将货物按品名、规格、出库先后顺序进行分门别类的作业。分拣使得配送不同于一般形式的送货，也不同于其他形式的物流活动，它是配送成败的一项重要的支持性工作。分拣是完善送货、支持送货的准备工作，是不同配送企业在送货时间和提高自身竞争力及经济效益方面的重要支持手段。

3. 配装

在单个客户配送量达不到车辆的有效载运负荷时，就存在如何集中不同客户的配送货物，进行搭配装载充分利用车辆的转运能力的问题，这就需要配装作业。

4. 配货

配货是指使用各种拣选设备和传输装置，将存放的货物，按客户的要求分拣出来，配备齐全，送入指定发货区。它与分拣作业不可分割，二者一起构成了一项完整的作业。通过分拣，配货可以达到按客户要求进行高水平送货的目的。

5. 送货

送货是配送活动的核心,也是备货和理货工序的延伸。在送货活动中一般包括搬运、配装、运输、交货等作业。送货是配送的终结,故在送货流程中除了要圆满地完成货物的移交任务以外,还必须及时进行货款的结算等作业。

6. 配送加工

配送加工是指按照客户的要求所进行的流通加工。主要是在配送活动的过程中,有时需要根据客户或配送对象的要求,有时为便于流通和消费,改进商品质量,促进商品销售,需对商品进行套裁、简单组装、分装、贴标、包装等加工作业。

二、物流配送系统设计的原则

随着物联网的不断发展与完善,人们的生活消费习惯也随之发生显著变化,越来越多的消费者受消费时间、消费地点、当地气候及其他个人因素等影响,更倾向于线上消费活动。随之迅速崛起的便是物流配送,如何提高物流配送系统的时效性和高效性,使之与网络的发展速度、消费者的需求密切融合是亟待解决的问题。研究基于GIS的物流配送系统,其目的是为了使物流企业能够在一定的约束条件下科学地确定配送中心的建设地点,合理安排配送车辆行驶路线,提高车辆的利用率,优化人员与车辆的调度,使物流配送达到最优,以降低企业的运营成本。系统设计的总体原则主要有:①实用性原则;②可靠性原则;③使用方便性原则;④数据的冗余和共享原则;⑤可维护性和可管理性原则;⑥安全性原则;⑦可扩展性原则。

三、需求分析

参考物流企业的配送业务流程,结合物流配送各个环节所存在的关键问题,物流配送系统主要有以下所述各项功能需求。

(1) 客户信息管理。利用 GIS 科学的分层数据管理方式对客户信息进行采集、编辑、存储与管理。对来自影像、地图及实测的客户信息数据利用 GPS 等测量设备、键盘等输入设备、数字化扫描仪以及遥感等软件设备进行数据收集、编辑和存储,实现客户信息数据的入库。客户的信息管理包括接受客户的网上订货申请及订单收集,根据订单对客户经营能力进行分析;并建立客户信息档案库,加强对客户资料的管理,这不仅有助于提高客户满意度,还有利于业务的进一步开展。

(2) 浏览查询。对图像数据的浏览查询具体包括图形浏览,即放大、缩小、移动、鹰眼浏览、图层管理等;通过对道路图形、地形图数据和车辆位置显示等,以及它们所对应的属性数据进行空间分析、信息查询、数据统计等,可以对货物的运送状况进行跟踪查询,以及单纯查阅地图和司机、车辆信息等。

(3) 统计分析。GIS 的主要功能便是空间数据分析，为用户提供解决各类问题的有效方法。借助 GIS 空间分析模块满足客户各具特色的需求，如根据运输量规划不同时间不同道路的运输密度等。具体可以解决以下几个问题：完成对物流企业需求计划、运行路程、成本费用等数据的统计分析，并能生成报表打印输出。

(4) 配送路线优化。作为物流配送十分关键的环节之一，配送环节也是影响物流时效性和高效性的重要因素。利用 GIS 的最佳路径分析功能可实现不同属性货物的最佳配送方式。根据订货单据提供的位置信息合理安排配送车辆和路线；根据动态的运行图进行车辆的调度；由系统自动生成配送路线，再依据实际需要，进行一定的人工调整，并可以在地图上进行可视化显示和打印输出。

(5) 数据维护。主要用来对城市地图信息的更新，对系统运行的日常维护，如安全管理、系统用户权限管理、系统运行管理、定期数据备份等，以及有针对性的专题数据挖掘。

(6) 根据配送中心选址约束条件，通过 GIS 的空间分析功能，结合一定的算法，确定配送中心的合理位置。

四、数据库设计

基于 GIS 的物流配送系统数据库设计主要包括空间数据库设计和属性数据库设计两个方面。

1. 空间数据库设计

空间数据库是物流配送所需的基础 GIS 数据，开发以 GIS 为平台的物流配送系统，首先要设计空间数据库，而数据库的内容及结构由系统需求而定。空间数据库的内容主要包括区域行政数据、道路网络数据、送货需求点数据、配送中心数据等。

空间数据库的设计可划分为下述几个步骤。

(1) 需求分析：即用系统的观点分析与某一特定的空间数据库有关的数据进行集合。

(2) 概念设计：把用户的需求加以解释，并用概念模型表达出来。

(3) 逻辑设计：把信息世界中的概念模型利用数据库管理系统所提供的工具映射为计算机世界中为数据库管理系统所支持的数据模型，并用数据描述语言表达出来。

(4) 物理设计：即数据库存储结构和存储路径的设计。

2. 属性数据库设计

属性数据库主要用于存储货物、车辆、驾驶员、客户及配送中心的相关信息。其设计过程与空间数据库的设计过程一致。

五、系统软硬件配置

1. 操作系统配置

操作系统要求：Windows 2000 Server(SP2 或以上)、Windows NT4.0(SP4+IE5.0 以上)或 Windows 2003 Server(SP1 或以上)。

2. 硬件配置

硬盘容量大于 40GB，内存 1GB 以上。

3. 数据库平台配置

数据库软件：SQL Server 2000 服务器端和客户端。

4. 系统开发平台及语言选择

系统开发平台：Microsoft Visual Studio .NET2008。
GIS 开发平台：ArcGIS Server。
开发语言：C#，Java。

六、现代物流的发展趋势

发达国家的物流配送规模日益扩大的一个重要标志是配送中心的数量明显增加。配送中心是专门从事商品配送业务的物流基地，其专业化、现代化程度均很高，有很强的货物配送能力。并且发达国家物流设备的更新周期比较短，物流配送技术和设备非常先进。目前很多配送中心都建立起自动化的配送系统，使物流配送效率得到进一步提高。为了更加适应物流配送的需求，许多发达国家的配送企业都采用多种方式向需求者配送货物，并把提高配送服务质量视为发展配送业务的重要手段。

现代物流配送发展的总体趋势是网络化、自动化、信息化和集约化。

1. 网络化

物流网络化有两层含义。一是物流实体网络化。指因物流企业、物流设施、交通工具、交通枢纽在地理位置上的合理布局而形成的实体网络。当物流网络中任何一个节点收到物流信息时，物流网络系统就会快速制订物流配送计划，利用物流企业的地理布局，选择最优的物流配送地点和运输路线。二是物流信息网络化。指物流企业、制造业、商业企业、客户等通过 Internet 等现代信息技术连接而形成的信息网，通过信息网络可以自动完成收集下游顾客的订货信息以及向供应商订货，并且物流企业内部可实现运输工具的合理调配、运输路线的最佳选择以及在途货物的实时查询等功能。

2. 自动化

自动化是指自动化设备在物流配送业务中的应用。如条码技术、射频自动识别系统、自动分拣系统、自动存取系统、自动导向车、语音识别系统、自动货架、货物自动跟踪系统等在物流配送业务中的应用。

3. 信息化

现代社会已经进入了信息时代，配送的信息化是整个社会信息化的必然要求。配送信息化表现为配送信息收集的数据库化和代码化、配送信息处理的电子化和计算机化、配送信息传递的标准化和实时化、配送信息存储的数字化等。配送的信息化主要是建立在现代发达的信息技术基础之上的，如数据库技术、EDI(电子数据交换技术)、GIS(地理信息系统)、GPS(全球定位系统)、GSM(移动通信技术)、条码技术等。

4. 集约化

集约化主要是指在配送作业中尽量减少资源和成本消耗，以最小的成本完成配送任务，同时保证配送的服务质量。这主要是依靠信息化技术与先进的管理经验，以及运筹学中的优化方法相结合，实现配送的高效化、集约化，从而降低配送作业的成本。

评估练习

1. 物流配送的基本功能有哪些？
2. 物流配送系统设计需要遵循哪些原则？
3. 设计一个物流配送系统需要进行哪几个方面的考虑？
4. 试述现代物流的发展趋势。

第五节　GIS 在物流领域的应用

教学目标

- 掌握 GIS 在物流领域的应用。
- 了解 GIS 在其他领域的应用。

GIS 应用于物流领域，主要是指利用 GIS 强大的空间分析能力来完善物流分析的技术。地理或空间的数字化数据一般有两种方式：矢量或栅格。矢量数据是由点、线和多边形组成的，物流企业可以把顾客的地点以点的形式储存在数据库中；公路网可以描绘成一组线，而仓库服务的区域边界可以看成一个多边形。扫描的数据也可以用栅格的形式表示，每一个栅格里存储特定的数据。GIS 在物流中的应用主要是物流中心选址、信息查询、最佳路径和最短路径选择，完整的 GIS 物流分析软件集成的车辆路线模型、最短路径模型、网络物流模型、分配集合模型和设施定位模型等。

一、GIS 在网络优化中的应用

GIS 强大的网络分析功能在现实生活中的应用十分广泛，具有以下功能。

(1) 送货区域规划功能。利用零售户历史的分布和订货量数据，采用配送系统路径优化算法，划分出覆盖区域内所有零售户的送货区域。

(2) 送货线路的优化功能。在配送区域优化划分的基础上，针对每条送货线路当日订购户的数目、分布和订货量，采用优化算法，形成当日的行车送货路线。

(3) 优化线路顺序功能。将优化的当日行车送货路线以报表形式输出，按送货顺序依次列出订货、付款等信息，实现自动顺序的输出。

(4) 优化线路可视化显示功能。该功能的重要特色是实现了优化线路在地图窗口中的可视化显示，能直观醒目地在地图窗口中显示出实时送货线路通过的道路、村庄及经过的零售户标点。

(5) 点间经济距离的测算功能。利用该功能可在显示零售户分布的地图窗口中，计算任意两个点之间的经济距离，为配送管理人员进行分析决策时提供参考依据。

(6) 查询信息显示功能。利用该系统的图文查询功能，可在显示零售户分布的地图窗口中，通过划定任意区域查询，弹出显示零售户或卷烟品种的信息窗口，方便快捷，便于管理人员随时了解销售的情况。

二、GIS 在交通规划中的应用

传统的道路信息数据大多采用手工的方式进行统计与整理。由于道路信息属性繁多(如每条道路有长度、地理范围、路幅形式、路面宽度、路面材料、路面面积和路面状况等属性)，若按多种属性统计道路数据，计算量较大。尤其是按地理范围作道路统计时，则必须按地理范围的边界把跨越不同范围的道路分隔成多段，并按相应的比例折算道路的长度和面积等信息，工作量很大。

GIS 技术应用于道路规划运输，可以实现道路规划、运输设计和管理的自动化，形成道路规划与运输计划、道路的区域管理、领导决策等多层次、多目标的区域 GIS。可以在一般通用 GIS 软件基础上扩充道路规划运输系统软件程序，以工具箱的形式连接在系统数据库上，构成一个功能强大的数据系统。

GIS 在交通规划中的应用主要包括以下几个方面。

(1) 利用航测、遥感和 GIS 技术对区域的地形、地貌、河流、城镇、公路、铁路等进行全面调查，分析区域的交通路线的空间分布。

(2) 根据研究区域范围内各地的经济指标、发展速度指标，人口分布状况与构成，现有道路的状况、运营状况，找出道路与各地经济发展和人口之间的关系、运输与经济和人口的关系以及存在的问题，从而为规划者和运输决策者提供道路规划和运输规划的依据。

(3) 进行道路和运输动态变化的分析，包括对道路变迁、车辆变迁、运输变迁、经济和人口变迁的分析和快速决策。分析中应用遥感、摄影测量和计算机数字处理相结合的技术手段，对多数据源、多时态信息进行复合、分解，为规划运输决策者提供道路和运输变迁的原因和规律。

(4) 提出区域道路规划纲要。首先对现有道路作出科学的评价，然后，根据各地的经济发展、人口状况、军事需要、两点之间的地形、地貌地质条件，作出各个时期道路等级最合理的动态规划分析结果。

(5) 根据区域运输体系和现在道路状况，对区域道路和运输进行科学管理。在建立区域运输和道路数据库的基础上，建立区域运输与道路的预测模型，提出区域的运输与道路养护等方面的发展方针和要解决的问题，并且可以进行区域道路交通事故发生的预测预报，为管理者制定决策提供依据。

三、GIS 在物流中的应用

(一)GIS 在物流仓库选址中的应用

决定仓库选址的因素有很多，其中包括供应区的距离、交通状况、运输成本和供应区需求情况等，单一方面并不能决定仓库选址的位置，传统的仓库选址的方法有因素比较法、重心法、网格法和模糊聚类法。因为不同方法的侧重点不同，所以选取不同方法所得到的最优结果也会产生一定的偏差。传统选址的基本过程是：对物流的现状进行分析、对选址的影响因素进行分析、收集资料、定性分析和定量分析(采用比较法、重心法等传统方法)、结果评价(并且各种选址的影响因素进行分析)、检查、合格后确定选址结果，如果检查结果发现不合格则重新进行选址分析。

但传统的仓库选址方法存在着一定的局限性。

(1) 利用该方法进行选址，增加了人力资源的使用，从而大大增加了选址成本。

(2) 传统的仓库选址方法可能使最后的结果即所选的地址处于一种不可能的条件下，例如条件过于恶劣或者处于市中心等。

(3) 结果可能偏离实际情况，影响结果的准确性。

为了更好地选址，现代物流应用人员开始使用 GIS 相关方法对仓库选址进行分析，从而制定出准确性更高的选址方案。在物流系统中，将仓库和运输路线共同组成了物流网络，仓库处在网络的节点上，节点决定着网络。在 GIS 中，使空间数据来代表选址中的具体数据，采用 GIS 中空间分析的方法对其进行分析。该方法更为可靠的原因有很多，包括位置的准确性、需求道路的可靠性等。

用于物流选址所采用的 GIS 相关方法主要采用 GIS 空间分析的方法，包括缓冲区分析、最短路径分析等。

(二)对简单的选址和最优路径选择案例进行分析

1. 仓库选址

进行仓库选址应考虑以下条件。

(1) 非城市繁华地段，地面较空旷，但交通比较发达的地段。
(2) 仓库距离主干道、次干道的距离。
(3) 仓库的大小、容量。
(4) 仓库周围的需求地分布均匀，仓库向各需求地的交通通达程度、运输成本等。

该案例分析中不考虑不同运输路线的不同运输成本，忽略距离各主干道(或次干道)的距离差异，并假设各需求地对货物的需求量相当，简单地对仓库选址进行分析，主要应根据选址原则采用缓冲区分析方法。

第一步：打开 ArcGIS 软件，并添加某地区的交通网络(见图 6-9、图 6-10)。图中的 A、B、C、D、E 代表该地区某种商品的需求地。

图 6-9　ArcGIS 界面

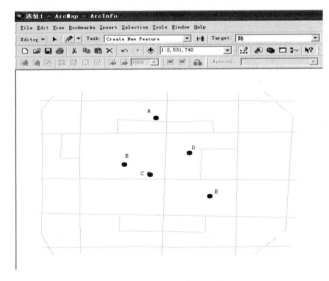

图 6-10　某地区交通网络图

第二步：选择适当的距离在每个需求地周围做缓冲区分析(A、B、C、D、E 代表货物的需求地)，如图 6-11 所示，利用 ArcToolbox 中的 Interesect 功能，将三个以上的缓冲区范围重叠进行叠加分析，得出交叉部分，以确定仓库位置的选择。在不考虑运输过程中的复杂程序的情况下，图中的蓝色区域 1 向 A、B、C、D 四个需求地的运输等价，蓝色区域 2 代表向 C、D、E 三个需求地的运输等价。

第三步：确定仓库的数目和位置，经分析可知在本案例中选择 1、2 两个位置作为仓库的位置。具体位置情况如图 6-12 所示。仓库 1 的货物用于供应需求地 A、B、C、D，仓库 2 的货物用于供应需求地 C、D、E。

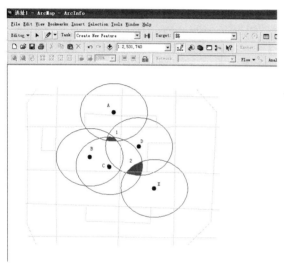

图 6-11　仓库选址分析

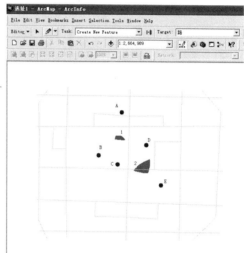

图 6-12　仓库选择的具体位置

2. 最优路径选取

在物流的运输过程中，往往有多种路径供选择，为提高工作效率，省时、省力、省钱的路径选择成了物流运输人员的难题。ArcGIS 中网络分析的应用为最优路径的选取提供了重要的解决方案。

最佳路径的生成包括无权重的最佳路径的生成和有权重的最佳路径的生成以及按顺序逐个通过访问点的路径生成和有阻强问题时的路径生成。在物流应用中，无权重的最佳路径只考虑货物不同运输路线到达需求地之间的距离，选取最短路径即可；有权重的最优路径的选取不仅要考虑仓库与需求地之间的距离，还要考虑每条路线运输的难易程度，因此在求取有权重的最优路径之前要求先对每条路线赋予与公路条件相符的权重，从而能够求取货物从仓库运往需求地的最佳路径。

最佳路径在生成过程中首先需要先在该地区建立几何网络，从而实现城市道路之间的连通，方便货物运输。

建立几何网络的过程与步骤如图 6-13 所示。

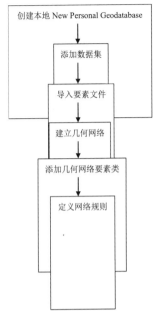

图 6-13 建立几何网络过程图

(1) 打开 ArcCatalog，在存放的文件夹下建立新数据库(New Personal Geodatabase) New Personal Geodatabase.mdb。

(2) 在数据库中新建数据集 City，添加城市道路和点状要素信息。

(3) 在 ArcCatalog 目录中，使用新建 Geometric Network 命令建立城市几何网络，如图 6-14 所示。在图 6-14(g)中添加权重属性长度和阈值，类型为双浮点型。

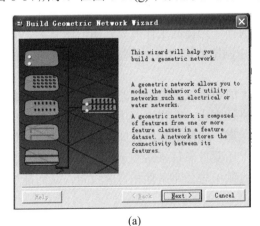
(a)

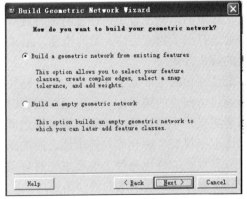
(b)

图 6-14 建立几何网络向导

第六章 地理信息系统

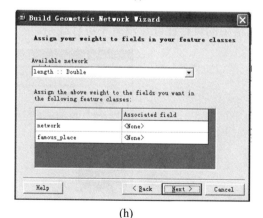

图 6-14 建立几何网络向导(续)

在 Catalog 树中 City 要素下产生两个新的类：一个是 City-Net(几何网络类)；另一个是 City-Net-Junctions(网络上连接要素类)。

1) 无权重的最佳路径的生成

已知：假设每条公路的运输难易程度相等，求取从仓库 A 到需求地 B 的最佳路径。

具体操作步骤如下所述。

(1) 打开 ArcMap 软件，加载新建数据库中的数据要素(包括点要素、线要素和几何网络)，如图 6-15 所示。图中点 A 代表仓库所处的位置，点 B 代表货物的需求地所处的位置。

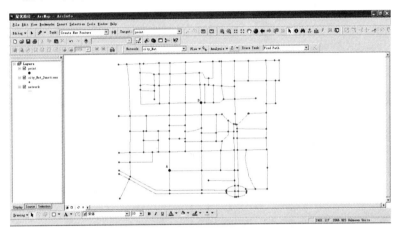

图 6-15 几何网络数据图

(2) 网络分析功能的实现要保证在几何网络连通的情况下进行，所以要判断网络中线状要素的可行性与不可行性。对几何网络的属性进行分类，分类的属性字段为 Enable，具体如图 6-16 所示。其中 0 代表不可行性，1 代表可行性。分类后如图 6-17 所示。可以看出，该网络中的可行性好，没有不可行线路。

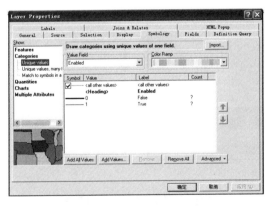

图 6-16 Enable 属性字段分类

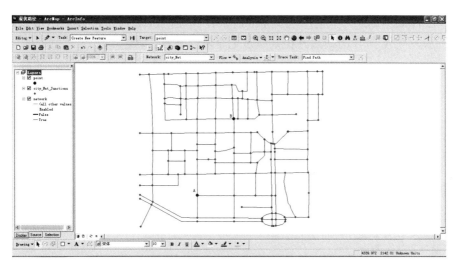

图 6-17　网络线状要素可行性显示

(3) 最优路径的生成主要采用 GIS 中网络分析空间分析方法，网络分析工具如图 6-18 所示。

图 6-18　网络分析工具

(4) 在网络分析工具栏中选择旗标，并将旗标放在仓库 A 和货物需求地 B 处。

(5) 打开 Analysis Options 对话框，确认 Weights 和 Weight Filter 标签项全部都是 None，在这种情况下进行的最短路径分析是完全按照这个网络自身的长短来确定的，如图 6-19 所示。

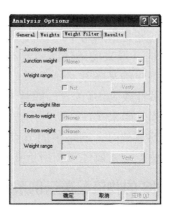

图 6-19　Analysis Options 对话框

(6) 在 Track Task 文本框中选择 Find path，单击 solve 按钮，显示出最短路径。如图 6-20 所示，从 A 到 B 的最短路径共经过七个网络节点。

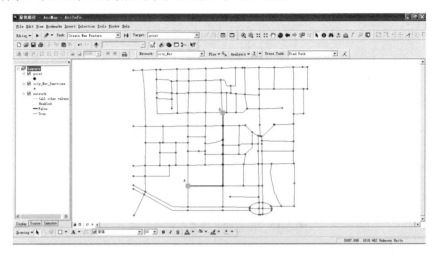

图 6-20　无权重最佳路径显示

2) 有权重最佳路径的生成

在设置权重类型的情况下，用旗标标识仓库和需求地的位置，可先在 Weights 标签页的权重上选择权重属性(例如 length)，然后按照无权重最佳路径生成的方法求取有权重最佳路径的生成。

3) 按顺序逐个通过访问点的路径生成

用旗标工具将旗标按访问顺序依次放在各目标点上，在 Weight 标签页选择权重属性，在 Track Task 文本框中选择 Find path，单击 solve 按钮，显示出最短路径。同样的多个点，当权重不同时，生成的最佳路径也是不同的。

4) 阻强问题

这里的阻强问题是指网络中的点状要素或线状要素因为某些突发事件(如交通事故、修路等)而不能运行时，原来的最佳路径就不能通行，需要重新进行最佳路径的选择。

修路时，网络中的某条线路不能通行，包括永久性的和暂时性的两种。为永久性时，可将该边要素的属性改为不可运行，即将 Enable 字段中的属性改为 False 即可；为暂时性时，可通过设置边要素障碍来实现，即利用边要素障碍添加工具进行设置。

路口发生交通事故时，网络中的节点不可运行，可通过设置阻强来解决，方法同线状要素，即通过改变点要素属性或利用点要素障碍添加工具进行设置。

(三)基于 GIS 的物流配送示例系统

将 GIS 技术应用到物流配送选址方面和最佳路径选择方面，通过二次开发，即可实现上述功能，开发出基于 GIS 的物流配送系统。

将车辆监控跟踪系统应用于物流的交通运输上具有重要的作用，车辆监控跟踪系统可以提高物流的运输效率，降低物流供应链的成本，提高交通运输的安全性，且对于公交、出租车、私人汽车以及火警、急救、110等特殊车辆的监控和调度也具有重要作用。如图6-21所示为一个物流车辆跟踪的主界面，GIS技术在其中的主要作用体现在：确定车辆方位提供电子地图，实现实时、可控化监控；实现地图的缩放、漫游等操作；实现地理分析和空间分析功能；利用GIS提供的功能，可以进行路径规划、最短路径的选择等。

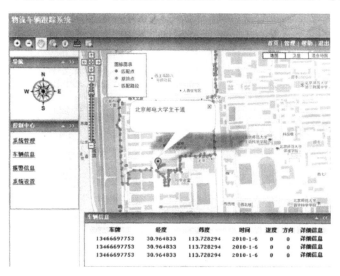

图6-21　物流车辆跟踪系统主界面

如图6-22所示为快递100的主界面，它是GIS在物流中的一个应用案例，如今已发展得相对成熟。随着物流业的不断发展和网络购物的广泛流行，类似的应用层出不穷且日臻完善，使用价值越发明显，用户也持续增加。快递物流公司繁多，互联网浩瀚芜杂，使我们找不到或找错所需的信息，快递查询服务帮助我们可以稳定、便捷地查询到所需的快递单号信息，是一个集快递单号查询、快递单号短信跟踪、快递网点查询、网上寄快递等为一体的综合性快递物流服务网站，提供快递单号查询、价格查询、网点查询、保存查询记录、邮件和短信提醒等一站式快递查询服务，快递单号查询无须验证码，极大地方便了我们的生活。

如图6-23所示为王变利开发的基于GIS的物流配送系统主界面。可以看到，该系统的主要功能包括了放大缩小、漫游、点选、框选、图层控制、鹰眼显示等地图基本操作，各种属性信息查询以及配送点中心选址和配送最佳路径选择等功能。该配送系统是通过ArcGIS Server平台实现的，用户可通过浏览器进行访问，扩展了数据共享，提高了GIS技术的社会化和实用性。

图 6-22　GIS 在物流中应用——跟踪物品

图 6-23　基于 GIS 的物流配送系统主界面

如图 6-24 所示为刘涛开发的 GIS 实效物流配送系统主界面,该系统包括地图基本操作、全局鹰眼和全局分析等 GIS 功能,转向表、路障路段和交通规则等道路信息管理功能,以及配送网点管理模块和最佳路径选择模块。该系统操作方便,功能完备,并提供将最佳路径保存为 bmp 类型格式的图片和打印输出的功能,方便使用以及与下次最佳路径的比较,实用性极强。

如图 6-25 和图 6-26 所示分别为该系统配送点管理和最佳路径图。用人工的方式管理客户信息时容易出错且查找不便,该系统提供网点管理功能,可以通过操作,实现客户的增减、定位、设置等功能,提供可视化管理,方便快捷。最短路径包括距离最短、用时最短和费用最少三类问题,最佳路线是根据实际情况综合得到的最适宜路线。如图 6-27 所示为从配送中心到各个配送点的最佳路线图。

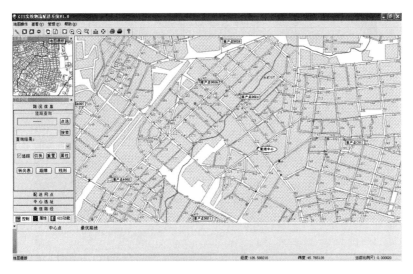

图 6-24　GIS 实效物流配送系统主界面

图 6-25　网络配送点管理

如图 6-27 所示为一个在线查询界面，管理员通过在线查询可以获得车辆的实时位置，并建立数据库，货源用户和物流企业用户都可以通过该系统获取所需的在线信息。图中的小旗代表车辆的位置。

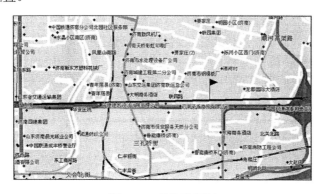

图 6-26　最佳路径图

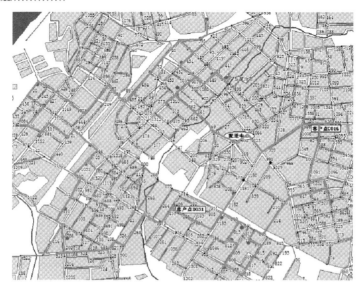

图 6-27　在线查询

评估练习

1. GIS 在网络优化和交通规划中的具体应用有哪些？
2. 如何用 GIS 实现物流仓库选址？
3. 在物流配送中，该如何快速地选择最优路径？

本 章 小 结

在信息时代，面对海量的信息，人们对信息的准确性、快速性、广泛性和实用性都有了越来越高的要求，GIS 作为全球信息化浪潮的重要组成部分，正日益受到各部门的广泛关注，GIS 也随之快速发展，其用户从最初的专业相关人员不断向大众发展，GIS 不断地集成化、产业化和社会化。随着现代社会的发展，物流也进入了一个高级的阶段，一个高效、快捷的物流配送系统对物流的发展具有重要的作用。将 GIS 应用到物流领域，主要是利用 GIS 强大的地理数据处理分析功能来完善物流配送，以加强对物流配送过程的监控和管理，实现高效、高品质的物流配送。

第七章 物流信息系统

 引导案例

宅急送公司的主要送货业务为家电、通信产品、计算机等较高档次的产品，且面向个人的业务大约只占10%。在香港方面更针对中小型客户，为他们量身订制集仓储、快递、物流于一身的个性化服务方案。而其配送必须建立在快速、高效的现代快运物流网络上。宅急送公司送针对物流及货运车辆的实际运行状况，应用先进的GPS、GIS、计算机和无线通信技术对公司的货运车辆进行全程监控，之后采用货物条码跟踪技术及企业资源管理系统(EPR)，使其在确保运营快速、准确的基础上，从一个以卡车为主的传统快递公司向以信息技术为主的航空快运公司过渡，开始迈向现代物流领域。

2007年，宅急送公司投入了最新的信息化项目——PDA无线传输系统。宅急送公司选定的是一家美国公司的PDA解决方案。除了无线网络环境应用、软件系统与公司EPR对接等功能外，这一系统的重点技术就在于PDA的远程信息传输保障。该系统设计出两种通道，一种是采用GPRS技术传输数据，而另一种通道则是一旦GPRS出现故障，宅急送公司通过与中国移动公司合作架设的专线，保证将信息及时传回总部。

宅急送公司的理想是做中国的"宅急便"，公司从成立到战略目标、市场定位、业务模式、网络结构等，都借鉴日本"宅急便"这个原型，甚至连品牌的名字"宅急送"也与原型只有一字之差，难怪有人称"宅急送"是"克隆"出来的产业。"宅急送"在中国的发展，是注入了日本"宅急便"的优良基因，并不断适应中国市场环境的新企业，同时它还不断吸收了像UPS、联邦快递、中外运等先进企业的基因。这一模式的成功要点在于，企业发展战略要有前瞻性，在体制上确保战略目标的一致性。

"宅急送"的物流服务体系是以网络化为特征的，网络化的物流服务体系就是通过逐步建立覆盖全国的网络，实现向顾客提供国内门到门的物流服务，网络化是宅急送公司物流服务的基础，宅急送公司建立了四级网络结构，即子公司、分公司、营业所、营业厅。子公司按中国行政大区设立，分公司设在省级行政城市，营业所和营业厅设在城市繁华地段。在建立业务网络的同时，宅急送公司综合运用各种交通工具，航空、公路、铁路相结合，在物流重要的中转城市建立物流中心，同时还开通了物流班车，实现地面物流干支线的有效对接。这些措施极大地改善了物流服务的质量。

(资料来源：http://wenku.baidu.com)

思考题

1. 结合案例和理论，试述宅急送公司的快递对象具有什么特点，对配送有什么要求。
2. 你认为这个系统是否还有需要改进的地方？

在当代，信息技术已经应用于各行各业，从早期的独立系统，到现在的系统集成、提高数据共享度以及目前的大数据等几个阶段的发展，信息技术已经越来越成熟，在人们的工作中起到了重要的作用。在现代物流中，物流活动涉及各种信息的处理，从运输信息的获取到车辆的调度，以及货物搭配到运输路径如何选取，物流信息系统在物流活动的方方面面都起到了重要作用。

第一节 物流信息系统概述

教学目标

- 了解物流信息系统产生的原因。
- 掌握什么是物流信息系统。

一、管理信息系统的概念

管理信息系统(Management Information System，MIS)是一个以人为主导，利用计算机硬件、软件、网络通信设备以及其他办公设备进行信息的收集、传输、加工、储存、更新和维护，以提高效益和效率为目的，支持企业的高层决策、中层控制、基层运作的集成化的人机系统。

【案例7-1】

Heineken USA 公司利用互联网实施协作计划

由于互联网和局域网的出现，使人们的交流、购物和阅读新闻的方式发生了重大的变革，同时，它们的出现也促进了企业的供应链运作的巨大变化。精明的、有进取精神的企业正在通过互联网和局域网来将它们的供应商、分销商和客户联系到一起，以便使所有参与这一供应链的各方实现信息共享，同时通过协作的方式，共同制订供应和生产计划。

协作计划使Heineken USA 公司受益匪浅。在20世纪80年代末和20世纪90年代初，地区性和小型酿酒厂之间的竞争日趋激烈，然而在那时候，还是家族式企业的 Heineken USA 公司对此的反应却十分缓慢。结果，Heineken USA 公司的市场份额开始缩小，最终使它在荷兰的母公司 Heineken NV 公司不得不决定接管美国分公司的分销和市场运作。现在的Heineken USA 公司是在 1995 年开始营业的，它最初的一个动作就是检查它的产品需求和生产预测过程。

Heineken 公司以往的预测和订货机制要求与分销商面对面地召开会议，并且在 Heineken USA 区域公司、美国总部的办公人员和他们在阿姆斯特丹的全球总部的办公人员要通过多次互发传真订单，才能够最后完成。这样做的结果是，分销中心大约需要等待平均 10～12 周的时间才能最终收到货物。

为了解决这个问题，Heineken USA 公司采用互联网技术将公司与供应商、分销商以及客户有效地联结起来。分销商通过标准的互联网浏览器和网络接口就可以登录到 Heineken USA 公司的客户化的网页。只需要简单地输入各自的身份代码和密码，他们就可以看到 Heineken USA 公司的销售预测，还可以对订单进行修改并且提交订单。

Heineken USA 公司重新评估了公司将产品从工厂发送到各个分销商的整体策略。同时，这个公司还建立了一个由各部门代表组成的交叉功能小组，小组的成员来自公司的市场营销部门、销售部门、财务部门、订货和发运部门。为了使协作计划能够提高供应链的运作效率，每个部门都必须支持这个协作计划过程，使之能够在各自的部门中顺利运行。这个新的协作计划模式使企业的订单周期由原来的 3 个月减至 4 个星期，同时使 Heineken USA 公司对分销中心的客户计划实现了简单化，从而降低了库存成本，并且可以保证客户得到较新的产品。

(资料来源：Andrew White，"When Groupthink Is Good: Collaborative Planning via Internet and Intranets Reduces Costs，Enhances Supply Chain Management" Enterprise Systems Journal, September 1999.)

二、管理信息系统的功能

管理信息系统是企业的子系统，它可收集数据，并向管理人员提供信息，与管理人员一道在整个企业中起着反馈控制的作用。由于企业采取了划分成许多子系统的组织结构，各个子系统往往注重追求本子系统的利益最优化，而把局部目标置于整体目标之上，引起各个子系统在行动上的不协调，使企业整体利益受到损害。因此，协调企业内部各个子系统的行动，优化整体利益是企业取得成功的关键。管理信息系统作为企业的一个特殊的子系统，正是在这一点上发挥了十分重要的作用。管理信息系统具有数据的输入、传输、存储、处理、输出等基本功能。

管理信息系统可以从纵向和横向两个角度来观察。管理信息系统在横向涉及企业的供应、运输、销售、生产、财务、人力资源、客户关系管理等企业生产、经营管理过程中所涉及的各方面内容；在纵向管理信息系统还为企业中的管理控制以及战略计划提供服务。

随着信息技术的发展，企业的管理信息系统越来越趋向于智能化，各种各样的专家系统以及智能决策支持系统通过对企业内部历史数据的挖掘分析，结合企业外部信息来为企业的发展提供决策建议，以及帮助企业挖掘更有价值的信息。

【案例 7-2】

MYCIN 医疗诊断专家系统

20 世纪 70 年代初，由美国斯坦福大学研制的 MYCIN 系统，是早期医疗诊断专家系统中较成功的应用实例。这是一种用于医学诊断、治疗感染性疾病的计算机程序专家系统，能帮助医生对住院的血液感染患者进行诊断并选用抗生素类药物进行治疗。MYCIN 系统用 LISP 语言写成，从功能与控制结构上可分为两部分：首先，以患者的病史、症状和化验结果等为原始数据，运用医疗专家的知识进行逆向推理，找出导致感染的细菌。若是多种细菌，则用 0 到 1 的数字给出每种细菌的可能性。其次，在上述基础上给出针对这些可能的细菌的药方。

MYCIN 专家系统能识别 51 种病菌，正确使用 23 种抗生素，可协助医生诊断、治疗细菌感染性血液病，为患者提供最佳处方，成功地处理了数百个病例。它还通过了以下的测试。在互相隔离的情况下，用 MYCIN 系统和九位斯坦福大学医学院医生，分别对十名不清楚感染源的患者进行诊断并开出处方，由八位专家进行评判。结果是 MYCIN 和三位医生所开出的处方对症有效；而在是否对其他可能的病原体也有效而且用药又不过量方面，MYCIN 则胜过了九位医生，显示出较高的水平。

MYCIN 专家系统是规范性计算机专家系统的代表，后来的许多其他专家系统都是在 MYCIN 专家系统的基础上研制而成的。MYCIN 系统不但具有较高的性能，而且具有解释功能和知识获取功能，可以用英语与用户对话，回答用户提出的问题，还可以在专家的指导下学习医疗知识，该系统还使用了知识库的概念和不精确推理技术。MYCIN 系统对计算机专家系统的理论和实践，都有较大的贡献。

(资料来源：http://www.kepu.com.cn，中国科普博览网站)

三、物流信息系统的概念

物流信息系统是一个由人、计算机等组成的能进行物流信息的收集、传送、储存、加工、维护和使用的系统。物流信息系统能实测物流的各种运行情况，利用过去的数据预测未来，从全局出发辅助进行决策，利用信息控制企业的物流行为；帮助企业实现其物流规划目标。物流信息系统是物流和物流信息的统一，它的内容贯穿于物流企业信息活动的全过程——信息的产生、收集、整理、编码、传递、处理、存储、分发和使用。物流信息系统具有物流数据处理、物流事物处理和辅助决策等综合性功能，其应用范围广泛，实用价值很高。

随着物联网、云计算技术的发展，为物流效率的提升提供了新的可能性，先进的云计算系统为企业提供了高性能的 IT 基础设施，提升了企业的数据处理能力。物联网系列技术

第七章　物流信息系统

为物流系统获取信息提供了更多的方式,为物流活动中的数据采集提供了方法。物流信息系统是在下列背景下产生的。

1. 市场竞争加剧

在当今世界中,基本上都是买方市场,即由消费者来选择购买哪个企业生产的产品,他们基本上有完全的决策自由。而市场上生产同一产品的企业多如牛毛,企业要想在竞争中胜出,就必须不断地推陈出新,以较低的成本迅速满足消费者时刻变化着的消费需求,而这都需要快速反应的物流系统。要快速反应,信息反馈必须及时,这必然要求企业建立自己的物流信息系统。

2. 供应链管理的发展

现代企业间的竞争在很大程度上表现为供应链之间的竞争,而整个供应链中的环节较多,信息相对来说比较复杂,企业之间沟通起来就困难得多。各个环节要想自由沟通,达到信息共享,建立供应链物流信息系统是势在必行的。

3. 社会信息化

计算机技术的迅速发展,网络的广泛延伸,使整个社会进入了信息时代。在这个网络时代,只有融入信息社会,企业才可能有较大的发展。更何况,信息技术的发展已经为信息系统的开发打下了坚实的基础。企业作为社会的一员,物流作为一种社会服务行业,必然要建立属于物流业自己的信息系统。

【案例 7-3】

智能物流:未来物流信息化的发展方向

一家物流公司在每辆配送车辆上都安装了 GPS,而且在每件货物的包装中都嵌入了 RFID 芯片。通过芯片,物流公司和客户都能从网络了解货物所处的位置和环境。同时在运输过程中物流公司可以根据客户的要求,对货物进行及时的调整和调配,实时全程监控货物,防止物流遗失、误送等,优化物流运输路线,缩短中间环节,减少运输时间。通过货物包装中的芯片,装载时自动收集货物信息,卸货检验后,用嵌有 RFID 的托盘,经过读取的通道,放置到具有读取设备的货架,货物信息就会自动记入信息系统,实现精确定位,缩短了物流作业时间,提高物流运营效率,最终减少物流成本。利用智能物流技术,结合有效的管理方式,这家物流公司在整个物流过程中,能够对货物的状态进行实时掌控,对物流资源能够有效配置,从而为客户提供高效而准确的物流服务。

智能传递技术应用于物流企业内部,也可实现外部的物流数据传递功能。智能物流的发展趋势是实现整个供应链管理的智能化,因此需要实现数据间的交换与传递。提高服务质量、加快响应时间,提升客户满意度,使物流供应链环节的整合更加紧密。

智能处理技术应用于企业内部决策，可通过对大量物流数据的分析，对物流客户的需求、商品库存、物流智能仿真等作出决策。实现物流管理自动化(获取数据、自动分类等)，物流作业高效便捷，从而改变中国物流仓储型企业"苦力"公司的形象。

智能技术在物流管理的优化、预测、决策支持、建模和仿真、全球化物流管理等方面的应用，使物流企业的决策更加准确和科学。借智能物流的东风，我国物流企业信息化将迈上一个新的台阶，同时也促进物流行业实现信息共享的局面。

智能物流可降低物流仓储成本。物流智能获取技术使物流从被动走向主动，实现在物流过程中主动获取信息，主动监控运输过程与货物，主动分析物流信息，使物流从源头开始被跟踪与管理，实现信息流快于实物流。

未来物流应该如何发展？物流企业一方面可以通过对物流资源进行信息化优化调度和有效配置降低物流成本；另一方面，在物流过程中加强管理和提高物流效率，以改进物流服务质量。然而，随着物流的快速发展，物流过程越来越复杂，物流资源优化配置和管理的难度也随之增大，货物在流通过程各个环节的联合调度和管理显得更加重要，也更加复杂。我国传统物流企业的信息化管理程度还比较低，无法实现物流组织效率和管理方法的提升，阻碍了物流业的发展。要实现物流行业长远发展，就要实现从物流企业到整个物流网络的信息化、智能化，因此，发展智能物流成为必然。

(资料来源：http://www.stwl.com.cn/blog/?p=759，北京四通物流公司)

四、物流信息系统的功能

物流信息系统是物流系统的神经中枢，作为整个物流系统的指挥和控制系统，物流信息系统可以分为多种子系统或者多种基本功能。通常，可以将其基本功能归纳为以下几个方面。

1. 数据的收集和输入

物流数据的收集首先是将数据通过收集子系统从系统内部或者外部收集到预处理系统中，并整理成为系统要求的格式和形式，然后再通过输入子系统输入到物流信息系统中。这个过程是其他功能发挥作用的前提和基础，如果一开始收集和输入的信息不完全或不正确，在接下来的过程中得到的结果可能与实际情况完全相反，这将会导致严重的后果。因此，在衡量一个信息系统性能时，应注意其收集数据的完善性、准确性，以及校验能力和预防和抵抗破坏的能力等。

2. 信息的存储

物流数据经过收集和输入阶段后，在其得到处理之前，必须在系统中存储下来。即使在处理之后，若信息还有利用价值，也要将其保存下来，以供以后使用。物流信息系统的存储功能就是要保证已得到的物流信息不丢失、不走样、不外泄、整理得当、随时可用。

无论哪一种物流信息系统，在涉及信息的存储问题时，都要考虑到存储量、信息格式、存储方式、使用方式、存储时间、安全保密等问题。如果这些问题没有得到妥善的解决，物流信息系统是不可能投入使用的。

3. 信息的传输

物流信息在物流信息系统中一定要准确、及时地传输到各个职能环节，否则信息就会失去其使用价值。这就需要物流信息系统具有克服空间障碍的功能。物流信息系统在实际运行前，必须充分考虑所要传递的信息种类、数量、频率、可靠性要求等因素。只有这些因素符合物流信息系统的实际需要时，物流信息系统才有实际使用价值。

4. 信息的处理

物流信息系统的最根本目的就是要将输入的数据加工处理成物流信息系统所需要的物流信息。数据和信息是有所不同的，数据是得到信息的基础，但数据往往不能直接利用，而信息是从数据加工得到的，它可以直接利用。只有得到了具有实际使用价值的物流信息，物流信息系统的功能才能发挥出来。

5. 信息的输出

信息的输出是物流信息系统的最后一项功能，也只有在实现了这个功能之后，物流信息系统的任务才算完成。信息的输出必须采用便于人或计算机理解的形式，在输出形式上力求易读易懂，直观醒目。这五项功能是物流信息系统的基本功能，缺一不可。而且，只有五个过程都没有出错，最后得到的物流信息才具有实际使用价值，否则会造成严重的后果。

评估练习

1. 简述管理信息系统和物流信息系统的概念。
2. 物流信息系统的功能主要有哪些？
3. 简述管理信息系统的功能。
4. 物流数据是怎样进行收集的。
5. 简述物流信息系统的发展。

第二节　物流信息系统的层次结构

教学目标

- 掌握物流信息系统的层次结构。
- 了解物流信息系统中常用技术的原理。
- 了解物流信息系统其他各层中的相关技术。

物流从订单到最终货物运送到客户手中，涉及众多环节。在物流过程中需要掌握车辆的位置以及车辆所行驶路线中的车辆流量情况，这就需要通过 GPS 等技术获得车辆位置信息，能让物流信息系统感知到车辆的位置；同样，在仓储管理中，如何定位仓库中某种货物存放位置，了解某种货物的种类多少，可以通过 RFID 等感知技术获取存货信息；通过应用多种感知技术后，物流系统获取的数据量将更多，为了能够传输比以往更多的数据，就需要建立一个宽带的传输层，使数据能够通过该层实时将数据发送到处理层；随着数据量的增多，处理层可采用分布式数据库、非结构化数据库、结构化关系型数据库、云计算等技术来支持数据的处理和运算，将运算的结果提供给应用层，为整个物流过程服务。本节按照分层的方式，将对物流信息系统常用技术逐一进行介绍。

一、感知层

感知层可用于识别物体、采集信息，包括二维码标签和识读器、RFID 标签和读写器、摄像头、GPS、传感器、M2M 终端、传感器网关等，其主要功能是识别物体、采集信息，与人体结构中皮肤和五官的作用类似。

感知层解决的是人类世界和物理世界的数据获取问题。它首先通过传感器、数码相机等设备，采集外部物理世界的数据，然后通过 RFID、条码、工业现场总线、蓝牙、红外等短距离传输技术传递数据。

对于目前关注和应用较多的 RFID 网络来说，附着在设备上的 RFID 标签和用来识别 RFID 信息的扫描仪、感应器都属于感知层。在这类网络中被检测的信息就是 RFID 标签的内容。

无线传感网络(Wireless Sensor Network)，或译为无线感知网络。无线传感器网络实现了数据的采集、处理和传输的三种功能，它与通信技术和计算机技术共同构成了信息技术的三大支柱。无线传感网络是由大量的静止或移动的传感器以自组织和多跳的方式构成的无线网络，以协作地感知、采集、处理和传输网络覆盖地理区域内被感知对象的信息，并最终把这些信息发送给网络的所有者。这些装置使用传感器协作地监控不同位置的物理或环境状况(比如温度、声音、振动、压力、运动或污染物)。无线传感网络的发展最初起源于战场监测等军事应用。而现今无线传感网络被应用于很多民用领域，如环境与生态监测、健康监护、家居自动化以及交通控制等。

无线传感网络的每个节点除配备了一个或多个传感器之外，还装备了一个无线电收发器、一个很小的微控制器和一种能源(通常为电池)。单个传感器节点的尺寸大到一个鞋盒，小到一粒尘埃。传感器节点的成本也是不定的，从几百美元到几美分，这取决于传感器网络的规模以及单个传感器节点所需的复杂度。传感器节点的尺寸与复杂度的限制决定了能量、存储、计算速度与带宽的受限度。

二、传输层

传输层是为感知层采集到的数据进行数据传输服务的,包括通信网、互联网、3G 网络、GPRS 网络、广电网络、NGB 等。

1. 通信网

通信网是一种使用交换设备、传输设备,将地理上分散用户终端设备互联实现通信和信息交换的系统。通信最基本的形式是在点与点之间建立通信系统,但这不能称为通信网,只有将许多的通信系统(传输系统)通过交换系统按一定的拓扑结构组合在一起才能称为通信网。也就是说,有了交换系统才能使某一地区内任意两个终端用户相互接续,才能组成通信网。

2. 3G 网络

3G 与 2G 的主要区别是在传输声音和数据的速度上的提升,3G 网络能够在全球范围内更好地实现无线漫游,并处理图像、音乐、视频流等多种媒体形式,提供包括网页浏览、电话会议、电子商务等多种信息服务,同时也要考虑与已有第二代系统的良好兼容性。为了提供这种服务,无线网络必须能够支持不同的数据传输速度,也就是说在室内、室外和行车的环境中能够分别支持至少 2Mbps(兆比特/每秒)、384kbps(千比特/每秒)以及 144kbps 的传输速度(此数值根据网络环境会发生变化)。

3G 是第三代通信网络,目前国内支持国际电联确定的三个无线接口标准,分别是中国电信的 CDMA2000,中国联通的 WCDMA,中国移动的 TD-SCDMA,GSM 设备采用的是时分多址,而 CDMA 使用码分扩频技术,先进功率和话音激活至少可提供大于 3 倍 GSM 网络的容量,业界将 CDMA 技术作为 3G 的主流技术。原中国联通的 CDMA 现在卖给中国电信,中国电信已经将 CDMA 升级到 3G 网络,3G 主要特征是可提供移动宽带多媒体业务。

3. GPRS 网络

GPRS 网络是一种基于 GSM 系统的无线分组交换技术,提供端到端的、广域的无线 IP 连接的网络。通俗地讲,GPRS 是一项高速数据处理技术,方法是以"分组"的形式传送资料到用户手上。虽然 GPRS 是作为现有 GSM 网络向第三代移动通信演变的过渡技术,但是它在许多方面都具有显著的优势。

4. 广电网络

广电网通常是各地有线电视网络公司(台)负责运营的,通过 HFC(光纤+同轴电缆混合网)网向用户提供宽带服务及电视服务网络,宽带可通过 CableModem 连接到计算机,理论到户最高速率 38Mbps,但实际速度要视网络情况而定。

5. NGB 广域网络

中国下一代广播电视网(NGB)是以有线电视数字化和移动多媒体广播(CMMB)的成果为基础，以自主创新的"高性能带宽信息网"核心技术为支撑，构建出的适合我国国情的、三网融合的、有线无线相结合的、全程全网的下一代广播电视网络。

6. Wi-Fi

Wi-Fi(Wireless Fidelity，无线保真技术)是一种基于接入点(Access Point)的无线网络结构，目前已有一定规模的建设，在部分应用中与传感器相结合。Wi-Fi 技术属于物联网的信息汇总层技术。

【案例 7-4】

ZigBee 智能交通控制系统无线通信

现代城市的发展，随着城市车辆的增加，人、车、路三者关系的协调，已成为交通管理部门所面临的重要问题。城市交通控制系统是面向城市的交通数据监测、交通信号灯控制与交通诱导的计算机控制系统。它是现代城市交通监控系统中重要的组成部分，主要用于城市道路交通控制与管理，对提高城市道路的通行能力、缓解城市交通拥堵起着重要作用。城市道路的畅通采用有效的控制措施，最大限度地提高道路的使用效率是城市道路交通控制的重要内容。城市道路交通控制主要是对交通信号的控制，道路交通信号灯是城市道路网中的主要控制设施。交通信号灯存在，它们就会或多或少地影响交通网络的运行效率，因此信号灯必须以最优控制策略存在，以减小道路网络中所有车辆的行程时间，必须要有一个智能交通系统来达到城市道路的最大畅通。智能交通信号控制系统的管理模式就是集中管理，分级控制，充分利用现有通信和控制技术，按实际交通现状先进行单个交叉路口的适应协调，然后是主干线的协调控制，实现分布式协调的分级控制，最终达到区域控制的系统最优。

(资料来源：http://www.ck365.cn/anli/200612/06/4926.html)

三、处理层

1. 云计算

云计算(Cloud Computing)是基于互联网的相关服务的增加、使用和交付模式，通常涉及通过互联网来提供动态易扩展且经常是虚拟化的资源。云是网络、互联网的一种比喻说法。过去往往用云来表示电信网，后来也用来抽象地定义表示互联网和底层基础设施。狭义的云计算是指 IT 基础设施的交付和使用模式，指通过网络以按需、易扩展的方式获得所需资源；广义的云计算是指服务的交付和使用模式，指通过网络以按需、易扩展的方式获得所需服务。这种服务可以是 IT 与软件、互联网相关，也可以是其他服务。它意味着计算能力也可作为一种商品通过互联网进行流通。

美国国家标准与技术研究院(NIST)定义：云计算是一种按使用量付费的模式，这种模式提供可用的、便捷的、按需的网络访问，进入可配置的计算资源共享池资源包括网络、服务器、存储、应用软件、服务。这些资源能够被快速提供，只需投入很少的管理成本，或与服务供应商进行很少的交互。"云计算"的概念被大量运用到生产环境中，国内的"阿里云"与云谷公司的 XenSystem，以及在国外已经非常成熟的 Intel 和 IBM 公司，各种"云计算"的应用服务范围正日渐扩大，其影响力也无可估量。

通过使计算分布在大量的分布式计算机上，而非本地计算机或远程服务器中，企业数据中心的运行将与互联网更相似。这使企业能够将资源切换到需要的应用上，根据需求访问计算机和存储系统。

好比是从古老的单台发电机模式转向了电厂集中供电的模式。它意味着计算能力也可以作为一种商品进行流通，就像煤气、水电一样，取用方便，费用低廉。最大的不同在于，它是通过互联网进行传输的。

云计算具有以下几个主要特征。

(1) 资源配置动态化。根据消费者的需求动态划分或释放不同的物理和虚拟资源，当增加一种需求时，可通过增加可用的资源进行匹配，实现资源的快速弹性提供；如果用户不再使用这部分资源时，可释放这些资源。云计算为客户提供的这种能力是无限的，实现了 IT 资源利用的可扩展性。

(2) 需求服务自助化。云计算可为客户提供自助化的资源服务，用户无须同提供商交互就可自动得到自助的计算资源能力。同时云系统可为客户提供一定的应用服务目录，客户可采用自助方式选择满足自身需求的服务项目和内容。

(3) 以网络为中心。云计算的组件和整体构架由网络连接在一起并存在于网络中，同时通过网络向用户提供服务。而客户可以借助不同的终端设备，通过标准的应用实现对网络的访问，从而使云计算的服务无处不在。

(4) 服务可计量化。在提供云服务的过程中，针对客户不同的服务类型，可以通过计量的方法来自动控制和优化资源配置。即资源的使用可被监测和控制，是一种即付即用的服务模式。

(5) 资源的池化和透明化。对云服务的提供者而言，各种底层资源(计算、储存、网络、资源逻辑等)的异构性(如果存在某种异构性)被屏蔽，边界被打破，所有的资源可以被统一管理和调度，成为所谓的"资源池"，从而为用户提供按需服务；对用户而言，这些资源是透明的，无限大的，用户无须了解内部结构，只关心自己的需求是否得到满足即可。

【案例 7-5】

金融行业 AON Corporation(怡安集团)——借云降低运营风险

喜爱足球尤其是曼联队的人们对 AON 这个名字一定不陌生。曼联 2010 年度队服的胸前就印着这三个字母。怡安集团(AON Corporation)是一家美国上市公司,是全球500强企业之一,2010年收入85.12亿美元。保险经纪业务和人力资源及外包业务为其两大支柱产业,其中下属保险经纪公司是全球最大的保险经纪公司和再保险经纪公司,并提供风险管理服务;下属怡安翰威特是一家全球领先的人力资源咨询及人力资源外包服务的公司。

该公司的两大支柱产业都涉及海量的客户资料、业务数据和统计分析。在过去的20年中,该公司总共完成了450多个收购兼并项目,每个被兼并公司都使用其自有的客户关系管理系统。随着该公司的快速增长和多个兼并项目的完成,AON公司迫切需要寻求横跨整个集团公司的、标准化的客户关系管理解决方案对其客户信息和业务数据进行管理。亟待解决的问题包括:实现与该公司现有系统整合、能够方便地部署和去除现有的相对独立的客户关系管理系统数据库、满足更大范围的协同性需求、允许IT部门更加关注业务活动而非花费大量时间对支持多功能的IT基础设施进行管理。

为协同全球120多个国家的分公司和近6万名员工,整合横跨保险经纪代理、风险资产管理、人力资源咨询和外包等行业领域的业务,怡安集团对多家云计算产品和服务提供商(包括PeopleSoft)进行评估后选用了Salesforce.com的云计算服务,由该公司提供快速的IT系统资源部署能力和使用云计算方式提供满足怡安集团系统标准化的要求。目前怡安集团已经替换、淘汰了30多个旧的不同版本的收入系统,形成了全球统一的标准化的平台,为分布在全球80多个国家的分公司、超过7000名公司员工每天使用。该平台与资产定价系统和账单系统连接,能够实时提供业务发展数据、重点监控指标的报告,随时了解掌握整个集团公司的业务发展状况。

进行风险管理和保险经纪代理业务对风险都要做量化模型并制定相应的风险管理规程。怡安集团用云计算来进行客户关系管理,是经过对传统计算和云计算的风险做过深入的分析和对比后才选择了云计算。一方面,传统计算方式造成的信息竖井、孤立架构所导致的管理困难、信息不一致、低信息实效性等给企业带来了巨大的操作风险;另一方面,传统方式下的信息与数据分布式存储和保存,复杂度高、可用性低,对于信息和数据安全性缺乏统一的可执行的电子数据安全等级管理体系,电子数据与信息存在潜在外泄风险,内部的安全管理漏洞更加难以防范,导致客户信息与数据更易泄露或不当使用。而现在选用云计算方式,通过保密协议与服务等级协议规范云计算服务提供商达到特定的数据信息安全等级要求,实现数据云端存储以及尽量减少人为参与、干预环节,达到对数据特别是敏感数据的安全级别要求。同时信息的云端集中式存储还有利于隐私保护、遵从反洗钱KYC(充分了解你的客户)等法律法规的要求,提高信息、数据的合规性。随着安全认证,授权、加密、数据漂泊、审计等安全技术的发展和其在云计算服务特别是在网络传输、云数据处理、云存储的应用,提升了客户信息和业务数据的安全性与合规性。综上所述,和目前大家接受的理念恰恰相反,云计算要比传统计算在总体上更安全,更可靠,风险更低,更有利于降低企业的运营风险。这也是为什么一家以控制风险为主业的公司,选择云服务模式而不是传统CRM软件包的模式来管理全公司客户关系的原因。

(资料来源:http://www.e-gov.org.cn/xinxihua/news008/201206/131205.html)

2. Hadoop

Hadoop 是一个分布式系统基础架构，由 Apache 基金会开发。用户可以在不了解分布式底层细节的情况下开发分布式程序，充分利用集群的威力高速运算和存储。Hadoop 实现了一个分布式文件系统(Hadoop Distributed File System，HDFS)。HDFS 有着高容错性的特点，并且设计用来部署在低廉的硬件上。而且它还可提供高传输率来访问应用程序的数据，适合那些有着超大数据集的应用程序。HDFS 放宽了 POSIX(可移植操作系统接口)的要求，这样可以流动的形式访问文件系统中的数据。

Hadoop 是一个能够对大量数据进行分布式处理的软件框架，是以一种可靠、高效、可伸缩的方式进行处理的软件框架。Hadoop 是可靠的，因为它假设计算元素和存储会失败，因此它可维护多个工作数据副本，确保能够针对失败的节点重新分布处理。Hadoop 是高效的，因为它以并行的方式工作，通过并行处理加快处理速度。Hadoop 还是可伸缩的，能够处理 PB 级数据。此外，Hadoop 依赖于社区服务器，因此它的成本比较低，任何人都可以使用。

Hadoop 是一个能够让用户轻松架构和使用的分布式计算平台。用户可以轻松地在 Hadoop 上开发和运行处理海量数据的应用程序。它主要有以下几个优点。

(1) 高可靠性。Hadoop 按位存储和处理数据的能力值得人们信赖。

(2) 高扩展性。Hadoop 是在可用的计算机集簇间分配数据并完成计算任务的，这些集簇可以方便地扩展到数以千计的节点中。

(3) 高效性。Hadoop 能够在节点之间移动数据，并保证各个节点的动态平衡，因此处理速度非常快。

(4) 高容错性。Hadoop 能够自动保存数据的多个副本，并且能够自动将失败的任务重新分配。

Hadoop 带有用 Java 语言编写的框架，因此运行在 Linux 平台上是非常理想的。Hadoop 上的应用程序也可以使用其他语言编写，如 C++。

【案例 7-6】

eBay 公司用 Hadoop 拆解非结构性巨量数据，降低数据仓储负载

经营拍卖业务的 eBay 公司是用 Hadoop 来分析买卖双方在网上的行为的。eBay 公司拥有全世界最大的数据仓储系统，每天增加的数据量有 50TB，光是储存就是一大挑战，更遑论要分析这些数据，而且更大的挑战是，这些数据包括了结构化的数据和非结构化的数据，如照片、影片、E-mail、用户的网站浏览日志记录等。

eBay 公司是全球最大的拍卖网站，8000 万用户每天产生的数据量就达到 50TB，相当于 5 天就增加了 1 座美国国会图书馆的数据量。eBay 公司正是用 Hadoop 来解决同时要分析大量结构化数据和非结构化的难题。eBay 公司分析平台高级总监 Oliver Ratzesberger 也坦

言,数据分析最大的挑战就是要同时处理结构化以及非结构化的数据。

eBay 公司在 5 年多前就另外建置了一个软硬件整合的平台 Singularity,搭配压缩技术来解决结构化数据和半结构化数据的分析问题,3 年前在这个平台整合了 Hadoop 来处理非结构化数据,透过 Hadoop 来进行数据预先处理,将大块结构的非结构化数据拆解成小型数据,再放入数据仓储系统的数据模型中分析来加快分析速度,也减轻对数据仓储系统的分析负载。

(资料来源:http://www.oatos.com/5174.html)

四、应用层

在国内,各种物流信息应用技术已经广泛应用于物流活动的各个环节,对企业的物流活动产生了深远的影响,其应用主要包括以下几个方面。

1. 物流自动化设备技术的应用

物流自动化设备技术的集成和应用的热门环节是配送中心,其特点是每天需要拣选的货物品种多、批次多、数量大。因此在国内超市、医药、邮包等行业的部分配送中心都引进了物流自动化拣选设备。其中,一种是拣选设备,是在拣选货架(盘)上配有可视的分拣提示的设备,这种分拣货架与物流管理信息系统相连,动态地提示被拣选的货物和数量,指导工作人员的拣选操作,提高了货物拣选的准确性和速度;另一种是货物拣选后的自动分拣设备。用条码或电子标签附在待识别的物体(一般为组包后的运输单元)上,由传送带送入分拣口,然后由装有识读设备的分拣机分拣货物,使货物进入各自的组货通道完成货物的自动分拣工作。分拣设备在国内各大型配送中心都有所应用。

2. 物流设备跟踪和控制技术的应用

目前,物流设备跟踪主要是指对物流的运输载体及物流活动中涉及的货物所在地进行跟踪。物流设备跟踪的手段有多种,可以用传统的通信手段如电话等进行被动跟踪,还可以用 RFID 手段进行阶段性的跟踪,但目前国内用得最多的还是利用 GPS 技术跟踪。GPS 技术跟踪利用 GPS 物流监控管理系统,主要跟踪货运车辆与货物的运输情况,使货主及车主随时了解车辆与货物的位置与状态,保障整个物流过程的有效监控与快速运转。物流 GPS 监控管理系统的构成主要包括运输工具上的 GPS 定位设备、跟踪服务平台(含地理信息系统和相应的软件)、信息通信机制和其他设备(如货物上的电子标签或条码、报警装置等)。

3. 物流动态信息采集技术的应用

企业竞争的全球化发展,商品生命周期的缩短和用户交货期的缩短等都对物流服务的可得性与可控性提出了更高的要求,实时物流理念也由此诞生。如何保证对物流过程的完全掌控,物流动态信息采集应用技术是必须的要素。动态的货物或移动载体本身具有很多有用的信息,例如货物的名称、数量、重量、质量、出产地,或者移动载体(如车辆、轮船等)的名称、牌号、位置、状态等一系列信息。这些信息有可能在物流过程中反复地使用。因此,正确、快速读取动态货物或载体的信息并加以利用可以明显地提高物流的效率。在目前流行的物流动态信息采集技术应用中,一、二维条码技术应用范围最广,其次还有磁条(卡)、声音识别、视觉识别、接触式智能卡、便携式数据终端、射频识别等技术。

评估练习

1. 随着数据量的增多,处理层采用什么技术来支撑数据的数理和运算,并将运算的结果提供给应用层,为整个物流过程服务?
2. 3G 和 2G 的主要区别是什么?
3. 什么是云计算,它的主要特征是什么?
4. 什么是 Hadoop,它有哪些优点?
5. 在国内,物流信息应用技术广泛应用于物流活动的哪些方面?

第三节 物流信息系统的开发

一、物流信息系统的开发方法

物流信息系统是指由人员、计算机、软件、网络通信设备及其他办公设备组成的人机交互系统,其主要功能是进行物流信息的采集、存储、传输、处理、维护及输出,为物流管理者提供战略、战术及运作决策的支持,其在物流管理中有着非常重要的作用。物流信息系统的开发方法主要有以下三种。

(一)结构化开发方法

结构化开发方法的定义:用系统工程的原理和工程化的方法,按用户至上的原则,结构化、模块化、自上而下地对系统进行分析和设计的方法。这是一种面向过程的开发方法,早期的程序开发(如 C 语言)都属于这种开发方法。具体来说,就是先将整个信息系统开发过程划分出若干个相对独立的阶段,如系统规划、系统分析、系统设计、系统实施、系统运行与维护等。前三个阶段坚持自上而下地对系统进行结构化划分。在系统调查或理顺管理业务时,应从最顶层的管理业务入手,逐步深入至最基层。在系统分析、提出新系统方案和系统设计时,应从宏观整体考虑入手,先考虑系统整体的优化,然后再考虑局部的优化问题。在系统实施阶段,则应坚持自底向上地逐步实施。也就是说,组织人力从最基层的模块做起(编程),然后按照系统设计的结构,将模块一个个拼接到一起进行调试,自底向上、逐渐地构成整体系统。

(二)原型法

原型法(Prototyping)是 20 世纪 80 年代随着计算机软件技术的发展，特别是在关系数据库系统(Relational Data Base System，RDBS)、第四代程序生成语言(4th Generation Language，4GL)和各种系统开发生成环境产生的基础上，提出的一种从设计思想、工具、手段都全新的系统开发方法。原型法摒弃了那种一步步周密细致地调查分析，然后逐步整理出文字档案，最后才能让用户看到结果的烦琐做法。

利用原型法进行信息系统的设计，通常可分为五步进行：第一，可行性研究，分析用户需求的可行性；第二，快速分析，理解用户的基本信息需求；第三，构造原型，开发初始原型系统；第四，用户和系统开发人员使用并评价原型；第五，系统开发人员修改和完善原型系统。

(三)面向对象开发方法

面向对象的开发方法是一种分析方法、设计方法和思维方法。面向对象开发方法的出发点和所追求的基本目标是使人们分析、设计与实现一个系统的方法，尽可能地接近人们认识一个系统的方法，也就是说，使描述问题的问题空间和解决问题的方法空间在结构上尽可能一致。其基本思想是：对问题空间进行自然分割，以更接近人类思维的方式建立问题域模型，以便对客观实体进行结构模拟和行为模拟，从而使设计出的软件尽可能直接地描述现实世界，构造出模块化的、可重用的、维护性好的软件，同时限制软件的复杂性和降低开发维护费用。

二、物流信息系统的软件架构

(一)MVC

MVC 是一种设计模式，它使应用程序的输入、处理和输出强制性分开，使软件的可维护性、可扩展性、灵活性以及封装性得到提高。MVC 应用程序被分成三个核心部件，即 M(模型)、V(视图)、C(控制器)。模型是所有商业逻辑代码片段的所在。视图表示数据在屏幕上的显示。控制器提供处理过程控制，它在模型和视图之间起连接作用。控制器本身不输出任何信息和做任何处理，它只负责把用户的请求转成针对 Model 的操作，和调用相应的视图来显示 Model 处理后的数据。

下面对 MVC 模型进行详细的介绍。

模型(Model)是指业务流程/状态的处理以及业务规则的制定。业务流程的处理过程对其他层来说是暗箱操作，模型接受视图请求的数据，并返回最终的处理结果。业务模型的设计可以说是 MVC 最主要的核心。模型表示企业数据和业务规则。在 MVC 的三个部件中，模型拥有最多的处理任务。被模型返回的数据是中立的，就是说模型与数据格式无关，这样一个模型能为多个视图提供数据。由于应用于模型的代码只需写一次就可以被多个视图重用，所以减少了代码的重复性。

MVC 并没有提供模型的设计方法，而只告诉你应该如何组织管理这些模型，以便于模型的重构和提高重用性。我们可以用对象编程来做比喻，MVC 定义了一个顶级类，告诉它的子类你只能做这些，但没法限制你能做这些。这一点对程序开发人员来说非常重要。业务模型还有一个很重要的模型即数据模型。数据模型主要指实体对象的数据保存(持续化)。比如将一张订单保存到数据库，从数据库获取订单。我们可以将这个模型单独列出，所有有关数据库的操作只限制在该模型中。

视图(View)是指用户可以看到并与之交互的界面。视图就是由 HTML 元素组成的界面，HTML 依旧在视图中扮演着重要的角色，但一些新的技术已层出不穷，包括 Macromedia Flash、XHTML、XML/XSL、WML 等一些标识语言和 Web Services 等。

如何处理应用程序的界面变得越来越有挑战性。MVC 有一个突出的优点是能为应用程序处理很多不同的视图，在视图中其实没有真正的处理发生，不管这些数据是联机存储还是本地储存，作为视图来讲，它只是作为一种输出数据并允许用户操纵的方式。

控制(Controller)可以理解为从用户接收请求，将模型与视图匹配在一起，共同满足用户的请求。划分控制层的作用也很明显，它清楚地告诉你，它就是一个分发器，选择什么样的模型，选择什么样的视图，可以满足什么样的用户请求。控制层并不做任何的数据处理。控制器接收用户的请求，并决定应该调用哪个模型来进行处理，然后模型用业务逻辑来处理用户的请求并返回数据，最后控制器用相应的视图格式化模型返回的数据，并通过表示层呈现给用户。

【知识链接 7-1】

常见的 MVC 框架介绍

1) Struts

Struts 是 Apache 软件基金下 Jakarta 项目的一部分。Struts 框架的主要架构设计和开发者是 Craig R.McClanahan。Struts 是 Java Web MVC 框架中不争的王者。经过长达五年的发展，Struts 已经逐渐成长为一个稳定、成熟的框架，并且占有了 MVC 框架中最大的市场份额。但是 Struts 在某些技术特性上已经落后于新兴的 MVC 框架。面对 Spring MVC、Webwork2 这些设计更精密，扩展性更强的框架，Struts 受到了前所未有的挑战。但站在产品开发的角度而言，Struts 仍然是最稳妥的选择。

Struts 由一组相互协作的类(组件)、Serlvet 以及 jsp tag lib 组成。基于 Struts 构架的 Web 应用程序基本上符合 JSP Model2 的设计标准，可以说是 MVC 设计模式的一种变化类型。根据上面对 Framework 的描述，很容易理解为什么说 Struts 是一个 Web Framework，而不仅仅是一些标记库的组合。但 Struts 也包含了丰富的标记库和独立于该框架工作的实用程序类。Struts 有其自己的控制器(Controller)，同时整合了其他的一些技术去实现模型层(Model) 和视图层(View)。在模型层，Struts 可以很容易地与数据访问技术相结合，包括 EJB、JDBC 和 Object Relation Bridge。在视图层，Struts 能够与 JSP、Velocity Templates、XSL 等这些表示层组件相结合。

2) Spring

Spring 实际上是《Expert One-on-One J2EE Design and Development》一书中所阐述的设计原理的具体体现。在该书中，Rod Johnson 倡导 J2EE 实用主义的设计思想，并随书提供了一个初步的开发框架 (interface21 开发包)。而 Spring 正是这一思想的更全面和具体的体现。Rod Johnson 在 interface21 开发包的基础上，进行了进一步的改造和扩充，使其发展为一个更加开放、清晰、全面、高效的开发框架。

Spring 是一个开源框架，由 Rod Johnson 创建并且在他的著作《J2EE 设计开发编程指南》里进行了描述。Spring 是为了解决企业应用开发的复杂性而创建的。Spring 使用基本的 JavaBeans 来完成以前只可能由 EJB 完成的事情变得可能了。然而，Spring 的用途不仅限于服务器端的开发。从简单性、可测试性和松耦合的角度而言，任何 Java 应用都可以从 Spring 中受益。

简单来说，Spring 是一个轻量的控制反转和面向切面的容器框架。当然，这个描述有些过于简单，但它的确概括出了 Spring 是做什么的。

(资料来源：http://dev.yesky.com/315/2069815.shtml)

(二)物流信息软件架构

常见的物流信息软件架包括 C/S(Client/Server)和 B/S(Browser/Server)两种形式，但是传统的 C/S 体系结构虽然采用开放模式，但这只是系统开发一级的开放性，在特定的应用中无论是 Client 端还是 Server 端都还需要特定的软件支持。由于没能提供用户真正期望的开发环境，C/S 结构的软件需要针对不同的操作系统开发不同版本，加之产品的更新换代十分快，已经很难适应百台计算机以上局域网用户同时使用，而且代价高，效率低。而 B/S 是随着 Internet 技术的兴起对 C/S 结构的一种变化或者改进的结构，下面重点介绍一下 B/S 结构。

B/S 结构即浏览器和服务器结构，是 Web 兴起后的一种网络结构模式，Web 浏览器是客户端最主要的应用软件。这种模式统一了客户端，将系统功能实现的核心部分集中到 Server 端，简化了系统的开发、维护和使用。B/S 最大的优势是可以在任何地方进行操作而不用安装任何专门的软件，只要有一台能上网的计算机就能使用，Client 端零维护。系统的扩展非常容易，只要能上网，再由系统管理员分配用户名和密码，就可以使用了。甚至可以在线申请，通过公司内部的安全认证(如 CA 证书)后，不需要人的参与，系统就可以自动分配给用户一个账号进入系统。B/S 架构软件的优势体现在以下两方面。

(1) 维护和升级方式简单。目前，软件系统的改进和升级越来越频繁，B/S 架构的产品明显体现出更为方便的特性。对一个稍微大一点的单位来说，系统管理人员如果需要在几百甚至上千部计算机之间来回奔跑，效率和工作量是可想而知的，但 B/S 架构的软件只需要管理服务器就行了，所有的客户端只是浏览器，根本不需要做任何维护。无论用户的规模有多大，有多少分支机构都不会增加任何维护升级的工作量，所有的操作仅需要针对服务器进行就可以；如果是异地，只需要把服务器连接专网即可实现远程维护、升级和共享。所以客户机越来越"瘦"，而服务器越来越"胖"是将来信息化发展的主流方向。今后，软件升级和维护会越来越容易，而使用起来会越来越简单，这对用户人力、物力、时间、费用的节省是显而易见的，惊人的。因此，维护和升级革命的方式是"瘦"客户机，"胖"服务器。

(2) 成本降低，选择更多。大家都知道 Windows 在桌面计算机上几乎一统天下，浏览器成为标准配置，但在服务器操作系统上 Windows 并不是处于绝对的统治地位。现在的趋势是凡使用 B/S 架构的应用管理软件，只需安装在 Linux 服务器上即可，而且安全性高。所以服务器操作系统的选择是很多的，不管选用那种操作系统都可以让大部分人使用 Windows 作为桌面操作系统的计算机不受影响，这就使最流行免费的 Linux 操作系统快速发展起来，Linux 除了操作系统是免费的以外，连数据库也是免费的，这种选择非常盛行。比如说很多人每天上新浪网，只要安装了浏览器就可以了，并不需要了解新浪的服务器用的是什么操作系统，而事实上大部分网站确实没有使用 Windows 操作系统，但用户的计算机本身安装的大部分是 Windows 操作系统。任何系统只要可以使用浏览器上网就可以使用 B/S 系统的终端。

三、物流信息系统的软件技术基础

(一)数据库技术

数据库技术是信息系统的一项核心技术，是一种计算机辅助管理数据的方法，它研究如何组织和存储数据，如何高效地获取和处理数据。数据库技术是通过研究数据库的结构、存储、设计、管理以及应用的基本理论和实现方法，并利用这些理论来实现对数据库中的数据进行处理、分析和理解的技术。数据库技术研究解决了计算机信息处理过程中如何有效地组织和存储大量数据的问题，在数据库系统中减少数据存储冗余、实现数据共享、保障数据安全以及高效地检索数据和处理数据。数据库技术研究和管理的对象是数据，所以数据库技术所涉及的具体内容主要包括：通过对数据的统一组织和管理，按照指定的结构建立相应的数据库和数据仓库；利用数据库管理系统和数据挖掘系统设计出能够实现对数据库中的数据进行添加、修改、删除、处理、分析、理解、报表和打印等多种功能的数据管理和数据挖掘应用系统；并利用应用管理系统最终实现对数据的处理、分析和理解。

(二)J2EE 技术

Java 语言是由 Sun Microsystems 公司于 1995 年 5 月推出的面向对象程序设计语言(以下简称 Java)和 Java 平台的总称。由 James Gosling 和同事们共同研发,并在 1995 年正式推出。用 Java 实现的 HotJava 浏览器(支持 Java applet)显示了 Java 的魅力:跨平台、动态的 Web、Internet 计算。从此,一方面 Java 被广泛接受并推动了 Web 的迅速发展,常用的浏览器现在均支持 Java applet。另一方面,Java 技术也得到不断更新(2010 年 Oracle 公司收购了 SUN)。

Java 平台由 Java 虚拟机(Java Virtual Machine,JVM)和 Java 应用编程接口(Application Programming Interface,API)构成。Java API 为 Java 应用提供了一个独立于操作系统的标准接口,可分为基本部分和扩展部分。在硬件或操作系统平台上安装一个 Java 平台后,就可运行 Java 应用程序。现在 Java 平台已经嵌入了几乎所有的操作系统。这样 Java 程序只编译一次,就可以在各种系统中运行。

Java 可分为三个体系,即 J2SE(Java2 Platform Standard Edition,Java 平台标准版)、J2EE(Java2 Platform Enterprise Edition,Java 平台企业版)、J2ME(Java2 Platform Micro Edition,Java 平台微型版)。

J2EE 使用多层的分布式应用模型,应用逻辑按功能划分为组件,各个应用组件根据它们所在的层分布在不同的机器上。事实上,Sun 公司设计 J2EE 的初衷正是为了消除两层模式(Client/Server)的弊端。在传统模式中,Client 端担当了过多的角色而显得臃肿,在这种模式中,第一次部署的时候比较容易,但难以升级或改进,可伸展性也不理想,而且经常基于某种专有的协议,通常是某种数据库协议。它使重用业务逻辑和界面逻辑非常困难。现在 J2EE 的多层企业级应用模型将两层化模型中的不同层面切分成许多层。一个多层化应用能够为不同的每种服务提供一个独立的层,以下是 J2EE 典型的四层结构,如图 7-1 所示。

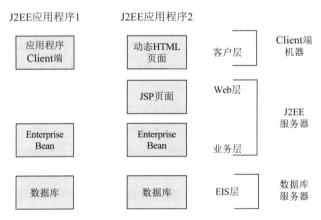

图 7-1 J2EE 典型的四层结构

【知识链接 7-2】

Java 的相关技术

（1）JDBC(Java Database Connectivity)可以提供连接各种关系数据库的统一接口，作为数据源，可以为多种关系数据库提供统一访问，它由一组用 Java 编写的类和接口组成。JDBC 为工具/数据库开发人员提供了一个标准的 API，据此可以构建更高级的工具和接口，使数据库开发人员能够用纯 Java API 编写数据库应用程序，同时，JDBC 也是商标名。

（2）EJB(Enterprise JavaBeans)使开发者可以方便地创建、部署和管理跨平台的基于组件的企业应用。

（3）Java RMI(Java Remote Method Invocation)可以用来开发分布式 Java 应用程序。一个 Java 对象的方法能被远程 Java 虚拟机调用。这样，远程激活可以发生在对等的两端，也可以发生在客户端和服务器之间，只要双方的应用程序都是用 Java 写的。

（4）Java IDL(Java Interface Definition Language)可以提供与 CORBA(Common Object Request Broker Architecture)无缝的互操作性，使 Java 能集成异构的商务信息资源。

（5）JNDI(Java Naming and Directory Interface)可以提供从 Java 平台到目录服务器的统一的无缝连接。这个接口屏蔽了企业网络所使用的各种命名和目录服务。

（6）JMAPI(Java Management API)可以为异构网络上系统、网络和服务管理的开发提供一整套丰富的对象和方法。

（7）JMS(Java Message Service)可以提供企业消息服务，如可靠的消息队列、发布和订阅通信以及有关推拉(Push/Pull)技术的各个方面。

（8）JTS(Java Transaction Service)可以提供存取事务处理资源的开放标准，这些事务处理资源包括事务处理应用程序、事务处理管理及监控。

（9）JMF(Java Media Framework API)可以帮助开发者把音频、视频和其他一些基于时间的媒体放到 Java 应用程序或 applet 小程序中去，为多媒体开发者提供了捕捉、回放、编解码等工具，是一个弹性的、跨平台的多媒体解决方案。

（10）Annotation(Java Annotation)。在已经发布的 JDK1.5(tiger)中增加新的特色叫 Annotation。Annotation 提供一种机制，将程序的元素，如类、方法、属性、参数、本地变量，包括元数据联系起来。这样编译器可以将元数据存储在 Class 文件中。这样虚拟机和其他对象可以根据这些元数据来决定如何使用这些程序元素或改变它们的行为。

（11）JavaFX。Sun 发布了 JavaFX 技术的正式版本，它使人们能利用 JavaFX 编程语言开发互联网应用程序(RIA)。JavaFX Script 编程语言(以下称为 JavaFX)是 Sun 微系统公司开发的一种 declarative staticallytyped(声明性、静态类型)脚本语言。JavaFX 技术有着良好的应用前景，包括可以直接调用 Java API 的能力。因为 JavaFXScript 是静态类型，它同样具有结构化代码、重用性和封装性，如包、类、继承和单独编译和发布单元，这些特性使得使用Java技术创建和管理大型程序变为可能。

JavaFX从2007年发布以来，表现一直差强人意。Oracle公司收购了Sun公司之后，在JavaFX中投入了大量的精力进行推广和更新。JavaFX最近比较出名的应用应该是在2010年温哥华冬奥会上。在调整了JavaFX中的很多概念，以及重新设计和实现了很多重要组件之后，得到的就是现在的JavaFX 2.0。JavaFX 2.0的beta版已经发布。JavaFX 2.0的新特性使得开发人员应该需要重新审视它在RIA开发领域中的位置。在很多情况下，JavaFX 2.0也会是不错的选择。

(12) JMX(Java Management Extensions，Java管理扩展)是一个为应用程序、设备、系统等植入管理功能的框架。JMX可以跨越一系列异构操作系统平台、系统体系结构和网络传输协议，灵活地开发无缝集成的系统、网络和服务管理应用。

(13) JPA(Java Persistence API)。JPA通过JDK 5.0注解或XML描述对象－关系表的映射关系，并将运行期的实体对象持久化到数据库中。

(资料来源：http://baike.baidu.com/view/29.htm)

(三)Java开源软件技术

1. 工作流技术

工作流技术(Workflow)就是工作流程的计算模型，即将工作流程中的工作如何前后组织在一起的逻辑和规则在计算机以恰当的模型进行表示，并对其实施计算。工作流要解决的主要问题是为实现某个业务目标，在多个参与者之间，利用计算机按某种预定规则自动传递文档、信息或是任务。工作流管理系统(Workflow Management System，WfMS)的主要功能是通过计算机技术的支持去定义、执行和管理工作流，协调工作流执行过程中群体成员之间的信息交互。工作流需要依靠工作流管理系统来实现，Java开源工作流共有多种，如Activiti、jbpm等。

【知识链接7-3】

Activiti 介绍

1) Activiti 简介

Alfresco软件在2010年5月17日宣布Activiti业务流程管理(BPM)开源项目正式启动，其首席架构师由业务流程管理BPM的专家 Tom Baeyens担任。

Activiti项目是一项新的基于Apache许可的开源BPM平台，从基础开始构建，旨在提供支持新的BPMN 2.0标准，包括支持对象管理组(OMG)，面对新技术的机遇，诸如互操作性和云架构，提供技术支持。

创始人Tom Baeyens是JBoss jBPM的项目架构师，以及另一位架构师Joram Barrez一起加入到创建 Alfresco 这项首次实现 Apache 开源许可的 BPMN 2.0 引擎的开发中来。

Activiti 是一个独立运作和经营的开源项目品牌,并将独立于 Alfresco 开源 ECM 系统运行。Activiti 是一种轻量级、可嵌入的 BPM 引擎,而且还适用于可扩展的云架构。Activiti 将提供宽松的 Apache 许可 2.0,以便这个项目可以被广泛使用,同时促进 Activiti BPM 引擎和的 BPMN 2.0 的匹配,该项目现正由 OMG 通过标准审定。加入 Alfresco Activiti 项目的是 VMware 的 SpringSource 分支,Alfresco 计划把该项目提交给 Apache 基础架构,希望以此吸引更多方面的 BPM 专家和促进 BPM 的创新。

2) Activiti 的特色

架构师 Tom Baeyens 说:"Activiti 有非常大的影响力来改变目前 BPM 的状态。Activiti 的 Apache 授权,完整的功能,将使 Activiti 到达一个新的水平。Activiti 将推动业界的创新,因为 BPM 技术可以广泛而自由地被应用。通过实现这些想法以及开源社区的努力,也让 Activiti 成为事实上的 BPM 和 BPMN 标准执行。"

SpringSource 的首席技术官 Adrian Coyler 说道:"这是一个对 Spring 开发人员和 Java 社区总体的发展非常令人兴奋的事情,长期以来一直需要一个 Apache 许可的流程引擎,这是对许多应用系统非常实用的需求。我们认为,Activiti 作为新的应用领域扩展到的 Java 和开源的发展,特别是在云架构上。"

Alfresco 软件公司的首席技术官 John Newton 表示:"我们发起这个项目,使内容和过程技术的使用可以更广泛和普及,我们这样做是因为,像其他开源项目,我们需要一个更宽松授权的流程引擎。我们相信,这可以改变业务流程处理领域,就像 Alfresco 公司已经为企业内容管理 ECM 领域所做的那样。"

Activiti 将成为 Alfresco 默认的业务流程引擎,Alfresco 公司将继续支持 jBPM,以及目前与其他业务流程的企业内容管理软件集成的引擎。Alfresco 公司也将与 Alfresco 企业版一起,提供对 Activiti 的支持,维护和技术保证。

(资料来源:http://baike.baidu.com/view/4845351.htm)

2. 数据库持久层技术

数据库持久层技术就是把数据保存到可掉电式存储设备中供以后使用。大多数情况下,特别是企业级应用,数据持久化往往也就意味着将内存中的数据保存到磁盘上加以固化,而持久化的实现过程则大多通过各种关系数据库来完成。所谓"持久层",也就是在系统逻辑层面上,专注于实现数据持久化的一个相对独立的领域(Domain)。持久层是负责向(或者从)一个或者多个数据存储器中存储(或者获取)数据的一组类和组件。这个层必须包括一个业务领域实体的模型(即使只是一个元数据模型)。不过这里有一个字需要特别强调,也就是所谓的"层"。对于应用系统而言,数据持久功能大多是必不可少的组成部分。之所以要独立出一个"持久层"的概念,而不是"持久模块""持久单元",也就意味着,在系统架构中,应该有一个相对独立的逻辑层面,专注于数据持久化逻辑的实现。相对于系统其他部分而言，这个层面应该具有一个较为清晰和严格的逻辑边界。常用的持久层的框架有 Hibernate、IBATIS。

【知识链接 7-4】

JPA 介绍

JPA 的全称为 Java Persistence API。JPA 通过 JDK 5.0 注解或 XML 描述对象－关系表的映射关系，并将运行期的实体对象持久化到数据库中。

Sun 公司引入新的 JPA ORM 规范出于两个原因：其一，简化现有 Java EE 和 Java SE 应用的对象持久化的开发工作；其二，Sun 公司希望整合 ORM 技术，实现天下归一。

JPA 由 EJB 3.0 软件专家组开发，作为 JSR-220 实现的一部分。但它不囿于 EJB 3.0，你可以在 Web 应用、甚至桌面应用中使用。JPA 的宗旨是为 POJO 提供持久化标准规范，由此可见，经过这几年的实践探索，能够脱离容器独立运行，方便开发和测试的理念已经深入人心了。目前 Hibernate 3.2、TopLink 10.1.3 以及 OpenJPA 都提供了 JPA 的实现。

JPA 的总体思想和现有 Hibernate、TopLink、JDO 等 ORM 框架大体一致。总体来说，JPA 包括以下三方面的技术。

1) ORM 映射元数据

JPA 支持 XML 和 JDK 5.0 注解两种元数据的形式，元数据描述对象和表之间的映射关系，框架据此将实体对象持久化到数据库表中。

2) JPA 的 API

用来操作实体对象，执行 CRUD 操作，框架在后台替我们完成所有的事情，将开发者从烦琐的 JDBC 和 SQL 代码中解脱出来。

3) 查询语言

这是持久化操作中很重要的一个方面，通过面向对象而非面向数据库的查询语言查询数据，避免程序的 SQL 语句紧密耦合。

在不久的将来，Sun 公司可能会将 JPA 作为一个单独的 JSR 对待，同时 JPA 还可能作为 Java SE 的一部分。不过这些都不太重要，重要的是，我们现在已经可以在脱离容器的情况下、在 Java SE 应用中使用 JPA 了。

JPA 已经作为一项对象持久化的标准，不仅可以获得 Java EE 应用服务器的支持，还可以直接在 Java SE 中使用。开发者将无须在现有多种 ORM 框架中艰难地选择，按照 Sun 公司的预想，现有 ORM 框架头顶的光环将渐渐暗淡，不再具有以往的吸引力。

(资料来源：http://baike.baidu.com/view/1036852.htm)

评估练习

1. 请对比三种开发方法的区别及各自的优势。
2. 简述数据库技术与工作流技术。
3. 简述 WFMS 的主要功能。
4. 简述 B/S 架构软件的优点。

第四节　典型物流信息系统

随着物流业竞争的加剧，通过采用信息技术提高物流效率，改善物流服务，是一种必然的趋势。随着物联网的兴起，各种感知技术越来越多地应用到物流过程中，通过 RFID、条码技术等，可以提高物流过程中的货物管理精度，下面我们来演示一个基于二维条码的仓库管理系统。

一、背景

为了提高仓库管理水平，改善仓库管理效率，建立基于条码打印和扫描等技术手段，通过条码手持终端构建物资仓库管理系统能够为系统应用人员提供方便快捷的查询、修改、输入服务，实现对仓库物资的验收入库、领料出库等的科学化管理，在很大程度上提高物资仓库的管理水平，方便各部门的日常领料，有利于降低企业物资管理成本、缓解库存资金压力、提高生产管理水平。因此，仓库管理系统的设计是非常重要的。

系统的具体目标主要包含以下几点。

(1) 引入条码识别技术，满足将物资管理从仓库管理部门延伸到生产部门的要求，从而提高物资管理的时效性和精细度。

(2) 提供条码扫描设备和条码打印机设备的接口，通过系统直接生成二维条码，并打印条码，同时将扫描的各种库存信息能实时地保存到系统库存中。

二、系统设计原则

当前，网络技术迅猛发展，并且可供选择的技术和产品种类繁多，如果不能正确地把握技术的发展方向和选择开发性能比较高的系统，就很可能对企业网络应用系统的建设带来诸多不良的影响，鉴于这种考虑，系统的设计一般应满足以下标准。

(1) 标准化和开放性。网络系统设计中采用的网络产品应当遵照国际标准，这样既便于网络的扩展和互联，又易于以后的先进技术手段实现迁移，可以充分保障用户的现有投资。

(2) 先进性和灵活性。应该充分考虑用户数据的逐步增长和不可预测性，系统平台应配置具备高度扩充能力的存储设备和服务器。

(3) 成熟性。近些年来，网络技术得到快速发展，并涌现了多种新技术，网络选型应采用已经形成的标准，并得到了应用广泛的成熟技术。而且网络软硬件设备应当选用知名厂家产品，以能够得到性能最高、质量最可靠、服务最周到及最强劲的技术支持。

三、系统功能

通过对系统背景的分析，建立系统功能机构图如图 7-2 所示。

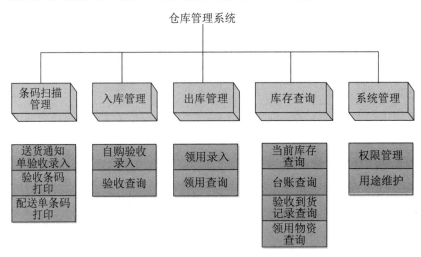

图 7-2　仓库管理系统功能机构图

系统包括条码扫描管理、入库管理、出库管理、库存查询以及系统管理。
(1) 条码扫描管理。生成系统中需要使用的各种条码。
(2) 入库管理。录入商品入库的信息。
(3) 出库管理。通过手持终端等方式录入出库信息。
(4) 库存查询。查询库存情况。
(5) 系统管理。保证系统正常顺利运行的附属功能。

四、系统方案

(一)系统总体结构

结合系统需求分析，仓库管理系统是基于一个分布的环境，采用 B/S 架构模式，PC 终端与服务器部分采用 B/S 三层体系结构，其客户端是 Web 浏览器，负责实现显示和交互。应用服务器是位于 Web 服务器端的具有应用程序扩展功能的 Web 服务器，它的任务是接收用户的请求，执行相应的扩展应用程序并与数据库进行连接，通过 SQL 等方式向数据库服务器提出数据处理申请，并将数据处理的结果提交给 Web 服务器，再由 Web 服务器传送回浏览器。数据库服务器负责接受 Web 服务器对数据操作的请求，实现对数据库查询、修改、更新等功能，并把运行结果提交给 Web 服务器。如图 7-3 所示，是基于 B/S 架构的三层体系结构。

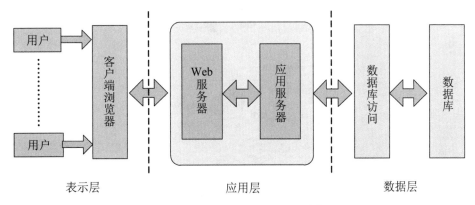

图 7-3　仓库管理系统三层体系结构图

条码手持终端(Honeywell Dolphin 9950)，即手持终端通过扫描二维码领取物资的时候，也需要与服务器进行交互，在手持终端与服务器交互的部分，实际上也可以归为 B/S 结构，即针对手持终端开发的一套符合实际业务需求的终端应用程序，程序运行时与服务器之间采用的是 HTTP 实现数据交互的功能。只是在手持终端开发应用程序中使用 C#提供的基于 HTTP 的 HttpRequest 类方法构造并嵌入了实现自动登录服务器功能的浏览器而已。

(二)仓库系统网络拓扑

仓库内部的 Wi-Fi 无线网络和通过计算机访问整个系统的有线网络的相互结合，系统整体上采用 B/S 架构，其中客户端主要用于查询、编辑、生成并执行打印条码的功能。条码打印机用于纸质条码的打印。条码手持终端用于运行条码信息采集应用程序，正常情况下使用无线模式传输通过部署的 Wi-Fi 上传数据，在无线网络出现故障或库房区域没有无线网络覆盖的情况下采用有线模式传送数据，实现数据的上传与交互。在实际运用中扫描数据以无线模式传输方式为主，有线模式传输方式为辅。这样可以有效地保证上传数据的实时性与可靠性，其系统网络拓扑图如图 7-4 所示。

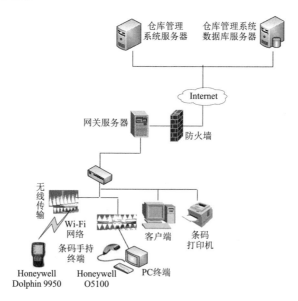

图 7-4　仓库管理系统网络拓扑图

(三)条码系统硬件结构

由于系统需要打印条码,同时需要对打印的条码进行扫描,所以系统对条码打印以及扫描应选取如表 7-1 所示的设备进行开发。

表 7-1　条码系统硬件设备

名　称	种　类	设备选型
条码设备	条码打印机	斑马 ZM400 条码打印机,支持一维、二维条码、300 dpi (11.8 dots/mm),最大打印宽度为 105.7 mm (4.2 英寸),其中标签纸大小为 100mm×60mm
	条码手持终端	Honeywell Dolphin 9950 数据采集器,内置 Windows mobile 6.0 系统,支持 802.11b/g,支持二维码,用于在线即时传输。Honeywell O5100 数据采集器,内置 Windows CE5.0 系统,支持批量数据导入,二维码。用于离线通过 PC 传输数据

(四)手持终端软件部分

条码手持终端应用程序实现的是二维码的存储信息扫描和识别,QR 码在对汉字模式的编码时采用的是 GB 2312 编码格式,因此对于 QR 码的识别程序应该选择 GB 2312 的译码方式实现译码。接着以部署的 Wi-Fi 的方式将扫描得到的数据传送到服务器端。当出现 Wi-Fi 网络不稳定或存在 Wi-Fi 网络覆盖不到的区域时,则可选择使用离线模式进行传输,系统流程如图 7-5 所示。

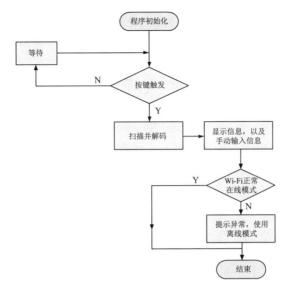

图 7-5 手持终端软件系统流程图

针对选型使用的两种扫描设备，即 Honeywell Dolphin 9950(内置 Windows Mobile6.0 操作系统)和 Honeywell O5100(内置 Windows CE5.0 操作系统)，以 Honeywell 9950 为例，使用 Microsoft Visual Studio 2005 进行移动智能设备的开发，具体软件开发方案如表 7-2 所示。

表 7-2 手持终端开发的软件方案

服务器操作系统	软件名称及版本
集成开发环境	Microsoft Visual Studio 2005
组件 1	Windows mobile 6.0 SDK
组件 2	ActiveSyn4.5(适用 Windows XP)或 Windows mobile 设备中心(适用 Windows Vista 及 Windows 7)
组件 3	扫描设备自带 SDK
开发技术	C#语言
系统运行平台	Honeywell 扫描设备、PC

(五)系统服务器方案

服务器端采用 Java EE 技术进行开发，因为 Java EE 技术可以满足系统在稳定、易扩展、易维护、高开发效率、与现有的系统兼容和整合等方面的要求。第一，由于现有系统使用 Tomcat 作为服务器，而 Tomcat 是 Java EE 的应用服务器，所以最终开发出来的服务器端程序可以和现有系统部署到同一台应用服务器上，可以节约运行和维护成本。第二，对于企业级的分布式应用开发来说，Java EE 技术也是目前使用最广泛和最成熟的开发技术。第三，

Java EE 很多开发框架及应用服务器都是开源的，最终可以为企业节约大量成本。

在开发服务器端的过程中，涉及许多技术。Spring 是一个开源框架，它由 Rod Johnson 创建，它是为了解决企业应用开发的复杂性而创建的。简单来说，Spring 是一个轻量级的控制反转(IoC)和面向切面(AOP)的容器框架。Spring MVC 是 Spring 提供的一个 MVC 框架。MVC 是三个单词的缩写，分别为模型(Model)、视图(View)和控制(Controller)。MVC 模式的目的就是实现 Web 系统的职能分工。Model 层实现系统中的业务逻辑，通常可以用 JavaBean 或 EJB 来实现，View 层用于与用户的交互，通常用 JSP 来实现。Controller 层是 Model 与 View 之间沟通的桥梁，它可以满足用户的请求并选择恰当的视图以用于显示，同时它也可以解释用户的输入并将它们映射为模型层可执行的操作。

在当今的企业环境中，把关系数据库和面向对象的软件一起使用有可能是浪费时间、相当麻烦的事。而 Hibernate 则是一个面向 Java 环境的对象/关系数据库的映射工具。对于对象/关系数据库映射(Object/relational Mapping)这个术语，它表示一种技术，是用来把对象模型表示的对象，一种映射到基于 SQL 关系模型数据结构中去的对象。

为了提高服务器端的扩展性和开发效率，在服务器端的设计中使用了 Spring 和 Hibernate 两种 Java EE 的开源框架，系统总体架构图如图 7-6 所示。

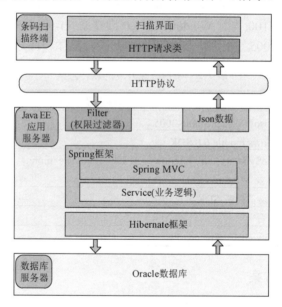

图 7-6　系统总体架构图

其中，Filter 用来完成用户权限的验证，Spring MVC 主要起到控制器的作用，Spring 框架主要实施对业务逻辑及数据库事务的管理，Hibernate 框架负责对象/关系数据库映射，即 ORM。

另外，当用户运行条码手持终端扫描程序工作时，程序会通过编写好的 HttpSend 类向服务器端发送相应的 HTTP 请求。这一过程终端是通过移动互联网和服务器建立 TCP 连接的。当服务器(Tomcat)接收到 HTTP 请求后，应该首先经过过滤器(Filter)来进行权限验证，即确认发送请求的客户端是否登录成功。但由于 HTTP 是无状态的协议，考虑到需要保存客户端的信息，此处使用了 Cookie，即当客户端登录时，若登录成功，服务器端就会发送一个 SessionID 给客户端，用来唯一标识一个客户端。当客户端收到服务器发送来的 SessionID 后会将其保存到自己的 Cookie 中，然后每一次向服务器发送的请求都会将此 SessionID 一同发送到服务器端。这样服务器就能判断此 HTTP 请求的客户端是否有权限。

当服务器的权限过滤器验证通过后，就会将这个请求交给 Spring MVC。Spring MVC 通过一个 Servlet 来接收这个请求，这个 Servlet 叫作 DispatcherServlet，这个 DispatcherServlet 就是 FrontController。DispatcherServlet 会根据请求的 URL 调用不同的 Controller 中的相应方法。对于 Spring MVC 来说，一个 Controller 其实就一个简单的 Java 类，并且可以将这个 Java 类中的每一个方法映射到一个 URL 地址。不仅如此，Spring MVC 还会将请求相关的各种资源如 HttpServletRequest、HttpServletResponse 以 Get 或 POST 方式中提交的参数都放入这个方法的参数中，开发人员可以直接从方法的参数中得到任何想要的资源。

到此为止，在 Controller 中可以处理相应的商业逻辑并且通过 HttpServletResponse 对象向客户端返回想要的数据。由于条码手持终端的应用程序并不是一个浏览器，所以条码手持终端的应用程序并不需要 HTML 数据，这里服务器端会向客户端(运行的扫描终端应用程序)返回 JSON 数据。

五、系统展示

1. 手持终端界面展示

手持终端界面展示如图 7-7 所示。

图 7-7　手持终端界面展示

2. 条码展示

条码展示如图 7-8 所示。

图 7-8　条码展示

评估练习

1. 系统整体上采用 B/S 架构，其中客户端主要用于哪几个功能的实现？
2. 系统功能包括哪几个方面？
3. 系统的设计一般应满足哪些标准？

本 章 小 结

信息系统对于提升企业竞争力具有重要作用，计算机技术的迅速发展，网络的广泛延伸，使整个社会进入了信息时代。只有融入信息社会，企业才可能有较大的发展。更何况，信息技术的发展已经为信息系统的开发打下了坚实的基础。企业作为社会的一员，物流作为一种社会服务行业，必然要建立属于自己的信息系统。

在信息系统建设中，由于缺乏科学、有效的系统规划，不少已经建成或正在建设的系统仍然面临一系列问题，主要包括系统建设与组织发展的目标和战略不匹配；系统建设后对管理并无显著改善；系统不能适应环境变化和组织改革的需要；系统使用人员的素质较低；系统开发环境落后，技术方案不合理；系统开发以及运行维护的标准、规范混乱；系统开发资源短缺，投入少，面对系统的期望过高等。为了克服物流信息系统建设过程中出现上述问题，制定管理信息系统战略规划就显得十分重要。通过制定规划，可合理分配和利用信息资源(信息、信息技术和信息生产者)，节省信息系统的投资；找出存在的问题，正确地识别出管理信息系统为实现企业目标而必须完成的任务，促进信息系统应用，从而带来更多的经济效益。

随着物联网的应用不断深入，物联网涉及物流信息系统的方方面面，本章按照物联网的典型架构，采用分层设计的思想，逐层介绍了在物流信息系统中将会用到的物联网技术。本章的第三节介绍了信息系统的常用开发方法，以及常用软件技术，其中重点介绍与了 Java 相关的技术。第四节以一个真实的案例来演示物流信息系统中仓储环节的开发过程。

第八章　企业资源计划

 引导案例

为了与国际接轨,建立起高效、快捷的现代物流系统,海尔集团采用了 SAP 公司的 ERP 系统和 BBP 系统(原材料网上采购系统),对企业进行流程改造。经过近两年的实施,海尔集团的现代物流管理系统不仅有效地提高了物流效率,而且将海尔集团的电子商务平台扩展到了包含客户和供应商在内的整个供应链管理,极大地推动了海尔集团电子商务的发展。

一、需求分析

海尔集团认为,现代企业运作的驱动力只有一个:订单。没有订单,现代企业就不可能运作。在围绕订单而进行的采购、设计、制造、销售等一系列工作中,最重要的就是物流。离开物流的支持,企业的采购与制造、销售等行为就会带有一定的盲目性和不可预知性。

只有建立高效、快捷的现代物流系统,才能建立企业核心的竞争力。海尔集团需要这样一套信息系统,使其能够在物流方面一只手抓住用户的需求,另一只手抓住可以满足用户需求的全球供应链。海尔集团实施信息化管理的目的主要有以下两个方面。

(1) 现代物流区别于传统物流的主要特征是速度,而海尔集团的物流信息化建设需要以订单信息流为中心,使供应链上的信息同步传递,能够实现以速度取胜。

(2) 海尔物流需要以信息技术为基础,能够向客户提供竞争对手所不能给予的增值服务,使海尔顺利从企业物流向物流企业转变。

二、解决方案

海尔采用了 SAP 公司提供的 ERP 和 BBP 系统,组建自己的物流管理系统。

三、系统构成

海尔物流的 ERP 系统共包括五大模块,即 MM(物料管理)、PP(制造与计划)、SD(销售与分销)、FI/CO(财务管理与成本管理)。

ERP 实施后,打破了原有的"信息孤岛",使信息同步而集成,提高了信息的实时性与准确性,加快了对供应链的响应速度。如原来订单由客户下达传递到供应商需要 10 天以上的时间,而且准确率低,实施 ERP 后订单不但 1 天内完成"客户—商流—工厂计划—仓库—采购—供应商"的过程,而且准确率极高。

另外,对于每笔收货,扫描系统能够自动检验采购订单,防止暗箱收货,而财务在收货的同时将自动生成入库凭证,使财务人员从繁重的记账工作中解脱出来,发挥出真正的财务管理与财务监督职能,而且效率与准确性大大提高。

目前海尔集团已实现了即时采购、即时配送和即时分拨物流的同步流程。100%的采购订单由网上下达，提高了劳动效率，以信息代替库存商品。

海尔集团的物流系统不仅实现了"零库存""零距离"和"零营运资本"，而且整合了内部资源，协同了供货商的需求，提高了企业的效益和生产力，方便了使用者。

(资料来源：https://www.taodocs.com/p-267865921.html)

辩证性思考

1. 信息化对企业意味着什么？
2. 企业信息化与ERP之间的关系是什么？
3. ERP的应用可以解决企业哪些问题？

第一节　企业资源计划的产生与发展

教学目标

- 了解企业资源计划产生的原因。
- 掌握企业资源计划发展的几个主要阶段。

信息技术的发展使人类社会开始逐步迈入一个崭新的信息时代。人们认识和了解客观世界的能力、手段都发生了深刻变化，信息技术的应用改变或正在改变人们的生活方式和工作方式，不断推动着企业信息化应用的深化。企业资源计划(Enterprise Resource Planning，ERP)系统的产生与发展主要得益于信息技术本身的快速发展和管理模式创新的推动，它给企业或组织的管理变革带来了深刻的影响，极大地促进了企业生产和运作管理模式的进化和改变。ERP的发展大致经历了以下几个阶段。

一、订货点法

在计算机出现之前，企业管理库存的方式主要是发出订单和进行催货，通过缺料表列出马上要用但没有库存的物料，派人根据缺料表进行催货。由于物料的供应需要一定的时间，在这种情况下，经常会发生停工待料的现象。为了改变这种被动的状态，人们根据"库存补充"的原则(即保证在任何时候仓库里都有一定数量的存货，以便需要时随时取用)，发明了订货点法。

订货点法又称订购点法，始于20世纪30年代，是指对于某种物料或产品，由于生产或销售的原因而逐渐减少，当库存量降低到某一预先设定的点时，即开始发出订货单(采购单或加工单)来补充库存。在库存量降低到安全库存时，发出的订单所订购的物料(产品)刚好到达仓库，补充前一个时期的消耗，此订货的数值点，即被称为订货点，如图8-1所示。

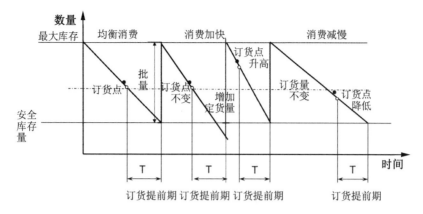

图 8-1 订货点法示意图

订货点法是建立在以下假设之上的。
(1) 各种物料的需求是独立的。
(2) 物料的消耗是连续、稳定的。
(3) 物料的提前期是已知、固定的。
(4) 库存消耗后,应被重新填满。

而这些假设在现实中很难完全成立。由于顾客需求的不断变化,产品及相关物料的需求在数量和时间上往往是不稳定和间歇性的,致使订货点法的应用效果大打折扣。特别是离散制造行业(如汽车、机电设备行业),由于其产品结构较为复杂,涉及数以千计的零部件,生产和库存管理的问题也更加复杂。应用的需求促进了管理技术的发展,引发了物料需求计划的出现。

二、基本 MRP

订货点法受到众多假设的限制,而且不能反映物料的实际需求,企业为了满足生产需求而不断提高订货点的数量,从而造成库存积压。20 世纪 60 年代,美国 IBM 公司的约瑟夫·奥利基(Dr. Joseph A. Orlicky)博士首先提出物料需求计划(Material Resource Planning,MRP),把产品中的各种物料需求分为独立需求和相关需求两种类型,并按需求时间的先后及提前期长短,分时段确定各个物料的需求量。其中独立需求是指其需求量和需求时间由企业外部的需求(如客户订单、市场预测等)决定的那部分物料需求,需求量不依赖于企业内其他物料的需求量而独立存在,如客户订购产品、科研试制样品、售后维修备品和备件等;而相关需求是指根据物料之间的结构组成关系,由独立需求物料产生的需求,如半成品、零部件、原材料等。

MRP 的基本原理是在已知主生产计划的条件下,根据产品结构或物料清单、工艺路线、产品交货期以及库存状态等信息由计算机编制出各个时间段各种物料的生产及采购计划。

MRP 通过产品结构把所有物料的需求联系起来，考虑不同物料需求之间的相互匹配关系，从而使各种物料的库存在数量和时间上趋于合理。

MRP 的基本任务是：①从最终产品的生产计划(独立需求)导出相关物料(原材料、零部件等)的需求量和需求时间(相关需求)。②根据物料的需求时间和生产(订货)周期来确定其开始生产(订货)的时间。MRP 的基本内容是编制零部件的生产计划和采购计划。要正确编制零部件计划，首先必须落实产品的出产进度计划，即主生产计划(Master Production Schedule, MPS)，这是 MRP 展开的依据；MRP 还需要知道产品的零部件结构，即物料清单(Bill of Material, BOM)，才能把主生产计划展开成零部件计划；同时，必须知道库存数量才能准确计算出零部件的生产(采购)数量。可见，MRP 的输入是主生产计划(MPS)、物料清单(BOM)和库存信息，输出是采购计划和生产计划。

三、闭环式 MRP

基本 MRP 只局限在物料需求方面。虽然在 MRP 的制定过程中考虑到物料清单和库存等相关信息，但是实际生产中的条件是变化的，例如企业的生产规模、制造工艺、生产设备等，甚至还要受外部环境的影响。另外，基本 MRP 制订的采购计划可能受供应商的供货能力限制而无法实现，以及其生产计划未考虑生产能力的限制在执行时经常偏离计划。因此，利用基本 MRP 原理制订的采购计划和生产计划往往不可行。因为其信息是单向的，而实际的管理信息必须是闭环的信息流，由输入至输出再循环影响至输入端，从而形成信息回路。因此，在基本 MRP 的基础上，人们又提出了闭环式 MRP 系统。所谓闭环有两层意思：一是指把生产能力计划、车间作业计划和采购作业计划纳入 MRP，形成一个封闭系统；二是指在计划执行的过程中，必须有来自车间、供应商和计划人员的反馈信息，并利用这些反馈信息进行计划调整平衡，从而使生产计划方面的各个子系统得到协调统一。

闭环式 MRP 系统的工作流程是：企业根据发展的需要和市场需求制定企业的销售与运作规划，根据销售与运作规划制订主生产计划，同时进行生产能力与负荷的分析。在这个过程中，主要是针对关键资源的能力与负荷进行分析。只有通过对该过程的分析，才能达到主生产计划基本可靠的要求。然后根据主生产计划、物料清单和企业的库存信息来制订物料需求计划，由物料需求计划、产品生产的工艺路线和车间各加工工序能力数据生成对能力的需求计划，通过对各加工工序的能力平衡，调整物料需求计划。如果这个阶段无法平衡，还有可能修改主生产计划，采购与车间作业按照平衡能力后的物料需求计划执行，并进行能力的控制，并将作业执行结果反馈到计划层。

闭环 MRP 是一个集计划、执行、反馈为一体的综合性系统，能对生产中的人力、机器和材料各项资源进行计划与控制，使生产管理的应变能力有所加强，但它仅局限在生产中物料的管理方面。

四、制造资源计划

闭环式 MRP 系统的出现，使生产计划方面的各种子系统得到了统一。只要主生产计划制订好，闭环式 MRP 系统就可以很好地解决生产管理中的基本问题。但在企业管理中，生产管理只是一个方面。闭环式 MRP 系统的运行过程主要是物流的过程，而实际上在生产运作过程中，从原材料投入到成品产出都会伴随资金流动，资金运作会影响到生产运作。例如，采购计划制订后，如果由于企业的资金短缺而无法按时完成，就会影响到整个生产计划的进行。这就要求系统在处理物流信息的同时，必须同步处理资金流信息，实现物流信息和资金流信息的统一。

20 世纪 70 年代末和 80 年代初，MRP 经过发展和扩充逐步形成了制造资源计划的生产管理方式。制造资源计划(Manufacturing Resources Planning，MRPII)是指以 MRP 为核心的闭环生产计划与控制系统，它将 MRP 的信息共享程度扩大，使生产、销售、财务、采购、工程紧密结合在一起，共享有关数据，组成了一个全面生产管理的集成优化模式，即制造资源计划。制造资源计划是在物料需求计划的基础上发展起来的，因物料需求计划与制造资料计划的英文缩写相同，为了避免名词的混淆，所以将物料需求计划称作狭义 MRP，而将制造资源计划称作广义 MRP 或 MRPII。

MRPII 并不是取代 MRP，而是以 MRP 为核心，围绕企业的基本经营目标，以生产计划为主线，对企业制造的各种资源进行统一计划和控制的系统，也是企业的物流、资金流和信息流畅通的动态反馈系统。

MRPII 系统的工作流程是销售商品后，根据客户信息、销售订单及产品出库单信息形成应收款信息；采购作业根据采购订单、供应商信息、收货单及入库单形成应付款信息；根据采购作业成本、生产作业信息、物料清单信息和库存领料信息形成生产成本信息；把应收款信息、应付款信息、生产成本信息和其他信息等计入总账。MRPII 系统还具有模拟功能，能根据不同的决策方案模拟出各种未来将会获得的结果，成为企业高层领导的决策工具。

MRPII 的基本思路是基于企业经营目标制订生产计划，围绕物料转化组织制造资源，实现按需生产。MRPII 主要技术环节涉及经营规划、销售与运作计划、主生产计划、物料清单与物料需求计划、能力需求计划、车间作业管理、物料管理(库存管理与采购管理)、产品成本管理、财务管理等。

五、企业资源计划 MRP

进入 20 世纪 90 年代，随着市场竞争的进一步加剧，企业的竞争空间与范围进一步扩大。在网络通信技术、客户/服务器(C/S)体系结构和分布式数据处理技术发展的推动下，面向企业内部资源全面计划管理的 MRPII 思想逐步发展为怎样有效利用和管理整个供应链资源的管理思想，企业资源计划(Enterprise Resource Planning，ERP)也就随之产生了。ERP 同 MRPII 的主要区别表现在以下几方面。

(1) 在资源管理范围方面的差别。MRPII 主要侧重对企业内部人、财、物等资源的管理，ERP 系统在 MRPII 的基础上扩展了管理范围，它把客户需求和企业内部的制造活动以及供应商的制造资源整合在一起，形成企业的一个完整的供应链并对供应链上所有环节如订单、采购、库存、计划、生产制造、质量控制、运输、分销、服务与维护、财务管理、人事管理、实验室管理、项目管理、配方管理等进行有效管理。

(2) 在生产方式管理方面的差别。MRPII 系统把企业归类为几种典型的生产方式进行管理，如重复制造、批量生产、按订单生产、按订单装配、按库存生产等，对每一种类型都有一套管理标准。而到了 20 世纪 90 年代后，为了适应市场变化，多品种、小批量生产以及看板式生产等则是企业主要采用的生产方式，单一的生产方式向混合型生产发展。ERP 则能很好地支持和营造混合型制造环境，满足企业需求。

(3) 在管理功能方面的差别。ERP 除了 MRPII 系统的制造、分销、财务管理功能外，还增加了支持整个供应链上物料流通体系中供、产、需各个环节之间的运输管理和仓库管理功能，支持生产保障体系的质量管理、设备维修和备品备件管理，支持对工作流(业务处理流程)的管理。

(4) 在事务处理控制方面的差别。MRPII 是通过计划的及时滚动来控制整个生产过程的，它的实时性较差，一般只能实现事中控制。而 ERP 系统支持在线分析处理(Online Analytical Processing，OLAP)、售后服务及质量反馈，强调企业的事前控制能力。它可以将设计、制造、销售、运输等通过集成来并行地进行各种相关的作业，为企业提供了对质量、灵活性、客户满意、绩效等关键问题的实时分析能力。

(5) 在跨国(或地区)经营事务处理方面的差别。ERP 系统可以支持跨国经营的多国家地区、多工厂、多语种、多币制应用需求。

此外，在 MRPII 中，财务系统只是一个信息的归结者，它的功能是将供、产、销中的数量信息转变为价值信息，是物流的价值反映。而 ERP 系统则可将财务计划和价值控制功能集成到了整个供应链上。

【知识链接 8-1】

SAP 简介

SAP 起源于 Systems Applications and Products in Data Processing，是 SAP 公司的产品——企业管理解决方案的软件名称。SAP 是目前全世界排名第一的 ERP 软件。该软件的功能主要有以下几种。

1) 客户关系管理

SAP CRM 既能帮助企业解决迫在眉睫的问题(即降低成本和提高决策能力)，又能帮助企业实现差异化管理，以便获得长期的竞争优势。SAP CRM 是唯一完整的、以客户为中心的电子商务解决方案。这项解决方案旨在为客户提供满意、忠诚的服务。它有助于提高企业的竞争优势，带来更高利润。

2) 企业资源规划

SAP ERP 是 SAP Business Suite 的五大套件之一，也是 SAP 占据市场最为强大的核心套件。其为企业提供了一个良好的基础平台，帮助企业参与必要的竞争，赢得全球市场。SAP ERP 应用软件承担着支持企业的业务流程和运营效率的基本职能，并专门满足企业的行业特定需求。

3) 供应链管理

SAP SCM 是 SAP Business Suite 的成员。该套件采用模块化软件，可以与其他 SAP 和非 SAP 软件配合使用，能够让组织机构以独特的方式完成基本业务高昂的升级。

(资料来源：http://baike.baidu.com/view/8784.htm)

【案例 8-1】

高露洁－棕榄公司(Colgate-Palmolive)ERP 实施概况

高露洁－棕榄公司是全球顶尖级的消费品公司之一，总部位于美国纽约，在全球 200 多个国家和地区设有分公司或办事机构，雇员总数达 40000 人。公司在口腔护理、个人护理、家居护理和宠物食品等方面为大众提供高品质消费品，其中有很多是广大消费者耳熟能详的全球著名品牌，如高露洁、棕榄、洁齿白、Ajax、Protex、Fab、Irish Spring、Mennen 和 Science Diet 等。公司自 20 世纪 30 年代就在欧洲几个国家建立了分公司，其后不断向国外扩展业务。2012 年位列财富 500 强第 155 名，营业额达到 163.74 亿美元。

高露洁-棕榄公司采用了 SAP 提供的 ERP 系统，实施成功的模块包括供应链管理、客户关系管理、供应商关系管理、人力资源管理、财务管理、综合应用程序、订单处理流程管理、物料清单管理、生产制造管理、员工自助服务及其他。该公司的 ERP 实施始于 1996 年，至今已完成两次全面升级，目前包括 SAP 的 R/3 系列、mySAP 的高级排程计划与优化、CRM、SAP 门户和 mySAP 商业仓库(Business Warehouse)。公司分别在欧洲、北美、南美、南亚太平洋等地的分支机构以及其 Hill Science Diet 品牌实施了 R/3 系列的 5 个实例。此外，还实施了全球人力资源管理，而 SAP 的商业仓库中目前存储有超过 6TB(注：1TB 相当于 1024GB)的客户数据。目前，其 ERP 使用人数超过 15000 人。

(资料来源：https://ishare.iask.sina.com.cn/f/iEm0lo9nOK.html)

【案例 8-2】

联邦快递(FedEx)ERP 实施概况

联邦快递(FedEx Express)是全球最大的快递公司，凭借其无与伦比的航线权及基础设施使其成为全球最大的快递公司,向 220 个国家及地区提供快速、可靠、及时的快递运输服务。联邦快递每个工作日运送的包裹超过 320 万个,其在全球拥有超过 138000 名员工、50000 个投递点、671 架飞机和 41000 辆车辆。公司通过 FedEx Ship Manager at fedex.com、FedEx Ship Manager Software 与全球 100 多万客户保持密切的电子通信联系。2012 年,其总营业额达到 393 亿美元,位列财富 500 强第 263 名。

联邦快递采用 Oracle 提供的 ERP 产品,已使用的模块包括 PeopleSoft 的资产管理、会计总账管理、财务管理、人力资源管理、电子采购、开支报告、库存管理、项目成本核算及其他。1997 年,公司开始实施 PeopleSoft 的会计总账和资产管理模块。在之后几年内的两次重大升级之后,整个系统已包括 12 个 PeopleSoft 的模块。联邦快递的国内及国际运营共用同一实例,而合作服务、运输等使用另一个实例,目前其用户超过 20000 人。

(资料来源:http://wenku.baidu.com/view/a9a361ff910ef12d2af9e727.html)

评估练习

1. ERP 的发展经历了哪几个主要阶段?
2. 什么是相关需求和独立需求?

第二节 企业资源计划的管理思想

教学目标

- 了解企业资源计划中的主要管理思想。
- 掌握各种管理思想之间的联系。

作为集成化的管理信息系统,ERP 系统中包含了准时制生产、约束理论、精益生产等管理思想,这些管理思想在 ERP 系统中相互融合,有助于企业对生产规模日益扩大和管理日益复杂的事务进行处理。

一、准时制生产

准时制(Just In Time,JIT)生产是起源于日本丰田汽车公司的一种生产管理方法。从 20 世纪后半叶起,整个世界市场进入了一个需求多样化的新阶段,而且对质量的要求也越来越高。在这种历史背景下,日本丰田汽车公司综合了单件生产和批量生产的特点,创造了一种在多品种小批量混合生产条件下高质量、低消耗的生产方式,即准时生产。

准时制生产方式的基本思想可以用一句话来概括,即"只在需要的时候,按需要的量,生产所需要的产品"。这种生产方式的核心是追求一种无库存生产方式,或使库存达到最小，由此发明了包括"看板"(Kan Ban)在内的一系列具体方法，并逐渐形成了一套独具特色的生产经营体系。JIT生产方式的最终目标是"获取利润"，为了实现这个最终目标，就要降低成本。JIT生产方式力图通过彻底消除浪费来实现这个目标。所谓"浪费"是指使成本增加的生产因素，其中最主要的有人员利用上的浪费、不良产品所引起的浪费以及生产过剩(库存)所引起的浪费。为了消除这些浪费因素，相应产生了弹性配置作业人数、质量保证、适时适量生产这样的基本手段和"看板"这样的基本工具。看板管理可以说是JIT生产方式中最独特的部分。看板的主要作用是传递生产和运送的指令。在JIT生产方式中，生产的月度计划是集中制订的，并传达到各个工厂以及协作企业。而与此相对应的日生产指令只下达到最后一道工序或总装配线，对其他工序的生产指令均通过看板来实现。即后工序在需要的时候用看板向前工序去领取所需的量，同时就向前工序发出了生产指令。由于生产不可能完全按照计划进行，日生产量的不均衡以及日生产计划的修改都通过看板来进行微调。随着信息技术的发展，一些先进的制造型企业开始采用电子看板进行生产的控制，甚至将其延伸到整个供应链的控制。

JIT生产作为提高生产管理效率的一种思想和方法，在现代企业管理中占有十分重要的地位，为企业生产运作管理提供了理想目标和判断依据，成为精细化生产管理的精髓。在企业信息化过程中，JIT生产为计算机系统的开发和流程管理提供了面向需求的管理模式，为流程优化和业务衔接活动设计提供了重要依据和标准，对于企业级信息系统的发展和应用具有非常重要的指导意义和促进作用。

二、精益生产

精益生产(Lean Production，LP)方式是美国从丰田汽车公司的生产经验中总结出来的一种生产管理方式，其核心思想是，从生产操作、组织管理、经营方式等各个方面，找出所有不能为生产带来增值的活动或人员并加以排除。这种生产方式综合了单件生产和大量生产的优点，既避免了单件生产的高成本，又避免了大量生产的僵化不灵活。精益生产的目标是要求产品尽善尽美，因此要在生产中精益求精，力求做到无废品、零库存、无设备故障等。

在生产操作上，精益生产对操作工人的要求大大提高。它通过采取减少非增值的人员和岗位，提高了生产效率；实行集体负责制，努力在本工序内把问题解决好；精心安排各种产品混合生产，最大限度地满足各个工序间的综合平衡等手段，以取得总体上的最高效率，彻底消除各种浪费；通过创造和稳定和谐的劳资关系，充分调动员工的积极性、主动性和创造性，尽可能发挥每个人的最大能力。

在生产管理上，精益生产全面贯彻精益求精的管理思想。它可为工人提供全面了解工厂信息的手段，使每个工人都有机会为工厂需要解决的问题出力；改变单调枯燥的重复工作，培养工人的多种技能，进行岗位轮换；去掉了为保证生产正常进行而配备的冗余的缓冲环节、超额的库存、超额的面积、超额的工人等，使生产更加精益，从推动方式变为拉动方式，即由传统的"根据前一道工序的生产结果决定后一道工序的生产"改变为"在现场按照日程进度的后续需要来决定前一道工序的生产"，形成"准时制生产"模式。

精益生产观点的提出，代表着企业从粗放式生产方式向精细化生产方式的转变，从而使企业在生产过程中对质量、成本、效益进行深入挖掘，以获得精益求精的管理效果。

三、敏捷制造

敏捷制造(Agile Manufacturing，AM)是美国为巩固其在制造业中的领导地位而发明的一种新的制造模式。它的特点是通过先进的柔性生产技术与动态的组织结构和高素质人员的集成，着眼于获取企业的长期经济效益，用全新的产品设计和产品生产的管理方法，对市场需求和用户需求作出灵敏和有效的响应。敏捷制造的目标是要建立一种能对客户的需求(新产品或增值服务)作出快速反应并及时满足的生产方式。它的主要思路是提高企业对市场变化的快速反应能力，满足顾客的要求，除了必须充分利用企业的内部资源外，还可以利用其他企业乃至全社会的资源，按前面提到的虚拟组织来组织生产。这种动态的组织结构，容易抓住机会，赢得市场竞争。在这样一种全新的主产方式下，企业的竞争与合作共存，并且不断进行这种关系的变化交替。竞争提高了企业的创造性与积极性，而合作又使资源得到了最好的配置。

敏捷制造有以下的特点。

(1) 在产品开发开始的整个产品生命周期中都满足要求。采用柔性化、模块化的产品设计方法和可重组的工艺设备，使产品的功能和性能可根据用户的具体需要进行改变，并借助仿真技术可以让用户很方便地参与设计，从而很快地生产出满足用户需要的产品。

(2) 采用多变的动态组织结构。衡量竞争优势的准则在于企业对市场反应的速度和满足用户的能力。而要提高这种速度和能力，必须以最快的速度把企业内部的优势和企业外部不同机构的优势集中在一起，组成灵活的经营实体，即虚拟企业。一般是某个企业为完成一定任务项目而与供货商、销售商、设计单位或设计师，甚至与用户组成企业联合体。选择这些合作伙伴的依据是他们的专长、竞争能力和商誉。这样，虚拟企业能把与任务项目有关的各领域的精华力量集中起来，形成单个企业所不具备的绝对优势。当既定任务一旦完成，虚拟企业即行解体。出现新的市场机会时，新的实体企业再重新组建成新的虚拟企业。虚拟企业这种动态组织结构，大大缩短了产品上市时间，加速了产品的改进发展，使产品质量不断提高，也能大大降低成本。

(3) 战略着眼点在于长期获取经济效益。传统的大批量生产企业，其竞争优势在于规模生产，即依靠大量生产同一产品，通过减少每个产品所分摊的制造费用和人工费用来降低产品的成本。敏捷制造是采用先进制造技术和具有高度柔性的设备进行生产。这些具有高柔性、可重组的设备可用于多种产品的生产，不需要像大批量生产那样要求在短期内回收专用设备及工本等费用，而且变换容易，可在一段较长的时间内获取经济效益。所以它可以使生产成本与批量无关，做到完全按订单生产，充分把握市场中的每一个机会。

(4) 建立新型的标准、体系，实现技术、管理和人的集成。企业需要充分利用分布在各地的各种资源，把企业中的生产技术、管理和人集成到一个相互协调的系统中。为此，必须建立新的标准体系来支持这一集成，包括大范围的通信基础结构、信息交换标准等硬件和软件。

(5) 最大限度地调动、发挥人的作用。敏捷制造提倡以"人"为中心的管理，强调用分散决策代替集中控制，用协商机制代替递阶控制机制。它的基础组织是"多学科群体"，是以任务为中心的一种动态组合。也就是在保证全局的前提下，把权力下放到项目组，要求各个项目组都能了解整体规划要求，但完成任务的中间过程则由项目组自主决定，以发挥人的主动性和积极性。

敏捷制造方式把企业的生产与管理的集成提到了一个更高的水平。它把有关生产过程的各种功能和信息集成扩展到企业与企业之间的不同系统的集成。当然，这种集成将在很大程度上依赖于国家和全球信息基础设施建设，以及企业内部先进的信息技术支撑平台。

四、业务流程重组

业务流程再造(Business Process Reengineering，BPR)的概念自从 20 世纪 90 年代初由哈默与钱皮提出后，在西方国家曾经风靡一时，其目标是"对企业的业务流程进行根本性的重新思考并彻底改革，从而获得在成本、质量、服务和速度等方面业绩的飞跃性的改善"。所谓流程，就是企业以输入各种原料和顾客需求为起点，以企业创造出对顾客有价值的产品或服务为终点的一系列活动。

顾客关心的是流程的终点，但企业必须安排好整个流程。组成流程的基本要素包括活动、活动之间的连接方式、活动的承担者和完成活动的方式。流程是由活动按一定的逻辑顺序组成的。这种逻辑顺序是由分工所形成的活动之间的内在联系所决定的。任何流程都可以串行、并行、分叉、反馈这些基本关系组合。活动的承担者一般是具体的人员或组织，随着信息化、自动化程度的提高，也有一些信息设备、自动化装置充当承担者。完成活动的方式一方面受技术条件的限制，另一方面又要受到工作习惯以及企业文化的影响。在工业化时期，已经形成的流程在一定程度上符合流程目标和任务的要求，但当企业所处的环境发生变化时，就会发现原有的流程无法完成当前的任务，就需要进行再造。

环境的变化来自企业内外两个方面。外部环境的变化是由于顾客需求的多样性与个性化以及市场竞争的日益激烈所引起的，而企业内部环境的变化则是由劳动者的工作方式和工作手段的变化所引起的。工业化时代的高度分工的工作方式，使完整的工作被分割成过细的碎块。为了实现工作的目标，需要把它们拼装起来。这种拼装需要不同部门大量的合作与协调，这不但会使效率降低，而且还会出现意想不到的问题。在环境比较稳定的大规模生产时期，随着人们对工作的熟练，问题还不突出，一旦环境多变，这种工作方式就会暴露出严重的缺陷。原有的职能部门组织(如计划、生产、市场)体制也不利于确定执行者的责任，因为某一部门的人只对某个局部环节负责，无法对整个流程负责。

  由于信息化的发展和信息技术的广泛应用，劳动者的工作手段也发生了变化。劳动者有使用先进工具来发挥个人能力的愿望，如果不能创造条件发掘这一部分潜力，不但对工作不利，而且也会挫伤劳动者的积极性。

  信息技术是企业再造工程的有力支持工具，应该研究哪些环节需要利用信息技术，信息技术又能起到什么作用？流程再造不仅影响到流程本身，还会影响到整个组织以及组织内的每一个人，可能涉及人员的精减、调动，留用人员也会有职权的改变，需要注意如何实现从现有组织到新组织的平稳过渡。

五、供应链管理

  20世纪90年代以来，随着各种自动化技术和信息技术在制造企业中的不断应用，制造生产率已被提高到了相当高的程度，制造技术本身的开发潜力开始变小。为了进一步挖掘降低产品成本和满足客户需要的潜力，人们开始将目光从企业内部生产过程转向产品全生命周期中的整个供应链，即从原材料和零部件采购、运输、加工制造、分销直至最终送到顾客手中的过程。这一过程被看成是一个环环相扣的链条，即供应链。供应链管理(Supply Chain Management，SCM)就是指对整个供应链系统进行计划、协调、操作、控制和优化的各种活动和过程，其目标是要将顾客所需的正确的产品(Right Product)能够在正确的时间(Right Time)，按照正确的数量(Right Quantity)、正确的质量(Right Quality)和正确的状态(Right Status)送到正确的地点(Right Place)，即"6R"，并使总成本最小。

  要成功地实施供应链管理，使供应链管理真正成为有竞争力的武器，就要抛弃传统的管理思想，把企业内部以及节点企业之间的各种业务看作一个整体。另一种措施是在空间上重新规划企业的供销厂家分布，以充分满足客户需要，并降低经营成本。供应链管理还体现为在生产上对所有供应厂家的制造资源进行统一集成和协调，使它们能作为一个整体来运作。企业往往有很多的供应厂家，为了满足某一个具体用户目标的需求，就必须对所有供应厂家的生产资源进行统一集成和协调，使它们能作为一个整体来运作。

  供应链管理模式的产生，促使企业管理的视角从企业内部资源的优化配置和高效利用向外界扩展，去更好地利用外界的资源，从而提高企业自身的环境适应性，并在竞争中处于有利地位。在供应链中，企业只做自己有核心竞争力的工作，相关业务可外包给更加专业化的公司或组织去完成。企业之间通过动态结盟，形成有机衔接和协调运作的整体，从而不断提高在市场中的竞争能力。ERP系统的发展和建立，在一定程度上是为了满足和支撑供应链管理模式的需要。

【知识链接 8-2】

甲骨文公司

甲骨文公司(Oracle)，全称甲骨文股份有限公司，是全球最大的企业软件公司，总部位于美国加利福尼亚州的红木滩。甲骨文公司是继微软公司及 IBM 公司后，全球收入第三多的软件公司。甲骨文公司 1989 年正式进入中国市场。

甲骨文公司产品主要有以下几类。

(1) 服务器(服务器)及工具(主要竞争对手：IBM 公司、微软公司)。
① 数据库服务器：2007 年最新版本 Oracle 11G。
② 应用服务器：Oracle Application Server。
③ 开发工具：Oracle JDeveloper，Oracle Designer，Oracle Developer，等等。
(2) 企业应用软件(主要竞争对手：德国 SAP 公司)。
① 企业资源计划(ERP)软件。已有 10 年以上的历史。2005 年，并购了开发企业软件的仁科软件公司(PeopleSoft)以增强在这方面的竞争力。
② 客户关系管理(CRM)软件。自 1998 年开始研发这种软件。2005 年，并购了开发客户关系管理软件的希柏软件公司(Siebel)。

(资料来源：http://baike.baidu.com/view/22424.htm?fromId=15020)

【案例 8-3】

国美电器 ERP 系统大飞跃

作为中国家电零售业内的领军企业，国美电器成功地部署了全新的 ERP 系统，并一跃成为具有世界最先进信息化平台的零售企业之一。

1. 填补家电零售业信息系统标准空白

从中国家电制造业与零售业的发展历程来看，由于两者的发展阶段不同，导致双方的分工不清晰，制造业将大量人力和物力投入到零售业。制造业在零售产业链上的延伸，不可避免地造成了大量重复投入，产业资源浪费，其结果必然是商品销售成本的增加，而成本增加最终导致市场竞争力的降低，这是目前制造业与零售业深层次的矛盾。同时零售业能力的不配套，也使零售商更多地停留在物业经营和供应商经营阶段。

对此，国美电器总裁王俊洲表示，在我国家电产业升级转型的关键时期，作为国内最大的电器零售企业之一，国美电器有责任率先承担起解决产业内的现有问题、推动产业快速崛起的重任，真正实现制造与零售的同步发展，提升制造业和零售业的国际竞争能力。正是基于对经济形势和行业发展的深刻判断，国美电器启动了以消费者需求为导向、以供需链全面整合为核心的新型商业模式转型，但要实现这一转型，必须首先打通企业内部、产业链各环节，实现信息流、物流、资金流的高度对接，因此全面升级信息化系统势在必行。

2007年国美电器集团就开始了对信息化的全球选型，2009年正式与SAP合作，次年与惠普达成合作，另外还签约了14家国内外知名IT合作商。国美电器、SAP与惠普公司历时16个月，完成了对新ERP系统需求整理、蓝图设计、系统功能实现和系统切换上线。此次国美电器信息化系统采用了SAP的最新版本，并结合国美电器25年的商业经营管理经验，是中国零售业最先进的信息化系统，也成为我国零售服务行业的标杆。

2. 率先开启家电供需链共赢时代

未来的竞争将是供需链之间的竞争，产业链各环节将成为一个紧密合作的利益共同体，这一点已被越来越多的企业所认识。对于零售企业来说，只有与供应商、消费者共赢，才能实现长久的健康发展。近年来，国美公司一直在推动产业供需链的无缝对接。新的ERP系统在提升国美电器核心能力的同时，打造了与供应商之间全新的信息共享平台和协同管理平台，率先开启了家电供需链共赢时代。

3. 首创供需链协同管理模式与供应商和谐共赢

在谈及新系统的最大特点时，王俊洲认为是透明、开放与共享。国美电器通过新ERP系统，首次在行业内构建了"真正"联合共同体，与供应商实现了订单协同、库存协同、收入及结算协同、促销协同、商品推广协同、促销员资源共享、市场信息协同、服务协同等共八大供应链协同。通过供应链的协同，国美电器和供应商之间资源得到最优利用，进而提高双方市场业绩，降低产业链的损耗。

在国美电器的系统平台上，供应商可以共享包括市场基础数据、市场竞争信息、服务信息、研发信息等在内的信息，实现了零供信息的透明化、及时化、精准化和无缝对接。

在这一新的平台背景下，对零售商来说最重要的工作是发现需求，根据需求指导供应商研制适销对路的产品；对制造商来说最重要的工作就是提升核心技术能力，快速为消费者生产满足需求的产品，双方通过协同供需链平台第一时间将产品和服务送到消费者手中，实现产品研发、市场试生产、量产等制造环节与市场环节紧密结合，形成完整的需求—供给—创造需求的产业链提升，在从根本上解决了产业链供需矛盾的同时，大幅提升我国家电业的国际竞争力。

4. 专注消费需求全力保障消费利益最大化

作为中国家电零售业首个以消费需求为导向的信息化系统，国美电器的新ERP系统极大地增强了零供双方发现、研究与共同满足消费需求的能力，促使整个行业回归到消费者需求这一本源上来，实现最大限度地满足消费者低成本选购产品的需求。

随着新ERP系统的全面应用，零供双方最重要的工作就是共同研究和满足消费需求。零售商根据需求指导供应商研制适销对路的产品，制造商提升核心技术能力快速为消费者生产产品，双方通过协同供需链平台第一时间将满足需求的产品送到消费者手中。整个产业链效率提升，成本降低，再加上零售企业大规模采购的常态化，使消费者能够持续享受到低成本高品质的商品。

为全面提升消费者体验，国美电器也在行业内首次实现了对物流能力、售后能力的实时管理，为一线销售人员提供了完整的服务能力信息，以帮助他们能够准确地按照客户需求确定送货和上门安装的时间，使国美的服务能力、上游制造商的服务能力与消费需求最大限度地结合，最大限度地提升了消费者的体验和满意度。同时也最大限度地整合了供应链的资源，并为进一步优化供应链的效率和服务能力打下了坚实的基础。从国美新系统上线后的统计数据来看，关于物流配送和送货服务的投诉率大幅降低，部分分部实现了零投诉。

(资料来源：http://wenku.baidu.com/view/0e8ded2d915f804d2b16c150.html)

六、客户关系管理

基于Internet技术的电子商务正在改变着社会经济各个行业的传统经营模式，尤其是彻底改变了企业与客户之间的关系。激烈的市场竞争要求企业的经营理念从"以产品为中心"转向"以客户为中心"，即谁能把握住客户的需求并以最快的速度作出响应，谁就能吸引新客户、保持老客户，谁就能取得最终的胜利。那么，如何实现"以客户为中心"的经营模式呢？客户关系管理(Custom Relationship Management，CRM)为这个问题提供了解决的方案。

客户关系管理是遵循客户导向的发展战略，对客户进行系统化的研究，通过建立改进对客户的服务水平，提高客户的忠诚度，不断争取新的客户和商机，力争为企业带来长期稳定的利润。客户关系管理首先是选择和管理客户的经营理念和发展战略，目的是实现客户长期价值的最大化。客户关系管理的实践，促使企业必须树立新的客户观念、重新认识客户关系和客户的价值所在。客户关系管理重新定义了企业的职能并对其业务流程进行重组，要求企业真正以客户为中心的理念来支持有效的营销、销售和服务过程。企业关注的焦点必须从内部运作转移到客户关系上来，并通过加强与客户的深入交流，全面了解客户的需求，不断对产品及服务进行改进和提高，以满足顾客的需求。

企业的客户关系管理理念，反映了在上至公司高层、下至每位员工的所有可能与客户发生关系的环节上，使他们之间充分地沟通，共同围绕客户关系开展工作。从更广的范围讲，客户关系管理不仅要求企业与顾客之间良好地交流，也为企业与合作伙伴之间共享资源、共同协作奠定了基础。客户关系管理可以根据不同的客户建立不同的联系，根据其特点提供服务，这充分体现了客户关系管理的核心思想和理念内涵。

客户关系管理作为一种具体的管理模式，主要体现在客户与企业发生关系的市场营销、销售实现、客户服务和决策分析四大业务领域。客户关系管理是企业通过技术投资，建立能搜集、跟踪和分析客户信息、增加客户联系渠道、客户互动以及对客户渠道和企业后台的整合的应用系统解决方案的总和。

客户关系管理思想的产生，代表企业运营的着眼点从产品转向客户，从计划推动式生产转向以客户为中心的需求拉动式生产，从而为信息系统的设计开发提供了一种需求导向的全新理念。

【案例 8-4】

美国沃尔玛超市案例

关于 CRM 数据挖掘提供的最有趣的例子就是沃尔玛啤酒加尿布的故事。一般看来，啤酒和尿布是顾客群完全不同的商品。但是沃尔玛超市一年内数据挖掘的结果显示，在居民区中尿布卖得好的店面啤酒也卖得很好。原因其实很简单，一般太太让先生下楼买尿布时，先生们一般都会犒劳自己两听啤酒。因此啤酒和尿布一起购买的机会是最多的。这是一个现代商场智能化信息分析系统发现的秘密，这个故事被公认为是商业领域数据挖掘的诞生。

沃尔玛超市能够跨越多个渠道收集最详细的顾客信息，并且能够造就支持灵活、高速供应链的信息技术系统。沃尔玛超市的信息系统是最先进的，其主要特点是投入大、功能全、速度快、智能化和全球联网。目前，沃尔玛中国公司与美国总部之间的联系和数据都是通过卫星来传送的。沃尔玛美国公司使用的大多数系统都已经在中国得到充分的应用和发展，已在中国顺利运行的系统包括存货管理系统、决策支持系统、管理报告工具以及扫描销售点记录系统等。这些技术创新使沃尔玛超市得以成功地管理越来越多的营业单位。当沃尔玛超市的商店规模成倍地增加时，它们不遗余力地向市场推广新技术。比较突出的是借助 RFID 技术，沃尔玛可以自动获得采购的订单，更重要的是，RFID 系统能够在存货快用完时，自动地给供应商发出采购的订单。

另外，沃尔玛超市打算引进到中国来的技术创新是一套"零售商联系"系统。"零售商联系"系统使沃尔玛超市能和主要的供应商共享业务信息。举例来说，这些供应商可以得到相关的货品层面数据，观察销售趋势、存货水平和订购信息，甚至更多。通过信息共享，沃尔玛超市能和供应商们一起增进业务的发展，能帮助供应商在业务的不断扩张和增长中掌握更多主动权。沃尔玛超市的模式已经跨越了企业内部管理(ERP)和与外界"沟通"的范畴，而是形成了以自身为链主，链接生产厂商与顾客的全球供应链。沃尔玛超市能够参与到上游厂商的生产计划和控制中去，因此能够将消费者的意见迅速反映到生产中，按顾客需求开发定制产品。

沃尔玛超市天天低价广告表面上看与 CRM 中获得更多客户价值相矛盾。但事实上，沃尔玛超市的低价策略正是其 CRM 的核心，与前面的"按订单生产"不同，以"价格"取胜是沃尔玛超市所有 IT 投资和基础架构的最终目标。

(资料来源：http://wenku.baidu.com/view/c58d22639b6648d7c1c74661.html)

评估练习

1. 简述业务流程重组。
2. 简述供应链管理。

第三节 企业资源计划的基础功能模块

教学目标

- 掌握企业资源计划的主要功能模块。
- 了解各模块之间的关系。

企业管理主要包括三个模块，即物流管理模块、生产管理模块和财务管理模块。这三大模块本身就是集成体，相互之间有相应的接口，能够很好地整合在一起对企业进行管理。

一、物流管理模块

物流管理作为供应链管理的重要组成部分，主要是利用信息技术来保证物流活动的合理化，使物流功能达到最佳组合，在保证物流服务水平的前提下，实现物流成本的最小化。ERP 的物流管理模块包括以下几个方面。

(一)销售与分销模块

销售与分销模块包含了所有与创造企业利润相关的工作，是驱动整个企业运作的根源所在，是企业运作过程中的一个重要环节。销售与分销模块的核心功能是订单管理和销售管理。

1. 订单管理

订单是企业销售活动的重要环节，对于采用订货生产的企业而言，有了订单才能制订相应的生产计划并进行制造。销售订单是企业生产、销售发货和销售货款结算的依据，对销售订单的管理，是销售工作的核心。订单管理一般包括以下内容。

(1) 客户信用审核及查询。为了减少坏账的发生，对企业的客户应进行分类管理，建立客户档案，维护客户信息，并对客户的信用进行审核。制造企业的销售，一般面对的是分销商或代理商(即 B2B 模式)，大多采用赊销模式，需要对客户的信用额度进行核定。当应收款总量大于客户的信用额度时，一般不应再进行交易。

客户的信用水平可以通过查询而得到(事先设定)。ERP 系统中带有信用评价体系，可以通过采集客户的历史交易数据、客户信誉和相关信息，对客户进行及时的信用评价。

(2) 产品库存查询。在客户信用审核之后，需要进行产品库存查询，确定可供货的情况以及产品价格的情况，以便决定何时发货与交货。

(3) 产品报价。根据销售计划和开拓市场的需要，企业必须针对不同客户制定相应的价格策略，以便建立长期稳定的销售渠道。

(4) 订单输入、变更和跟踪。当信用、库存和报价均已得到后，就可以与客户进行交易，签订订单。订单输入后可修改或撤销，以及进行订单的跟踪分析。

(5) 交货期确认及交货处理。按销售订单的交货期组织生产、组织发货以及安排相应的事务。

良好的订单管理可以提高客户服务水平，减少订单的流失。订单中的有关信息可以为生产和财务提供准确的信息。

2. 销售管理

销售业务活动主要包括以下内容。

(1) 制订产品销售计划和产品报价，提供价格策略。
(2) 开拓市场，进行产品宣传，建立和管理销售渠道。
(3) 传递订单信息给生产计划部门。
(4) 交货组织及向客户催缴货款、开发票、记账，并将信息传递给财务部门。
(5) 对客户提供相关服务。
(6) 销售统计报表，销售分析。

销售统计可以从销售形式(内销或外销)、产品、代理商、地区、销售人员、销售金额、销售数量、销售利润等角度分别进行统计。销售分析是通过对目标实现率、同期市场比较和发展趋势、订单与发货比较中的异常跟踪、价格变动因素等进行分析，还可以对客户服务进行分析，了解客户对质量、包装、延迟交货、发运、破损等方面的投诉记录，进一步分析原因，以利改进。

(二)库存管理模块

库存管理的目的是控制存储物料的数量、保证稳定的物流以支持正常的生产，同时最小限度地占用资本。它是一种相关的、动态的库存控制系统。这一系统的功能涉及以下内容。

(1) 为所有的物料建立库存记录，作为采购部门采购、生产部门制订生产计划的依据。
(2) 收到订购物料，必须经过质量检验方可入库。生产的产品也同样要经过检验才能入库。
(3) 收发料的日常业务处理工作。

(三)采购管理模块

采购管理主要有以下内容。

(1) 供应商信息查询(查询供应商的能力、信誉等)。
(2) 催货(对外购或委外加工的物料进行跟催)。
(3) 采购与委外加工统计(统计、建立档案、计算成本)。
(4) 价格分析(对原料价格进行分析,调整库存成本)。

【案例 8-5】

家电数码连锁企业苏宁电器

苏宁电器(现已更名为苏宁云商)是中国 3C(家电、计算机、通信)家电连锁零售企业的领先者,连锁网络覆盖海内外 600 多个城市,中国香港和日本东京、大阪地区,拥有 1600 多家店面,员工总数 18 万人。2012 年苏宁电器营业收入为 938.9 亿元,位列中国 500 强第 41 名。更值得称道的是苏宁电器的信息化工作,以 SAP/ERP 为核心的苏宁信息化平台在国内商业零售领域内是独树一帜的。

苏宁电器基于 ATM 专网实现了采购、仓储、销售、财务、结算、物流、配送、售后服务、客户关系一体化实时在线管理。为了适应管理和处理日益庞大的市场数据的要求,苏宁电器建立了全面、统一、科学的日常决策分析报表、查询系统,有效控制了物流库存,大幅提高了周转速度,减少了库存资金的占用。通过多维分析模型、商品生命周期分析模型等现代分析手段,综合运用数据仓库、联机分析处理、数据挖掘、定量分析模型、专家系统、企业信息门户等技术,提供针对家电零售业运营所必需的业务分析决策模型,挖掘数据的潜在价值。

苏宁电器通过 B2B、B2C、银企直联构筑起行业供应链,实现了数据化营销。与索尼、三星等供应商建立了以消费者需求和市场竞争力为导向的协同工作机制。知识管理和数据库营销成为基本工作方式,标志着中国家电和消费电子类产品供应链管理从上游厂商制造环节,延伸到零售渠道环节。苏宁电器与索尼、摩托罗拉等公司率先实现 B2B 对接,与 LG、三星、海尔等上游企业完成 B2B 对接,贯通上下产业价值链信息系统初具雏形。供销双方基于销售信息平台,决定采购供应和终端促销,实现供应商管理库存功能,加强产业链信息化合作,建立电子商务平台与现有的 SAP/ERP 系统完美结合,行业间 B2B 对接,订单、发货、入库和销售汇总等数据实时传递、交流,大幅度缩减业务沟通成本;建立完善的客户服务系统以及信息数据采集、挖掘、分析、决策系统,分析消费数据和消费习惯,将研究结果反馈到上游生产和订单环节,以销定产。

苏宁电器在全国 100 多个城市的客户服务中心利用内部 VOIP 网络及呼叫中心系统建成了集中式与分布式相结合的客户关系管理系统,建立起 5000 万个顾客消费数据库。建立视频、OA、VOIP、多媒体监控组成企业辅助管理系统,包括图像监控、通信视频、信息汇聚、指挥调度、情报显示、报警等功能,可对全国连锁店面及物流中心进行实时图像监控,总部及大区远程多媒体监控中心负责实时监控连锁店、物流仓库、售后网点及重要场所运作情况，全国连锁网络"足不出户"的全方位远程管理。

苏宁电器实现了全会员制销售和跨地区、跨平台的信息管理，统一库存、统一客户资料，实行一卡式销售。苏宁电器实现 20000 多个终端同步运作，大大提高了管理效率。苏宁电器在各地的客服中心都是基于 CRM 系统为运作基础的。客户服务中心拥有 CRM 等一套庞大的信息系统。CRM 系统将自动语言应答、智能排队、网上呼叫、语音信箱、传真和语言记录功能、电子邮件处理、屏幕自动弹出、报表功能、集成中文 TTS 转换功能、集成 SMS 短消息服务等多项功能纳入其中，建立了一个覆盖全国的对外统一服务、对内全面智能的管理平台。

依托数字化平台，苏宁会员制服务全面升级，店面全面升级为会员制(CRM)销售模式，大大简化了消费者的购物环节，方便顾客。现在，累积积分可以冲抵现金，这种模式已成为苏宁电器吸引消费者的一个重要因素。目前苏宁电器针对会员消费者，推出会员价商品、会员联盟商家、会员特色服务等专项服务内容。

(资料来源：http://wenku.baidu.com/view/7eba70b9fd0a79563c1e7279.html)

二、生产管理模块

生产管理是 ERP 系统的核心所在，它将企业的整个生产过程有机地结合在一起，使企业能够有效地降低库存，提高效率。同时，将各个原本分散的生产环节自动连接，使生产流程能够前后连贯地进行，而不会导致生产脱节，耽误交货时间。ERP 系统的生产管理是首先确定企业的主生产计划，再经过系统层层细分后，下达到各部门去执行。ERP 系统的生产计划包括以下几个文件。

(一)主生产计划

主生产计划是根据生产规划、预测和客户订单的输入来安排将来各周期中提供的产品种类和数量。它将生产计划转为产品计划，在平衡了物料和能力的需要后，精确到时间、数量的详细进度计划。它是企业在一段时期内的总活动的安排，是一个稳定的计划，是根据生产规划、实际订单和对历史销售分析得来的预测产生的。

(二)物料需求计划

在主生产计划决定生产多少最终产品后，再根据物料清单，把整个企业要生产的产品数量转变为所需生产的零部件数量，并对照现有的库存量，可得到还需加工多少、采购多少的最终数量。

(三)能力需求计划

能力需求计划是在得出初步的物料需求计划之后，将所有工作中心的总工作负荷在各工作中心进行能力平衡后制订的详细工作计划,用以确定生成的物料需求计划在企业生产能力上是否可行。能力需求计划是一种短期的、当前实际应用的计划。

(四)车间控制计划

车间控制计划是随时间变化的动态作业计划,是将作业分配到具体各个车间,再进行作业排序、作业管理、作业监控。

(五)制造标准

在编制计划时需要许多生产基本信息,这些基本信息就是制造标准,包括零部件、产品结构、工序和工作中心,都可用唯一的代码在计算机中识别。

【案例 8-6】

美的企业 ERP 实施案例

ERP 是物资资源管理(物流)、人力资源管理(人流)、财务资源管理(财流)、信息资源管理(信息流)集成一体化的企业管理软件。它包括客户/服务架构,使用图形用户接口,应用开放系统制作。除了已有的标准功能,它还包括其他特性,如品质、过程运作管理以及调整报告等。

ERP 是借用一种新的管理模式来改造原企业旧的管理模式,是先进的、行之有效的管理思想和方法。ERP 是 MRPII 的发展,是对整个企业的资源进行管理,是对整个供应链并且延伸到企业外部资源的管理。

美的集团是一家以家电为主,涉足物流等领域的大型综合性现代化企业,旗下拥有三家上市公司、四大产业集团,是中国最具规模的白色家电企业之一。美的集团面临全球化制造、市场一体化挑战,管理竞争进入知识管理阶段,信息技术从提高生产力的工具转变为提升企业竞争优势的重要因素,需要从企业经营管理的战略高度规划供应链管理、产品协同商务、知识管理等应用系统及企业信息基本架构。美的集团应用 ERP 软件进行企业管理,提高整体管理水平,加强集团的财务管理与预算控制,降低库存、降低成本,提高资金的周转次数、完善供应链管理。

美的集团是中国实施 Oracle ERP 多组织的国内首家用户,也是国内最成功的用户之一。美的集团选择了以下的 ERP 软件:Oracle – Oracle APPLICATION,SAP – R/3 system。美的集团通过应用 Oracle – Oracle APPLICATION 降低库存,提升了库存周转率,加快了物料采购速度,减少了延期交货,提高了服务水平,促进了信息共享。

(资料来源:http://wenku.baidu.com/view/21b7e865f5335a8102d22099.html)

三、财务模块

在企业的各项经营管理活动中,清晰的财务管理极其重要。财务模块作为 ERP 系统的一部分,和系统中的其他模块有相应的接口,能够相互集成。比如,它可将由生产活动、采购活动输入的信息自动计入财务模块生成总账、会计报表,取消了输入凭证烦琐的过程,几乎完全可以替代以往传统的手工操作。

ERP 系统的财务管理部分可以分为以下几个模块。

1. 总账模块

总账模块的功能是处理记账凭证输入、登记,输出日记账、一般明细账及总分类账,编制主要会计报表。总账模块是整个会计核算的核心,应收账、应付账、固定资产核算、现金管理、工资核算、多币制等各模块都以其为中心来互相传递信息。

2. 应收账模块

应收账是指企业应收的由于商品赊欠而产生的正常客户欠款。应收账模块具有发票管理、客户管理、付款管理、账龄分析等功能。它和客户订单、发票处理业务相联系,同时将各项事务自动生成记账凭证,导入总账。

3. 应付账模块

应付账模块具有发票管理、供应商管理、支票管理、账龄分析等功能。它能够和采购模块、库存模块完全集成。

4. 现金管理模块

现金管理模块主要是对现金流入流出的控制以及零用现金及银行存款的核算,具有对现金、支票、汇票和银行存款的管理。ERP 提供了票据维护、票据打印、付款维护、银行清单打印、付款查询、银行查询和支票查询等和现金有关的功能。此外,它还能够和应收账、应付账、总账等模块集成,自动产生凭证,导入总账。

5. 固定资产核算模块

固定资产核算模块可以完成对固定资产的增减变动、折旧以及有关基金计提和分配的核算等工作任务。它能够帮助管理者对目前固定资产的状况有所了解,并能通过该模块提供的各种方法来管理资产,以及进行相应的会计处理。它的具体功能包括登录固定资产卡片和明细账,计算折旧,编制报表,以及自动编制转账凭证并转入总账等。它可以和应付账、成本、总账模块集成。

6. 多币制模块

多币制模块是为了适应当今企业的国际化经营、对外币结算业务要求增多的形势而产生的。多币制可将企业整个财务系统的各项功能以各种币制来表示和结算,且客户订单、库存管理及采购管理等也能使用多币制进行交易管理。多币制和应收账、应付账、总账、客户订单、采购等各模块都有接口,可自动生成所需数据。

7. 工资核算模块

工资核算模块的功能是自动进行企业员工的工资结算、分配、核算以及各项相关经费的计提。它能够登录工资、打印工资清单及各类汇总报表,计算计提各项与工资有关的费用,自动作出凭证,导入总账。这个模块是和总账、成本模块集成的。

8. 成本模块

成本模块将依据产品结构、工作中心、工序、采购等信息进行产品的各种成本的统计,以便进行成本分析和规划。

9. 财务计划模块

财务计划模块可以根据前期财务分析作出下期的财务计划、预算等。

10. 财务分析模块

财务分析模块提供查询功能和通过用户定义的差异数据的图形显示进行财务绩效评估、账户分析等。

11. 财务决策模块

财务决策模块是财务管理的核心部分,可作出与资金有关的各种决策,包括资金筹集、投放及资金管理等。

【知识链接8-3】

财务管理模块的功能

财务管理的功能主要是对会计核算的数据加以分析,从而进行相应的预测、管理和控制活动。它侧重于财务分析、财务预算和财务控制。财务分析是指企业的财务人员以财务报表和其他资料为依据和起点,采用专门的方法,系统分析和评价企业过去和现在的经营成果、财务状况及其变动,目的是了解过去、评价现在、预测未来,帮助企业的经营管理者进行决策。财务分析的最基本功能,是将大量的报表数据转换成对特定决策有用的信息,减少决策的不确定性。财务分析所使用的数据主要来源于企业的财务报表,分析的结果包括企业的偿债能力、盈利能力和抵抗风险的能力等,并作出评价或找出问题所在。

财务预算是一系列专门反映企业未来一定预算期内的预计财务状况和经营成果,以及现金收支等价值指标的各种预算的总称,具体包括现金预算、预计利润表、预计资产负债表和预计现金流量表等内容。在全面预算体系中，经营预算和资本预算是财务预算的基础。

财务控制是在全面预算的基础上，对影响企业财务活动即资金活动的各种因素加以管理。从控制论的角度看，控制的组成部分包括标准、反映、责任中心和纠正偏差。财务控制就是预先确定企业财务管理目标，将实际工作中的资金运行、成本、费用等作比较，以此衡量管理的业绩，并对违反标准的行为及时采取措施加以纠正。

(资料来源：https://max.book118.com/html/2018/0331/159503483.shtm)

四、各功能模块之间的集成

(一)销售模块与财务、库存模块的集成

销售模块与财务模块的集成主要体现在与应收款系统、存货核算系统之间的集成。

销售管理与应收款管理的主要业务联系表现在以下几方面。

(1) 销售发票、销售调拨单、零售日报、代垫费用单在"应收款管理"模块审核登记应收明细账，并制作单据。

(2) 销售发票、销售调拨单、零售日报、代垫费用单在"应收款管理"模块进行收款结算核销，并回写有关收款核销信息。

销售管理与存货核算的主要业务联系表现在以下几方面。

(1) 直运销售发票在"存货核算"模块进行记账登记存货明细账、制单生成凭证。

(2) 委托代销发货单、发票在"存货核算"模块进行记账登记存货明细账、制单生成凭证。

(3) 分期收款发货单、发票在"存货核算"模块进行记账登记存货明细账、制单生成凭证。

(4) "存货核算"为"销售管理"模块提供销售成本。

(5) "存货核算"模块设置按照销售发票确认销售成本的，销售发票在"存货核算"模块进行记账、制单。

(二)采购模块与财务、库存模块的集成

采购系统与财务系统的集成主要体现在与应付款系统、存货核算系统之间的集成。

采购与财务的主要业务联系表现在以下几方面。

(1) 采购发票录入后，在"应付款管理"模块对采购发票进行审核登记应付明细账，进行制单并生成凭证。

(2) 已审核的发票与付款单进行付款核销，并回写采购发票有关付款核销信采购管理与存货核算的主要业务联系。

(3) 直运采购发票在"存货核算"模块进行记账登记存货明细账、制单并生成凭证。

(4) 采购结算单可以在"存货核算"模块进行制单并生成凭证。

(5) "存货核算"根据"采购管理"结算的入库单记账并制单；没有结算的入库单进行暂估处理。

(三)库存模块与财务模块的集成

库存系统与财务系统的集成主要体现在与存货核算、项目管理、成本管理之间的集成。二者的主要业务联系表现在以下几方面。

(1) 所有出入库单均由"库存管理"模块填制，存货核算只能填写出入库单的单价、金额，其他项目不能修改。

(2) 在"存货核算"模块中对出入库单记账登记存货明细账、制单并生成凭证。

(3) 为"库存管理"提供出入库成本。

(4) "库存管理"期初结存与"存货核算"的期初结存分别录入，库存和存货的期初数据可相互取数及对账，不要求两边的数据完全一致。

库存管理与成本管理的主要业务联系为库存管理提供成本管理所需的产成品入库累计入库量。

(四)生产模块与财务模块的集成

生产制造部分主要包括物料清单、主生产计划、产能管理、需求规划、生产订单、车间管理、工程变更、设备管理等模块。它与财务系统的集成关系表现在以下几方面。

(1) 物料清单的模型清单、选项类清单、标准清单，可供成本管理系统计算物料标准成本之用。

(2) 生产订单系统中已审核生产订单(含已关闭生产订单)，是成本管理系统按生产订单计算物料成本的依据。

(3) 车间管理系统中物料的工艺路线，可供成本管理系统计算产品。

(4) 标准成本之用车间管理系统中生产订单工序完工工时，可作为成本管理计算产品实际成本的依据。

(5) 设备管理的设备台账信息可以通过读入固定资产信息系统建立。

【案例 8-7】

山东东阿阿胶集团公司 ERP 应用案例分析

东阿阿胶集团在实施 ERP 的过程中，始终贯穿这样一条主线：全面吸收 ERP 的管理思想，重新塑造企业价值。经过一年的努力，东阿阿胶集团成功地建立了自己的 ERP 系统，该系统以供需链管理为核心，以客户关系管理为重要支撑，强调生产、采购和库存的计划管理，对资金的管理进行全程监控，确保资金的效率。

(1) 以"供需链管理"为核心。东阿阿胶集团按照 ERP 的管理思想,对企业供需链资源进行重新整合,运用计算机及网络通信技术把客户需求和企业内部的活动以及供需商的制造资源整合在一起,形成一个完整的供需链。东阿阿胶集团的供需链跨越了部门与企业,包括原材料供应商、产品制造商、分销商与零售商和最终用户。由于东阿阿胶集团供需链从整个市场竞争与社会需求出发,实现了企业外部资源与内部资源的重组,大大改善了东阿阿胶集团的物流、信息流运转的效率和有效性,有效地控制和降低了库存与生产成本。

(2) 强化了客户关系管理。由于市场消费的理性化和个性化,同类产品在价格和性能上的差距大大降低,要想突出产品的个性,获得顾客的青睐,服务能力是企业制胜的法宝。东阿阿胶集团的 ERP 在设计客户关系的管理流程时,重点突出了销售、市场营销、客户服务和支持等与客户直接打交道的前台领域。以往,东阿阿胶集团对客户的管理和服务只体现在直接业务部门,如销售部门、售后服务部门。现在东阿阿胶集团对客户的服务除了专门的销售部门、顾客服务部门之外,还跨越产品设计部门、生产制造部门、审计部门、财务部门等多个部门。

(3) 实现了生产体系的全面管理。吸收了准时制(JIT)生产、全面质量管理(TQC)等新的管理思想,实现了对企业生产工作的全面管理。其中,生产计划子系统是生产管理子系统的入口点,根据销售预测数据,能自动生成生产计划排产项目;能力需求计划子系统实现了企业管理人员将生产计划转换成相应的能力需求计划;物料需求子系统是生产管理的核心,它实现了将主生产计划排产的产品分解成各自中间产品的生产计划和采购件的采购计划,同时它和主生产计划、能力需求计划、库存管理和生产数据等子系统形成了一个能够及时反映企业需要生产什么、什么时候生产、生产多少的动态闭环计划系统。

(4) 在企业内实现了全员财务管理。通过财务管理中的账务管理、财务分析、费用管理、成本模拟等,把东阿阿胶集团的财务工作上升到管理的高度。特别是通过财务与生产、财务与销售、财务与库存和财务与质量等企业各个业务环节的信息集成与共享,从而实现现代企业的人、财、物、产、供、销的一体化管理。如账务子系统的应用,不仅可以指导库存、生产、采购、销售等系统的管理,还可以为领导决策提供重要的信息,财务报表子系统可以直接从账务子系统读取数据,完成表内和表间的数据运算,还可以通过定义将不同的账务数据合并生成报表,从而适用于集团公司的财务管理。

(资料来源:http://wenku.baidu.com/view/7eba70b9fd0a79563c1e7279.html)

评估练习

1. 物流模块的主要研究内容有哪些?
2. 生产模块的主要研究内容有哪些?
3. 各模块之间怎样联系?

本 章 小 结

随着管理环境、信息技术手段的不断变化，各种管理理论和管理体系的不断涌现，供应链管理、客户关系管理、电子商务等新型管理模式的不断提出和实现，为企业管理与发展带来了巨大的推动力。ERP 系统的提出和开发应用促使企业管理信息高度集中，帮助企业业务的内部集成与外部集成，管理整个供应链，优化业务流程，实现协同运作。

第九章　物流公共信息平台

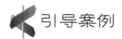 引导案例

广西物流公共信息服务平台(简称"行好运"网)是一个开放共享的物流资源要素整合平台，旨在加快推进广西物流资源要素配置、产业培育和业态创新，深化物流产业的开发合作、优势互补，实现资源高效配置与整合。

"行好运"网自 2017 年上线运营后，注册入驻企业已达 3036 家，企业发布车辆 3.5 万辆，发布货源总吨数 188447t，发布的仓库总面积达 110 多万 m^2。网上交易的总货值达到 72 亿元人民币。

通过"行好运"网，整合全区的货主、承运商、物流企业、仓储企业、港站等物流企业和物流资源，并对其进行高效配置优化；入驻企业可以在"行好运"网上发布货源信息、运力信息、仓储信息、招标信息，让区内所有物流企业可以共享资源并进行自由的在线交易；"行好运"网并提供在线支付结算、金融保险、诚信体系等服务，确保入驻企业之间的在线交易和结算方便、快捷、高效、安全；提供货物运输途中的监控、跟踪和追溯服务，为入驻企业的货物运输提供安全保障。

"行好运"网拥有物资集团国有大型企业及广西物流与采购联合会会长单位做信用背书，完全得到区内物流企业的信赖。"行好运"网具有完善的诚信管理和评估体系，根据用户在平台上的行为，可为用户提供评分，累积信用积分服务，积分越高的企业越值得信赖，获得订单机会越多。

通过"行好运"网的大数据分析，政府和行业主管部门可以掌握物流产业发展动态和投资方向，引导资金正确投向产业短板、产能缺口、新兴领域和优质项目，实现精准投资，避免重复建设和资源浪费，有效培育物流实体产业项目。

"行好运"网将不断扩展平台相关功能，未来其建设重点主要有下述各点。

(1) 壮大前台推广营销和后台服务队伍，扩大平台影响力，使建设期内进驻的仓储物流及生产制造企业达到 5 万家，注册 10 万用户。计划完成后，可使平台拥有庞大的底层数据和用户量，并能保证物流从业者所发布信息的真实性、及时性，为"行好运"网扩展大数据、云计算等功能夯实基础。

(2) 计划在广西现代物流产业孵化中心扩建计算机机房，搭建"行好运"网服务器。建设数据中心，实现"行好运"网大数据集中处理和分析，可为行业管理决策提供依据。

(3) 建立基于 GIS/GPS/AGPS 的车船定位和货物追踪系统平台，引入北斗车辆定位及货物追踪系统。运用 RFID 识别技术为所有进驻平台的车船安装电子标签，实现车船 GPS

定位及货物实时追踪。

(4) 通过对"行好运"网的数据分析，了解各地物流发展状况，并购一些有发展前景的物流园区、港口，在这些园区建设智能化示范仓库和平台综合服务中心。通过运用网络技术、监控技术及RFID技术等对仓库、园区、港口进行智能化改造，搭建智能仓储管理系统，实现出入库数据监控、自动拣选、数据挖掘等功能。

(5) 计划在广西现代物流产业孵化中心建设现代物流展示中心，实现车船、货物、智能化仓库的可视化追踪监控和统一调度。

(6) 建设物流金融系统，引进互联网金融、物流金融、供应链金融，通过提供仓单质押、买方信贷、授信融资、垫付货款、财产保险等金融产品提高平台一体化服务水平，增加高附加值的服务功能。

(7) 配套发起广西物流产业发展基金，通过"广西物流公共信息服务平台+产业基金"运营模式，以公共信息平台为支撑进行大数据分析，掌握物流产业发展动态和投资方向，引导基金正确投向产业短板、产能缺口、新兴领域和优质项目，实现精准投资，避免重复建设和资源浪费，有效培育物流实体产业项目，最终实现产业基金投资效益及有序发展。

(资料来源：中国物流与采购网)

辩证性思考

1. "行好运"网的社会效益有哪些？
2. 物流公共信息平台的可持续发展路径是什么？

第一节 物流公共信息平台概述

教学目标

- 了解物流公共信息平台的概念。
- 掌握物流公共信息平台的构成。

一、信息平台的概念

所谓信息平台，是指在现代软件工程的概念上建立的，以实施最大限度的软件和系统资源的共用，启动数据共享工程，把真正与领域业务需求有关的部分提取出来，把信息基础设施与公共应用支持开发成平台。其外部环境包括通信网络传输系统、数据交换网络的传输系统和用户设备。

二、物流信息平台的概念

物流信息平台就是能整合各种物流信息系统的信息资源，完成各系统之间的数据交换，实现信息共享。

物流信息平台整合了企业、货主、公路、铁路、港口、银行、海关、工商税务等多个信息系统,通过物流信息平台能实现以上各系统之间的信息交换和信息传递,满足不同客户的信息需求。

【案例9-1】

<h3 style="text-align:center">我国物流信息化发展的历程与趋势</h3>

一、中国物流信息化发展阶段

第一阶段:处于普及信息化理念阶段,大量物流企业停留在手工操作、人工报表阶段,企业还没有关注信息化对提升效率、降低成本的影响。

第二阶段:随着物流的快速发展,信息化需求增多,为服务企业个性化需求,出现了专业的信息化服务商和物流信息化产品,这些信息化服务商也成为最初的物流公共信息服务平台。

第三阶段:随着移动互联网的快速发展,各行业出现了以横向整合为主的跨区域运力资源平台,以及以纵向整合为主的专业化应用管理平台,并在平台的基础上逐渐形成了金融、保险、汽车后服务等产业链生态。物流新商业模式呈现出强劲的生命力和竞争力。

第四阶段:数字化引领智慧物流满足差异化、多元化的需求,需求变得差异化、多元化,智慧物流市场快速发展,成为行业转型升级的新动能,行业正由自动化、网络化向数据化、智能化升级。

二、中国物流信息化智慧趋势

智慧物流是现代物流的基础,利用传统网络与互联网的整合,通过精细、动态、科学的管理,实现物流的自动化、可视化、可控化、智能化,从而提高资源利用率,创造更丰富的智慧价值。智慧物流的快速发展为行业转型以及创新发展提供了新动能,主要表现在以下几方面。

1. 平台化促进行业新模式新业态发展

近年来,"互联网+高效物流"得到大力推进,以现代信息技术为标志的智慧物流已经为物流供给侧结构性改革提供了新动能,国家发改委会同有关部门研究制定了"互联网+高效物流"发展计划,交通运输部、商务部、工信部等部门从各自职能领域陆续部署推进"互联网+高效物流"的相关工作。在政策背景下,物流行业互联网化、平台化趋势明显。各类物流平台社会化和数据开放形成了广泛的社会分工协同模式,引领小型物流企业和互联网平台形成即时化、个性化需求,通过物流平台和线上线下资源,为仓储、运输、配送、结算、客服等供应链环节的物流服务体系提供国内国际物流的"一站式""一票到底"等高价值服务。物流平台同时推动了跨界融合,加油维修、应急救援、金融保险、ETC等物流服务机构参与其中,形成深度的协同,多主体共赢的新模式和新业态。

2. 智能技术的成熟加速提升行业效率

工业4.0背景下的智慧工厂、电子商务、物流平台的大力发展加速吸引了智慧技术在物流领域的商业化应用。AI、物联网、自动仓库、机器人、可穿戴设备、无人机、自动驾驶、智能移动终端等技术应用正在趋于成熟，实现了物流订单的便捷管理、智能调度、实时跟踪，并实现了电子交付以及全流程的可视化、网络化，同时推动了物流各环节的数字化、智能化、无人化，实现物流向技术运力型发展，指出问题，提升物流效率，降低人工成本，适应客户需求的多元变化。

3. 智慧物流车辆装备助推绿色货运

针对物流行业高能耗的现状，智慧物流新能源汽车大力发展，不断推陈出新，逐步实现人、车、路、终端的全智能物流覆盖。智能物流车辆在动态定位、线路优化、货物感知、智能交付、节能减排、自动驾驶等方面全面提升，形成车与人、车与车、车与路、车与货的共享和网络共建，实现智慧绿色物流。

三、智慧物流影响下的行业未来

随着物流信息化的进一步发展，新一轮技术革命和产业变革的蓄势待发，物流行业发生了深刻变化，产业链、供应链、价值链加速向形态更高级，功能更复杂，结构更合理的阶段在演化，数字化物流的深入推进，将会为行业发展和结构调整增添新的动能。未来，创新、协同、开放、共享四大核心要素，将依然是智慧物流推动行业发展的主要趋势。

首先，持续创新发展。随着数字经济对物流行业的影响加深，企业间的竞争将成为行业竞争的最高点，物流数字生态的建立将吸引大量资本的进入，加速传统物流业的变革；将推动企业从封闭竞争走向开放合作。物流数字生态建设将促进多个企业在一个生态系统中相互合作，创新边界已经超出了企业既有的边界。

其次，深入协同发展。物流组织已经从一体化走向平台化，平台化促使创新链中的各类创新主体深入协同，共同促进商业要素进入与市场变化同步的体系，更加高效地配给生态资源，形成协同发展的实践载体，制度安排和环境保障。

再次，坚持开放。智慧物流将着力更加开放，智慧物流解决的将不仅是资源的互联和开放，更多的是生态的开放，实现企业在生态中互利共赢的开放战略，发展更高层次的开放型物流数字经济，完善开放流通数据资产的法制营商环境，推动行业自律和政府监管，构建广泛的利益共同体。

最后，推动充分的共享。智慧物流技术应用在构建企业商业能力上逐步深入，通过更高效的连接，将不同商业的共享模式——云仓资源共享模式，物流设备共享模式，末端网点资源共享模式，物流众包共享模式，共同配送共享模式，运力整合共享模式等，都将在智慧物流的基础上更加丰富。

(资料来源：腾讯大闽网)

三、物流信息平台的构成

1. 数据仓库

在电子商务时代,信息是物流企业的命脉,必须通过建立一体化的物流信息系统,做到持续、简便、无差错地移动数据,实时自动地更新数据,提高物流全过程的可预见性。为此需要解决两个问题。

一是建立最具兼容性的数据库。数据库是信息系统的基础,目前许多大中型物流企业选用 Oracle,而小型企业大都选用 MS-SQL。二是选择最好的数据交换工具。传统的 EDI 是大型企业惯用的极为有力的数据交换工具,但因其复杂性而使许多企业难以接受。基于互联网的 EDI、XML 等新的工具不断出现,特别是两者的结合应用,具有比传统 EDI 更好的灵活性。

2. 软件

计算机智能使物流可以新的方式来处理存储与移动产品的传统关系。新兴的基于互联网的软件模型使供应链上的中小企业获得运输管理系统(TMS)或仓库管理系统(WMS)等信息系统的好处,他们可以通过交纳月费或交易费来使用应用服务提供商(ASP)提供的解决方案,而不必因更大范围的软件一体化而支付大量的软件安装与使用费用。

四、物流公共信息平台的概念

物流公共信息平台是指为物流企业、物流需求企业和政府及其他相关部门提供物流信息服务的公共的商业性平台,其本质是为物流生产提供信息化手段的支持和保障。

这里的"公共"是强调平台的独立性,是指用户具有普遍性,不是面对特定的对象。这里的"物流信息"是广义上的物流信息;这里的"平台"强调的是该平台的开放性和可扩展性。

【案例 9-2】

国家交通运输物流公共信息平台

2019 年 3 月 26 日,中国交通通信信息中心与浙江省交通运输厅在杭州签署《国家交通运输物流公共信息平台交接工作协议》,标志着国家交通运输物流公共信息平台(简称国家物流信息平台)正式交由中国交通通信信息中心代表交通运输部管理。

2009 年,交通运输部和浙江省政府签署合作协议,启动了平台试点工程。2012 年,交通运输部正式将之明确为国家平台,建立了国家物流信息平台建设联席会议机制,并委托浙江省成立国家物流信息平台管理中心,负责国家物流信息平台的日常建设和运维工作。2013 年,交通运输部印发了国家物流信息平台建设纲要、实施方案和区域节点建设指南三个纲领性文件,全面部署推进国家物流信息平台建设工作。国家物流信息平台自成立以来,逐步完成了多项跨省、跨国的数据对接和应用服务,以标准、交换、数据服务为抓手,将数据服务向铁路、航空、公路和水路运输体系延伸,与相关企业开展"平台+"增值应用服务并涉及运输、仓储、金融等领域,在提高供应链协同效率、服务物流业降本增效、构建综合交通运输体系,强化行业监管以及服务国家"一带一路"建设中发挥了积极的作用,并已逐步构建起物流信息服务新生态。

为进一步发挥国家物流信息平台在支撑交通强国战略中的作用,2017年,交通运输部明确国家物流信息平台建设机制由原来的"部省共建,以省为主"调整为"部省共建,以部为主"建设模式。浙江省交通运输厅与中国交通通信信息中心于2018年8月达成了交接意向。作为代表交通运输部承接国家物流信息平台建设发展任务的新东家——中国交通通信信息中心同时明确了新平台落地温州的战略布局。

未来,全新的平台将坚持公益性、基础性、开放性、权威性服务定位,强化面向政府部门和物流行业的基础服务、专业服务和决策支持服务能力,不断扩大国内、国际信息互联互通范围,努力打造数据应用服务产品,探索平台发展新模式,进而为政府部门和物流行业提供范围更广、内容更多和质量更优的服务。

(资料来源:中国交通新闻网)

辩证性思考

1. 政府是否应该承担建设物流公共信息平台的费用?
2. 物流公共信息平台产生的原因是什么?

五、物流公共信息平台的构成

物流信息平台可以分成两层,即底层是公共物流信息基础平台,上层是公共物流信息系统平台。

物流信息平台的底层——公共物流信息基础平台是提供物流基础信息和数据的,而物流信息平台的上层——公共物流信息系统平台就是对底层信息进行加工处理,并向用户提供服务的,从而形成一个完整的体系。

物流信息平台的建设必须有充分的增值服务作为支持,否则很难得到推广。提供丰富的增值服务是公共物流信息系统平台取得成功的必要策略。

在物流信息平台的发展过程中,降低开展增值服务的难度,使平台用户能够得到完善的增值服务,这就要充分发展平台的上层——公共物流信息系统平台。

评估练习

1. 物流信息平台与物流公共信息平台是什么关系?
2. 物流公共信息平台由哪些部分构成?

第二节　国内物流公共信息平台应用现状

教学目标

- 了解国内外物流公共信息平台的应用现状。
- 了解现有物流公共信息平台存在的问题。

【案例 9-3】

新疆交通运输物流公共信息平台简介

新疆交通运输物流公共信息平台 2019 年上线运营，上线当天有超过 10 万辆货车注册，日发布信息 1000 条，传化物流、霍尔果斯拓凯综合物流园、博乐物流园、哈密物流园、蒙科能源等物流节点与平台签订了合作协议。此平台由自治区道路运输管理局监管、昌吉州道路运输协会负责整合物流资源，为政府职能部门、物流供应商、金融服务企业、运输从业人员提供物流运营等服务，还可以为企业、单位和个人及时发布车源、货源等信息。2018 年受自治区道路运输管理局委托，昌吉州道路运输协会向交通运输部提出申请，开始搭建信息网络。在完成平台基础功能后，开始完善安全监管、物流结算、园区管理等系统，推动新疆物流全面提速。

2017 年 5 月，根据交通部关于"互联网+高效物流"重点行动部署，新疆维吾尔自治区道路运输管理局建设了新疆交通运输物流公共信息平台。同年又建设了汽车电子健康档案分平台。2018 年 1 月，平台又增加了无车承运试点单位的监测功能。2018 年 7 月平台通过整体验收。在完成平台政务功能的基础上，又开发了安全监管、物流结算、园区管理等系统。

平台建设完成后，紧紧围绕"整合物流资源，为企业降本增效"的目标，服务于政府职能部门、物流需求环节企业、物流基础设施供应行业、物流金融服务企业、运输双方和广大从业人员。物流供应链各环节企业及参与单位、个人通过平台能及时了解物流政策法规，查询货运企业、车辆、驾驶人员信息，可以发布车源、货源等信息。平台的建设基本解决了物流供应链参与各环节信息交流不畅、运输空载率高、车货匹配信息不对称、运输企业"弱、小、散"、运输效率低等问题，满足了交通运输管理者、参与者对交通物流公共信息和相应业务功能的需求，实现了物流供应链上下游线上运输配载、运力交易、跟踪追溯、库存监控、资源调剂等功能，并整合了交通、税务、银行、保险、维修、油气等信息资源，成为运输企业的好帮手。

（资料来源：光明日报）

一、物流公共信息平台的商业模式

我国物流公共信息平台近些年涌现了一批优秀代表，例如货车帮、运满满等平台，并且它们各自的运作模式都有独特之处。各种平台在具体的运营模式上都有各自的侧重点，主要可分为以下几种模式。

1. 抢单模式

这种模式实质上是将客运 O2O 移植到货运领域。罗计物流、货拉拉、58 到家、云鸟配送等就是该模式的典型代表。以罗计物流为例，APP 产品有两个版本，包括罗计货主和罗计车主。货主端的用户将自己的货源信息发布在罗计货主 APP 上，车主端用户将自己的车源信息发布在罗计车主 APP 上，两方都可在自己的 APP 界面搜索各自需要的车源或货源信息，然后用户进行询价交流，挑选合适的承运商。一旦通过罗计 APP 平台达成交易，即可进入货物运输阶段。在货物运输过程中，货主可以在 APP 上实时跟踪货物。抢单模式下的物流公共信息平台致力于最大化整合社会分散资源，通过信息平台实现车货的匹配。但这种模式需要大量的用户流量基础，并以此来实现规模效应。

2. 自由交易模式

在这模式下，平台只负责发布信息，不干涉车货双方匹配过程。车货双方自行选择和匹配货物和车辆，然后决定是否达成交易。该模式的典型代表就是货车帮。以货车帮为例，货车帮很早就开始致力于货运行业改革，在移动智能手机刚普及之时，货车帮抓住了时代机遇，投入大量财力物力谋求公司发展。

货车帮 APP 分为货主 APP 和车主 APP 两类，他们分别供货主和车主使用，并同一用户只能注册使用一类 APP。货主 APP 功能包括发布自身货运需求信息、寻找车辆、定位车辆、增值服务等。车主 APP 功能包括货运需求信息查找、预定货源、ETC、线上商城等。

对车货双方来说，匹配模式主要可分为主动、被动和推荐三种模式。主动模式下，车货双方皆可在平台上根据自己的需求去筛选到货物或者车辆，然后各自自行主动联系商谈交易；被动模式下，车货主双方把自己的信息公布在平台上，车主方面就是出发地、目的地、车辆载重等，货主方面就是需要找寻的车辆类型、出发地、目的地、所要运输货物的重量以及预期报价等，然后被动地等待自身平台对边一方的用户来商谈交易；推荐模式下，车货双方有业务需求时，平台会各自推荐有效、快捷的业务信息，如货主方平台会给推荐提供以前常用的熟车，保证货主交易的安全性。相应地对车主方来说，平台会通过订阅功能及时将车主方所在地就近路线上的货运需求信息提供给他们，让他们能够优先获得就近区域的交易机会。

3. 大数据模式

此平台模式其目的是构建以互联网信息技术为载体的物流公共信息平台。该平台以物联网、GPS、大数据等为技术支持。根据客户的需求和习惯，推送出货运信息，实现车和货的智能匹配。采用这种模式的移动互联网平台主要包括运满满、车旺、好多车等。以运满满为例，运满满同样设有司机端和货主端两种端口，但不同于抢单模式的是，它对货主端的审核更加严格，必须具备公司法人资格才能在平台注册和发布货源信息，以尽可能保证货源的真实性。传统的物流园区中货主通过小黑板在信息大厅发布收集到的货源信息，等待司机上门询问。运满满致力于用移动互联网改变这种低效、落后的交易模式。将线下物流园区搬到了线上，利用互联网移动终端智能收集代替小黑板，促进货源和司机的智能匹配。

4. 经纪人模式

此模式的典型代表是福佑卡车。福佑卡车 APP 主要可分为货主 APP、平台 APP 与经纪人 APP 三类。货主可以将货物需求信息发布到货主 APP，平台再将货运需求信息分发给具备资格的经纪人。经纪人再通过经纪人 APP，根据路线、货物性质等因素采用匿名方式组织所有参与的货主进行报价，货主再选择经纪人下单。交易达成后，经纪人再调配自己的车辆资源开始货物运输。这种模式的优点在于能够使货主成本有效减少，并且让运力控制不再困难。

5. 综合服务模式

这类平台主要是整合全社会干线运输车辆，主要是长途货车和重卡，实现车辆整合优化和定位追踪，以帮助货主解决找车难的问题；同时货主也可以在平台发布货源信息，进行车辆匹配，降低货车空车行驶、减少资源能耗，促进行业的转型升级。这种模式的代表有货车帮、快狗、传化陆鲸等产品。以传化陆鲸为例，传化陆鲸 APP 也可分为货主 APP 和司机 APP 两类。它的匹配模式与货车帮基本相同，区别是传化陆鲸服务对象主要是企业级用户，传化陆鲸平台给它们提供供应链集成解决方案。具体流程是企业级用户提交订单，然后系统为它们匹配优质的货运代理进行运输服务，货运代理再接单派遣熟悉可靠的车辆进行运输服务。从核心意义来说，供应链集成解决方案模式的最大优势在于集中一批优质的货代于供应链中，使平台能够在一定程度上掌控运力。

二、物流公共信息平台行业现状

伴随"互联网+"高效物流的快速发展，物流平台也经历了从爆发式增长到良性发展的历程，由最初的十几家，最多高达 200 多家，目前仅剩下 100 家左右。从总体上讲，多数平台目前都处于起步阶段，发展得较好的平台也带有明显的地域性、行业特征，市场上还没有出现真正意义上的主导者，这给予了平台一定的发展空间和市场空间。

从物流价值链视角来分析，国内物流平台的服务功能可归结为四类，即信息服务、一体化物流服务、金融服务和增值服务。信息服务贯通全产业链，通过信息发布和匹配可生成订单，降低物流活动的交易成本；一体化物流服务包括物流方案的制定、订单的执行、位置追踪、效果评价的全过程管理，记录承载了物流服务的全过程；金融服务为各服务主体提供了资金流管道，通过支付、融资租赁、商业保理、保险经纪等模块提供了有效的资金管理，实现货币、货物的相互转换，解决中小企业融资难问题，提高流通效率，塑造互联互通供应链；平台围绕商业和物流后市场的增值服务，大大地丰富了产业生态圈。从 28 家试点企业来看，都能提供信息服务，而完整提供四类供应链集成式服务仍是少数，不到 1/3。

运营较好的物流平台，离不开智慧物流体系，包括智慧管理体系、智能服务体系、技术装备体系、资本孵化体系和创新人才体系。智慧管理体系可通过互联网化的软硬件平台搭建物流业务运作的资源池及信息管道，形成信息共享群体，实现供需匹配对接和物流组织模式与管理机制的创新，助力平台提升决策能力。技术装备体系可满足货物的动态辨识、快速识别、实时跟踪，助力平台提升感知能力。例如深圳易流公司运用物联网、移动互联网、地理信息系统等先进信息技术，开发了车联网魔方、追货宝等产品，实现海量物流车辆、司机和货主信息的移动互联和智慧感知，打造出基于物流车辆的智慧管控 SaaS 平台。

目前，各类平台之间彼此竞争，相互渗透，同类平台内部无序竞争愈演愈烈，甚至出现劣币驱逐良币的现象。制约平台发展的因素主要体现在六方面：一是缺少战略协同共识和顶层设计，从宏观行业层面到微观企业层面，普遍缺乏针系统性战略性思考，导致平台设计和实施断层较多，重复建设现象严重，极大地制约了企业信息化建设的进度和效率。二是缺乏统一的标准和规则，导致平台互不兼容，应用产品质量参差不齐，进而导致市场发生恶性竞争。三是缺少统一的数据交换规范，导致出现数据格式不统一、质量水平低、更新不及时等诸多问题，已成为制约物流信息平台发展的最大制约因素。四是缺少一体化全程物流的服务体系，现有平台只是从局部解决了部分物流功能的信息化问题，引导市场的骨干企业群体仍处于发展过程当中。五是缺少高效协同合作机制。目前，行业公共信息平台、企业物流信息平台间的纵向、横向联系不足，部分大型企业握有海量数据故步自封，逼迫中小企业高价开发替代方案。平台市场和公共属性冲突，不同市场主体从不同角度理解平台，尚未形成数据有偿使用的市场化机制，达成数据开放、共享、共用的共识。六是缺少多层次平台人才。高水平物流专业人才缺失，复合型人才存在培养周期长、引进难度大等问题。因此，优化人才引育环境，促进人才集聚成为推进物流平台持续发展的重点方向。如满帮愿意投入巨资寻找人才，必要的时候包括用并购的方式来实施人才战略。

对于国内物流公共信息平台来说，平台生存依靠整合链接的资源数量；平台发展依靠商业模式迭代速度和背后资本的实力；平台强大依靠体制机制创新的力度和技术领先的能力。平台初始回报效果依靠接入的场景、用户的黏性。

随着物流公共信息平台发展进入深水区，总体发展趋势呈现出"十化"，即所有制多元化、商业模式差异化、盈利模式衍生化、管理模式市场化、资源社会化配置、O2O 一体化、枢纽网络化、产品数字化、服务功能智能化、市场竞争规模化。

【案例 9-4】

国外物流公共信息平台应用介绍

其实，物流公共信息平台在国外也算是新鲜事，因为即使是 Transa、Nistevo、GNX、

WWER、CPG 等欧美著名的物流公共信息平台，都还称不上家喻户晓，它们主要面向零售商、生产企业。Transa 是由几家消费品生产商组成的，CPG 则是由欧洲几家供应商组成的，GNX 由几家零售企业组成，如希尔斯·罗巴可、卡夫、雀巢及 Pillsbury 等，他们对这些信息平台投以重金，并寄予了很高的希望。我国物流公共信息平台的经营主体，可以说与国外相去甚远，有的是运输公司，有的是 IT 企业，有的是政府科研单位或行业协会。对物流公共信息平台经营主体进行反思是必不可少的工作。下面主要介绍一下物流信息平台发展较成熟的美国在这方面的现状。

1) TransCore 模式

TransCore 公司物流货运信息平台包括信息撮合和系统租赁两种模式，提供基于 SAAS 的公共服务模式。信息撮合根据托运人的发货需求对承运人进行公开招标，并对执行情况进行等级评价，通过信用机制来约束承运人。系统租赁是指向中小物流企业提供通用的物流信息管理系统，帮助没有开发能力和资金实力的中小企业实现信息化管理，以整合社会资源。信息撮合和系统租赁相辅相成、相互促进，既能保证物流交易的正常进行，又能使企业持续盈利。TransCore 每年的物流收入约为 7000 万美元。

2) Landstar 模式

Landstar 通过自身的信息平台整合大批货代，这些货代通常年收入都在 200 万～1000 万美元，Lanstar 通过区域代理发展客户，同时采用紧密型挂靠车辆的管理办法控制车辆资源，以其自身的 IT 实力和资金垫付实力保证业务的正常运转。在托运人下达运输指令时，通过信息平台寻找合适的代理商，促成物流运输交易的完成。每年的收入约为 26 亿美元。

(资料来源：https://www.taodocs.com/p-209248723.html)

评估练习

1. 我国已有哪些省份建成政府主导的物流信息平台？
2. 政府经营的物流公共信息平台与企业经营的物流公共信息平台相比有何不同？

第三节　物流公共信息平台的需求分析

教学目标

- 掌握物流公共信息平台的目标定位。
- 掌握物流公共信息平台的功能需求。

物流公共信息服务平台代表了现代电子商务物流的发展方向，具有很大的发展潜力，但是在目标定位、功能开发和发展方向上，需要进行深入的需求分析和全面规划。

一、物流公共信息平台目标定位

1. 用户主体定位

物流公共信息平台必须依靠市场主体实现其应用和发挥其作用，系统用户主体应该定位于物流主管部门、中小型物流企业，还有货运枢纽和场站。政府部门掌握着物流核心业务的管理资源；而中小型物流企业更需要各种物流、货源信息和扩大市场；货运枢纽和场站则是物流活动过程中重要的流通、信息交互节点。

2. 市场定位

物流公共信息平台是运用了信息技术的虚拟市场，需要借鉴传统货运市场的成功经验，实现市场功能的跨越，因此发展物流公共信息服务平台上的特色专业市场是重要思路。从货物类型的角度，可以发展具有当地特色的专门货品市场；从物流功能类型的角度，可以发展联合运输、多式联运、航运、配送、仓储等功能型市场等。进行市场细分以后可以大大提高物流交易的效率、降低交易成本。同时，也能把信息流与物流有效地结合起来，在通关、质检、结算等诸多环节利用信息网络优势，缩短物流时间和降低物流费用。

3. 服务区域定位

物流只有紧密依靠区域产业经济，才能创新优势、巩固阵地，物流公共信息平台只有抓住区域物流价值链中的关键环节，才能吸引客户，实现自身应用价值。不同的经济区域需要不同特色的物流服务，如海港需要航运物流、保税仓储加工物流，而内陆需要汽车、铁路运输物流、转关物流，特色经济区需要煤炭物流、粮食物流、水果深加工物流，等等。缩小物流公共信息服务平台服务区域，使定位更加明确，服务更有针对性，能够争取到地方物流供需客户，有效地为地方经济服务。

4. 功能定位

物流公共信息平台的功能体系总体定位应当以数据获取、整合和共享为核心，以信息安全为基础，面向决策支持、行业主管部门、运输与物流企业和社会公众提供可靠、有效、实时的信息服务。物流公共信息服务平台可通过信息采集、信息融合、信息存储、信息共享及信息发布，为企业提供公共信息，满足和适应企业信息系统多种功能的实现；促进企业群体间协同经营机制和战略合作关系的建立；为支撑政府部门间行业管理、市场规范管理等交互协同工作机制的建立及科学决策提供依据；提供多样化的物流信息增值服务。

二、物流公共信息平台功能需求

物流公共信息平台提供的物流信息是整个物流供应链协调、管理客货运输过程中所产生的信息流，用来支持保证货物运输高效率地完成，促进社会运力的有效整合和良性发展。由于物流公共信息服务平台要面对不同参与者对共用信息的各种需求，因此，物流公共信息平台在总体上应具有多种功能，通过用信息平台支撑政府部门间、政府与物流企业间共用信息需求，满足具有核心业务能力的物流企业信息需求。

建立"物流公共信息平台"，可充分运用现代化的通信技术、计算机技术和网络技术(如EDI技术、条码识别系统、地理信息系统(GIS)、全球卫星定位系统(GPS)、图像识别系统和射频技术等)对传统的货运模式进行改革，整合目前较为紊乱和低效的货运市场，发展电子商务的新型模式，有效地对车源、货源进行重组，充分利用运输工具的定额能力，减少空载率和空载时间，提高实载率，降低物流企业的运营成本，提高企业自身的效率和管理水平。

在对物流公共信息平台参与者的职能和关系进行分析的基础上，其应满足的总体功能需求如下所述。

(1) 提高社会物流服务运行效率，降低物流成本。
(2) 提供货物与车辆的全过程跟踪服务，增强运输的准确性。
(3) 提高物流企业的运营效率。
(4) 满足多种用户需求，提高物流服务水平。
(5) 使物流资源配置合理化，辅助区位布局、容量及生产设施安排。
(6) 提高政府行业管理部门工作的协同性，为相关引导政策的制定提供决策支持。

三、物流公共信息平台性能需求分析

1. 系统有效性及效率

该系统必须具有较高有效性，并保证信息的正确性和准确性。同时，由于信息量大，数据复杂，各系统的运行效率直接影响到系统的运转效率，因此，在技术指标上应满足系统响应时间不超过 2～5s，系统发布信息的刷新周期应不超过 30s。查询服务网站每天不少于 100000 次的浏览量，每次浏览(查询)的响应时间不得超过 5s。

2. 系统可操作性

系统界面在设计上应尽量友好，简单易用，同时符合用户的业务操作习惯，最大限度地降低系统使用的复杂程度；充分考虑公众的语言习惯和操作水平，尽量减少专业词汇的使用以及专业操作的设计，做到内容表达上通俗易懂，操作上简便易行，用户满意度应达到中级以上。

3. 系统可扩展性

随着城市交通的不断发展，物流公共信息服务工作也将不断产生新的需求。系统建设也不可能一步到位，需要在发展过程中不断完善，因此在系统设计和建设上要充分考虑今后一段时期内系统的建设需要。一方面，系统在设计和建设上要紧跟物流发展的步伐；另一方面，系统设计和建设要同相关规划要求的建设内容及要求相一致，逐渐完善系统。

4. 系统可靠性

系统的服务是连续性和不间断性的，因此可靠性要求要严格，具体指标为系统能够 7×24 小时连续运行；系统可靠性达到 99.9%，且不存在"单点故障"。

5. 系统的存储要求

系统涉及静态和动态两大类数据，不同的数据访问频率及数据产生量的大小均有所不同，所以系统存储需满足以下几方面的要求：静态数据(如物流政策法规、物流企业名录等)在系统中永久保存；动态数据中的信息服务类信息(如政策法规、企业展示等)保存 15 天数据。为提高系统运行效率，15 天以前的数据应保存到备份系统中，其他系统动态数据应保存 5 年。

四、物流公共信息平台安全保密需求分析

整个平台涉及广域网、局域网、分布式数据处理、协同工作、Internet/Intranet 技术的管理信息系统。对这样一个跨地域的、复杂的、综合性的计算机系统，安全保密性的设计是非常重要的。具体安全保密性设计应遵循以下原则。

(1) 建立安全策略，采用多种安全技术，建立系统安全保障体系。

(2) 确定数据保密级别及使用范围，对用户访问权限进行控制。

(3) 对重要及敏感数据应进行加密传输。

(4) 对系统及数据库进行安全备份与恢复。

(5) 进行网络访问安全管理，并能有效防止计算机病毒和黑客攻击。

(6) 对用户进行身份认证，并对重要用户在系统中的操作进行跟踪记录。

(7) 计算机端口安全控制，即能够监控使用计算机端口，如 USB、LPT、COM、CDROM、PCMCIA、Modem、网卡、软驱、红外线等，防止内部人员非法复制敏感信息到外部存储设备中去。

(8) 文件复制安全控制，即随着计算机技术的飞速发展，外部存储设备层出不穷，如 U 盘、移动硬盘、MP3、数码照相机和手机等。使用这些设备可以轻而易举地将主机内的各种文件数据泄露出去。文件复制安全控制主要应防止无形资产的流失和知识产权的泄露。

(9) 光驱刻录安全控制，即目前计算机配置的光驱设备通常带有刻录功能，带刻录的光驱设备逐步取代传统光驱设备已是发展趋势。随之而产生的一个隐患是光驱刻录机很容易将主机内的大量信息复制出去。

(10) 非法入侵安全控制，即计算机网络是开放性的，移动设备(如笔记本电脑等)很容易使用一条网线接入内部网络，随意访问内网所有共享资源，或直接通过一条网线对连内网

主机，随意复制各种文件数据。非法入侵安全控制模块对外来计算机设备进行严格审查，能够有效防止非法计算机接入内网或与内网主机非法双机直联。

(11) 操作行为管理，即能够记录15个方面的主机操作活动，形成日志并自动上传到控制中心的日志数据库，达到合理使用计算机，规范计算机操作行为的目的，并具有防抵赖证据的作用和泄密分析跟踪的作用。

(12) 远程监视，即远程截取主机屏幕图片，实时监视客户机当前实际操作活动，并可以将图片作为防抵赖证据保存，自觉约束使用计算机的行为，对非法计算机活动具有强大的威慑力。

(13) 程序资源安全控制，即只能使用经过认证的合法程序，不能使用未认证的程序。有效限制员工干私活，限制上网聊天(如QQ、MSN)，限制游戏和股票软件，限制私自安装不明软件，限制擅自修改系统配置。

(14) 文件打印安全控制，即文件打印是信息泄密的又一个出口。文件打印安全控制模块可以禁止本地打印机和网络打印机的打印。可以记录打印的文件名、打印页数、打印时间、打印机名称等信息。

【课内资料9-1】

物流公共信息平台：商业模式是瓶颈

一个公共信息平台是否成功最终取决于应用，取决于有没有客户群使用这个平台，并给他们带来效益，这也是平台自身获得生存与发展的根据，公共信息平台的难题并不在技术上，而是在商业模式上。

1. 走向整合的现代物流需要公共信息平台

当前我国物流业的发展呈现出区域横向整合、行业纵向整合、物流组织流程和物流运营流程不断创新的趋势，但我国现代物流仍然处于初级阶段。我国物流规划和布局存在地区分割、部门分割等问题，各地物流资源难以有效整合，大量的物流资源没有发挥出应有的效用；物流上下游企业之间也存在着多重矛盾，如运输规模与库存成本之间、配送成本与客户服务水平之间、中转运输与装卸搬运之间的矛盾等。这些都是我国建设现代物流体系所面临的亟待解决的问题，同时也对物流信息化建设提出了新的课题与挑战。中国应尽快构建标准的物流公共信息平台，实现区域间、区域内物流园区、配送中心、物流中心、交易中心、物流企业等之间的横向整合，做到区域物流资源信息的共享，最大限度地优化配置社会物流资源，降低社会物流成本，提升物流全过程的整体运作水平。要由行业主管部门制定物流信息化发展战略，对全行业进行指导规划。与此同时，应以市场需求为导向，为物流信息的发布、查询、交易提供标准化的接口和数据交换通道。

2. 公共信息平台应由政府主导建设

为什么物流公共信息平台要由政府投资建设呢？首先，公共信息平台是一个全盘掌控着物流信息流向的"大脑",这个"大脑"掌握着很多企业重要的运营信息,必须保持中立,因此由政府提供信誉担保,能让很多企业放心。其次,公共信息平台具有建设周期长、投资需求大等特点,初期的盈利不明显,企业一般由于生存的压力,不愿意进行大量的初期投入。因此,系统的初期投入要依靠政府。再次,信息平台与电子口岸、金融、诚信审核等系统对接,这些公共信息平台的基本属性决定必须由政府进行投资建设。

在中国香港特区,DTTN(数码贸易运输网络系统)平台系统是一个集政府部门、买家、货运码头、航空公司、快递公司、船运公司等环节于一身的系统网络。作为中国香港特别行政区政府巨资打造的公共物流信息平台,DTTN 推出 3 年后,已成为香港物流企业的信息交流中心,企业间的横向连通大都信赖该系统。类似的系统在浙江省也已经开始建设。根据相关测算,浙江全省目前有货运企业 26 万家,按照未来 5 年有 2.5 万家采用推荐软件,这些货运企业自身发展信息化每家按照投入 5 万元(软件产品购买)来计算,由政府出资开发货运企业标准版软件给货运企业免费使用,将为货运企业直接节省资金 12.5 亿元。另外,按照货运企业 2.5 万家,每家每天传送单据为 100 张,以 5 年计算,共传送 45 亿张,每张单据带来效益 0.1 元(仅计算节省重复录入的费用),则产生效益 4.5 亿元。

3. 物流公共信息平台的瓶颈在商业模式

对于物流公共信息平台的发展瓶颈,之所以不在技术上而是在商业模式上,是由于当前围绕商业模式的两种发展走向引起的。一种是认为公共信息平台应该是一个有形的网站,负责提供信息交换、基础信息服务、基础技术服务;另一种则认为公共信息平台实际上是一种标准,或者是信息交换的协议,根据一种公共的信息结构、编码,所有的网站之间可以进行信息的无缝连接和交换,不需要、也不可能建一个具有垄断性的公共平台网站。实践的结果是结合上述两种观点,既有有形的网站提供信息交互服务,又不是唯一的、垄断的,平台的功能主要是标准化和信息共享,使多个网站均能提供"一站式"服务。中国电子口岸系统就是一次公共信息平台的成功实践。中国电子口岸充分运用现代信息技术,借助国家电信公网资源,将外经贸、海关、工商、税务、外汇、运输等涉及口岸行政管理和执法的进出口业务信息流、资金流、货物流的电子底账数据,集中存放在一个公共数据中心,在统一、安全、高效的平台上实现数据共享和数据交换,使口岸行政管理和执法部门可以进行跨部门、跨行业的数据交换与联网数据核查,企业可以在网上办理报关、报仓、结付汇核销、出口退税等各种进出口业务。由于其通过一个公共数据中心,完全基于公网系统,开放性好,提供全天候、全方位服务,入网成本低,而且多重严密的安全防护措施使系统安全可靠,因此具有无可比拟的优越性。

(资料来源:中国信息产业网)

评估练习

1. 物流公共信息平台的主要用户定位是什么?
2. 物流公共信息平台的功能需求包括哪些内容?

第四节　物流公共信息平台实现方案

教学目标

- 了解物流公共信息平台的硬件要求。
- 掌握物流公共信息平台的业务应用系统。

一、物流数据中心

(一)数据中心功能

数据中心作为数据及业务应用的总控中心，对于系统的重要性无异于心脏之于人体。随着繁忙的业务处理给数据中心带来巨大的压力，数据中心的建设除了要确保 7×24 小时连续运行外，还应具备更高的灵活性和可扩展性，才能跟上业务变化的步伐，为业务发展输送源源不绝的动力。

数据中心建设必须从系统整体架构的角度出发，一方面最大限度地利用现有的数据资源，另一方面应避免未来新的系统面临类似的问题。

(二)数据中心架构

数据中心总体结构包括系统数据资源、数据共享交换平台、数据中心资源库，数据中心的总体结构如图 9-1 所示。

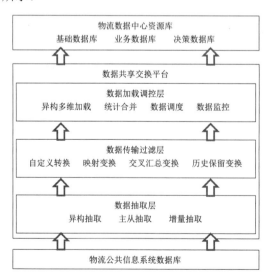

图 9-1　数据中心总体结构示意图

二、业务应用系统

(一)物流信息服务网站

根据物流行业的实际情况分析,物流信息网站的主要功能栏目包括以下内容。

1. 新闻中心

新闻中心由内容管理系统管理和发布物流新闻,可定义新闻栏目及发布范围。发布的信息可以包含文字、图片、视频、Flash、表格等不同种类,提供字体选择与修改、格式调整等多种功能,且发布的信息可直接从 Word 复制。

2. 法规

法规栏目由内容管理系统管理和发布物流行业和企业相关的法律法规。主要发布国家法律和部委、地方法律、法规等。栏目设置如下所述。

法律。查询国家法律:如公路法,行政许可法,行政复议法,交通安全法,行政处罚法,安全生产法等。

行政法规。查询国务院,部委,地方行政法规条例等。

地方性法规。查询地方政府及其各市县的地方性行政法规条例等。

部门规章。查询地方政府及其各市县行政单位部门的规章制度等。

政府规章。查询地方政府相关规章制度等。

规范性文件。查询地方政府及其各市县行政单位制定的规范性文件。

相关法规。查询行业,政府,国家相关法规。

3. 出行信息服务

出行信息服务可以帮助广大驾驶员通过对在途时间、行驶里程、通行费用等综合考虑而进行最优的路径选择。同时,他们还可以随时了解沿途的气象、路况信息,以及停车场、加油站、维修站、宾馆饭店、救援机构等服务设施信息。该部分可以整合正在建设的公众出行信息服务系统的相关功能模块。

4. 物流企业展示

物流企业展示栏目主要介绍知名物流企业、物流公司的基本信息、相关业务等信息,并与物流企业和公司网站进行链接。

5. 物流设施设备租赁

物流设施设备租赁栏目可为承租、出租双方提供有关物流设备、物流设施租赁的信息发布、查询服务。

(二)营运车辆及从业人员资质认证系统

在"人、车、户"等基础数据库的基础上,开发从业人员与营运车辆信息查询与身份验证系统,实现业户、人员和车辆的信息共享,并提供相应的身份验证手段,可方便社会用户选择诚实守信的运输业户委托运输业务,从而进一步规范物流市场,为广大企业、社会公众提供更好的物流服务。

从业人员与营运车辆身份验证采用"IC卡认证+网络认证"相结合的方式。IC卡认证方式是指直接读取IC卡中的内容,可以不通过网络访问部级应用系统;网络认证方式是指认证客户端(PC或移动设备),以VPN方式接入交通行业专网,在通过安全认证服务器(部署在部机房)的密钥认证与应用授权后,访问部级应用系统服务器(部署在部机房),获取从业人员或经营业户的相关信息,并通过"复核验证方式"进行身份验证。

(三)物流企业信用管理系统

建立物流企业信用管理系统的目的是为使政府监管部门对物流企业信用监管和评定更加科学、合理,降低工作成本,提高政府监管部门的工作效率,实现对物流企业的有效监控管理,进一步完善物流企业的信用体系,促进物流企业信用体系的良好发展。建设物流企业信用管理系统是物流公共信息服务平台建设的重要内容,利用运管、工商、质检、卫生、税务等相关政府机构和职能部门的信息系统和数据资源,实现向社会征信和公示各类物流企业信用信息,从而可以创新监管方式、建立长效监管机制、提升物流企业信用、打造"诚信物流"。

基于信息和数据共享,物流企业信用集中、统一管理等各方面的优势,以数据共享交换平台为支撑,可以实现企业诚信数据信息的共享和交换。

物流企业信用系统的数据交换模型如图9-2所示。

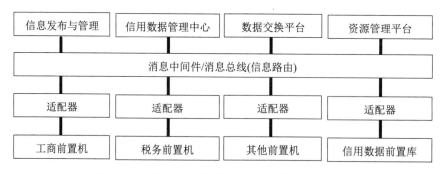

图9-2 物流企业信用系统的数据交换模型示意图

利用消息中间件的高效、可靠传输和企业应用集成中间件适配器的灵活、高效,基于数据共享交换平台构筑的物流企业信用系统,可以实现准确地收集、反映、分析、评价、公示和使用物流企业信用资源,促进物流企业信用体系的进一步完善。

物流企业信用系统中的信用评价指标主要包括企业综合素质、财务指标、管理指标、竞争力指标、信用记录指标等。

(四)货运交易信息服务系统

货运交易信息服务系统应充分以优惠的条件、便捷的应用手段吸纳道路运输经营业户、货运中介组织和货代企业以及货主单位入网。信息服务中心仅通过信息平台为货运交易双方提供信息服务,并不直接参与交易,承托双方可通过系统进行自主交易,即采用网上查询、网下交易的方式,通过与意向方取得联系来进行货运信息的交易。

(五)车辆定位及货物跟踪系统

随着通信、互联网技术的发展和 GPS/GIS 技术的广泛应用,物流企业和客户可以利用 GPS/GIS 技术,通过局域网或互联网实时跟踪货物及运输车辆的状况,从而为物流企业的高效率管理及高质量的服务提供技术支持。GPS/GIS 综合服务系统包括通信平台、传输方式、网络、中心数据库、车载单元等部分。该系统由三部分组成,即 GPS/GIS 监控中心、GIS 电子地图、GPS/GIS 智能车载单元。然而,一方面,我国目前企业所用 GPS/GIS 系统由不同公司提供,没有统一的技术标准,系统接口困难。另一方面,GPS/GIS 监控中心和 GIS 电子地图投资比较大,而且电子地图更新比较快,这对本来就缺乏资金的物流企业更是雪上加霜。因此,为了提高物流企业的竞争力,为物流企业提供货物跟踪支持功能,各物流企业只需购买 GPS/GSM 智能车载单元即可为客户提供高质量的物流状态跟踪服务具体如图 9-3 所示。

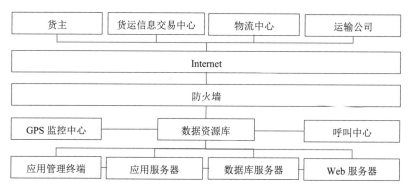

图 9-3 车辆定位及货物跟踪系统示意图

(六)物流业务托管系统

物流业务托管系统是通过先进的物流技术和信息技术建设符合现代物流企业的物流运作模式的托管系统。

物流业务托管系统包括下述业务子系统：电子商务、客户服务、货代管理、运输管理、仓储管理、合同管理、客户关系管理、车辆管理、配送管理、报关管理、调度管理、采购管理、企业行政管理(办公、财务)、决策管理、统计管理等。

1. 货代管理子系统

货代管理子系统主要是为满足国内一级货运代理及中小型货代企业电子化管理的要求，完成代理货物托运、接取送达、订舱配载、多式联运等多项业务，支持航空、铁路、公路和船务运输代理业务；支持专线货运企业特有的业务模式，同时协助企业完成对业务单据的高效管理；配合物流的其他环节，实现物流的全程化管理，实现门对门，一票到底的物流服务。

货代管理子系统是针对海运、空运货代业务流程的特点和海运、空运业务标准规范而开发的功能强大、操作简单、界面友好智能的业务系统。

货代管理子系统包括从接单打单、订单拼车、发车调度、车辆跟踪到回单处理，系统需要较好地处理货代企业复杂的各个业务流程，并记录统计各种费用信息、考评信息，加以强大的查询分析、统计报表、图形分析等，能对业务、货物、客户、司机、费用、成本等进行全面的管理，能切合企业的实际业务流程，同时又能对业务进规范管理。

2. 运输管理子系统

运输管理子系统是针对运输业务的特点开发出来的综合管理系统，涵盖了订单处理、运力资源管理及调度、单据作业流程及在途信息跟踪、费用结算等运输业务环节。

运输管理子系统可以对运输工具，包括自有车辆和挂靠车辆以及外协的车辆实行调度管理，提供对客户委托单、订单的管理，以方便的处理方式，实现车辆调度、运单调度和路单调度，支持全球定位系统(GPS)和地理信息系统(GIS)，实现车辆的运行监控，提供网上车辆以及货物的跟踪查询，并能很好地进行成本控制和单车核算。

运输管理子系统能显示中转或预到达货物的货量、流向的分类数据，并根据托运单中的起运地、目的地、运输里程、相关费用生成并保存历史运输路线的概况；通过前期咨询，有助于对企业资源的整合利用和业务流程的优化设计，有效地降低公司运营成本；能支持先进的物流技术，如GPS，EDI，GIS等；将专线业务视同为对承运商的管理，管理其对专线的设置和运营业务；有助于实现运单调度，强化运力管理和成本核算等方面的信息化管理，其中运力管理中应考虑自有车辆管理，租赁车辆管理，社会车辆管理，承运商管理和运力考核评价体系；通过增加在路单核销中的核销项目，能进行自有车辆轮胎、油耗、材料、维修等方面的成本核算；有助于满足物流网络和货物二级、三级分流管理的需要；能进行运输数据的统计分析，为运输决策提供依据。

3. 仓储管理子系统

仓储管理子系统可以对不同地区、不同类型、不同来源、不同成本的仓库资源，进行集中管理。采用条码、射频等先进的物流技术设备，可以对出入仓货物实现联机登录、存量检索、容积计算、仓位分配、损毁登记、简单加工、盘点报告、租期报警和自动仓租计算等仓储信息进行管理。仓储管理子系统支持包租散租等各种租仓计划，支持平面库和立体库等不同的仓库格局，并可向客户提供远程的库存状态查询、结账单查询和图形化的仓储状态查询。

仓储管理子系统需要实现真正的多仓库，多堆场，多客户，多库位的管理；满足流通加工成本核算的需要，如支持包装、搬运、装卸的费用管理等；实现用户可自定义仓库的安全库存、最高库存；提供库存预警和货物过期预警功能；通过有效的控制手段促使配送中心合理地降低营运成本；实现不同区域不同仓库之间的集中管理和数据共享及交换；能有效地进行仓储资源管理，如人员角色分配、仓储设备台账；能进行数据的统计分析；可以根据出库单的实际发生量，直接生成相应的运输委托单，但要求出库单中必须具有运输委托单的相应信息。

4．车辆管理子系统

车辆管理子系统基于挂靠车辆的经营管理系统，是传统运输公司的一种独立经营的业务模式，非属第三方物流业务管理系统范畴。此次纳入物流业务管理系统，主要目的是实现系统的整合和第三方物流资源共享和调用的系统一体化。具体功能模块如下所述。

1) 车辆档案管理模块

内部车辆基本档案管理包括管理和记录内部车辆的档案信息。通过对内部车辆档案信息的管理，能够提高车管部门的信息收集和管理水平，同时也能为运营部门提供状态良好的可用内部车辆资源。

外部车辆基本档案管理一方面是为了能利用外部车辆资源为客户提供安全高效的服务，另一方面也是为能对这些临时车辆进行有效的监督和验证管理。

2) 车主档案管理模块

车主档案管理主要是管理和记录车主的基本信息。

驾驶员/押运员基本档案管理主要是管理和记录驾驶员/押运员的档案信息，以静态档案信息为主，能够提高人事管理部门的信息收集和管理水平，同时也能为运营部门提供表现良好、符合相关驾驶条件的人力资源。

驾驶员违章管理，为有效管理驾驶员的出车记录提供了便利条件，并可实现对多次出现不良驾驶记录的驾驶员进行考核和处理。

3) 车辆费用管理模块

该模块具有下述各种功能。

车辆通行费台账管理。管理和记录车辆的通行费台账信息。通行费台账管理可分为四部分，即通行费台账设置、车辆所属协议号设置、车辆通行费台账登记、通行费台账明细。

车辆管理费台账管理。管理和记录车辆的管理费台账信息。管理费台账管理可分为三部分,即管理费台账设置、车辆管理费台账登记、管理费台账明细。

车辆保险管理。管理和记录车辆保险信息。车辆保险管理可分为两部分,即车辆保险单管理、车辆保险费实缴台账管理。

车辆还贷款管理。管理和记录车辆贷款及还款信息。车辆还贷款管理可分为两部分,即车辆还款协议管理、车辆还款台账管理。

4) 车辆安全机务管理模块

车辆年检/等评/保养维护管理。管理和记录车辆的年检/等评/保养维护信息。车辆安全机务管理可分为三部分,即年检管理、等评管理、保养维护管理。

车辆调配管理。车辆调配管理主要可用于记录车辆当前的主驾驶员、副驾驶员、车主、押运员,并将四者捆绑在一起,以方便在运营中对车辆调度时使用。

车辆事故管理。管理和记录车辆的事故信息。车辆事故管理可用于记录车辆所发生的所有事故,为每辆车保存独立的事故列表。

车辆提供方管理。类似于三方物流中的承运商管理,主要管理承运商的基本情况和承运合同内容,本功能可依据具体的系统设计和操作需要,放到合适的模块中去。

5) 车辆报表打印模块

车辆基本档案报表。包括车辆档案报表、驾驶员报表、车辆分布表等,具体的报表形式和内容,可根据需要,从现有的数据库中提取。

车辆费用报表。包括车辆养路费缴纳报表、运管费缴纳报表、管理费缴纳报表、养路费拖欠报表、运管费拖欠报表、管理费拖欠报表、保险费月度待收报表、贷款累计已还款报表等,具体的报表形式和内容,可根据需要,从现有的数据库中提取。

车辆安全机务管理报表。包括车辆事故报表、调拨明细报表、年检/等评/保养维护计划和完成报表、车辆经营承包到期报表等,具体的报表形式和内容,可根据需要,从现有的数据库中提取。

5. 危险品运输管理子系统

危险品运输管理子系统主要包括下述各种功能。

1) 托运人信息管理

托运方(发运方)的基本信息管理,包括公司名称、地址、联系电话、企业负责人、经营范围等。通过对托运人信息注册管理,便于签单交易的实现,以及便于出现事故后的紧急处理。

2) 运输需求发布

托运人通过网络发布危险货物运输需求,包括发布时间、发布人、危险货物品名、性质、编号、规格、数量、件重、包装形式、包装等级、收货者的单位名称、联系人、电话、传真、地址、邮编、收发货地点、收发货时间等。

危险货物运输企业可以通过网络、电子显示屏等媒体及时了解危险货物运输需求并与托运人进行沟通；托运人综合比较后选择意向承运人(运输企业)。

3) 运输交易过程管理

托运方(发运方)对意向承运企业或者车辆进行资质认证后，在线申报托运货的品类、数量、危险程度、危害及防护、处置措施以及所委托的运输企业、运输时间。

在得到行业管理部门自动确认后，由承运方在签证单基础上，在线申报承运货物的电子运单，申报成功后写入 IC 卡道路运输证(IC 卡电子运单)，并打印纸质运单由承托双方签字。

同时，系统会自动打印《道路运输危险货物安全卡》，随车携带，便于运政执法人员随机路检路查。

最后，承运人持 IC 卡电子运单，到提货点提货，托运方相关人员核实 IC 卡电子运单的真实性，协助其装货、运输。

4) 运输过程评价

在运输完成后，托运方可对承运方的运输过程进行总体评价，包括时效性、货物完好性、服务态度等，便于综合评定承运方的信誉。

【案例9-5】

京东云箱不是箱

一听到京东云箱的名字，很多人都会产生误解，云箱是一个箱吗？其实不然。京东云箱是一个面向广大商家提供智能共享托盘租赁服务的平台，也是京东物流基于开放、共生的理念搭建的物联网信息服务平台，旨在搭建共享托盘池，向商家提供智能、经济、便捷的供应链解决方案。2019 年 9 月 10 日正式上线的京东云箱，能否成功打入托盘租赁市场？将会遇到哪些挑战？

挑战一：如何做到托盘标准化？

要做到共享托盘池，首先要推进托盘的标准化和智能化建设。虽说在几年前行业就在推动托盘标准化，但目前，我国标准化托盘的市场占有率仅为 23%。托盘在标准化、智能化以及便捷性等方面的不足，正在成为限制供应链升级和企业转型发展的瓶颈。据悉，京东云箱所使用的托盘是京东自主创新研发的标准化智能托盘，搭载了集 GS1、RFID、NFC 于一体的智能芯片，是国内领先的三码合一智能解决方案。不仅可提升托盘在交换过程中及存储管理中的效率，而且线上系统实现托盘可视化管理，可以降低托盘丢失风险。那么搭载了智能芯片的托盘，是否就算实现托盘标准化了呢？值得关注的是，能否高效解决磨损赔偿、回收维修等问题还有待商榷。

挑战二：共享托盘池如何向供应链延伸？

目前在中国市场，托盘的流动性并不是很好，托盘很难发挥出对供应链的作用。而供应链的创新和实践，则需要托盘不断流动起来。物流流程通常以环节区分，例如仓储环节由仓储企业负责，而运输环节由运输企业负责。而不同的企业对托盘的要求并不相同，在运输环节，希望托盘尽量轻型；在仓里，则需要更结实一些，因此会更重。而且带托盘运输在行业内并不普遍，托盘在供应链链条中发挥的作用有限。托盘需要更多地走出仓库，走向运输和终端。目前来看京东云箱有很大的发展前景，但京东云箱在提供托盘租赁服务的同时，能否做到为客户提供更全面的服务，还需要打上一个问号。目前，国内还没有任何一家相关企业可以做到全面覆盖整条供应链，京东物流的共享托盘想要在供应链上有所延伸还任重道远。

挑战三：能否做到全面开放？

京东物流在玩的是一盘大棋，越多的人参与越好。早在2017年京东物流全球新一代物流峰会上，京东物流就提出了3S理论：未来物流的产业角色将被重新定义，在消费、产业升级和技术变革的作用之下，物流将迈入新的时代，并呈现出短链(Short chain)、智慧(Smart)和共生(Symbiotic)的特征。京东物流正努力构建与商家、行业和整个社会共生的价值体系，希望与客户、合作伙伴共同发展，共同推动行业、社会的共同进步。而所谓共生，其实最重要的一点就是对外开放，京东云箱算是其中一次实践。此外，京东物流遍布全国的仓储和云仓网络体系，也都将成为物流容器交换、分选和维修的网络节点。不过，京东云箱真的能够完全开放，或者说开放的程度会如何？开放后，用户愿意共享数据吗？在京东和用户之间如何才能达到完全信任？这些也是需要克服的难题。

此外，所谓的开放，还需面临一些不可避免的挑战。

第一，市场需求不同。不同的客户所需的托盘服务不同，而要做到开放，在整个供应链上，如何满足各家客户，将托盘做到精准的匹配，是一个难关。

第二，季节性需求不同。比如业务旺季，托盘需求增加，如果托盘数量不够，则无法满足客户要求；而到了淡季托盘需求量又会减少，那么多余出来的托盘又该如何利用，以达到效益最大化？这些问题都还需完善的解决方案。

目前，京东物流的开放尚未达到一定的开放度，而与京东物流一脉相承的京东云箱的开放度又会如何呢？京东云箱项目运作时间还不长，其能否成为解决托盘市场痛点的有效解决方案，还有待时间和市场的考验。而京东物流入局物流设备租赁市场，能掀起多大的浪花，还有待观望。

(资料来源：百家号)

三、平台硬件要求

(一)易于扩展

该系统必须满足物流行业业务增长的需求，因此在设计时，要求充分考虑系统扩展的简易性。采用开放式的设计结构与国际标准兼容的协议，并支持通信网和数据网的相关协议，实现与其他各类信息系统的互联互通；保证系统设备配置合理，技术符合国际潮流，使整个系统可以不断发展。

(二)有效地与现有网络整合

方便地与全国在建和已建信息网互联,保证与 ISP 网络和企业网的无缝互联,保护现有投资。

(三)满足物流公共信息服务平台增值服务的要求

系统建设完成后,将充分发挥出专用信息网络高速、宽带、多服务的优势,大力开展各种增值业务和其他宽带业务,使物流公共信息服务平台真正成为提高工作效率,加强行业管理、完善本系统内部管理等强有力的工具。

(四)易于管理维护

支持整个网络系统各种网络设备的统一网络管理。
支持故障管理、记账管理、配置管理、性能管理和安全管理五大功能。
支持系统级的管理,包括系统分析、系统规划等。
支持基于策略的管理,对策略的修改能够立即反映到所有相关设备中。

四、平台交易方式

由于物流服务交易具有多重属性,因而传统的面向标准化有形产品的单维度协商方式如电子目录等已不能满足本产品中的交易协商需要,必须对交易中涉及的各种属性通过协商达成一致,称之为多维协商。在平台环境下,$1:n$ 的协商过程最为普遍,也就是拍卖方式。拍卖和多维属性的结合,就演变成多维拍卖问题,多维拍卖是适应互联网环境下一种新型的商务模式。物流公共信息平台的多维拍卖,本质上是网络环境下的一种逆向采购拍卖,如图 9-4 所示。

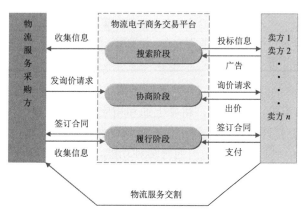

图 9-4 物流服务多维拍卖示意图

物流交易撮合最重要的技术是多维拍卖机制的设计，拍卖机制的优化涉及所有可能设定的参数，通过对参数最优的选取达到收益最大化，主要参数包括投标公开与否、投标增量大小、总拍卖品数量、投标人数量限额、拍卖时间、保留价格。通常地，物流交易中复杂的协议通过人工协商来完成，或者非价格属性是固定的，拍卖只和价格有关。可以采用一种基于智能技术的自动工具来完成多维拍卖，使物流服务交易中协商复杂性有效降低。

平台的多维拍卖既可能是供应链背景下有限参与者之间的协商问题，也可能是市场方式下数量众多的参与者之间的协商问题，多维拍卖模型的设计需要考虑特定的应用环境问题。比如在基于价值链集成的虚拟联盟的组建过程中，采用一种半自动化的辅助协商机制。而对于简单物流运输服务交易，则采用一种基于智能代理的多维拍卖模型。

机制设计可以看作一种三阶段的不完全信息博弈。在第一阶段，物流服务需求方设计出一个机制，根据物流服务提供方发送的消息决定分配的博弈。在第二阶段代理人选择接受或者拒绝这个机制。在第三阶段，选择接受机制的代理人根据机制进行博弈。

在第二阶段，利用传统的评分函数方式，如果出现极端投标，则很难选出合适的物流供应商。因此，可以应用模糊理论设计，例如采用 AHP & TOPSIS 方法评价物流服务供应商质量属性与行为特征，用模糊多属性决策方法处理不同的比例度量。最终的评价价值符合东方人思维习惯，并且能反映出被评价者与最优最差值之间的距离，因此这种方法可以避免选择只有一个强力的属性与其他相关属性都很弱的情况。如表 9-1 所示，以仓储物流服务为例，展示了多维评价标准。

表 9-1　仓储物流服务多维评价

维　度	属　性
建筑结构	存储面积、存储容量、普通存储、特种货物存储、温度湿度控制条件、加工功能、周边交通状况
海关	有无现场海关、有无保税仓库、有无虚拟仓库
物流管理	信息系统应用程度、订单管理能力、运输配送配套服务、标准化认证资质、工作时间
物料操作	仓储作业范围、转运能力、仓储机械设备情况

针对物流行业用户的移动特性，以及业务中车、货、人随机性结合的特点，可以开发一套运行在移动终端(手机)上的程序，将掌上通和相应的移动终端(手机)配合使用。用户直接在移动终端(手机)上打开该程序，就可以与远端的物流公司数据中心系统服务器进行通信，实现事务处理、信息搜索、联络沟通等多种功能，具有传统的物流管理方式无法比拟的优异特性。实现了物流信息系统的移动化，使物流从业人员突破了时间和空间的限制，提升了工作质量，增强了各环节的沟通协作，拓展了工作范围，增强了工作人员的快速应对能力，解决了物流信息数据的孤岛问题，实现了物流公司几乎所有流通环节的畅通。

评估练习

1. 物流公共信息平台的数据中心应如何建设？
2. 物流公共信息平台的业务应用系统有哪些？

本 章 小 结

物流公共信息系统平台是指为物流企业、物流需求企业和政府及其他相关部门提供物流信息服务的公共的商业性平台，其本质是为物流生产提供信息化手段的支持和保障。建设物流公共信息平台的主要意义在于降低车辆的空驶率、提高运输效率、降低运输成本，促进交通行业的节能减排工作取得成果。物流信息平台可以分成两层，即底层是公共物流信息基础平台，上层是公共物流信息系统平台。国内已建成或正在筹备建设中的区域物流公共信息平台项目较多，区域间物流信息共享是发展趋势。物流公共信息服务平台的功能体系总体定位应是，以数据获取、整合和共享为核心，以信息安全为基础，面向决策支持系统、行业主管部门、运输与物流企业和社会公众提供可靠、有效、实时的信息服务。

第十章　物联网应用技术

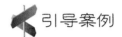引导案例

2008年11月，IBM公司首次提出了"智慧的地球"这一发展概念。在社会的发展潮流中，一些意义深远的事情正在发生：每个人、公司、组织、城市、国家、自然系统和社会系统正在实现更透彻的感应和度量、更全面地互联互通，在此基础上我们将获得更智能的洞察力。这将会带来新的节省和效率——但可能同样重要的是，提供了新的进步机会。由于这些技术的进步，世界变得更小了，变得更加"扁平"，也变得更加"智慧"了。

与以往提出的商业和技术层面的理念不同，"智慧的地球"是IBM公司长期跟踪世界经济的发展趋势、分析全球市场变化而发现并制定出来的。"智慧的地球"概念直接面对当今世界面临的重大问题，比如资本和信用危机，经济低迷和未来的不确定性，不稳定的石油价格和能源短缺，因为信息爆炸而激增的风险与机会，全球化和新兴经济，新的客户需求和商业模式等。这些问题带来的机遇和挑战，是需要生活在地球上的各个国家、各个阶层的人们共同去面对的；而如何通过更加"智慧"的方式让我们的生活更美好，是全人类共同关注的发展之道。

"智慧的地球"指出人类历史上第一次出现几乎任何东西都可以实现数字化和互联的现实，通过越来越多的低成本新技术和网络服务，在未来所有的物品都有可能安装并应用智能技术，进而向整个社会提供更加智能化的服务，从而为社会发展和经济进步提出了一条全新的发展思路。人们将会了解到摆在餐桌上的食物来自哪块土地、运输过程中经过了哪些环节；试衣间里的数字购物助手会自动通知导购人员送来合适尺码和颜色的衣物；去医院看病时，再也不用排长队、一个个窗口跑来跑去；厨房里的自来水也可以放心饮用，因为水的整个输送过程都在被严密监控着……这一切都像科幻电影，而实际上，强大的科技和社会发展动力正在将这一切带入现实。

（资料来源：http://blog.sina.com.cn/s/blog_4a02c74b0102vu6k.html）

辩证性思考

1. IBM公司提出的"智慧的地球"理念有什么商业价值？
2. "智慧的地球"在带来便捷的同时会引起哪些问题？

第一节 物联网概述

教学目标
- 了解物联网的概念与特点。
- 了解物联网的发展历程。

一、物联网的概念

当前国际上通用的物联网定义为：运用射频识别、红外感应器、全球定位系统、激光扫描器等信息传感设备，根据约定的协议，通过各种局域网、接入网、互联网将物与物、人与物、人与人连接起来，进行信息交换与通信，以实现智能化识别、定位、跟踪、监控和管理的一种信息网络。

物联网通俗地说，就是通过感应设备将交通、建筑、电力、医疗、家居等生活方方面面的多种物体与互联网整合起来，从而实现现实社会与虚拟网络的融合；并通过集成强大的计算机群，对整个网络内部的所有人员和设备实施精细、动态和实时的管理与控制；从而使人类社会进入"智能化"阶段，促进人与自然的和谐发展。

理解物联网的概念时，需要了解其与传感网、泛在网的关系。传感网、物联网和泛在网是依次包容的关系，如图10-1所示。传感器网络专注于物与物之间的末端联系，它专注于物理世界信息的感知和采集、网络的分发和汇聚效率。物联网是面向物与物和人与物的网络，它包含多种感知单元，同时支持一种或几种网络通信方式，为现实世界提供服务和应用。泛在网涵盖并高于物联网，讲求多网络和多技术融合，探索通信和服务的无缝连接，探索人与人之间新的通信和服务方式。

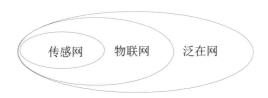

图10-1 物联网与传感网、泛在网的关系图

二、物联网的特点

1. 全面感知

全面感知也就是利用RFID、传感器、二维码以及未来将出现的其他类型传感器，随时采集物体动态的、丰富的、广泛的信息，如长度、温度、湿度、体积、质量、压力、密度

等。当前的信息化，接入对象主要还是依赖人工操作的计算机、手机等，所接入的物体信息较为有限。未来物联网接入的对象将包含更丰富的物理世界，传感器、仪器仪表、摄像头和其他扫描仪将得到更为普遍的应用。

2. 可靠传递

物联网通过各种电信网络与互联网的融合，将物体的信息实时准确地传递出去。当前在信息化建设当中，虽然网络基础设施日益完善，但距离物联网的信息接入要求还有一些差距，很多已接入网络的信息系统并未实现信息共享，信息孤岛现象较为严重。未来的物联网，不仅需要完善的基础设施，更需要随时随地的网络覆盖与接入。同时信息共享与远程操作都应达到较高的水平，信息的安全机制和权限管理需要更严格的监管和技术保障。

3. 智能处理

物联网利用云计算，模糊识别等各种智能计算技术，可对海量的数据和信息进行分析和处理，对物体实施智能化的控制。

物联网的智能处理信息处理能力更强大，人类与周围世界的相处更为智慧。当前的信息化由于数据、计算能力、存储等方面的限制，大部分信息处理工具和系统还停留在提高效率的数字化阶段，能够为人类决策提供有效支持的系统还很少。未来的物联网，将广泛采用数据挖掘等知识发现技术，深入分析整合的海量数据，以更加新颖、系统且全面的观点和方法来看待和解决特定问题，使人类能更加智慧地与周围世界相处。

【案例 10-1】

云计算和物联网协同工作

云计算的实质

云基础设施是大量连网服务器的集合，为企业提供了一种经济高效的信息存储方式。它还为企业提供了运行复杂数据分析和其他程序的计算能力，而无须投资昂贵的硬件。如今，最大的云服务提供商是谷歌、微软和亚马逊等科技巨头。他们通常提供与预算限制很好匹配的按需付费模式，并允许企业根据需要扩展其使用范围。云还支持购买软件订阅的能力，软件不会被下载，而是保留在远程服务器上，用户可通过在线门户访问和操作它。

云和物联网：完美匹配

在典型的物联网部署中，许多物联网传感器收集数据并将其发送到中心位置进行分析。在许多情况下，这个中心位置就是云。

借助云管理，移动运营商可以通过任何设备和网络连接从任何地方访问其传感器数据。例如，如果附着在浮标上的海洋传感器散布在墨西哥湾，运营商可以在平板电脑上提取数据以评估维护问题或运行数据分析。如果没有云，则跨大区域和不同设备来聚合物联网数据要复杂得多。

许多物联网提供商还提供物联网平台，可帮助物联网管理者从远处管理其连接的设备和数据。云提供商允许公司以最低的成本存储和处理大量数据，从而为大数据分析打开了大门。

云计算与边缘计算

虽然云对于大多数物联网部署来说是不可或缺的，但是边缘计算可以将一些数据处理保留在物联网传感器和终端设备所在的网络边缘，如无人驾驶汽车，数据分析和决策出现任何延迟都有可能导致撞车，应用边缘计算可以增加安全性。再如，物联网解决方案可以使用边缘计算系统向工厂经理交付运营技术数据，而不是将所有传感器数据直接发送到云中。这样做可以最大限度地降低通过空中传输信息存在的潜在安全风险。

虽然通过网络传输数据存在安全问题，但是可以通过预防性措施增强云计算的安全性。例如，保持设备固件为最新状态，确保对所有传输的数据进行加密，以及实施标准的用户身份验证程序等，都可以防止网络攻击。

(资料来源：http://m.elecfans.com/article/1094225.html)

三、物联网的发展历程

1995 年，比尔·盖茨在其所著的《未来之路》一书中已初步涉及物联网的概念。只是当时受限于无线网络、硬件及传感设备的发展，并未引起大多数人的重视。

1999 年，在美国召开的移动计算和网络国际会议提出了物联网的概念，将 RFID 与互联网结合，实现在任何地点、任何时间、对任何物品进行标识和管理。当时的翻译还称其为传感网，认为它是 21 世纪人类社会产业发展又一个潜在的增长点。

2005 年，在突尼斯举行的信息社会世界峰会上，国际电信联盟发布了《ITU 互联网报告 2005：物联网》，正式确定了物联网的概念。峰会全面透彻地分析了物联网的可用技术、市场机会、潜在挑战和美好前景等内容。

2009 年，美国总统奥巴马对于物联网的发展给予了极大的关注，在其与美国工商业领袖的圆桌会议上，IBM 公司首席执行官彭明盛首次提出物联网相关的"智慧地球"这个概念，提出将物联网信息化技术应用到人们日常的社区基础设施建设当中，建议新政府投资新一代的智慧型社区类应用基础设施。此概念得到了美国政府和企业的高度关注和认同，此后，美国即开启了一系列物联网建设的投资进程，以智能电网、数字城市为代表，并将该理念逐渐扩展到全球。

2009 年，欧盟制订了《欧洲物联网行动计划》，该计划涵盖了物联网架构、硬件、软件与算法、标识技术、通信技术、网络技术、网络发现、数据与信号处理技术、知识发现与搜索引擎技术、关系网络管理技术、电能存储技术、安全与隐私保护技术、标准化等关键技术，对物联网未来发展以及重点研究领域给出了明确的路线图。

此时，物联网概念已进入中国，2009年温家宝总理在视察中科院无锡物联网产业研究所时，提出"感知中国"概念。次年，国务院审议通过《国务院关于加快培育和发展战略性新兴产业的决定》，物联网作为战略性新兴产业的重要内容，被提高到国家战略层面高度予以重点关注和推进。2012年，《物联网产业十二五发展规划》发布。

市场研究机构IDC预计，到2020年，物联网的全球市场规模将扩大近两倍，达到1.7万亿美元。另据Gartner预测，到2020年全球物联网设备数量将达到260亿个，物联网市场规模将达1.9万亿美元。

【案例10-2】

盖茨《未来之路》预言回眸

美国《大西洋月刊》网络版撰文，对微软董事长比尔·盖茨(Bill Gates)15年前在《未来之路》The Road Ahead一书中的预言进行了回顾。以下为文章全文。

自从比尔·盖茨出版《未来之路》以来，已经过去了整整15年。在这本书中，这位微软公司的创始人对未来进行了大量预测。这些预言的准确度如何呢？让我们一起来分享一下吧。

1. 电子邮件

预言：盖茨在书中写道："电子邮件以及可以共享的屏幕将使得许多会议的必要性消失……即使一定要召开面对面的会议，其效率也会大幅提升，因为与会者已经通过电子邮件交换了背景信息……信息过载将不再为信息高速公路所独有，这甚至不再是个问题。"

裁定：错误。现在看来，盖茨当初对电子邮件的预言有些过于理想化，并没有考虑到一些意料之外的后果。如果说电子邮件对会议有何影响，那也是让开会的频率更高，效率更低。"你没有收到我的邮件吗？"这恐怕已经成为开会时最常碰到的问题，这一疑问往往会导致另外一场会议的召开。据估计，有将近40%的员工每个工作日都至少要花费两小时来处理电子邮件，这迫使很多企业采取了一些旨在减少电子邮件数量的政策。最常用的解决方案是召开更多面对面的会议。

2. 钱包式PC

预言："你将能够用口袋或是手袋来携带钱包式PC。这款产品将可以显示信息和日程，阅读并收发电子邮件和传真，监测天气和股市情况，支持简单和复杂的游戏，如果感觉无聊还可以浏览一些信息，或者轻而易举地浏览你为孩子拍摄的数以千计的照片。"

裁定：准确。盖茨的钱包式PC基本上就是今天的智能手机，只不过多了一项语音通话功能。

3. 无线网络

预言："未来的无线网络将更快，但是除非有重大突破，否则其带宽还是会远远低于有线网络。移动设备将能够收发信息，但价格会非常昂贵，很少有人会使用这些设备来收看视频流。"

裁定：错误。如今，通过无线网络接收视频流既不昂贵也不少见，事实上，这已经成为一件非常普通的事情，用户几乎无须多加考虑。盖茨没能预测到无线网络将会更为便宜，速度也将更快。但是他的主要错误还在于科技预言者的一种常见而错误的假设：新技术之所以被采用，主要是因为技术优越，而不是因为社会因素。即使多数的有线网络仍然拥有比无线网络更大的带宽，但其社交性却无法与无线网络媲美，后者使人们可以随时随地访问信息。

4. 社交网络

预言："信息高速公路不仅可以让远隔万里的好友更容易取得联系，还能帮我们找到新的伙伴。通过网络形成的友谊将自然而然地让人们紧密联系在一起。"

裁定：半对半错。社交网络已经成为信息高速公路的一款杀手级应用。Facebook 拥有 4 亿多名注册用户，还有其他数不尽的社交网络也在创造着人与人之间的全新关系。但是通过互联网建立的友谊未必就会导致面对面的相见。在更多的情况下，一个有着 250 名 Facebook 好友的用户很少与网友见面。

5. 网络购物

预言："由于信息高速公路可以传送视频，你将能够经常看到你所购买的商品……你不必担心通过电话为母亲订购的鲜花是否如预想中的那般美丽。你将可以看到卖家陈列的大批花束，如果愿意，随时都可以改变主意，用鲜艳的银莲花代替即将凋谢的玫瑰。"

裁定：错误。信息高速公路可以传送视频，这一点盖茨说得没错，但他完全误解了网络购物形成过程中的社会和经济因素。一个卖家怎么可能会有时间与每个想在母亲节订花的客户进行视频对话？有哪家公司能够允许用户在最后一刻更改订单，并承受由此产生的巨大成本？盖茨对网络购物的预言与以往对个人喷气助推器和移动人行道的预言一样：技术上可行，但从社会和经济角度来看，却并不可行。

6. 视频会议

预言："通过将摄像头连接到 PC 或电视上的小型视频设备，我们就可以通过信息高速公路来获取更高质量的图像和声音，但价格却会更低。"

裁定：准确。网络摄像头已经成了 PC 的标准配置。即使没有配备这款设备，也可以用不到 30 美元的价格从微软公司购买一款。

7. 互联网与网络

预言：在这本长达 286 页的书中，盖茨只在第 4 页提到了万维网，并将互联网描述为更为庞大的"信息超级高速公路"的一个子集。盖茨写道，与 PC、CD-ROM、电话网络和有线电视系统一样，互联网也是"信息高速公路的重要先驱"之一。但他又表示："它们都无法代表真正的信息高速公路……如今的互联网并非我所想象的信息高速公路，尽管你可以将其作为高速公路的一个开始。"

裁定：错误。盖茨认为，互联网将在未来的信息高速公路中扮演一个配角，但它本身并非信息高速公路。但这种观点在《未来之路》出版时就已经过时。就连盖茨本人也已经意识到这一点。就在该书出版后不久，他便对微软进行了重组，将更多精力放在互联网领域，并且在《未来之路》的第二版中进行了大量修改，增加了一些强调互联网重要性的内容。从很多方面来看，盖茨对互联网的模糊预测只是一种想当然的看法。

8. 隐私

预言："从现在起，10年内，你或许只要摇一摇头，就可以免遭陌生人或任何打错号码的人的骚扰……通过制定明确的'白名单'，你就可以将你的家——或是任何你所希望的地方——打造成自己的'庇护所'。"

裁定：少部分准确，大部分错误。我们的确可以借助科技来设置"白名单"，也可以使用呼叫者的ID来回避不想接的电话，或者向"全美谢绝来电电话注册处"(National Do-Not-Call Registry)进行登记，从而避免接收推销电话。但是就此认为科技将提供更好的隐私保护却并不符合实际。隐私已经成为计算机时代受伤害最为严重的一个领域，多数人在信息超级高速公路上行驶时都必须付出相应的隐私代价。

(资料来源：http://news.xinhuanet.com/world/2010-05/25/c_12138777_2.htm)

四、国内外物联网的发展现状

当前，世界各国的物联网基本都处于技术研究与试验阶段：美、日、韩、欧盟等都正投入巨资深入研究探索物联网技术，并启动了以物联网为基础的国家或区域战略规划。目前各国都已经认识到物联网在推动社会和经济发展方面将发挥巨大的作用。当前我国正处于经济发展方式转变的关键时刻，而物联网可以为国家带来巨大的发展机遇。

(1) 美国——振兴经济的新路径。奥巴马政府希望借助物联网刺激经济，使美国走出经济低谷。所以将IBM公司"智慧的地球"的战略构想上升到国家战略的高度。"智慧的地球"具体来说就是把传感器嵌入电网、铁路、公路、桥梁、隧道、油气管道、供水系统、大坝、建筑等各种物体中，并且将其普遍联系起来，形成物联网。

美国很多高校已经在无线传感器网络方面开展了大量研究工作，如加州大学洛杉矶分校的嵌入式网络感知中心实验室、无线集成网络传感器实验室、网络嵌入系统实验室等。另外，麻省理工学院、奥本大学、宾汉顿大学、州立克利夫兰大学都一直进行着物联网相关领域的研究工作。除了高校和科研单位外，美国的很多大型知名机构也都先后展开物联网领域的研究和实践。早在2003年时，美国最大的零售商沃尔玛即要求其最大的100家供应商在所有的货箱和托盘上安装RFID电子标签；Crossbow公司在国际上率先研究无线传感器网络，迄今为止已经为全球 2000 多所高校和上千家大型公司提供了无线传感器解决方案。

(2) 欧盟——致力成为引领者。欧盟委员会致力于鼓励和促进内部物联网产业的发展。2009 年，欧盟委员会提出了《欧盟物联网行动计划》，目的就是确保欧洲在构建物联网社会的过程中起主导作用。该行动计划描绘了物联网技术的未来应用前景，提出欧盟要加强对物联网的管理，完善隐私和个人数据保护，提高物联网的可信度、接受度、安全性。同时，为保证计划顺利进行，计划投资 4 亿欧元用于 ICT 研发设计、启动 90 多个研发项目以提升网络智能化水平，计划每年增加 2 亿欧元以加强研发力度，同时设立 3 亿欧元专款支持物联网公私合作短期项目。2010 年，欧盟委员会提出《欧洲数字计划》，该计划的重要平台就是物联网。这两项计划充分表明欧盟希望通过构建新型物联网管理框架来引领世界物联网的发展。

(3) 日本——实现便利社会。从 20 世纪 90 年代以来，日本政府非常重视国家信息化发展战略，大规模推动国家信息基础设施建设，希望通过信息技术推动国家经济社会发展。日本政府提出要将日本建成一个"泛在网络社会"，任何人、任何物体可以在任何时候、任何地点互联，实现人与人、人与物、物与物之间的连接。该战略的重点在于提高居民的生活水平。2008 年日本政府将 U-Japan 重心转移，从过去重点关注提高居民的生活水平，拓展到促进地区及产业的发展，即通过物联网的广泛应用，变革原有产业、开发新应用。2009 年，日本政府提出新一代的国家信息化发展战略 I-Japan，该战略的目的是让信息技术融入每个领域，重点聚焦三大领域的改革，即电子政务管理、医疗健康服务、教育培育。

(4) 韩国——强化产业优势。目前，韩国是世界上宽带普及率最高的国家，其数字内容、信息家电、移动通信等发展处于世界先进水平。韩国提出了自己的 U-Korea 战略，目的是建立无所不在的社会网络。也就是在人们生活的社会环境中，建立智能型网络、进行先进的信息基础设施建设，让人们在衣食住行、教育、娱乐各方面都随时随地享受到科技智慧服务，同时，扶持 IT 产业发展新的应用技术，强化产业优势和国家竞争力。该战略聚焦四大关键基础环境建设和五大应用领域，四大关键基础环境建设包括生态工业建设、透明化技术建设、现代化社会建设、平衡全球领导地位。五大应用领域包括亲民政府、安全社会环境、智慧科技园区、U 生活定制化服务、再生经济。2009 年，韩国政府出台了《物联网基础设施构建基本规划》，将物联网确定为新的市场增长动力，其目标是构建世界上最先进的物联网基础设施，成为未来一流的物联网强国。

(5) 中国——蓄势待发。2009 年，温家宝总理在视察无锡物联网产业发展基地时发表的重要讲话，标志着中国物联网产业的发展进入了新时代，各地政府部门对物联网产业的发展予以高度重视，北京、上海、江苏、广东等地方政府相继制定了物联网产业的布局规划。2011 年，工业和信息化部出台《物联网"十二五"发展规划》，指出物联网对加快转变经济发展方式具有重要作用，正式把物联网作为国家新兴产业发展战略的重要组成部分。

2013年，发改委等部门发布《物联网发展专项行动》，从顶层设计、标准制定、技术研发、应用推广、产业支撑、商业模式等十个方面对物联网发展进行规划。2016年，国务院在《"十三五"国家战略性新兴产业发展规划》中，提出实现网络强国战略，推动物联网、云计算和人工智能技术向各行业全面渗透。2017年，工信部发布《物联网发展规划(2016—2020)》，在物联网产业生态布局、技术创新体系、规模应用以及公共服务体系的建设等方面提出具体的发展思路和目标。

经过近十年的快速发展，我国物联网产业正迈入"跨界融合、集成创新、规模化发展"的新阶段，市场规模大幅度增长，形成了一个具有广阔市场前景和发展潜力的产业体系。截至2018年，我国物联网产业市场规模已超过1.2万亿元，物联网业务收入较2017年增长72.9%。随着物联网应用场景持续拓展，安全意识不断增强，物联网已引起继计算机与互联网之后的第三次浪潮，提升至国家战略的高度，不但是未来智慧城市建设的基础，更是未来国家产业机构调整以及转型的契机。

评估练习

1. 物联网有哪些特点？
2. 简述物联网的发展历程。

第二节 物联网关键技术

教学目标

- 了解物联网的体系构架。
- 掌握物联网的关键技术。

一、物联网体系构架

物联网作为一个系统网络，与其他网络一样，也有其内部特有的架构。物联网有三个层次：一是感知层，即利用RFID、传感器、二维码等随时随地获取物体的信息；二是网络层，通过各种电信网络与互联网的融合，将物体的信息实时准确地传递出去；三是应用层，把感知层得到的信息进行处理，实现智能化识别、定位、跟踪、监控和管理等实际应用，具体如图10-2所示。

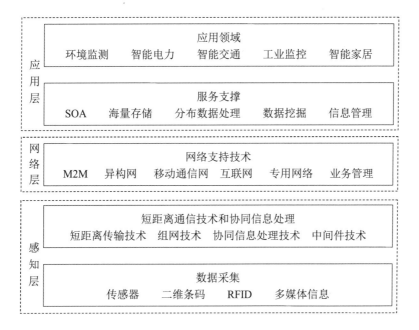

图 10-2 物联网体系构架

(1) 感知层——感知信息。数据采集与感知主要用于采集物理世界中发生的物理事件和数据，包括各类物理量、标识、音频、视频数据。物联网的数据采集涉及传感器、RFID、多媒体信息采集、二维码和实时定位等技术。传感器网络组网和协同信息处理技术可以实现传感器、RFID等数据采集技术所获取数据的短距离传输、自组织组网以及多个传感器对数据的协同信息处理。

(2) 网络层——传输信息。实现更加广泛的互联功能，能够把感知到的信息无障碍、高可靠性、高安全性地进行传送，需要传感器网络与移动通信技术、互联网技术相融合。随着移动通信、互联网等技术越来越成熟，将会更好地满足物联网数据传输的需要。

(3) 应用层——处理信息。网络层传输而来的数据在这一层里进入各类信息系统进行处理，并通过各种设备与人进行交互。处理层由业务支撑平台(中间件平台)、网络管理平台(如M2M管理平台)、信息处理平台、信息安全平台、服务支撑平台等组成，这种多平台的融合使其具备了强大的协同、管理、计算、存储、分析、挖掘以及面向行业和大众用户的服务等功能，典型技术包括中间件技术、虚拟技术、高可信技术，云计算服务模式、SOA 系统架构方法等。

在各层之间，信息不是单向传递的，可有交互、控制等，所传递的信息多种多样，包括在特定应用系统范围内能唯一标识物品的识别码和物品的静态与动态信息。尽管物联网在经济社会各个领域的应用千差万别，但是每个应用的基本架构都包括感知、传输和应用三个层次，各种行业和各种领域的专业应用子网都是基于三层基本架构构建的。

二、物联网的关键技术

物联网技术应用主要涉及标识、感知、信息传送和数据处理四个环节，其中的核心技术主要包括感知与识别技术、传感技术、网络通信技术和信息处理技术等。

(1) 感知与识别技术。物联网的感知与识别技术主要用于对物体的感知与识别。感知与识别技术都属于自动识别技术，即应用一定的识别装置，通过被识别物品和识别装置之间的接近活动，自动地获取被识别物品的相关信息，并提供给后台的计算机处理系统来完成相关后续处理的一种技术。

射频识别 RFID 技术是一种非接触式自动识别技术，即利用射频信号及其空间耦合传输特性，实现对静态或移动物体的自动识别。RFID 技术具有无接触的自动识别，具有全天候、识别穿透能力强、无接触磨损、可同时实现对多个物品的自动识别等特点。产品电子代码(EPC)采用 RFID 电子标签技术作为载体，大大推动了物联网的发展和应用。

RFID 技术市场应用成熟，标签成本低廉，但 RFID 一般不具备数据采集功能，多用来进行物品的甄别和属性的存储。目前在国内 RFID 已经在身份证、电子收费系统和物流管理等领域被广泛应用。

(2) 传感技术。传感器是一种物理装置，能够探测、感受外界的各种物理量(如光、热、湿度)、化学量(如烟雾、气体等)、生物量，以及未定义的自然参量等。将传感器应用于物联网中可以构成无线自治网络，这种传感器网络技术综合了传感器技术、纳米嵌入技术、分布式信息处理技术、无线通信技术等，使各类能够嵌入到任何物体的集成化微型传感器协作进行待测数据的实时监测、采集，并将这些信息以无线的方式发送给观测者，从而实现"泛在"传感。

在传感器网络中，传感节点具有端节点和路由的功能。首先是实现数据的采集和处理，其次是实现数据的融合和路由，综合本身采集的数据和收到的其他节点发送的数据，转发到其他网关节点。传感节点的好坏会直接影响到整个传感器网络的正常运转和功能健全。

(3) 网络通信技术。无线网络技术丰富多样，根据距离不同，可以组成个域网、局域网和城域网。近距离无线技术组成的个域网是物联网最为活跃的部分，其通信距离可能是几厘米到几百米之间，常用的主要有 Wi-Fi、蓝牙、ZigBee、RFID、NFC 和 UWB 等技术。常用的远距离通信技术主要有 GSM、GPRS、WIMAX、2G/3G/4G 移动通信，甚至卫星通信等。长距离无线通信比短距离无线特征往往具有更高的能耗，但其移动性和长距离特性使物联网具有更大的监测空间和更多有吸引力的应用。

通过增强现有网络通信技术的专业性与互联功能，以适应物联网低移动性、低数据率的业务需求，成为物联网提供信息传递和服务支撑的基础通道，实现信息安全且可靠的传送。

(4) 信息处理技术。信息处理技术可对数据信息进行智能信息处理并为应用层提供服务，解决感知数据如何存储、检索、使用、隐私保护等问题。对于物联网而言，不仅仅要收集物体的信息，更重要的在于利用这些信息对物体实现管理，物联网的信息处理与服务技术主要包括数据的存储、数据融合与数据挖掘、智能决策、云计算、安全及隐私保护等。

① 云计算。云技术通过网络将庞大的计算处理程序自动拆分成无数个较小的子程序，再交给多部服务器所组成的庞大系统，经计算分析之后将处理结果回传给用户。通过这项技术，网络服务提供者可以在数秒内，处理数以千万计甚至亿计的信息，提供和超级计算机同样强大效能的网络服务。

物联网采集到的数据量很大，使用云计算来承担数据处理任务具有非常显著的性价比优势。此外，物联网依赖云计算设施对物联网的数据进行处理、分析、挖掘，可以更加迅速、准确、智能地对物理世界进行管理和控制，使人类可以更加及时、精细地管理物质世界，大幅提高资源利用率和社会生产力水平，实现"智慧化"的要求。

② 人工智能。研究如何用计算机来表示和执行人类的智能活动，以模拟人脑所从事的推理、学习、思考和规划等思维活动，并解决需要人类的智力才能处理的复杂问题，如医疗诊断、管理决策等。人工智能一般有两种不同的方式，即工程学方法和模拟法。工程学方法通过计算机来研究模式的自动处理和判读，而模拟法是一种模拟人类专家解决各领域存在问题的计算机程序系统。

③ 中间件。即位于数据感知设施和后台应用软件之间的应用系统软件。中间件有两个关键特征。一个是为系统应用提供平台服务，另一个是需要连接到网络操作系统，并且保持运行工作状态。

物联网中间件是物联网应用需求与信息处理技术的聚合与技术提升。中间件可为物联网应用提供一系列计算和数据处理功能，对感知系统采集的数据进行捕获、过滤、汇聚、计算以及数据校对、解调、数据传送、数据存储和任务管理，减少从感知系统向应用系统中心传送的数据量。中间件还可提供与其他支撑软件系统进行互操作等功能。

【案例 10-3】

物联网与区块链集成的好处

1. 全

在全球范围内，安全性是物联网实施道路上的主要障碍之一。例如黑客可以成功地远程禁用无人驾驶汽车、恶意用户试图控制人体植入的心脏设备。现在，物联网可以使用来自区块链及其强大的加密标准帮助人类克服这些困难。这将为物联网带来更强的安全性，并且黑客将发现越来越难以穿透设备。

2. 私

区块链的关键特征是其高数据加密能力。使用两阶段加密的密钥可确保有一个可验证的存储数据的地方。数据无法使用公钥或私钥进行访问并且需要两者都拥有的事实是实施区块链的最重要优势之一。通过将这种技术引入物联网，智能设备将能够以一种无法泄露或操纵敏感信息的方式记录它们之间的交易，进入链的数据无法以任何方式进行修改。

3. 据仓库

显而易见，区块链中的加密标准是无与伦比的。因此，当以这种方式对所有智能设备的历史进行加密时，不需要集中的权限来存储所有数据。这样，可以在常规物联网网络中建立更高的信任度。

4. 应链管理

借助基于物联网的传感器，可以监控供应链每个环节的状态。例如借助区块链技术可以立即识别食品供应链的哪个位置添加了农药、杀虫剂或其他着色剂，并采取适当的措施确保食品不会进入到消费者手中。在传统系统下，大约需要一周的时间才能确定供应链中污染源的确切位置，通过区块链和物联网的技术合作则仅需要2.2秒。

(资料来源：http://baijiahao.baidu.com/s?id=1646890337338914829&wfr=spider&for=pc)

评估练习

1. 物联网的体系架构包括哪些内容？
2. 物联网涉及的关键技术有哪些？

第三节 物联网应用领域

教学目标

- 了解物联网的应用领域。
- 了解物联网对社会的影响。

从使用物联网的用户类型这个角度可以将物联网应用领域划分为行业应用、公众消费、公共管理。2012年出台的《物联网产业"十二五"发展规划》，重点确定了智能工业、智能农业、智能物流、智能交通、智能电网、智能环保、智能安防、智能医疗、智能家居九个重点示范应用领域。

一、智能工业

物联网在工业领域应用的主要目标是实现生产过程控制、生产环境监测、制造供应链跟踪、产品周期检测，促进安全生产和节能减排。

(1) 制造业供应链管理。物联网应用于企业的原材料采购、库存、销售等领域，通过完善和优化供应链管理体系，可以提高供应链效率，降低成本。

(2) 生产过程工艺优化。物联网技术的应用能提高生产线过程检测、实时参数采集、生产设备监控、材料消耗监测的能力和水平，使生产过程的智能监控、智能控制、智能诊断、智能决策、智能维护水平不断提高。

(3) 产品设备监控管理。将各种传感技术与制造技术融合，可以实现对产品设备操作使用记录、设备故障诊断的远程监控。

(4) 环保监测及能源管理。物联网与环保设备的融合，可以实时监控工业生产过程中产生的各种污染源及污染治理各环节关键指标。

(5) 工业安全生产管理。把感应器嵌入和装备到矿山设备、油气管道、矿工设备中，可以感知危险环境中工作人员、设备机器、周边环境等方面的安全状态信息，实现实时感知、准确辨识、快捷响应、有效控制，具体如图 10-3 所示。

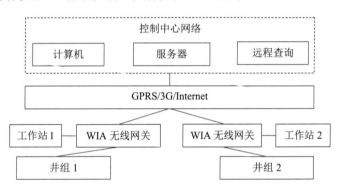

图 10-3　油田生产优化控制

二、智能农业

物联网在农业领域应用的目标是实现农业资源利用、农业生产精细化管理、生产养殖环境监控、农产品质量安全管理与产品溯源。

(1) 智能化培育控制。物联网通过光照、温度、湿度等各式各样的无线传感器，可以实现对农作物生产环境的参数进行实时采集。同时在现场布置摄像头等监控设备，实时采集视频信号，可以远程控制智能调节指定设备。为农业综合生态信息自动监测、环境自动控制和智能化管理提供科学依据，具体如图 10-4 所示。

在牲畜、水产品养殖方面，利用 RFID 技术可对动物个体身份进行识别，提供个性化饲养、动物生理与健康信息自动监测与智能管理决策等服务，达到科学饲养与生产过程精细化管理的目的。

(2) 农副食品安全溯源。物联网技术可对运输车辆进行位置信息查询和视频监控，及时了解车厢和仓库内外的情况、感知其温湿度变化，并进行远程控制。消费者可以凭借农副产品对应的追溯码，查询该农副产品的来源、运输渠道、质量检疫等多方面的信息。一旦产品出现质量问题，便可追踪溯源查出问题所在。

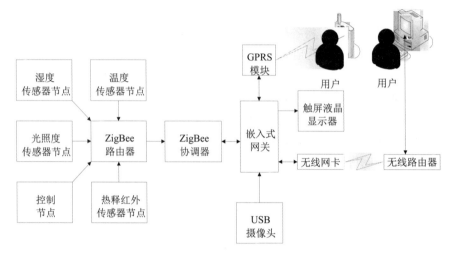

图10-4 智能温室控制系统

三、智能物流

物联网技术的出现从根本上改变了物流中的信息采集方式，改变了从生产、运输、仓储到销售各环节的物品流动监控、动态协调的管理方式，极大地提高了物流效率。

(1) 质量控制。通过识别电子标签，在自动化生产线上实现自动跟踪与识别，提高了生产效率和效益。

(2) 物品拣选。托盘上安装阅读器便可以读取到所有物品的标签信息，信息中心系统将这些信息与发货清单进行核对后便可以发货。

(3) 物品信息跟踪。运输车辆的信息和其地理位置信息一同传至通信卫星，由通信卫星传送至信息中心数据库，实现实时跟踪。

(4) 库存智能管理。货物出入库时，利用带有阅读器的拖车即可将货物分门别类地送入指定仓库，并实现物品登记自动化。当零售商的货架上商品缺货时，货架会自动通知仓库及时补货，商品库存信息自动更改，保证了商品的及时供应，具体如图10-5所示。

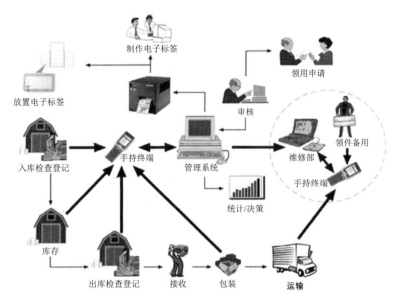

图 10-5 智能物流系统图

四、智能交通

智能交通系统(Intelligent Transportation System，ITS)是未来交通系统的主要发展方向，是将先进的信息技术、数据通信传输技术、电子传感技术、控制技术及计算机技术等有效地集成运用于整个地面交通管理系统而建立的一种在大范围内、全方位发挥作用的，实时、准确、高效的综合交通运输管理系统。ITS 可以有效地利用现有交通设施、减少交通负荷和环境污染、保证交通安全、提高运输效率。

(1) 车辆控制。通过在汽车上装载雷达或红外探测仪，汽车可以准确地判断车辆与障碍物之间的距离，及时发出警报或自动制动避让。

(2) 交通监控。通过遍布城市道路的视频监控系统和无线通信系统，可在道路、车辆和驾驶员之间建立快速通信联系。

(3) 运营车辆高度管理。通过汽车上的车载计算机、高度管理中心计算机与全球定位系统卫星联网，可以实现驾驶员与调度管理中心之间的双向通信，提高商业车辆、公共汽车和出租汽车的运营效率。

(4) 交通信息查询。对于外出旅行的人员，通过计算机、电视、电话、路标、无线电、车内显示屏等任何终端都可以及时获得所需的交通信息。

(5) 智能收费。用电子标签标识通行车辆，装在收费站的阅读器自动远距离读取电子标签上的信息，通过访问银行服务系统，完成费用收缴，具体如图 10-6 所示。

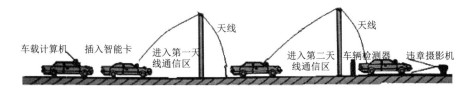

模 块	模块间处理		
智能卡	相互认证	收费	显示余额
车载计算机			
天线	第一天线通信区	第二天线通信区	
违章摄影机			车辆后部摄像
车辆检测器			
门控制器	第一天线获取信息	车载计算机获得清单	第二天线获取信息	确定车辆
中央计算机	审核		

图 10-6　电子收费系统原理

五、智能电网

智能电网是电网的智能化，是建立在集成的、高速双向通信网络的基础上，通过先进的传感和测量技术、先进的设备技术、先进的控制方法以及先进的决策支持系统技术的应用，实现电网的可靠、安全、经济、高效、环境友好和使用安全的目标，在新能源接入、电网防灾减灾、提高输电能力、激励用户参与电网调峰、提高资产管理效益等方面产生了重要影响。物联网技术可以应用在智能电网的发电环节、输电环节、变电环节、配电环节和用电环节等方面。

六、智能环保

智能环保是借助物联网技术，把感应器和装备嵌入各种环境监控对象中，通过超级计算机和云计算将环保领域内的物联网整合起来，实现人类社会与环境业务系统的整合，以更加精细和动态的方式实现环境管理和决策的"智慧"。

将物联网应用到环保领域，可以增加监控密度，将监控对象从废水、废气排放扩展到危险品、重金属、辐射源、环境风险监控等，从城市监控、工业监控向城镇、农村污染监控扩展。在监控深度上，既可以监控污染源末端，如污染物的排放浓度、排放量，还可以监控企业污染排放和治理设施的运行状态。

七、智能安防

智能安防是通过相关内容和服务的信息化、图像的传输和存储、数据的存储和处理等，实现企业或住宅、社会治安、基础设施及重要目标的智能化安全防范。一个完整的智能化安防系统主要包括门禁、报警和监控三大部分。

从产品的角度讲，智能安防包括防盗报警系统、视频监控报警系统、出入口控制报警系统、保安人员巡更报警系统、GPS 车辆报警管理系统和公安报警联网传输系统等。这些子系统可以单独设置、独立运行，也可以由中央控制室集中进行监控，还可以与其他综合系统进行集成和集中监控具体如图 10-7 所示。

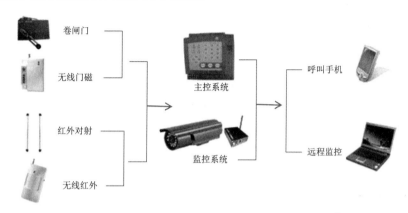

图 10-7　安防监控系统示意图

八、智能医疗

物联网在医疗领域的应用主要体现在五个方面，那就是药品的安全监控、患者健康检测及咨询、医疗设备管理、医院信息化平台建设、老人儿童监护。

(1) 药品流通管理。能够随时追踪、共享药品的生产信息和物流信息，假冒伪劣产品将会曝光。药品零售商可以用物联网来消除药品的损耗和流失、管理药品有效期、进行库存管理等。

(2) 远程医疗。将电子芯片嵌入到患者身上，该芯片可以随时感知患者身体各项指标的变化，阅读器将这些信息传送到患者信息数据库中，能够综合患者以往病情，随时给患者提供应对建议，具体如图 10-8 所示。

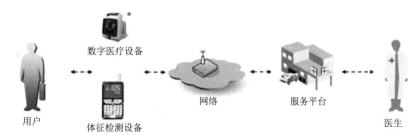

图 10-8　远程医疗示意图

(3) 医院管理。信息化平台主要用于医院设备管理、病房管理、重症监护、人员定位以及无线上网等。

九、智能家居

(1) 家电控制。家电控制是物联网在家居领域的重要应用，它是利用微处理电子技术、无线通信及遥控遥测技术来集成或控制家中的电子电器产品、厨房设备、取暖制冷系统、视频及音响系统等。家电控制是以家居控制网络为基础，通过智能家居信息平台来接收和判断外界的状态和指令，进行各类家电设备的协同工作。

(2) 家庭安防。当主人不在家，如果家中发生偷盗、火灾、气体泄漏等紧急事件时，智能家庭安防系统能够现场报警、及时通知主人，同时还可向保安中心进行联网报警。

评估练习

1. 物联网在工业中有哪些作用？
2. 物联网在农业中有哪些作用？

第四节　物联网在物流中的应用

教学目标

- 了解物联网在物流领域中的应用情况。
- 掌握物流领域涉及的主要物联网技术。

一、物联网技术在仓储中的应用

库存管理在整个物流过程中占据着非常重要的地位。现代技术水平在不断进步，基于物联网技术的库存管理模式更能适应市场需求的变化。实时掌握物流过程中产品的品质、标识、位置等信息已经成为现代物流管理的新要求。基于物联网环境的仓储系统架构设计包括系统编码体系、射频识别系统、服务及软件构建、系统网络结构和硬件布局等五个部分，具体如图10-9所示。

(一)系统编码体系

仓储实体大致可以分为货物类、设备类、设施类、人员类和环境类。仓储管理时需要在实体对象上粘贴一定编码的RFID标签，才能实现仓储智能管理。仓储信息编码可参照EPC分字段的编码方式，信息访问以内部服务器为主，并保留访问外网的数据端口。

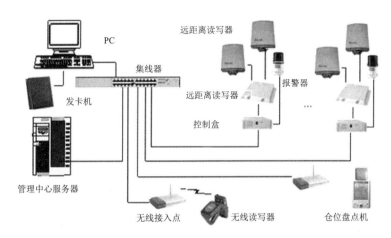

图 10-9　物联网技术在仓储中的应用

(二)射频识别系统

仓储信息自动化采集系统能够在货物移动和静止时对信息进行快速、准确的获取，采集系统主要有两类，一是普及范围最广的 RFID 系统，二是传感系统。RFID 系统在仓储管理中主要被应用于信息采集，体现为对人员、货物、设施和设备的监管，信息采集用于数量统计、定位、权限和流程管理等多个方面；传感系统针对不可标识的物体收集信息，用于对工作环境、物品存储环境和物品形状的检测。

(三)系统网络结构

物联网仓储系统的网络是混合型网络，包括现场总线网络、局域网、无线传感网等，前两者的应用最多。物联网仓储系统涉及很多自动化、电子设施设备，如自动传输装置、智能机器、立体货架、电子显示屏、扩音器等，这些设备的信息交互是必须要解决的问题。网络拓扑结构包括星形、环形、树形、分布式结构和总线型。如果以总线技术搭建网络系统，可以分为三层结构，即数据采集系统、过程控制系统和监管系统。

(四)服务及软件

仓储系统服务是为仓储信息的采集、传输和处理设定控制和计算规则。通过这些规则为应用层提供必要的服务，满足仓储管理的需求。需求包括信息采集、数据集成、资源调度、流程优化和权限管理。这些服务以一定的输入、输出实现仓储系统的软件系统功能。软件系统处于仓储系统最高层。仓储软件系统按功能分大致有业务应用、数据库和中间件三个部分。功能模块包括业务管理、安全管理、数据管理、协作管理、电子地图、设备管理、财务管理等。

(五)系统硬件

仓储系统所涉及的物联网相关硬件设备大致有计算机、手机、PDA、RFID货物标签、RFID托盘标签、RFID工作人员标签、RFID货位标签、叉车载读卡器、天线、电子显示屏、电子语音设备、温度传感标签、湿度传感标签、光传感标签、红外传感器和相应读卡器、门式固定读卡器、摄像头、电子显示屏、地标、扩音器、通风和供暖设备等。

二、物联网技术在运输中的应用

(一)物联网技术对运输的作用

物联网可以促进物流信息化、智能化,对物流信息采集技术、物流信息的互联互通、信息的管理、加工和应用都有新的需求。运输是人类社会经济活动中不可缺少的重要环节,也是物流过程中最关键的作业环节,在运输中物联网技术可以发挥很大的作用。

1. 运输质量

物联网借助互联网、RFID等无线数据通信等技术,能实现单个商品的识别与跟踪。基于这些特性,将物联网应用到物流的各个环节,可以保证商品的生产、运输、仓储、销售及消费全过程的安全和时效,具有广阔的发展前景。

基于物联网的支持,电子标签承载的信息就可以实时获取,从而清楚地了解到商品的具体位置,并可进行自动跟踪。对制造商而言,原材料供应管理和产品销售管理是其管理的核心,物联网的应用可使产品的动态跟踪运送和信息的获取更加方便,可将不合格的产品及时召回,降低产品退货率,提高自己的服务水平,同时也提高了消费者对产品的信赖度。另外,制造商与消费者之间的信息交流可使厂商对市场需求作出更快的响应,在市场信息的捕捉方面夺得先机,从而有计划地组织生产,调配内部员工和生产资料,降低甚至避免因牛鞭效应带来的投资风险。

2. 运输安全

电子产品代码EPC可以自动获取货物数据,进行货物分类,降低取货、送货成本。并且,EPC电子标签中编码的唯一性和仿造的难度可以用来鉴别货物的真伪。由于其读取范围广,可实现自动通关和运输路线的追踪,从而保证产品在运输途中的安全。即使在运输途中出现问题,也可以准确地定位,及时地补救,使损失尽可能降到最低。这就大大提高了运输商送货的可靠性和效率,从而提高了服务质量。

3. 运输效率

运输商利用EPC技术可以提高信息增值服务水平,从而提高收益率,维护其资产安全。不仅如此,利用RFID技术对高速移动物体识别的特点,还可以对运输工具进行快速有效地定位与统计，方便对车辆的管理和控制。具体应用方向包括公共交通票证、不停车收费、车辆管理及铁路机车、车辆、相关设施管理等。基于 RFID 技术，可以为实现交通的信息化和智能化提供技术保障。实际上，基于 RFID 技术的军用车辆管理、园区车辆管理及高速公路不停车收费等应用已经很普及。

(二)物联网技术在不同运输方式中的应用

目前，作为物联网的基础，传感技术、RFID 技术、GPS 技术、ETC 技术、视频智能监控技术等在运输行业有着广泛的应用。

1. 公路运输中的物联网技术应用

公路运输是现代运输的主要方式之一，公路货物运输业是经济社会发展的一个基础性和先导性产业，也是构成陆上运输的两种基本运输方式之一。近年来，随着经济全球化进程的加快和市场竞争的日益加剧，公路运输在整个运输领域中占有重要的地位，也发挥着越来越重要的作用。由于公路运输具有门到门的直达运输的优势，同时它也是车站、港口、机场集散货物的重要手段；因此一个高效、便捷、安全的公路运输系统和物流配送体系，不仅已成为地区和国家投资环境的重要组成部分，也日益成为决定地区和国家制造业竞争力的重要因素。

在公路运输管理中，RFID 技术有很多具体应用。车辆运行安全管理系统运用 RFID 等物联网技术，可实现实时定位跟踪查询、车速监测、事故处理、历史数据查询打印、数据统计、系统设置和联网等功能。在货运车辆定位追踪管理中，GPS 技术有很多应用，通过采用 GPS 对车辆进行定位，在任何时候，调度中心都可以知道车辆的所在地、离目的地的距离；同时还可以了解到货物尚需要多长时间才能到达目的地，使配送计划可以精确到小时。这样就提高了整个物流系统的效率。另外，借助于 GPS 技术提供的准确位置信息，可以对故障或事故车辆实施及时的援救。

在高速公路监控系统中，GIS 技术有很多应用，而最主要的是通过外场设备对现场交通状态实时采集，针对高速公路范围内的各种交通状况、交通事件和气象状况，利用建立的数学模型进行相关计算，生成相应的控制策略和控制方案，通过控制人员的确认采用不同的控制方案，通过可视信息等途径反馈给驾驶人员，引导交通流达到管理者期望的状态，达到安全、高效的目的。

2. 铁路运输系统中的物联网技术应用

铁路是国民经济的大动脉，铁路运输是现代化运输业的主要运输方式之一。我国铁路的信息化发展速度很快，高铁运行调度与管理信息系统、铁路集装箱运输系统等均应用了很多物联网技术。

采用 RFID 技术来实现集装箱的跟踪管理，包括验货、装箱、移箱、装车等操作，进行实时监控；铁路大型养路车在线监控系统设计融合了 GPS 技术、GIS 技术以及 GPRS 技术。

未来"数字铁路"将全面采用物联网技术改造铁路系统，在基于运输系统、全球卫星定位系统、遥感及空间数据库信息化技术的基础上，大力推进铁路的信息化进程。

3. 航空运输系统中的物联网技术应用

航空运输，即使用飞机、直升机及其他航空器运送人员、货物、邮件的一种运输方式。航空运输具有快速、机动的特点，主要适合运载的货物有两类，一类是价值高、运费承担能力很强的货物，如贵重设备的零部件、高档产品等；另一类是紧急需要的物资，如救灾抢险物资等。

RFID 技术在航空货运管理上的应用可以为用户带来从货物代理收货到机场货站、安检、地面服务交接等环节效率的提高和差错率的降低，并可监控货物的实时位置。GPS 等技术在飞机空地指挥系统也得到了广泛的应用。

4. 水路运输系统中的物联网技术应用

在水路运输中物联网技术的应用开发较早，尤其在港口信息化领域，很多港口都采用了 RFID 技术和 GPS 技术建立智能港口。许多航运港口部门已经或正在利用 GIS 技术建立网路型基础信息管理系统，实现港口、航道、水域的信息共享。此外，将 GIS 与 GPS、GSM(移动通信网)技术有机地结合在一起，可以实现船舶动态监控，利用 GIS 技术的数据采集手段建立矢量电子地图和水下地形图，通过 GPS 接收的卫星信号，可为船舶入港的正确行驶提供必要信息。

【案例 10-4】

物联网技术在运输领域应用进展分析

交通运输业将成为受物联网影响最大的行业之一。从优化导航到治理拥堵以及车辆利用，实时数据传输，无疑将会彻底改变人们的工作和生活方式。

世界各国政府开始试行物联网运输计划。例如，中国的目标是到 2030 年，全国有 10% 的汽车实现完全自动驾驶。随着传感器和控制器的价格下跌，以及对更快捷互联网的迫切需求，采用物联网来提高运输行业的效率已经成为必然。专家预计，自动驾驶车队至少可以使汽车利用率提高 10 倍以上，可以大大降低汽车的基础成本。另外，自动驾驶汽车将改变汽车保险业务模式。实时数据、网络传输系统和车祸报告可以帮助保险公司更快捷地解决索赔并减少争议。

通过为物联网汽车配备实时驾驶、地图和视频数据，这些智能汽车能够在远处就观测到盲区和拐角，提前识别行人、骑车者和任何其他道路危险，并自动进行复杂的判断计算和分秒决策，以最大限度地提高人身安全。

除了物联网汽车本身，真正的智能城市还将配备复杂的道路传感器网络。这些传感器将把堵车和危险数据传达给其他车辆和交通信号灯，重新路由和负载平衡整个城市的交通。例如，汽车可以利用道路传感器找到最近的停车位。这类应用程序已在英国20个大城市上线，并已经发挥了巨大的作用。在高峰时段使用该应用程序的实时显示功能，可以将停车拥堵减少22%、搜索距离缩短30%。未来的交通灯将动态地改变镜像交通流量，使通勤速度提高26%，车辆等待时间缩短40%，尾气排放减少21%。城市公交车可以动态地观察每一个站点的人数，并据此提高行驶速度和改变行驶路线。

物联网将具备可扩展排车的能力，其中一组汽车耦合在一起，可以以相同的速度行进并保持相等的距离。排队改善了交通安全，燃料消耗和尾气排放问题。有调查显示，全自动高速公路系统可减少70%~90%的交通事故。

物联网大部分功能的核心是5G。到2035年，汽车和运输生态系统将占5G销售总额的20%。5G使用毫米波来确保每个设备接收到一个不间断且即时的专用数据流。物联网车辆基本上包含微型"云"系统，能够在彼此之间接收和传输信息，即车辆相互"对话"，并不断地向每个街角、停车位、公交车站和交通信号系统上的传感器发送信息。

此外，5G对信号处理算法的复杂运用将有助于对信号发射的确切来源进行三角测量，并允许基站为相关数据流绘制最佳传输路径，并不间断地传递到每个设备。高清地图的使用，使车辆定位精确到厘米级的精度。

(资料来源：https://baijiahao.baidu.com/s?id=1627403656453249796&wfr=spider&for=pc)

评估练习

1. 物联网在物流中的应用主要有哪些？
2. 物联网对物流活动起到了什么作用？

本 章 小 结

物联网是运用射频识别、红外感应器、全球定位系统、激光扫描器等信息传感设备，根据约定的协议，通过各种局域网、接入网、互联网将物与物、人与物、人与人连接起来，进行信息交换与通信，以实现智能化识别、定位、跟踪、监控和管理的一种信息网络。物联网的特点包括全面感知、可靠传递、智能处理等。

当前，世界各国的物联网基本都处于技术研究与试验阶段：美、日、韩、欧盟等国家和地区都正在投入巨资深入研究探索物联网技术，并启动了以物联网为基础的国家或区域战略规划。我国物联网产业经过几年来的发展，正在逐渐走出初级发展阶段，逐步进入市场应用和商业模式的探索期，产业竞争格局正在悄然形成。

物联网系统有三个层次：一是感知层，二是网络层，三是应用层。《物联网产业"十二五"发展规划》重点确定了智能工业、智能农业、智能物流、智能交通、智能电网、智能环保、智能安防、智能医疗、智能家居九个重点示范应用领域。物联网对物流信息采集技术，物流信息的互联互通、信息的管理、加工和应用都有显著帮助。

第十一章　智能信息技术在物流领域中的应用

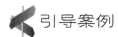 引导案例

杭州一家菜鸟驿站采用了科技感十足的"刷脸取件"技术，取件人拿到快递后，通过人脸识别技术便可快捷取件，省时省力。伴随着人工智能技术的发展和普及，很多现代物流企业开始纷纷尝试利用人工智能技术来优化物流环节，提高物流效率，降低物流成本。那么，已经慢慢渗透到物流行业的人工智能技术，能够给物流行业带来什么变化呢？

精准高效的自动化仓储

菜鸟联盟的首个自动化仓库设立在广州，专门为天猫超市提供仓储和分拣服务。

据了解，消费者在天猫超市下单之后，仓库会在收到订单的同时生成属于该订单的唯一条码，此条码会被贴在纸箱上面，纸箱将会被传送带运送到不同商品品类的货架。仓库分拣员会根据货架电子显示屏上显示出的信息进行装拣，纸箱接着再进入下一站。所有的商品装好之后到达"收银台"，由人工来进行复核和封装出库，最后通过快递运输送到用户的手中。

值得一提的是，菜鸟自动化仓库在不同商品入库之前就可以获知其尺寸和特性，当收到消费者的订单时可以自动为该订单分配一个最合适的纸箱，节省了人工寻找纸箱的时间，也降低了包装成本。

会坐电梯的配送机器人

2016年9月，菜鸟网络推出了应用于末端配送的机器人小G，它具有较强的独立思考能力和强大的计算能力，不仅自己会上电梯、感知电梯的拥挤程度，甚至还能识别路上的行人、车辆，智能规划路线。这是专门为解决"最后一公里"问题而研发的一款末端配送机器人。

小G身高1m左右，可以在陆地上行走，每次可以运送10～20个包裹。用户只要通过手机向小G发出服务请求，它就会与运输管理系统对接，从而规划最优配送路径，将物品送到指定位置，用户可通过电子扫描装置签收。

在配送过程中，小G可以通过观察周边复杂环境，对动态物体的运动轨迹进行预测，从而避让行人和车辆，它甚至能够感知电梯的拥挤程度，从而选择是否乘坐电梯。

搭载无人机的智能物流车

2016年，奔驰发布了一款名为Vision Van的纯电动物流车。值得注意的是，这款概念

车配备了两架无人机，用于配送货物。

据相关负责人介绍，仓库在接收到用户的订单后，会根据订单内容自动配货，通过传送带将货物运送到指定位置，然后装到"Vision Van"物流配送车上。智能物流车会根据这些运输货物的运送终点来计算出所有货物送完的最快路线，司机在开始送货时，只要按照规划出的路线行驶即可，根本不需要自己计划路线。而且这辆物流车的后车厢还配备了全自动装运系统，装载商品的货架与后车门合为一体，需要装货时，后车门会连货架一同取下，装载完毕之后再一起送上车，大大降低了传统人力装货所消耗的时间，奔驰方面称这种方式相较传统人力装货可节省约93.5%的时间。而且，在汽车配送其他货物的同时，无人机还可以将小型包裹送达指定地点，从而大大提升物流配送效率，用户可以通过自己的手机实时监控订单运输状态。

(资料来源：https://mp.weixin.qq.com/s/Sufy_SpQlbp6bwI4YhaGXw)

辩证性思考

1. 智能信息技术在电子商务中发挥着哪些作用？
2. 智能信息技术将会给社会经济活动带来怎样的变革？

第一节　语音识别技术在物流行业的应用

教学目标

- 了解语音识别技术在物流领域的应用情况。
- 了解语音识别技术对物流行业的影响。

伴随着人工智能技术的蓬勃发展，语音识别技术开始被越来越多的人关注，成为许多设备的标准配置。国外的微软、苹果、谷歌，国内的科大讯飞、思必驰等公司都走在语音识别技术的前端，似乎人类与语音的自然交互渐行渐近。语音识别就好比"机器的听觉系统"，该技术让机器通过识别和理解，把语音信号转变为相应的文本或命令，就像《钢铁侠》中智能先进的语音助手，人类在与机器人进行语音交流时，它可以听懂人类的语言，明白人类的意思。语音识别技术将人类这一曾经的梦想变成了现实。

一、语音识别技术的概念

语音识别技术，又被称为自动语音识别技术，它以语音为研究对象，通过语音信号处理和模式识别可使机器自动识别和理解人类口述的语言。

目前，语音识别技术已被广泛应用，如语音拨号、导航、语音搜索、智能家居控制、声控智能玩具等。而该技术所涉及的学科领域更为广泛，涵盖信号处理、模式识别、信息理论、语音学、计算机技术、发声及听觉机理、人工智能等多门学科。语音识别技术正在逐渐成为计算机信息处理技术中的关键技术，语音识别技术的应用已经成为一个具有竞争性的新兴高技术产业。

二、语音识别技术原理

语音识别系统本质上是一种模式识别系统，当机器采集到语音信号之后，需要根据环境、音色、音调等因素对语音信号进行处理，具体过程主要可分为五部分，即语音预处理、特征提取、模型训练、模型匹配和后语音处理，如图11-1所示。

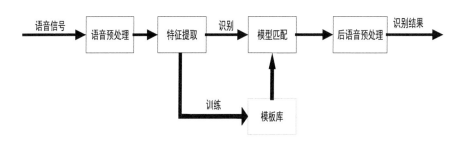

图 11-1 语音识别技术原理

1. 语音预处理

预处理是非常关键的一个前期环节。该环节主要对采集的语音信号进行 A/D 转换以及其他一些技术操作，包括提高频段、平缓图谱、数字化及端点检测处理等操作。

2. 特征提取

语音信号经过预处理之后，需要进行时频域、倒谱域和小波等特征分析，从而得到诸如音色、语言及语音内容等的相应特征。

3. 模型训练

将上一环节提取的特征参数不断优化，并以此为基础建立语音训练模型，能够使模型较为全面地反映语音特征。

4. 模型匹配

根据模板中设定的评价准则，将提取到的语音信息的特征参数与模型库中已经训练好的参数模型进行比较，可以获取最佳的匹配结果。

5. 后语音处理

为提高系统的语音识别准确度，需结合机器学习相关理论知识，对模式匹配输出的语音结果进行词义分析、语法分析及语义的理解，以提高系统的整体识别性能。

三、语音识别系统分类

由于在语音识别过程中,周围环境对语音识别精度有着较大的影响,所以为了保证有较高的语音识别准确度,必须将语音识别技术的应用分为不同领域的多个系统。

(一)基于说话人的角度

基于说话人的角度,可以将语音识别系统分为基于特定人声的语音识别系统和基于非特定人声的语音识别系统。

1. 基于特定人声的语音识别系统

该系统通过对特定人语音信号的采集、提取特征等一系列的过程,建立特定人的语音训练模型,仅用于匹配特定人的语音信息,输出匹配结果。

但该系统应用范围较小,由于生病、情绪变化等多种因素的影响,人的声音会发生变化,导致系统识别效果较差,因而特定人的语音识别系统仅对特定人有效,使用范围受到限制。常用的特定人的语音识别系统有语音密码,语音解锁等。

2. 基于非特定人的语音识别系统

该系统可不基于特定人声,通过采集大量样本、提取特征及训练等过程,建立匹配模型,集成语音识别系统。

但是此系统所需要的样本数据太多,样本人数过多,收集过程过长,模型建立困难。但是,若模型一旦建立,则应用范围将不受限制。目前该系统常用于计算机听写系统(Google的语音搜索),语种识别系统(军事领域及语音信息检索)等。

(二)基于识别对象的角度

基于识别对象的角度,可以将语音识别系统分为孤立词识别、连接词识别、关键词识别和连续语音识别四种系统。

1. 孤立词识别系统

孤立词识别系统即通过对单个字词的识别,对比语音库中的语音样本(独立的字和词条),并以此判断语音内容。

2. 连接词识别系统

该系统是介于孤立词识别和连续语音识别之间的识别系统,其对多位数字进行识别或者根据样本人的语音停顿进行识别。

3. 关键词识别系统

该系统识别对象只有关键词,即从样本人的语音信号中检索出一些特征关键词,与模型库中的关键词进行相似度对比、匹配，输出最佳结果。

4. 连续语音识别系统

连续语音识别系统可以通过将样本人的语音信号逐字逐句识别，转换为相应文本信息。该过程对系统要求较高，所以难度最大。该方式在语音信号特征参数提取及识别过程中，需要对识别模型进行声学和语言模型训练，所以系统性能及准确度不高。该识别系统最常用应用于计算机听写系统。

(三)基于系统可识别的词汇容量

基于系统可识别的词汇容量可以分为词汇量在 1~20 个左右的小词汇量识别系统、词汇量在 20~1000 个左右的中词汇量识别系统、词汇量在 1000 以上的大词汇量识别系统和具有实时更新学习能力并不断更新语音库的无限词汇识别系统。大词汇量的语音识别系统一般应用于连续语音识别系统，而中小词汇量系统则一般应用于语音电话拨号和智能控制系统等。

(四)基于语音识别系统的完成方式

该系统可以分为基于本地的语音识别系统和基于云端的语音识别系统。

1. 基于本地的语音识别系统

该系统可以将采集到的语音信号与本地芯片中的模型进行匹配，不需要进行数据传输，直接输出最佳匹配结果。系统识别速度快，不易出错，但因本地芯片语音库训练模型有限，因而可以识别的语音信号量较少。

2. 基于云端的语音识别系统

该系统可以将采集到的语音信号数据上传至云端，通过云端的特征提取、模型匹配等过程获取识别结果，并将结果返回给本地。由于语音信号的数据传输，导致该系统识别过程较慢，数据传输过程容易出错，所以准确度不如本地语音识别系统高。但由于模型库更新速度快，所以识别量远远大于本地语音识别系统。此外，基于云端的语音识别系统需要将语音库信息上传至云端，所以部分用户会担忧隐私泄露问题。

【课内资料 11-1】

语音识别的发展历程

现代语音识别技术可以追溯到 1952 年，贝尔实验室 Davis 等人研制了世界上第一个能识别 10 个英文数字发音的实验系统，从此正式开启了语音识别技术的进程。语音识别技术发展到今天已经有 70 多年，但从技术方向上可以大体可分为三个阶段。

GMM-HMM 时代

20 世纪 70 年代，语音识别技术主要集中在小词汇量、孤立词识别方面，使用的方法也主要是简单的模板匹配方法，即首先提取语音信号的特征构建参数模板，然后将测试语音与参考模板参数进行一一比较和匹配，取距离最近的样本所对应的词标注为该语音信号的发音。该方法对解决孤立词识别是有效的，但对于大词汇量、非特定人连续语音识别就无能为力。因此，进入 80 年代后，研究思路发生了重大变化，从传统的基于模板匹配的技术思路开始转向基于统计模型(HMM)的技术思路。

HMM 的理论基础在 1970 年前后就已经由 Baum 等人建立起来，随后由 CMU 的 Baker 和 IBM 的 Jelinek 等人将其应用到语音识别中。HMM 模型假定一个音素含有 3 到 5 个状态，同一状态的发音相对稳定，不同状态间可以按照一定概率进行跳转；某一状态的特征分布可以用概率模型来描述，使用最广泛的模型是 GMM。因此在 GMM-HMM 框架中，HMM 描述的是语音的短时平稳的动态性，GMM 用来描述 HMM 每一状态内部的发音特征。

DNN-HMM 时代

2006 年，Hinton 提出深度置信网络(DBN)，促使了深度神经网络(DNN)研究的复苏。2009 年，Hinton 将 DNN 应用于语音的声学建模，在 TIMIT 的研究上获得了当时最好的结果。2011 年年底，微软研究院的俞栋、邓力又把 DNN 技术应用在大词汇量连续语音识别任务上，大大降低了语音识别错误率。从此语音识别进入 DNN-HMM 时代。

DNN-HMM 主要是用 DNN 模型代替原来的 GMM 模型，对每一个状态进行建模，好处是不再需要对语音数据分布进行假设，将相邻的语音帧拼接又包含了语音的时序结构信息，使对于状态的分类概率有了明显提升，同时 DNN 还具有强大环境学习能力，可以提升对噪声和口音的鲁棒性。

端到端时代

语音识别的端到端方法主要是代价函数发生了变化，但神经网络的模型结构并没有太大变化。总体来说，端到端技术解决了输入序列的长度远大于输出序列长度的问题。端到端技术主要可分成两类：一类是 CTC 方法，另一类是 Sequence-to-Sequence 方法。传统语音识别 DNN-HMM 架构里的声学模型，每一帧输入都对应一个标签类别，标签需要反复地迭代来确保对齐更准确。

采用 CTC 作为损失函数的声学模型序列，不需要预先将数据对齐，只需要一个输入序列和一个输出序列就可以进行训练。CTC 关心的是预测输出的序列是否和真实的序列相近，而不关心预测输出序列中每个结果在时间点上是否和输入的序列正好对齐。CTC 建模单元是音素或者字，因此它引入了 Blank。对于一段语音，CTC 最后输出的是尖峰的序列，尖峰的位置对应建模单元的 Label，其他位置都是 Blank。

Sequence-to-Sequence 方法原来主要应用于机器翻译领域。2017 年，谷歌将其应用于语音识别领域，取得了非常好的效果，将词错误率降低至 5.6%。

(资料来源：https://baijiahao.baidu.com/s?id=1642555771792584264&wfr=spider&for=pc)

四、语音识别技术在分拣中的应用

语音拣选技术是作业系统将任务指令转化为语音播报给操作员,并采用电子技术将操作员与系统的信息交流转化为实际操作的一种先进技术。

(一)语音拣选系统运作流程

(1) 操作人员通过录制的语音模板和语音指令登录语音系统,系统会对拣货人员的语音信号进行识别,核定身份才确认登录。

(2) 登录语音系统后,操作人员会得到第一个系统语音指令,该指令包括需要拣货的发货门店名称和货位号,在拣货作业流程当中,拣货作业人员依据该语音可以寻找指定的货箱或托盘。

(3) 操作人员可以根据语音指令到达指定货位,读出货位校验号后回复系统进行确认,当确认无误后,就可以打开货箱或托盘进行作业活动。若货位号不正确,则需要重新寻找货位,直至正确为止。

(4) 拣货人员打开货箱或托盘后,可以根据语音指令提示的货物数量,及时完成相应的拣货任务,当该部分拣货任务完成后,拣货人员应通过语音系统进行确认,确认无误后,操作人员再继续获取下一个语音提示,直至系统再无新的语音指令为止。

语音拣选操作流程如图 11-2 所示。

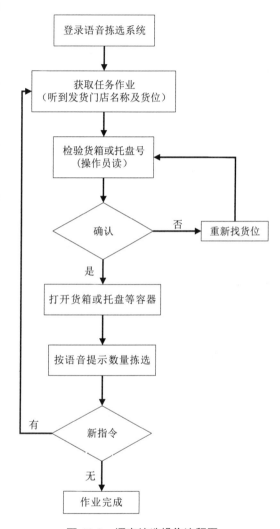

图 11-2 语音拣选操作流程图

(二)语音拣选技术的优势

1. 有效提高操作效率

大型物流配送中心的核心环节是货物拣选,其涉及的货物种类复杂,数量繁多,不仅需要拣选效率高,准确率也要较高。若操作不当,拣选效率和准确率将会大打折扣,增加更多的经营成本。使用语音技术,操作员不需要左右徘徊,只需一边接听语音指令,一边寻找取货位置,找到取货位置后再核对校验码,确认后完成拣选,可以连续工作。以"释放双眼和双手"的操作特性来使员工抛开纸、笔、标签、扫描器、显示器等的"羁绊",可以高效地、专心地工作,营造出更安全更符合人体工程学的工作环境,减少产品损坏或工人受伤的情况,作业效率大幅提升。

2. 拣选错误率下降

使用传统的拣货技术需要打印很多纸张,而且操作员不能保证货位和所拣货品的准确性。但是语音拣选系统不仅能减少纸张消耗与相关设备折旧,同时,由于操作员只需要聆听语音指令,因此他们可以专心拣选货物,提高工作效率,同时也大大降低了差错率。此外,为了确保准确率,语音系统引入边摘边播拣货法,操作员每一步动作前的确认有效降低了差错率的发生。

3. 员工培训费用低、时间短

语音拣选技术主要是训练员工准确听、说需要用到的关键词汇,操作员戴上耳机和移动终端就可以开始工作。当一项拣选作业完成后,拣选员立即可以听到下一项拣选作业的准确位置信息,并在移动过程中,接收到下一项拣选作业的详细信息,在整个工作过程中不需要有太多的专业性操作,因此对员工的培训时间较短,培训费用较低。若企业的物流操作人员频繁调整,则语音拣选技术的这一优势将体现得更为明显。

【案例 11-1】

迪亚天天的语音拣选系统

迪亚天天是食品流通行业中的一家大型跨国企业,2011 年,迪亚在马德里证交所顺利上市,集团总销售额达 111.24 亿欧元,全球门店数量 6 833 家。集团业务遍及西班牙、葡萄牙、法国、土耳其、中国、阿根廷、巴西等 7 个国家。

1979 年,迪亚天天的全球第一家门店在西班牙马德里顺利开业,此后便开启了"折扣"连锁超市的业务历程。迪亚天天在 2003 年正式进入中国,主要经营快速消费品以及食品零售,在上海和北京拥有超过 450 家门店(其中 260 家直营门店,190 家加盟门店)。迪亚天天的自有品牌商品(Private Label)以顾客需求为导向,品类丰富,性价比高,广受消费者欢迎,所占门店总商品比例高达 50%。

挑战: 射频扩展成难题 语音技术助发展

迪亚天天在北京和上海各自设立了相应的配送中心,以此来面对要求不断提高的物流配送网络。两个配送中心均采用了射频识别技术来处理商品,但是随着拣选的效率和准确率要求越来越高,商品的种类和数量也是越来越多,射频识别技术慢慢无法满足需求了。另外,劳动力成本及设备维护成本的日益增加也使增加射频设备成为难题。为了提高生产力,获得最优的运营效率并保证利润,迪亚天天决定采取语音技术来提升商品分拣的准确率和提高订单拣选的速度,更好地监控库存、精简流程并能更高效地利用劳动力。

语音解决方案：准确率近乎完美

迪亚天天在北京和上海的两个配送中心实施 Vocollect 语音技术来代替视频识别技术，其技术应用范围包括拆零拣选、仓库整箱拣选和发货。迪亚天天还在上海配送中心的冷冻仓库实施语音技术，冷冻仓库内的温度为 0～5℃。

使用校验码是语音系统的一大特点，校验码是在库位随机分配的数字，用以验证拣选库位。Vocollect 语音系统可用语音指导操作员拣选订单，告诉操作员拣选哪些商品并要求他们读出校验码来验证货品位置和数量等。只有在正确的位置，系统才会发出拣选指令。技术应用的准确率近乎完美。

操作员在冷冻仓库进行拣选时需要积累可变重量，即需要根据客户需求称量具体重量，十分耗时费力，但是应用语音系统之后，操作员只需要读出写在侧面的重量即可，这一步骤不仅记录了重量，还同时完成了一项拣选。不过在冷冻仓库工作时，冷冻系统产生的噪声很大，所以需要确保操作员能在非常嘈杂的环境中听清楚语音指令。

Vocollect 语音系统的一大优点就是操作员能运用任何方言，直接与仓库管理系统沟通，杜绝了任何语言障碍。

应用效果：培训时间更短，工作效率更高

据迪亚天天负责人介绍，员工使用射频扫描设备进行拣选作业时，一不小心就会在阅读数据和输入数据时出现很多错误，这样往往要花更多的时间纠正错误，十分浪费资源。尤其是员工在冷冻仓库中使用射频识别系统进行拣选作业时，受到低温环境的影响，大家都需要戴上手套进行操作，更增加了拣选作业的难度。应用了语音技术之后，员工在操作时可以解放双手，以相对轻松的工作方式达到高效拣货的目的，可以连续地、高效地、专心地操作，作业效率大幅得以提升。

自迪亚天天在上海桃浦丰田仓库实施语音技术以来，配送中心活动的实时可视性大大提高，语音系统可为配送中心经理提供仓库活动的宏观视图，实时掌握操作员工作进度，提供员工生产力的实时监控，使人员管理效率更高。

迪亚天天负责人表示，他们的管理人员对于完成拣选订单所需要的人力和所要消耗的时间有了更加清楚的认知，Vocollect 实时用户界面，可以帮助他们追踪及认清延误时间。语音系统还能够向下钻取数据，直接监控操作员的工作表现，了解业务是否执行正确。从长远来看，管理人员可以通过对这些数据进行分析，观察运营情况是否符合业务目标。

语音技术的应用，使员工的培训时间由过去的 1~2 周缩短至 45 分钟，即使在母语并非中文的操作员中也是这样。每位操作员可以在系统中创建属于自己的"语音模板"，Vocollect 语音系统能根据操作员的"语音模板"自动辨别出操作员的整套词汇是如何发音的。操作员可以用母语回应系统进行操作，这让他们能更好地掌握自己的工作，也使他们的表现更易达标。

通过引入语音技术，迪亚天天不仅能避免射频终端常常出现的数据输入错误，还能避免发货短缺和需要耗费时间、金钱成本才能发现的多拣错误。更重要的是语音系统只允许在当前任务执行正确的条件下,才能执行下一项拣选任务,所以基本上不可能出现错误,达到了准确率近乎百分之百的标准。此外,拣选工作效率的提高使得新雇员工数减少,人员流动率降低。还大大节省了员工培训时间,员工的工作满意度也大大提高。

(资料来源:http://www.chinawuliu.com.cn/xsyj/201506/17/302461.shtml)

1. 语音识别技术在应用过程中可能面临哪些问题?
2. 语音识别技术的发展前景怎样?

第二节　文字识别信息技术在物流行业中的应用

教学目标

- 了解文字识别技术在物流领域的应用情况。
- 了解文字识别技术对物流行业的影响。

文字是我们感知世界的一种重要工具,无论是学习知识还是日常的衣食住行,它无处不在,我们根本离不开文字。文字的重要性还表现在很多方面,它是人类文明的标志,是信息交流的途径,学习知识的重要渠道,是记录历史、思想、文化的载体,文字和文明、文化还有很大的关系,现在很多人用惯了拼音输入法,很可能出现提笔忘字等现象,这是挺遗憾的一件事情。有这样一句话,一图胜千言,有时候一幅图没有文字的解释,我们便很难理解这幅图的含义。没有图片我们可能表达起来没有那么生动形象,但是没有文字,有时可能无法理解其含义。从某种意义上讲,文字识别问题就是一个重要的问题。

一、OCR 文字识别技术的原理及组成

OCR (Optical Character Recognition,光学字符识别)技术,是从图像中检测并识别文字的一种方法,它是利用光学技术和计算机技术把印在或写在纸上的文字读取出来,并转换成一种计算机能够接受、人又可以理解的格式。如今支持多场景、任意版面的整图文字识别,具备英文和数字、多语种(包括日语、朝鲜文、西班牙语、法语、德语、葡萄牙语等)以及超过 9 000 个常用汉字的简、繁体识别能力。

OCR 文字识别技术的基本原理如图 11-3 所示。

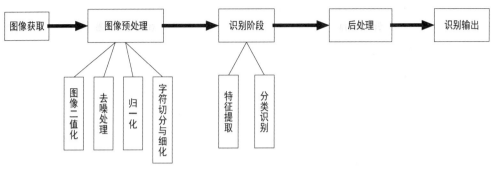

图 11-3 文字识别原理示意图

1. 图像获取

通过电子设备获取要识别的图像信息，可以是包含印刷体文字的任何图像，如身份证、银行卡、驾照、文档等，并将图像传输给要识别的主体。这里是利用 CCD(电荷耦合器件)将文稿的光信号转换为电信号，经过模拟数字转换器转化为数字信号传输给计算机。

2. 图像预处理

图像在扫描过程中会产生噪声，且不同的扫描分辨率所获得的图像质量也各不相同，此外还需要处理整篇文档图像中字符的正确分割，并且由于分割后字符的大小、字体都各不相同，因此还要对字符进行归一化。由此可见，扫描图像预处理工作的好坏将会直接影响到识别的效果。在预处理过程中需要解决的问题主要有图像二值化、去噪处理、归一化以及字符切分、细化(轮廓抽取)等，不同的文字识别方法对预处理的项目和要求也有所差别。

3. 特征提取

特征提取是从整形和规范化的信号中抽取反映字符本身的有用信息，供识别系统进行识别。所提取的特征的稳定性及有效性，决定了识别的性能。常用的特征提取方法主要有两大类，即统计特征和结构特征。

4. 分类识别

由于汉字数量大，如果不对汉字分类而直接识别，一方面识别效果不会好，另一方面计算量往往会很大。所以，汉字识别通常都要通过分类器对汉字做一级或多级分类。

5. 后处理

后处理就是利用汉字文本的相关信息，对分类器识别结果做进一步处理，以提高整个系统的识别率。目前主要采用的方法有：基于词典的方法和基于概率统计的方法。自建物流系统的核心是建立集物流、商流、信息流于一体的现代化新型物流配送中心，而电子商务企业在自建物流配送中心时，应广泛地利用条码技术(Bar Code)、数据库技术(DataBase)、电子订货系统(EOS)、电子数据交换技术(EDI)、快速反应技术(QR)以及有效的客户反应技术(ECR)等信息技术和先进的自动化设施,以使物流中心能够满足电子商务对物流配送提出的如前所述的各种新要求。

【课内资料11-2】

OCR技术应用场景

(1) 证件识别。目前应用到OCR识别技术的有证件采集仪、护照阅读器、门禁考勤机、人行通道闸机、移动端证件识别SDK。该技术可通过大陆二代身份证、台湾身份证、香港身份证、澳门身份证、护照、行驶证、驾驶证等20余种证件来识别证件信息,多用于金融、银行、保险、汽车等领域(互联网)。

(2) 银行卡识别。目前应用到OCR技术的有移动端银行卡识别SDK、云端银行卡识别API。即通过国内各个银行的信用卡、储蓄卡来识别银行卡卡号,多用于移动支付绑卡,提升APP用户体验(互联网)。

(3) 车牌识别。目前应用到OCR技术的有PC端车牌识别SDK、移动端车牌识别SDK、车牌识别抓拍相机、DSP嵌入式车牌识别、车型识别、车位检测。通过识别车牌号码、车牌颜色、车牌类型、车标、车身颜色等车辆特征信息,常用于移动警务、占道停车、停车场管理、车险等领域(互联网)。

(4) 名片识别。目前应用到OCR技术的有移动端名片识别、云端名片识别API。通过识别名片内容,多用于移动展业、CRM客户管理系统等领域(互联网),还可支持多语种名片识别。

(5) 营业执照识别。目前应用到OCR技术的有移动端营业执照识别SDK、文字识别SDK、扫描识别硬,通过营业执照(统一社会信用代码、公司名称、二维码等)来识别信息,多用于需要代替人工提取营业执照信息的领域(互联网)。

(6) 汽车VIN码识别。目前应用到OCR技术的有移动端汽车VIN码识别SDK。通过识别车架号(汽车VIN码),多用于汽车管理、汽车服务、二手车交易、租车等领域(互联网)。

(7) 票据类OCR识别。目前应用到OCR技术的有表票识别扫描仪、表票识别SDK。通过识别增值税发票等不同格式的票据内容,多用于财务管理、汽车、银行、金融等领域(互联网),基于模板机制,针对不同的票据,定制不同的识别要素。

(8) 文档文字OCR识别。主要识别文档文字,用于图书馆,报社等针对图书、报纸、杂志等文本类,通过如扫描仪或数码相机等电子设备输入图形图像信息,将图像信息中的印刷体文字通过相应的转换形成一定的字符,并与字符数据库进行比对,最终将标准的文本信息输出。需要把这些纸质文档进行电子化的领域(互联网),需借助扫描仪,目前有移动端的文档OCR识别、文档识别扫描仪,随着扫描仪分辨率的提升,OCR软件也在不断升级,扫描仪厂商现在已经把专业的OCR软件搭配自己生产的扫描仪出售。

(资料来源:https://blog.csdn.net/zhinengxuexi/article/details/90111006)

二、OCR 文字识别技术在物流领域的应用

依据 OCR 技术特性应用在物流的各个主要环节，是达到物流信息化的重要步骤。

1. 自动识别分拣

通过 OCR 技术自动识别分拣，按目的地分类管理——包裹取回并传上流水线后，系统会自动拍照识别，瞬间读取运单图片中的快递信息，然后根据寄件人信息、货物信息、是否盖检视章等信息，可对物品进行合规性检测。最后，按照识别的结果，流水线可将包裹按目的地自动分拣开来，整个流程智能高效，可大幅节省分拣人力。

2. 票据管理

将 OCR 票据识别技术引入物流票据管理中，不仅能够将票据信息录入数据库，实现局域网资源共享，更可为物流各部门之间票据无错误传递提供平台，极大地提高了工作效率，缩短了货物发送的时间，减少出错率，并且还能很快在系统中检索到需要的数据信息，极大地方便了物流企业的管理。电子化票据易于不仅归档，也利于寻找和共享，在大量节省储存空间的同时，保存期也更长。

3. 面单处理

OCR 技术进行表格处理的工作原理是，首先，通过光学识别技术将快递单、收据等转化为计算机图像信息，再通过的计算机内码识别将其识别为表格、字符等。OCR 技术能够解决物流公司的票据中心票据手工录入耗费大量人力、物力的问题，并且切实提高工作效率。

三、OCR 文字识别分类

文字识别主要包括印刷体文字识别和手写体文字识别两大类，OCR 技术的兴起便是从印刷体识别开始的，印刷体识别的成功为后来手写体的发展奠定了坚实的基础。

印刷体大多都是规则的字体，因为这些字体都是计算机自己生成再通过打印技术印刷到纸上的。但是在印刷过程中字体很可能因故断裂或者墨水粘连，字体变得不清楚，使得识别出现困难。当然这些都可以通过一些图像处理技术将其尽可能还原，进而提高识别率。总体来说，单纯的印刷体识别在业界已经做得很不错了，但 100%识别肯定是不可能的。

手写体文字输入现在作为手机、平板电脑的输入法已经相当普遍了，基本上是标准的配置功能之一，但是手写体识别较印刷体识别难度高，而在手写体识别中脱机手写体识别难度又比联机手写体识别高。这也是脱机手写体识别还未成功应用的主要原因。

联机手写体文字识别(On-line Handwritten Character Recognition)，又被称为实时(在线)手写体识别，即人在机器上写字的时候，机器同时可根据所书写的文字笔画来进行识别。

联机手写体文字识别是依靠电磁式或压电式等手写输入板来完成的，当用户使用光笔在输入板上写字的时候，光笔在板上的运动轨迹(板上的坐标)会被转化为一系列的电信号，这些电信号能够串行地输入到计算机中，从这些电信号我们可以比较容易地抽取笔划和笔顺的信息，从而进行文字识别。虽然作为手机、平板电脑的输入法已经相当普遍了，但是用户的字体需要写得规范一些才能够被识别，目前无约束手写识别尚未完成解决，有个别的输入法根本无法支持整行无约束地书写，甚至对于生僻字都不支持识别。

脱机手写体文字识别(Off-line Handwritten Character Recognition)又被称为离线手写体文字识别，即书写者预先将文字写在纸上，然后通过扫描仪转换成文字图像，再由计算机识别成相应文字。由于每个人的书写习惯不同，写出来的字体往往带有强烈的个人色彩，类型多种多样，即使是同一个人在不同的时间里写出来的文字可能也会不同，这些都给脱机手写体文字识别带来了极大的困难。像签名识别，目前还没有做到自动地识别和鉴别。

脱机手写体文字识别处理流程和技术手段大致和印刷体识别相似，但是由于手写体随意性较大，因此对文字图像的行列切分、字切分带来了较大的困难，对于联机手写体识别的处理流程，主要是利用笔画顺序作为序列模型，加上字符结构特征、笔顺方向特征、笔画数量特征作为空间模型的组合式模型，完成识别任务。

【案例 11-2】

腾讯"云智能+物流"助中国物流企业破局

在 2017 年腾讯第七届全球合作伙伴大会上，腾讯公司副总裁、腾讯云总裁邱跃鹏在"创想•云计算"分论坛上表示："云化"已经成为数字时代重要的创新模式，各行各业都将进入"互联网+"的下一站——"智能+"阶段。而物流作为社会基础性行业，已经面临全面拥抱智能化的行业现状。

物流业作为经济发展的重要产业和新的经济增长点，势必会对整体经济活动产生巨大的影响，国际上通常用物流费用在 GDP 中的占比衡量一个国家物流的发展水平。近两年，我国社会物流总费用占 GDP 的比重保持在 14.6%左右，这一 GDP 占比接近发达国家的两倍。

中国贸促会研究院研究员赵萍曾表示，"从物流行业来看，物流成本涉及仓储、运输、流通、加工等方面，而每个行业都包括人工、资金等成本。因此，物流成本的下降和供给侧改革与人工、资金、土地成本息息相关。物流成本作为影响供给侧结构优化的因素之一，是改革的重要领域。"

如今，通过智能技术的进步以实现效率提升是物流行业、企业的迫切需求。腾讯云推出智慧物流方案，以此来为企业提供技术、优化行业结构，降低物流总费用额占 GDP 比重。

在具体的应用场景方面，腾讯云依靠技术优势，利用智能揽收与派件、车辆管理及位置轨迹管理、信息汇总处理平台三大手段来解决物流企业费用居高不下的难题。

在智能揽收与派件方面，腾讯云通过人脸识别以及图像识别等技术，提高货品的揽收和派件效率，降低了"最后一公里"对接货主的运营成本。货主的身份验证，以及运单的信息，通过腾讯云遍布全国的边缘节点加速，可以实现秒级交互，并有效地保障客户体验。为了降低传统人工分拣的时间成本，可以在分拣过程引入OCR的图像识别技术，同时自动将分拣的动作数字化，并通过应用推送或者短信的方式使货主能够事先了解到货品状态。

腾讯云通过云解析的方式，把下单流量分配到不同物理地区的不同数据中心，并可通过CDN进行内容加速，提升用户派单的访问体验；负载均衡自动伸缩容量，将程序流量职能分配至多个CVM实例，保证端门用户可用性与性能；利用OCR识别技术，操作员可以通过手持终端智能识别运单信息；基于数据库中的运单运转信息，为用户提供消息推送和电话查询服务；可通过人脸识别、声纹验证等方式，方便、快捷、安全地完成物流递送的最后一道工序。

在车辆管理域位置轨迹管理方面，腾讯云以大数据后台作为支撑，实现物流运输卡车与设备信息实时回传到物流管理平台，管理平台采集所有设备的运行轨迹与运行状态，运输人员手机端APP通过腾讯云LBS提供运行轨迹与位置服务。

在信息汇总处理平台方面，腾讯云依靠腾讯LBS位置服务可为物流车辆提供多目的地最优路线规划、车辆预估到达时间、物流底图；同时为货运车辆定制路线策略；通过云端大数据平台处理分析，并提供决策支持，持续优化人员安排、中转仓选址以及运输路线规划等。

目前，包括顺丰、中外运、货车帮等在内的企业已经开始应用腾讯云主打的物流云。结合人工智能技术，腾讯云正在以智能云方案推动着物流行业的发展。

顺丰通过与腾讯云合作，结合自己的地址库信息，以及地址库的解析和算法能力，在很短的时间内彻底解决了中文汉字的人工识别问题。另外，顺丰在国内外建立了庞大的信息采集、市场开发、物流配送、快件收派等速运业务机构及服务网络。依托强大的物流、仓储资源，整合"物流、信息流、资金流"于一体，腾讯云为顺丰速运及其服务的专业市场客户、电子商务企业及行业用户提供了"三流合一"的完整支付解决方案。

2017年9月份，中外运与腾讯云达成战略合作，利用腾讯云的OCR技术，并依托腾讯云的大数据能力，不仅提升了运单识别效率，也丰富了业务数据维度，进一步优化了物流路径和资源分配，为了更好地连接用户，可以对上下游用户进行分析研究，进而进行市场趋势预测和产品优化设计。

就目前来说，中国的物流与欧美等一些发达国家相比，还有一定的技术差距。但是伴随着腾讯云、物流云以及智慧物流解决方案的推出，物流行业的发展一定会向着智能、高效的方向发展。

（资料来源：https://mp.weixin.qq.com/s/9S3BGGrTJJcHFuKG23ujrg）

评估练习

1. OCR 技术在运输系统中如何应用？
2. OCR 技术面临哪些技术难题？

第三节　无人技术在物流行业的应用

教学目标

- 了解无人技术在物流领域的应用情况。
- 了解物流领域涉及的主要无人技术。

近几年来，由于互联网电子商务的高速发展，快递行业迎来了较大的变化。国内的快递公司，不断地扩大企业规模，加大资金的投入，致使企业的物流运营成本不断地提高。随着近几年无人驾驶技术的不断深入研究与应用，无人机与无人驾驶汽车也已经慢慢地在物流行业投放使用，从测试阶段走向试运营阶段，越来越多的物流企业开始使用无人驾驶设备。

一、无人机的概念

中国民用航空局飞行标准司在 2015 年对无人机下的定义是：无人机是由控制站管理(包括远程操纵或自主飞行)的控制器，也称远程驾驶航空器，其中控制站(也称遥控站、地面站)是无人机系统的组成部分，包括用于操作无人机的设备。美国联邦航空总署(FAA)2016 年在 *Small Unmanned Aircraft Systems* 定义无人机为无人在飞行器内直接操作的飞行器。而在民间主流的定义中，无人机是指具有动力系统能携带一定任务设备，可执行多种任务并能重复使用的由无线电遥控设备或自身程序控制的不载人飞行器。

按照用途不同，无人机可分为军用、工业级民用、消费级民用三大类；按照结构不同，无人机可分为固定翼无人机、无人直升机和多旋翼无人机三大类。固定翼无人机和无人直升机续航时间长、载荷大、售价较高，通常应用于军用及工业级民用领域；多旋翼无人机机械结构简单，便于维护，但续航时间短、载荷较小，通常用于民用领域。

二、无人机的特征

1. 无人驾驶

无人机最初被使用在战争中，它可以接收下达的指令向敌方投掷导弹，因为无人机并不需要人员操作，即使飞机坠毁，也不会有人员伤亡。随着无人机技术的快速发展，它逐渐被应用于航拍、农业喷药、物流等多个领域，但不载人且无人驾驶是其最基本特征，这也是区别于民用航空飞机的一个非常重要的特征。

2. 具有以飞控系统为核心的无人机系统

无人机系统是由飞控系统、数据链路系统、发射回收系统和动力系统构成的。

飞控系统控制着无人机飞行的稳定性、信息传输的准确性，相当于无人机的"大脑"；数据链路系统则是地面控制站(包含遥控器)和无人机之间沟通的"桥梁"，确保无人机可以顺利地获取地面传输的信息，保证信息传输的实时性；发射回收系统则是确保无人机顺利安全起飞和降落。动力系统则是由电源、电机、电调和桨叶组成的，是无人机飞行过程中的能量来源。

3. 可在视距内飞行，也可超视距飞行

根据中国民用航空局飞行标准司所颁布的《轻小无人机运行规定》，视距内飞行是指无人机处于驾驶员或观测员目视视距半径500m内，相对高度低于120m的区域内；超视距运行是指无人机在目视视距以外运行。无人机因具有执行任务的特性既需要在视距内飞行也需在超视距飞行，但大多数情况下是处于超视距飞行状态。

三、无人机在物流配送中的应用

(一)无人机快递送货的原理

无人机快递送货是指通过自备的程序控制装置或者无线电遥控设备操纵无人机来进行包裹配送，主要是通过无人机的自主飞行把包裹物品自动送达目的地。根据无人机的续航能力、快递业务量的地理分布、通信的实时可靠性、系统的容积能力以及建设成本等诸多因素，可将整个无人机快递系统划分为若干区域，各区域内部独立运作，区域之间协同运作。

整个系统可分为两种快递收发模式，即区域内快递收发和区域间快递收发。

1. 区域内快递收发

用户想要进行快递发货时，首先应将快递打包，再把包裹放到自助快递柜中，自助快递柜接收到用户的快递包裹后会及时向区域调度中心发送一条收取物件的信息，区域调度中心通过决策，挑选出合适的快递无人机，并向无人机发送任务指令以及目的地坐标，无人机接收到指令后飞往目的地，到达目的地后在自助快递柜的引导下着陆并且自动装载包裹，进行配送。当无人机把包裹送到目的地快递柜后，快递柜会向接收快递人发送领件短信。

2. 区域间快递收发

当调度中心收到发往其他区域的快递信息后，会及时将信息传递给无人机，指引无人

机接收包裹并且就近送往本区域的快递集散站，站点会将包裹按照不同地区分类，将包裹装箱后送往机场，通过航空运输送往快递集散站点，最后由调度中心调度无人机进行包裹配送。

(二)无人机配送的优势

1. 配送速度快

如今的消费者对于物流配送的时效性提出了越来越高的要求，"当日达""次日达""限时达"已经不能完全满足消费者的需要。而无人机配送可以使同城配送的速度更快，因为无人机在飞行过程中不会存在堵车、等红灯、走错路等问题。无人机的配送路径都是经过精密计算的，在空中飞行时不会像快递员一样有时还需要绕路，对于紧急情况下的配送，配送效率可比普通快递员高出很多倍。亚马逊使用无人机和配送车搭档送货，能将快递包裹在 30 分钟或更短时间内送到顾客手中。

2. 配送成本低

我国农村道路基础设施条件差，交通不便，快递配送量少，因此所需的配送时间较长，配送成本较高。而无人机具有部署便捷、成本低、机动性强、对任务环境要求低等优点，用无人机来替代传统运输工具进行农村快递配送，则能更好地解决快递成本高的问题。如中国邮政 2016 年 9 月在浙江西北部山区安吉县开通的三条无人机测试邮路，试运营测算每千克货物的运输成本才 3 元人民币。

3. 配送条件要求低

传统的航空运输需要有机场来进行飞机的升降，对于偏远贫困地区，基础设施差，没有条件建造机场，只能使用传统配送工具进行货物配送。而无人机具有部署便捷、成本低、机动性强等优点，不受复杂地形、低温等环境因素的影响，可以较好地进行货物配送，提高配送效率。所以与传统配送工具相比较，在某些特殊情况下，无人机配送所需的配送条件相对较低。

四、无人机物流应用现状

近几年大量资本投入无人机行业，促进了无人机技术的发展，无人机从最初的军用领域到现在开始渗入民用商业领域，它在物流行业的潜力也正在被慢慢地挖掘出来。

2013 年，顺丰快递使用无人机开始进行快递配送，此时的配送业务还只是在网点之间以及传统配送工具较难到达的偏远地区。同年 12 月，美国电商公司亚马逊启动了 Prime Air 项目，重量不大于 2.26kg 的小型货物使用无人机来进行投递配送。无人机的路程最多不超过 16km，整个投递耗时只有 30 分钟。2014 年，DHL 使用自主研发的 Parcelcopter 物流无人机，进行紧急救援、医疗物资的运送，还未进行民用包裹的投递使用。2015 年，淘宝网展开了无人机送货的活动。发件方提前设置好收件地点，无人机就能自动导航自动送货。这项送货服务从下单到确认收货，不会超过 1 个小时。2017 年，京东与陕西省签订战略合作协议，正式确定三级智慧物流体系，无人机＋通航战略初露端倪。2018 年，永辉云创科技有限公司与亿航智能公司宣布双方达成战略合作，将以云创旗下超级物种广州漫广场店作为试点，开启对"智慧零售+无人机"配送模式的落地探索。

由当今世界各大主流物流公司的动向可以看出，无人机与物流的结合已经成为未来研究的重要方向，无人机在各个领域的渗透应用已成为无可阻挡的必然趋势，无人机物流系统必然会深入人们的日常生活，在物流体系更新换代的进程中起到关键作用。

五、无人驾驶汽车概述

随着人工智能(Artificial Intelligence)技术的不断发展，人们开始研究将这一技术运用到汽车身上，使用人工智能来代替司机驾驶汽车。根据美国汽车工程师协会(SAE)定义，汽车可分为从 0 级(完全手动)到 5 级(完全自动)，总计六个级别。

目前，多数企业的自动驾驶研究集中在 L3 和 L4 级别。L3 级指的是高度自动驾驶，系统可以自己决定转向和控制加减速，可以观察路况，但仍需要驾驶员对特殊情况做出处理。L4 级是指超高度自动驾驶，系统自动进行所有驾驶操作，不再需要驾驶员做出指示，但一般限定其行驶区域。L5 全自动驾驶则在不需要驾驶员的情况下可以在所有路况自动行驶。

无人驾驶汽车通过获取外界环境来判断自身行驶方式，控制车辆行驶的速度和方向，最终实现在城市道路上安全、可靠地行驶。因为排除了人为失误因素，无人驾驶技术呈现出更好的安全可靠性能，并且能够在缓解交通压力、减少因能源消耗造成的环境污染等方面有所成效。

(一)关键技术

无人驾驶汽车是多技术融合的复杂机械产品，它能够接收各种智能传感器传来的周围环境及汽车自身的各种信息并能高效、迅速地综合整理，然后把信息传递给汽车的执行系统，从而实现自动驾驶、智能控制等。其关键技术为环境感知技术、导航定位技术、规划技术和控制技术。

1. 环境感知技术

环境感知是无人驾驶汽车最基础的部分，为了确保无人驾驶汽车在道路上可以安全行驶，无人驾驶汽车的环境感知部分需要在外部环境中获取大量的相关信息，包括障碍物的位置、周围车辆行驶速度以及可能的行为、自身可行驶的区域、交通信号灯变化，等等。

环境感知技术就是无人驾驶汽车的"双眼"，若环境感知系统的准确率不高，不能很好地运作，那么就很容易发生交通事故，带来很严重的后果。无人驾驶汽车通常是通过融合激光雷达、相机、毫米波雷达、摄像头、超声波传感器等多种感应设备的数据来获取环境信息，不同类型的传感器设备有不同的适应范围，根据不同的使用目的来进行选择。无人车对于环境的感知，不仅仅限于近距离与目前环境的感知，还包括远距离感知与环境自动预测，人工智能技术中机器学习和深度学习的引入，让环境感知更加合理、可靠。

2. 导航定位技术

从无人驾驶汽车的感知层面来说，高精度定位的重要性不言而喻，无人驾驶汽车不仅需要获取车辆与外界环境的相对位置关系，还需要通过车身状态感知确定车辆的绝对位置与方位。这里的车辆定位不能存在太多的误差，假如，车定位误差在40cm，但是无人驾驶的规划和执行层并不知道它存在40cm的误差，它们仍然按照定位精准的前提进行决策和控制，这样就十分容易发生事故。

目前，无人驾驶汽车上应用的导航定位系统包括在车辆上安装导航定位仪，通常有惯性导航仪、无线电导航仪、GPS 导航定位仪、GPS/DR/GIS 组合导航定位仪等，以及电子地图数据库或地理信息系统 INFOMAP 等。

其中，GPS 导航仪的定位精度在数十米到厘米级别之间，覆盖范围广、准确度高，得到许多企业的信赖，但是高精度的 GPS 传感器价格也就相对昂贵。当在 GPS 信号缺失或者微弱的情况下无法做到高精度定位，如地下停车场、周围均为高楼的市区等，因此只能完成部分场景的无人驾驶任务。

3. 路径规划技术

无人驾驶汽车路径规划是指在一定的环境模型基础上，给定无人驾驶汽车起始点和目标点后，按照性能指标规划出一条无碰撞、能安全到达目标点的有效路径，基于人工智能技术的路径规划是应用在无人驾驶汽车中的主流。

路径规划主要包含两个步骤，即建立包含障碍区域与自由区域的环境地图，以及在环境地图中选择合适的路径搜索算法，快速、实时地搜索可行驶路径。基于人工智能技术的路径规划，能够使无人驾驶汽车行驶路程最短、燃油消耗率最低，节省乘客的时间、支出，并能够节能减排。路径规划结果对车辆行驶起着导航作用。它可引导车辆从当前位置行驶到达目标位置。

4. 运动控制

无人驾驶汽车的控制系统是汽车智能化的决策者和执行者，是整个车辆的核心，其任务是控制车辆在不同情况下的行驶并能指导车辆完成事前规划好的动作。

无人驾驶汽车和传统汽车的控制系统有所区别，一方面，无人驾驶汽车的运动控制必须保证及时性，当无人驾驶汽车在道路行驶过程中遇到紧急制动或者偏离行驶路线等不可预知的障碍时，控制系统需要对车辆行驶状况及时做出调整。另一方面，传感器系统信号的传递可能存在延迟或错误，控制系统必须具有正确处理这种传输延迟和错误的能力。

(二)发展现状

1. 菜鸟"驼峰计划"

在 2018 年 5 月的全球智慧物流峰会现场，菜鸟 ET 物流实验室宣布了"驼峰计划"，旨在与更多的合作伙伴，共同打造一张囊括无人机、无人车的立体智慧物流网络。这张立体智慧物流网络可以使一个快递包裹进入网络后，由人工智能自动分配路线，无人车和无人机接力配送。

此外，菜鸟还展示了一款名为"公路高铁"的无人驾驶卡车，"公路高铁"不同于一般的无人驾驶卡车，它的"火车头"使用无人驾驶技术，跟随的车队则是通过无线网络与车头协同，进行列车式运营，主要可用于规模化的高速公路干线运输。

菜鸟 ET 物流实验室主任张春晖表示，菜鸟正在不断拓宽无人车应用领域，为无人车年内量产商用创造条件，同时并推动驼峰计划向纵深发展，加速新型立体智慧物流网络建设。

2. 京东自主研发 L4 级别自动驾驶卡车

2018 年 5 月的京东 CUBE 大会，京东硅谷研究院宣布，正在打造的 L4 级别自动驾驶重型卡车已经在美国完成了长达 2 400h 的智能驾驶超级测试。京东目前研发运营的无人驾驶卡车主要适用于高速公路，京东会在高速路边设立几个无人卡车的服务区，由人拖着货箱卡车进入到距离不到 10km 的物流中心。京东未来会在国内建立基于 L4 级别的自动驾驶重型卡车的网络，承担主要城市及区域中心之间的高速公路运送任务；预计 2020 年，京东无人卡车将在国内完成商业化试运营的部署。

3. 苏宁测试电商第一款真无人驾驶车辆

2018 年 5 月，苏宁物流完成封闭园区内的无人重卡低速自动驾驶作业，以及高速场景高级辅助驾驶，并在上海苏宁奉贤物流园区进行路演测试。此次路演测试有以下看点：①这是国内电商首次推出无人重卡真实场景应用测试，无人驾驶卡车可实现仓到仓干线运输，全程自动高速驾驶(车内有驾驶员)；②这是全球第一款可用于园区内货物运输的无人驾驶卡车，也是国内电商第一款实现真无人驾驶的车辆。

4. 德邦获批首张无人货车运营牌照

2019 年 10 月，在德清县全域城市级自动驾驶与智慧出行示范区发布仪式上，德邦快递被授予正式运营牌照。与以往授予的测试牌照不同，此次颁发的牌照允许在德清市指定区域内的公开道路上进行 L4 级无人驾驶卡车运行。据了解，德邦快递上线的所有无人驾驶货运车都是 L4 级别的。从上线后的运营数据看，其无人卡车驾驶系统已可以支持包括在暴雨、隧道、夜晚等多场景下实现稳定无人行驶，最高时速达 90km/h。

5. 百度打造全球首次自动驾驶物流闭环

2019年1月，在拉斯维加斯举办的国际消费类电子产品展览会(CES)上，百度正式对外展示了智能驾驶商业化解决方案。百度自动驾驶平台 Apollo 实现了干线物流、支线物流、终端物流等全物流场景覆盖，打造全球首次自动驾驶物流闭环。

另外，百度还对外发布了 Apollo3.5 版本和 Apollo Enterprise(Apollo 企业版)。百度 Apollo3.5 版本支持车辆可以在市中心和住宅小区等复杂的城市道路上进行无人驾驶，可以适应窄车道、无信号灯路口通行、借道错车行驶等多种复杂路况。百度 Apollo Enterprise(Apollo 企业版)可以帮助客户实现更快速度的搭载与落地，涉及成本可以根据不同客户的需求来控制，并且从汽车功能安全到信息安全提供全面支持。

6. Otto 研发 L4 级自动驾驶卡车

Otto 创立于2016年1月，专注于自动驾驶卡车的研究。据了解，他们的技术可以让自动驾驶系统在高速公路上接管车辆，并在行驶出高速公路的时候将驾驶权还给司机，这样就可以帮助减轻长途卡车司机的工作负担。该公司于2016年8月被 Uber 收购，但是仍然在开发无人驾驶卡车技术。并且在2016年10月完成了首个订单：在科罗拉多州行驶超过120英里(约为193km)，将5 000罐百威啤酒送到了目的地，还挣了470美元。

7. 图森未来宣布无人驾驶卡车开启商业化

2019年5月，图森未来宣布与美国邮政(USPS)达成合作，为其提供无人驾驶运输服务，并在亚利桑那州凤凰城邮政服务中心和得克萨斯州达拉斯配送中心之间超过1 600km 的运输线路上往返运输货物。从去年开始，图森无人驾驶卡车就已经在亚利桑那州开展试运营，且共计收入约10万美元，这次是图森未来首次将其在美无人驾驶运输业务扩展到亚利桑那州以外。这也标志着无人驾驶卡车正式开启商业化。

【案例11-3】

无人化技术投入已达千亿级

近几年，电商大咖如阿里、京东、苏宁等都在加大无人化科研方面的投资，积极将先进技术运用到物流领域当中。

一、菜鸟网络

2017年9月，阿里投资53亿元，在数百亿元的基础上增持菜鸟网络的股份，并计划未来5年继续投入1 000亿元，进一步推进新零售战略。

仓储方面：在2018年5月全球智慧物流峰会上，菜鸟启动了物流 IoT 战略开启了"未来园区"。园区内大力运用了自动化分拣线、AGV 机器人、机械臂等技术，大幅提升了分拣效率。

干线运输方面：菜鸟ET物流实验室宣布"驼峰计划"，与一汽大众、北京航空航天大学无人机团队、点我达等多家公司联手共同推进无人设备的量产，打造包括无人车、无人机的新型立体智慧物流网络。其中包括一款菜鸟自主研发的固态激光雷达无人物流车，适配"分钟级配送"等不同的物流场景。

末端配送方面：2017年11月，菜鸟完成了无人机群组跨海快递飞行，为农村淘宝提供物流服务；2018年4月，菜鸟ET物流实验室打造的末端配送无人车"小G plus"实现公开路测；2018年7月菜鸟在香港启动智能快递柜服务；在全球智慧物流峰会上，菜鸟推出了人工智能产品——菜鸟语音助手，帮助快递员在派件过程中自动给消费者打电话。除了自身在物流科技方面布局之外，菜鸟还大力投资其他物流科技领域的公司，以期扩大智能物流骨干网，同时顺应国家建设物流枢纽的发展潮流。如图11-4所示为菜鸟配送机器人。

图11-4 菜鸟配送机器人

二、京东物流

刘强东在2017年的京东集团年会上曾表示过希望可以在京东的第二个12年里把第一个12年建立的所有商业模式全部用技术加以改造，让京东成为纯粹的技术公司。

仓储方面：2018年1月，京东物流无人仓亮相上海。从货物入库到打包等环节，无人仓中由三种不同型号的六轴机械臂，三种不同型号的智能搬运机器人承担分拣任务，从而实现了货物入库、存储、包装、分拣等多个流程的全部智能化和无人化。

干线运输方面：2017年9月，京东联合上汽大通、东风汽车共同研发推出新能源无人货车和东风电动无人货车；2018年5月，京东硅谷研究院研发的L4级别的自动驾驶重型卡车已在美国完成测试；2018年9月，京东物流提出了建设地下物流管道网络的建议，并在10月全球智能物流峰会上与南开大学等九家单位共同发起成立城市智能物流研究院(雄安)，将建立地下轨道物流、公路物流和市政综合管廊结合的地下廊道物流。

末端配送方面：2018年2月，京东自主研发的无人智慧配送站在陕西西安落地，无人机可直接降落在配送站顶部实现自动卸货，货物在内部经过中转分发后由配送机器人进行自动装载；2018年6月，京东的重型无人机京东"京鸿"大型货运无人机在西安下线；2018年6月，京东配送机器人开启全场景常态配送运营模式，具体见图11-5。

图11-5 京东配送机器人

三、苏宁物流

在苏宁控股集团2018年度的工作规划与部署会议上，集团董事长张近东表示，苏宁将原有的IT体系升级为科技集团，成为八大产业重要组成之一，为实现苏宁2020年度智慧零售生态圈的重要战略升级目标，加强了在投资领域的布局，持续强化技术保障的能力，整合全产业技术、数据、用户全链路等，具体见图11-6。

图11-6 苏宁物流无人重卡

仓储方面：2016年11月，一个集自动化、数据化和规模化于一体的物流仓——"苏宁云仓"正式亮相；2017年，苏宁在上海、济南建立了AGV机器人无人仓库；2018年8月，苏宁物流的全国物流中心"多点多级仓储"布局形成。

干线运输方面：2018年5月，苏宁物流与智加科技联合推出的达到L4级别无人驾驶技术标准的重型卡车"行龙一号"完成路测。

末端配送方面：2017年苏宁物流无人机在浙江完成实景派送；2018年4月，苏宁物流的社区无人快递车"卧龙一号"在南京试点投放，6月，苏宁的无人快递车完成上岗测试，并开始常态化运营；2018年8月，苏宁易购推出了"苏宁邮购"极速配送服务项目，并正式上线"苏宁秒达"，为3km社区生活提供30分钟、1小时等极速达。

(资料来源：https://mp.weixin.qq.com/s/BB_ccjHDir4xyBi55Ej3-w)

评估练习

无人物流系统可能面临哪些推广难题？

第四节　人工智能在物流行业的应用

教学目标

- 了解人工智能技术在物流领域的应用情况。
- 了解人工智能技术对物流行业的影响。

习近平总书记在十九大报告中指出，加强物流等基础设施网络建设，推动互联网、大数据、人工智能和实体经济深度融合，在中高端消费、创新引领、绿色低碳、共享经济、现代供应链、人力资本服务等领域培育新增长点、形成新动能。菜鸟小G通过智能感知、动态识别等技术，被用于进行快递"最后一公里"的配送任务；京东自主研发的无人仓技术，更是给仓储系统带来翻天覆地的变化，人工智能为物流行业的转变带来一个又一个的契机。人工智能技术不仅优化了物流环节，提高了物流效率，而且还大大提升了用户的体验满意度。

一、人工智能的概念

人工智能简称AI (Artificial Intelligence) 是一种对人类思维进行模拟，然后生产出像人类一样能制定出各种应对措施的智能系统，它主要包括应用计算机的软、硬件来模拟人类某些智能行为的基本理论、方法和技术。

人工智能是计算机学科的一个分支，不仅被称为20世纪70年代以来的世界三大尖端技术之一(空间技术、能源技术、人工智能)，也被认为是21世纪三大尖端技术(基因工程、纳米科学、人工智能)之一。人工智能已逐步成为一个独立的分支，无论在理论和实践上都已自成一个系统。它作为现代智能化的发展成果，已经开始进入我们生产生活的各个领域，并在很多领域都得到了广泛的应用。随着平台、算法、交互方式的不断更新和突破，人工智能技术的发展将主要以"AI+某一具体产业或行业"的形态得以呈现。

2017年7月国务院发布的《新一代人工智能发展规划》和12月工业和信息化部印发的《促进新一代人工智能产业发展三年行动计划(2018—2020)》，更是将人工智能产业发展上升为国家战略。相关规划、计划的陆续出台，为我国人工智能产业持续健康发展指明了方向。

二、人工智能技术在物流中的应用

人工智能技术作为新一轮产业变革的核心驱动力，正在悄然地改变着传统物流业，对物流业的蓬勃发展产生了强大的推动力。对于物流行业来说，人工智能技术的应用主要包括智能机器人、智能搜索规划、动态识别以及计算机视觉等。主要体现在以下几个方面。

1. 仓库选址智能化

物流仓库的选址一般都需要借助地理信息系统软件，需要获得大量的地理数据。但是我国道路建设复杂，地理数据获取难度较大，地理数据分析精度有待提高，对仓库选址建模有不小的阻碍。但是人工智能技术可以根据客观环境的现实约束条件，对生产商、供应商和客户的地理位置、运输量、物流成本等进行数据提取和分析，最终找到选址的最优解决方案。

此外，应用人工智能技术辅助仓库的优化选址决策，可以减少主观因素的干扰，使选址结果更加科学、合理，从而达到降低企业运营成本、提高企业运营效率的目的。

2. 库存管理智能化

传统的库存管理，对于物料存放位置、出入库等信息不能做到实时可靠的管理，在一定程度上十分依赖经验丰富的员工，容易造成库存积压，需要花费大量的人力物力进行库存管理。

人工智能技术可以帮助仓储管理人员分析历史库存信息和出入库数据，有效地调整库存量，避免出现库存积压或者供不应求的情况。在不影响企业正常生产和客户满意度的同时，合理控制企业库存量、降低物流成本、提高企业利润率。

3. 仓储作业智能化

在传统的仓储物流作业中，需要大量的搬运工人来进行装卸搬运工作。而人工智能技术打造的智能仓库中多采用智能机器人，如搬运机器人、分拣机器人和货架穿梭台车等。与人工拣货不同，各类机器人可以按照设定好的指令，进行有条不紊的作业配合，有序地进行货物的出入库、拣选，可大大提高仓储作业的搬运速度、拣选精度以及存储的密度。

4. 运输配送智能化

现代消费者对物流配送的要求就是"快",配送路径的实时优化就显得至关重要。人工智能技术可以通过路径优化算法、调度算法等不同算法,结合数据中心的实时数据对人员、车辆、包裹等进行合理调度,使配送路线规划更加科学、合理。在路径优化的基础之上实现车货高效匹配,减少空载损耗,降低企业运输成本。

三、人工智能对物流行业的影响

1. 人工智能对物流设备的影响

在仓储领域,2007 年的《促进新一代人工智能产业发展三年行动计划》已经明确提出,要提升高速分拣机、仓库穿梭车、储物穿梭板等物流装备的智能化水平,早日实现无人化智能仓储。

当然,物流领域内的企业早已开始进行突破性的尝试,比如京东上海"亚洲一号"启动全流程无人仓后,无人仓分拣机器人以 3m/s 的速度穿梭在 4 万 m^2 的仓库里,分拣机器人的应用使生产流程中的分拣工作变得更加简单,此外还有不少智能搬运、堆垛等机器人在无人仓里各司其职完成各项技术工作。而亚马逊旗下的 Kiva 机器人用于研究仓库中协调自治和分散决策问题,将人工智能对物流设备的着力点带向更高的层次。Kiva 系统涉及云计算、机器学习及大数据分析等技术,可以精准实现物流中客户需求预测、调整库存量、采购与补货、自动化物流分仓及发货等人工智能物流控制功能。

在运输领域,伴随着无人技术的蓬勃发展,无人机与无人卡车的搭配使用,将使未来货物运输效率大大提高,无人卡车上的人工智能系统可以根据道路实况进行车辆运输路径的调整,避免道路拥堵,使物流配送时间达到最短。并且智能投递、智能快递柜的使用也提高了物流配送的效率。

此外,传统物流需要调度员和司机、上下游环节以及合作伙伴进行实时沟通。而人工智能技术的进步,使智能云端机器人,可以通过真人模拟语音和司机、快递员、上下游环节来进行有效的沟通,完成管理调度工作。

2. 人工智能对传统产业形态升级的影响

传统物流行业在人工智能、云计算、大数据、物联网等新技术的推动下,正在进行爆发式的裂变。智能硬件设备的研发使用让物流行业从人工分拣向自动化、智能化方向快速发展,使整个物流行业的成本降低,效率提高,促进物流行业从劳动密集型产业向技术密集型产业的转型。无人机、无人卡车的搭配使用,无人超市、智能快递柜的推陈出新,智能物流云平台的建设,也将实现对供应链、实体物流的数字化、智能化、标准化和一体化综合管理。人工智能这只隐形的巨手已让传统的电商物流及其"下游"的新零售业态呈现全新的行业趋势。通过技术、场景、模式的开放与共享，智能电商物流生态圈正在逐步成熟。

3. 人工智能对物流就业岗位的影响

人工智能的出现无疑产生了"机器替代人工"的现象，对于传统物流行业中危险性较高和需要大量体力劳动的工作可能在未来的某一天全部都会由机器人去完成。物流企业不断增加"无人设备"的投入，期望达到降低劳动成本的目的，但是这并不表示"人"就不被需要了，反而是对"人"的要求提高了，企业需要更多的复合型人才。在这种背景下，社会势必会增加复合型人才所适应的岗位，即不仅懂得机器人操作，又熟识行业工艺的高素质人才岗位，这也意味着，那些无法满足未来工作岗位技能需求的众多一线电商员工将面临失业的威胁。

以前人们学习一项知识，即可工作终身。但在高速发展的今天，需求和工具都在不停地变换和更新，想要保持自己的价值，只有适应当代的工作模式，变成企业需要的拥有专业技能的复合型人才。

【案例 11-4】

DHL 看好人工智能在物流领域的发展潜力

中国将在 2020 年致力于实现成为全球人工智能专业知识和应用领域领导者"三步走"目标中的第一步。在人工智能优势的支持下，DHL 十分看好中国的物流领域，相信行业内将取得突破性的改变。

DHL 与 IBM 合作发布了一份关于人工智能在物流领域潜力的报告，该报告提出了在如今性能、可访问性和实施成本更优化的条件下，供应链领导者该如何抓住人工智能的独特优势和机遇，并揭示了如何物尽其用地优化物流行业，从而助力打造新兴智能物流资产和运营范例。

DHL 亚太客户解决方案及亚太创新中心副总裁表示："现今的技术、业务和社会条件其实都已准备就绪，为打造更主动和可预见的物流产业创造了条件。随着人工智能领域的进一步发展，我们期待与客户和员工携手合作，一同探索人工智能将如何塑造物流行业的未来。""中国设立了 2030 年人工智能技术应用达到国际前沿水平的目标，这将为人工智能与物流相结合创造更多动力；同时，为所有利益相关者创造更多价值。"

DHL 与 IBM 的报告指出，人工智能技术正以惊人的速度趋于成熟，这就促使更多的应用程序可以在物流行业中使用，完善物流服务，增强客户体验，如在客户下单之前就能预测包裹的交付等。有了人工智能的助力，物流业可以从传统的被动模式转变为主动兼可预测模式，用户可以依靠先进的图像识别技术来跟踪货物的运输状态，了解货物运输的详细信息，也可在货物发货量出现波动之前进行预测。

DHL 与 IBM 的联合报告还进一步阐释了物流领域中人工智能的可行应用，具体内容如下所述。

可预测的物流：全新一代运营典范

货物价值高，运量少是航空货运的一大特点，因此能否按时、足量交付对于航空货运而言就十分重要。DHL 为此开展一项实验，利用人工智能技术研发一套基于机器学习的工具来预测航空货运运输延误的可能。

通过对 58 个不同参数进行内部数据分析，该工具可提前一周预测出某一跑道的日平均通行时间是否会出现浮动。不仅如此，该实验能够识别导致发货延迟的主要原因，包括起飞日期等时间因素，或航空公司准时性能等运营因素。这样一来，航空货运代理商可掌握自己的货物在何时或与何航空公司一起飞行的信息，以帮助他们更从容地提前做好计划。

人工智能赋能的物流资产

每一天都有成千上万的货物需要进行分拣处理，无论是应用语音拣选技术还是 RFID 技术，都还是需要物流人员进行操作。而人工智能机器人可以快速、有效地对信件、包裹、甚至是托盘中的货物进行分类。这样不仅可以提升分拣过程的操作速度，将误差率降到最低，还可以节约人工成本。

人工智能视觉审查是物流运营中人工智能应用的另一个潜力领域。根据 DHL 与 IBM 的联合报告显示，IBM Watson 运用其认知视觉识别功能，通过人工智能驱动的视觉审查来维护有形资产。比如对受损货车进行拍照，利用视觉审查来对损坏的车辆进行受损分类，明确它的受损程度及确定修复车辆的相应措施。该模型和流程也可灵活搭配应用于其他类型的物流资产审查，包括但不局限于飞机、车辆和远洋船舶。

人工智能驱动的客户体验

物流服务商和客户之间的关系正在发生变化。对于大多数消费者而言，与物流该服务商的接触点从与在线零售商结账时开启，并以成功交付或退回产品为结束。而企业与物流提供商的触点的不同在于其需要面对长期服务合同，服务水平协议以及复杂的全球供应链运营。

人工智能所赋能的工具如语音代理等，可帮助物流提供商个性化区分这些客户，从而提高客户忠诚度和客户保留率。

2017 年，DHL 包裹(DHL Parcel)使用亚马逊 Alexa 来提供"最后一公里"的货运信息，并且支持对包裹信息进行跟踪的语音服务。客户在采用字母数字追踪代码的会话式人工智能界面进行简单提问，就能了解到货物的运输信息。若发货存在问题，客户可通过这一语音服务，向 DHL 寻求帮助，并由客户服务部门进行处理。

(资料来源：http://software.it168.com/a2019/0910/6053/000006053127.shtml)

本 章 小 结

随着科学技术的不断进步，以物联网、大数据、人工智能等信息技术为支撑，物流行业在运输、仓储、包装、装卸搬运、流通加工、配送、信息服务等各个环节实现系统感知、全面分析、及时处理以及自我调整的功能。除了运用到物联网技术之外，越来越多的现代物流企业还不断研发、推广云计算以及人工智能等相关技术，将采集后的数据传输到云平台，进行深入地分析处理，为企业经营决策提供依据。与此同时，智能物流实现提高运输效率、节省人力资本、新旧动能转换的目标。

参 考 文 献

[1] 贺登才. 中国物流发展报告(2011—2012)[M]. 北京：中国物资出版社，2012.
[2] 周昱. 物流信息技术[M]. 北京：科学出版社，2008.
[3] 王淑兰. 物流信息技术[M]. 北京：清华大学出版社，2007.
[4] 张成海. 条码技术与应用[M]. 北京：清华大学出版社，2010.
[5] 刘志海. 条形码技术与程序设计[M]. 北京：清华大学出版社，2009.
[6] 许毅，陈建军. RFID 原理与应用[M]. 北京：清华大学出版社，2013
[7] 贝毅君. RFID 技术在物联网中的应用[M]. 北京：人民邮电出版社，2013.
[8] 李颖. 电子数据交换技术与应用[M]. 武汉：武汉大学出版社，2007.
[9] 谢刚. GPS 原理与接收机设计[M]. 北京：电子工业出版社，2009.
[10] 杨俊，武奇生. GPS 基本原理及其 Matlab 仿真[M]. 西安：西安电子科技大学出版社，2006.
[11] 汤国安. 地理信息系统[M]. 2 版. 北京：科学出版社，2010.
[12] 吴信才. 地理信息系统原理与方法[M]. 2 版. 北京：电子工业出版社，2009.
[13] 郑志军，资道根. 物流信息管理实务[M]. 深圳：海天出版社，2005.
[14] 陈福集. 物流信息管理[M]. 北京：北京大学出版社，2007.
[15] 高明波. 物流管理信息系统[M]. 北京：对外经济贸易大学出版社，2008.
[16] 黄有方. 物流信息系统[M]. 北京：高等教育出版社，2010.
[17] 冯耕中. 物流信息系统[M]. 北京：机械工业出版社，2009.
[18] 程控，革扬. MRPII/ERP 原理与应用[M]. 北京：清华大学出版社，2009.
[19] 田军. 企业资源计划(ERP)[M]. 北京：机械工业出版社，2010.
[20] 陈启申. ERP——从内部集成起步[M]. 北京：电子工业出版社，2010.
[21] 章威. 区域物流公共信息平台建设与实现[M]. 北京：人民交通出版社，2012.
[22] 黄永斌. 区域物流信息平台理论与实证[M]. 杭州：浙江大学出版社，2010.
[23] 张飞周. 物联网应用与解决方案[M]. 北京：电子工业出版社，2012.
[24] 胡峥. 物联网[M]. 北京：科学出版社，2010.
[25] 邵长恒，孙更新. 物联网原理与行业应用[M]. 北京：清华大学出版社，2013.
[26] 刘军，阎芳，杨玺. 物联网技术[M]. 北京：机械工业出版社，2013.
[27] 吴承建. 物流系统规划与设计[M]. 北京：中国物资出版社，2011.
[28] 孙彬. 基于语音识别技术的拣选系统研究与应用[D]. 武汉理工大学，2017.
[29] 浦震寰. 语音拣选技术的优势与应用分析[J]. 物流技术与应用，2013, 18(08):120-121.
[30] 王学梅. OCR 文字识别系统的应用[J]. 现代信息科技，2019, 3(18):66-68.
[31] 吴永鑫. 物流无人机在中国农村电商物流市场应用研究[D]. 深圳大学，2017.
[32] 包欣鑫，骆培，王可林. 浅析无人机配送的优势及障碍[J]. 现代商业，2017(23):13-14.
[33] 智前烨. 物流配送中无人驾驶设备的调度机制研究[D]. 电子科技大学，2015.

[34] 霍盈盈. 电商企业的物流无人机项目风险管理[D]. 北京邮电大学，2018.

[35] 石立群. 无人卡车的发展现状与应用前景[J]. 现代商贸工业，2019，40(30):214-216.

[36] 兰京. 无人驾驶汽车发展现状及关键技术分析[J]. 内燃机与配件，2019(15):209-210.

[37] 刘敏. 人工智能对物流业的影响研究[J]. 商业经济，2017(11):40-41.

[38] 任志. 人工智能风口下电商物流行业发展与变革[J]. 信息通信技术与政策，2019(06):36-39.

[39] 肖焕彬，初良勇，林赟敏. 人工智能技术在供应链物流领域的应用[J]. 价值工程，2019，38(25):154-156.